4·16구술증언록 단원고 2학년 3반 제1권

그날을 말하다

도언 엄마 이지성

이 도서의 국립중앙도서관 출판예정도서목록(CIP)은 서지정보유통지원시스템 홈페이지(http://seoji.nl.go.kr)와
국가자료공동목록시스템(http://www.nl.go.kr/kolisnet)에서 이용하실 수 있습니다.
CIP제어번호: CIP2019008128

4·16구술증언록 단원고 2학년 3반 제1권

그날을 말하다

도언 엄마 이지성

4·16기억저장소 기획 편집
(사) 4·16세월호참사가족협의회 지원 협조

일러두기

1. 음절로 식별 가능한 소리를 들리는 대로 전사하는 것을 원칙으로 한다.

2. 의미를 파악하기 위해 추가 설명이 필요할 경우 [ ]로 표시한다.

3. 몸짓, 어조 등 비언어적 행위는 ( )로 표시한다.

4. 구술자가 말을 잇지 못해 말줄임표를 사용하는 경우 ……, …로 길고 짧음을 표시한다.

5. 비공개 영역은 〈비공개〉로 표시한다.

6. 비공개해야 하는 희생자 형제자매의 이름은 ○○, △△ 등의 도형기호로, 생존자의 이름은 A, B, C 등 알파
   벳 대문자로 표시한다.

7. 비공개해야 하는 제3자는 직분이나 소속, 성만 공개하고, 이름은 ××로 표시한다. 비공개해야 하는 숫자는
   자릿수에 상관없이 □로 표시하며, 지명은 □□로 표시한다.

4·16기억저장소에서는 세월호 참사 5주기를 맞아 구술증언 수집 사업의 결과물 일부를 100권의 책으로 발간하게 되었습니다. 이 사업은 2015년 6월부터 다양한 학문 분야 구술 연구자들의 자발적인 참여로 진행되어 왔으며, 세월호 참사를 좀 더 정확하고 다각적으로 기록하고 기억하고자 하는 노력의 일환으로 수행되었습니다.

2014년 참사 발생 이후, 참사 피해자들의 목격담과 경험은 안타깝게도 공식적인 국가기관과 언론의 기록 속에서 철저히 소외되거나 왜곡되었습니다. 그것은 세월호 참사가 우리에게 안긴 죽음과 고통의 충격만큼이나 우리 사회의 끔찍한 비극이었습니다. 따라서 사업을 진행하면서 세월호 참사 희생자 가족, 생존자, 생존자 가족, 어민, 잠수사, 활동가, 기자 등등, 참사의 초기 과정을 직접 경험한 분들의 증언을 우선적으로 수집했습니다. 구술자는 이 사업의 취지와 방식에 개인적으로 동의한 분 중에서 선정했으며, 참여 과정에 어떠한 금전적 보상이나 이익이 제공되지 않았습니다. 또한 구술증언 수집 사업을 진행하는 동안, 면담자는 연구자이자 참사를 겪은 공동체 시민으로서 최대한 윤리적이고자 노력했습니다.

구술자마다 매회 약 2시간씩 3회를 원칙으로 음성 녹취와 영상 촬영을 하는 방식으로 진행되었고, 증언의 일관성을 확보하기 위해 면담자는 큰 틀에서 공통 질문지를 사용했습니다. 공통 질문지의 내용은 참사와 구술자 간의 관계성에 따라 차이가 있지만, 유가족 구술의 경우 1회차 '참사 이전의 삶, 팽목항과 진도에서의 경험, 자녀에 대한 기억'을, 2회차 '참사 이후 투쟁과 공동체 활동 경험'을, 3회차 '참사 이후 개인 및 가족이 경험한 삶의 변화와 깨달음, 자녀의 현재적 의미'를 중심으로 했습니다. 이처럼 증언 내용은 참사 이전에서 시작해 참사 발생 당시의 경험과 이후의 변화 과정까지 폭넓게 수집했고, 면담자는 구술 채록 과정에서 구술자의 발화를 최대한 존중하고자 했으며, 무엇보다 각자의 특수한 경험과 다른 시각을 충실히 반영하고자 했습니다.

이 구술증언록의 발간을 위해, 채록된 음성 자료는 문서로 변환해 구술자와 함께 검토했고, 현재 시점에서 공개할 수 있는 영역과 할 수 없는 영역으로 구별했습니다. 따라서 책에 실린 내용은 모두 구술자로부터 공개를 허락받은 부분입니다. 비공개 영역은 추후 구술자의 동의를 받아 적절한 절차를 거쳐 추가로 공개될 수 있으리라 생각합니다.

이 구술증언록 100권에는 그동안 우리 사회에 왜곡되어 알려지거나 잘 알려지지 않았던, 참사 발생 직후 팽목항과 진도 혹은 바다에서의 초기 상황에 관한 중요한 증언이 포함되어 있습니다. 또한, 자녀를 잃는 잔인하고 애통한 상황을 겪으면서도 그 누구보다 강인한 정치적 주체로 성장할 수밖에 없었던 유가족의 마음과 경험을 구체적으로, 그리고 여러 각도에서 살펴볼 수 있습니다. 그 외에도, 이 구술증언록은 2014년을 전후한 한국 사회의 여러 측면을 드러내는 귀중한 자료가 되리라고 생각합니다. 무엇보다 국내외의 많은 분이 이 책을 읽어, 장차 세월호 참사의 진상 규명과 역사 서술에 기여할 수 있기를 바랍니다.

구술증언 수집 사업이 진행되고, 책으로 출간되기까지 많은 분의 도움과 지지가 있었습니다. 이 지면을 빌려 부족하나마 감사의 말씀을 전하고자 합니다.

먼저 (사)4·16세월호참사가족협의회와 4·16기억저장소에 감사를 드립니다. 이분들의 신뢰와 적극적인 협조가 없었다면, 이 사업은 처음부터 시작할 수조차 없었을 것입니다. 또한 어려운 정치 환경 속에서도 사업의 취지에 공감해 재정 지원을 결정해 준 아름다운가게와 역사문제연구소에 감사드립니다. 두 단체 덕분에, 이 사업을 4년 동안 계속해 올 수 있었습니다. 그리고 구술증언록 100권의 발간에 동의하고, 바쁜 일정에도 출판 실무를 기꺼이 맡아주신 한울엠플러스(주)에도 감사를 드립니다. 이 외에도 많은 개인과 단체가 직간접적으로 많은 도움을 주시고 격려해 주셨습니다. 여기에 모두 밝히지 못하는 것을 죄송하게 생각합니다.

　말할 필요도 없이, 가장 크고 또 가슴 아픈 감사는 구술자 한 분 한 분께 드리고자 합니다. 이 책이 발간될 수 있었던 것은, 무엇보다 용기를 내어 아픔과 고통의 기억을 다시 떠올리고 장시간 진심으로 이야기를 해주신 구술자가 있었기 때문입니다. 오랜 시간 이야기를 나누며 함께 공감하기도 했지만, 그 아픔과 고통을 어떻게 가늠할 수 있을까 싶습니다. 더 큰 도움이 되지 못함을 안타까워하며, 이 구술증언록 100권의 발간이 피해자분들에게 조금이라도 위로가 될 수 있기를 기원합니다.

2019년 4월

4·16기억저장소 구술팀 책임자
서울대학교 인류학과 교수 이현정

차례

■ 1회차 ■

■ 4회차 ■

도언 엄마 이지성

구술자 이지성은 단원고 2학년 3반 고 김도언의 엄마다. 친구들을 배려할 줄 알고 인기도 많던 도언이는 엄마에게 언제나 애교스럽고 사랑스러운 아이였다. 이지성은 참사 이후 초기부터 꾸준히 진상 규명 활동을 해왔으며, 2016년 7월부터 4·16기억저장소 소장을 맡아 4·16 참사를 보다 많은 사람들이 올바로 기억할 수 있도록 기록을 남기고 공유하는 일에 앞장서고 있다.

이지성의 구술 면담은 2015년 8월 5일, 10일, 25일, 그리고 2018년 11월 2일, 16일, 5회에 걸쳐 총 13시간 20분 동안 진행되었다. 면담자는 김향수·강재성, 촬영자는 이수정·송추향이었다.

구술자 본인의 프라이버시나 제3자의 프라이버시를 보호해야 할 부분을 제외하고는 구술자의 발화를 있는 그대로 전사했다.

1회차

2015년 8월 5일

1
시작 인사말

면담자　　본 구술증언은 4·16 사건에 대한 참여자들의 경험과 기억을 기록으로 남김으로써 이후 진상 규명 및 역사 기술에 기여하고자 합니다. 지금부터 이지성 씨의 구술증언을 시작하겠습니다. 오늘은 2015년 8월 5일이며, 장소는 안산시 단원구 글로벌다문화센터입니다. 면담자는 김향수이며, 촬영자는 이수정입니다.

2
구술 참여 동기

면담자　　오시는 데 덥지 않으셨어요?

도언 엄마　　막 급하게 왔어요. 늦어가지고 급하게 왔어요, 운동하다가.

면담자　　오전에 운동하시나 봐요?

도언 엄마　　운동을… 요즘은 못 하죠, 요즘은. 그냥 살아요, 요즘은.

면담자　　우선 오늘 구술사업 참여하게 된 동기가 있다면요?

도언 엄마　　동기라기보다는… 제가 사실 작년 4월 16일부터 중간중간 기억이 안 나는 부분이 있어요, 팽목 있을 때. 그런 거 빼고 중요한 거는 제가 페이스북에 기록을 좀 했어요. 그리고 엄마들보고 자꾸 기록을 하랬거든요, 작년부터. "우리가 시간이 지나면 기억을 못 한다" 그리고 "작년에 느꼈던 거랑 또 시간이 지나면 느낌이 달라진다" [하면서] 자꾸 기록을 하랬어요, 제가. 그러면서 제가 먼저 글을 쓰기 시작한 거예요, 작년? 작년인가, 작년이었던 거 같애요. 그래서 내용을 올린 게 있어요. 그런데 지금도 생각 안 나는 게 많아요. 우리 신랑은, 도언이 아빠한테 얘기 들으면, 내가 막 나를 팼대. 근데 저는 기억이 하나도 없어요, 그런 기억이. 아직도 기억이 안 나요, 사실은.

면담자   그래서 기록을 하시고자 하는 마음으로 구술에 참여하셨네요.

도언 엄마   그럼요, 해야죠. 우리가 사실 언제 죽을지 모르잖아요. 그러니까 정신이 멀쩡할 때, 지금도 자꾸 기억이 깜빡깜빡하거든요. 조금 더 기억이 있을 때 남겨놔야 나중에 [세월호 참사에 대한] 진실도 밝히고, 또 내가 죽고 후세들이 봤을 때 역사적으로 남지 않을까, 그 생각 많이 해요.

면담자   저도 오면서, 오기 전에 질문 준비한다고 구글을 검색해 봤더니 어머님 페이스북에 쓰신 것들이 나오더라고요. 오늘 구술하신 내용이 이후에 어떤 목적으로 사용되기를 원하시는지요?

도언 엄마   사용 목적은 잘 모르겠고요. 저는 사실은 그냥 그날 있었던 일들을 그대로 말씀을 드릴 거고. 사용하시는 거는 전문가들이 잘 활용해 주시면 될 거 같아요.

3
안산 정착 전, 대만 거주 시기

면담자   그러면 오늘은 4·16 이전의 삶에 대해서 얘기를 해볼 건데요. 다들 너무 오래전 얘기 같다고 얘기를 하시는데, 우선 언제 안산에 처음 오시게 되었는지요?

도언 엄마   처음에 온 거는 우리가 95년도에 왔어요. 그때 도언이 오빠만 있을 때인데, 95년도에 왔다가 96년도에 다시 부산으로 갔어요. (면담자 : 부산이요?) 네에. 그리고 대만에서 1년 살고 도언이는 97년도에 부산에서 태어났거든요. 태어나고 99년도에 대만에 들어갔어요, 도언이 아빠 회사일 때문에. 들어가서 살고 2000년도 1월 1일 날 한국에 나왔어요. 그리고 안산에 다시 오게 된 거죠.

면담자   어머님 죄송하지만, 아버님과 언제 결혼하셨는지요?

도언 엄마   94년도에 했어요. 〈비공개〉

면담자   어떤 회사였는지 물어봐도 돼요?

도언 엄마   그때는 대기업이었어요. 그때는 의류 회사가 번창할 때였거든요. 저는 총무과 사무실 관리과에 있었고, 신랑은 채권 관리부서에 있었고. 네, 그래서(웃음).

면담자   어머님이 한눈에 확 들어오셨을 것 같은데 아버님이 보시기에(웃음).

도언 엄마   잘못 선택했던 것 같아요, 지금은. 아유, 그때 결혼 안 했으면 우리 도언이도 희생 안 됐을 텐데. 그런 생각 많이 해요.

면담자   그러면 안산에 다시 오게 된 계기는 아버지 직장 따라오신 건가요?

도언 엄마   네, 신랑 일 때문에. 신랑이… [업무가] 기계 자동화 시스템이에요. 지금은 많지만 그 당시는 기술이, 일본 기술이었어요. 일본에서 교육을 받아와서 기술 전수해서 한국에서 그 회사가 차려졌구요. 대만에 기술 전수하러 갔었어요. 대만 같은 경우는 한국, 일본, 대만 세 개 합작 회사였구요. 그거 마치고 한국에 들어오면서 안산[에서] 형부가 사업을 차렸어요. 사실 똑같은 일을 해요. 형부 때문에 사실은 이 일을 하게 된 거구요, 도언이 아빠가. 형부가 회사를 차렸기 때문에 같이 일하자고 해서 형부 회사에 들어가게 된 거예요, 그 회사 그만두고.

면담자   지금 얘기하시는 거 들어보면, 애기들이 한참 어렸을 때 얘기잖아요. 도언이나 오빠나 둘 다 한참 어렸을 때인데 대만에서 키우는 게 쉽지 않았을 것 같은데요.

도언 엄마   근데 도언이나 도언이 오빠가 엄청 이뻤어요. 이뻐

가지고 가는 곳마다 진짜 다들 이뻐하셨어요. 귀여움도 많이 받고. 그래서 크게 힘들었던 건 없는 것 같아요. 다들 잘 챙겨주시고. 그리고 회사에서 얻어준 아파트에 살았기 때문에 큰 어려움이 없이 살았어요. 고급 빌라를 대만에서 해주셨거든요.

면담자   병원 가거나 이런 것들은 어떻게 하셨어요?

도언 엄마   우리 애들이 워낙 건강해 가지고요. 도언이도 병원 가본 적이 없어요. 진짜 팔 부러졌을 때나 가지, 질병은 없었어요.

면담자   어떻게 외국에서 말도 안 통하는데 잘들 적응했나 봐요.

도언 엄마   성격상 제가 집에 있는 성격이 아니라서요. 대만 가서도 구석구석 다 다녔어요, 유모차 태워서.

면담자   혹시 갔던 곳 중에서 어머님 기억에 남거나, 애들이 좋아했던 곳이 있나요?

도언 엄마   지금도 사진이 있는데, 대만에 소인국, 우리나라로 치면 작은 모형으로 만든 그런 곳에 그런 데 갔었거든요. 공룡상도 있고. 그런 게 많죠. 도언이 유모차 태워서 다녔던 거, 도언이 그때가 세 살이었으니까…(한숨).

면담자   안산에서는 주로 어머니는 어떤 일을 하셨나요? 안산에 오고 나서 애들이 아마 초등학생 즈음에요.

도언 엄마   그때는… 대체의학 쪽으로 제가 관심이 있어서요. 그쪽에 회사 대리급 대우로 있었어요. 그리고 그 회사를 그만두고, 피부 관리를 그쪽으로 제가 공부를 했어요, 대체의학, 건강 쪽으로. 그래서 그쪽으로 강의를 하고 숍을 운영을 했어요.

면담자   특별히 관심을 가지게 된 계기가 있으셨어요?

도언 엄마   일이, 대체의학 쪽이 건강 쪽이다 보니까, '아, 건강해야 되겠다' 그래서 피부랑 건강 쪽 아로마 테라피, 발마사지 이쪽으로 관심을 돌리게 된 거죠. 그래서 그 일을 하면서 참 좋았던 것 같아요. 봉사도 많이 다녔고. 또 도언이가 마사지받는 걸 좋아하거든요. 숍에 오면 항상 전신[마사지]받고 가고, 마사지받는 걸 엄청 좋아했어요, 도언이가.

면담자   그러면 아이들 좀 크고 나서 대체의학 쪽 일을 시작하신 건가요?

도언 엄마   어릴 때부터죠, 도언이 어릴 때부터.

면담자   그러면 몇 년도부터?

도언 엄마	그러니까… 2000년도, 2004년도…부터.
면담자	그 일을 시작하게 된 다른 배경이 있으셨어요?
도언 엄마	배경? 그런 건 아니구요. 특별하게 턴하는[방향을 바꾼] 그런 이유는 없었던 것 같아요. 대신 2000년도에 대만에서 나와가지고 우리가 안산으로 이사를 왔잖아요. 안산으로 이사를 오자마자 도언이 할머니가 췌장암에 걸리셨어요. 그러니까 대만 들어가기 전에도 도언이 아빠가 먼저 들어갔구요. 그때도 도언이랑 도언이 오빠 있고 시어른들이랑 제가 이제, 시어머니가 허리 수술해서 가지고, 디스크 수술을 하서가지고 병수발 다하고 늦게 대만을 들어갔었거든요. 그러고 나서 나왔는데 췌장암이 3월 달에 발병을 하신 거예요. 그래서 도언이 오빠는 안산에, 여기 안산에 이모가 살아요. 제 셋째 언니가 살아서 이모 집에 맡기고, 도언이만 데리고 부산을 내려갔죠.

　　부산에서 한 7개월, 8개월 병수발을 했나 봐요. 병수발하고, 병원 왔다 갔다 할 때는 도언이를 또 부산 둘째 이모한테 봐달라고 하고, 병수발을 하고 어머님이 돌아가셨어요. 그래 가지구 좀 많이 힘들었어요. 가정도 많이 힘들었지만, 신랑이 벌어 온 거 가지고 부산 생활[까지] 두 군데서 생활을 해야 되니까. 안산에서 신랑도 생활해야 되고, 내가 부산에서 어머님 식사도 챙겨드리고 해야 하니까 좀 많이 버겁긴 했어요, 그래서….

　　돌아가시고는 2년을 빚을 갚았다[갚고], 그래서 바로 대체의학 쪽으로 사무실에 들어가서 일을 하게 된 거예요, 제가. 그래서 빚을 한 2년 갚고요. 갚으면서… '건강해야 되겠다' 그래서 제가 건강 쪽으로 돌린 거죠. 그러면서 아… 공부도 많이 했고, 도언이도 좋아했고.

면담자 　　그럼 숍은 언제부터 하신 건가요?

도언 엄마 　　2004년도부터 했죠, 네에. 그 전에 우리가 도언이랑, 우리는 여행을 좀 많이 다녔어요. 도언이를… 그러니까 2000… [19]99년도부터 언니들이랑 이모들이랑 여행을 다녔어요, 저희들은. 그때 애들이 다 어리잖아요. 집집마다 애기들이 둘이니까 봉고차를 사가지고 전국 여행을 다녔거든요. 최소한 1년에 두 번, 아니면 1년에 네 번, 이렇게 해서 다녔고. 도언이랑도 우연찮게 같이 사물놀이를 배웠어요, 같이. 그래서 일본에 사물놀이 공연도 갔다 오고요, 문화교류로 갔다 오고. 그리고 안산, 부천, 인천 이런 데서 공연도 하고 안산 평화의집[지적장애인 복지시설] 이런 데 가서 공연도 많이 했어요, 우리가 장애인들 위해서. 나랑 도언이랑 도언이 오빠랑 그리고 이모랑 조카 둘, 총 여섯 명이 다 배웠어요, 사물놀이를. 그래서 다 같이 일본에 가서 공연도 했고요.

면담자 　　어떤 계기로 사물놀이를 배우게 되셨어요?

도언 엄마 　　우연하게 배우게 됐어요. 먼저 이모가 배웠고 "참 좋더라. 배우자" 그래서 다 같이 배우게 된 거예요. 그래서 도언이가 일본에 갈 때는 징을 쳤거든요. 장구도 잘 쳤는데, 그때는 징을 해서 쳤고. 그때가 참 좋았던 것 같아요. 같이 배우고 여행도 많이 다니고 같이 봉사도 많이 하고.

5
봉사활동 유감

면담자　　　봉사를 많이 하셨다고 했는데, 봉사활동을 하게 된 계기가 있나요?

도언 엄마　　(한숨) 지금은요 사실, 그렇게 사는 게… 좋은 줄 알고 했어요. 근데 지금 생각하면 너무 억울해요(웃음). 억울한 게 너무 치밀어 올라요, 사실은(한숨). 저는 엄마 아버지가 일찍 돌아가셨어요, 그래서 항상 그런 [같이하고 싶은] 마음이 있었고. 또 시어머니 아프실 때도 제가 병간호 다 했고요. 〈비공개〉 그래서 제가 도언이한테 항상 그랬죠… 제가 엄마랑 많이 못 했기 때문에 "도언이는 엄마랑 같이 많은 걸 하자". 그래서 저는 이렇게 같이하는 걸 좋아했어요, 도언이는 저랑 같이하는 걸… 그래서 많이 했는데.

　봉사도 그래서 사실 시작했어요. 발마사지 봉사를 다녔거든요. 한 15년, 16년? 일동에 있는 저기도[안산시 상록구 노인복지회관] 사실은 그때 무인가였어요. 진짜 허름할 때, 그때부터 다니기 시작해서 우리가 봉사 다니면서 그 건물[시설]이 도움도 많이 받고 지금은 많이 괜찮아졌어요. 진짜 좋은 환경이 됐거든요. 도언이도 참 좋아했고, 봉사 다니는 거 좋아했고. 제가 숍을 하면서 봉사를 하다 보니까 밥을 못 먹는 경우가 많아요. 가게가 바쁘니까 짬을 내서 봉사를 일주일에 한 번씩 다니니까. 일주일에 한 번씩 가는 데가 있고 한 달에 한 번씩 가는 데가 있고 이래요, 많아요. 이러다 보니까 도언이가 맨날 그랬거든요. "엄마, 봉사도 좋지만 밥 좀 챙겨 먹고 다녀요".

내가 맨날 봉사하고 나누고 그러니까 도언이도 그게 몸에 뱄던 것 같아요. 도언이도 그래요, 항상 본인이 양보하고 본인이 손해 보고 이렇게 살았거든요, 우리 도언이도. 친구들이 그걸 다 얘길 했어요. 『약전』[『416 단원고 약전』] 할 때도 그런 얘기 많이 하고. 그런데 지금 후회스러운 게 그래요. 물론 그거를 좋은 마음으로 했지요, 봉사를. 그렇잖아요. 뭔가를 팔고자 하는 게 봉사하는 마음은 아니잖아요. 제가 할 수 있는 걸로 베푸는 게 봉사잖아요. 근데 봉사하면 그래요. 어르신들이잖아요. 발마사지는 기본 65세 이상을 해드리거든요. 어르신들 가면 발도 많이 더럽고 아프신 분들도 많아요. 다른 봉사 단체는 일회용장갑 끼고 하는 데도 있는데, 근데 저는 맨손으로 다 했거든요. 그럼 어르신들이 그런 얘기를 하죠. "자식도 안 해주고 며느리도 안 해주고 손자도 안 해주는 더러운 발을 해줘서 고맙다", "내가 복 많이 줄게" 다들 그러셔요. 그러면 제가 항상 그러죠. "고맙습니다. 그 복을 제가 받아가지고요, 제 주위 사람들한테 다 나눠드릴게요" 이러고 살았어요, 사실 저.

근데…… 그 복을 안 줬나 봐요. 말뿐이었나 봐요. 그리고 엄마

부대, 어버이연합 보면서… 내 손을 잘라버리고 싶더라니까요(울음). 저랑 같은 생각하시는 분들이 많더라고요. 봉사를 하시는 분들이… 어르신들이 막말 하시는 거 보면서 상처를 더 받더라고요(한숨). 그 많은 복들이 다 어디 갔을까요? 우리 애들은…. 진짜 말만 줬나 봐, 말만 복 준다고 했나 봐, 마음은 아니고 말만……. 그래서 후회 많이 했어요, 전. '이럴려고 봉사했나, 저 어르신은 저렇게 막말하는데… 왜 미친 듯이 봉사하고 다녔나…', 봉사라는 게 그렇잖아요. 내가 일주일 살고 착한 일 하면, 자식들이 잘될 거라고 그러잖아요. 그래서 더 열심히 했거든요. 내 새끼들 잘되라고, 아프지 않고……. 이번에(한숨) 지난주에 안산 분향소[정부합동분향소]에 아시죠? [안산시] 이동에 사시는 어르신이 와서 막말하고 유가족 때리고, 기물 파손한 거요.

면담자   좀 더 자세히 말씀해 주세요. 어머님도 그때 같이 계셨나요?

도언 엄마   저는 없었는데요, 인터넷 기사를 보고 놀랐어요. 그래서 막 연락을 취했더니 어르신 얼굴을 보내온 거예요. 처음에는, 어디서 많이 본 얼굴이에요. 그래서 단체톡을 했죠. "아니, 이 어르신 내가 많이 본 사람이다". 알고 봤더니요, 내가 발마사지 봉사해 줬던 어르신이더라고요. 내가 미쳤지요……. 그러니까요, 말뿐이었던 거지. 어르신들이 복 준다는 건요, 다 거짓말이었던 거예요.

면담자   어디서 봉사하셨던 거예요?

도언 엄마   이동에서요. 이동 분이시더라고요. 그래서 내가 '어디서 많이 봤다. 어디서 많이 봤지?' 그랬더니, 발마사지 봉사……(한숨) 그런가 봐요, 세상은…. 그래서 많이 후회해요(한숨). 차라리 봉사할 시간에 우리 애들 데리고 같이 많이 있을걸……(한숨).

6
4·16 이전의 일상

면담자   좀 쉬었다 할까요?

도언 엄마   아니, 괜찮아요.

면담자   아까 도언이랑 사물놀이하고 여행 같이 간 일들 말씀해 주셨는데요. 혹시 기억에 남는 에피소드들이 있으신지요?

도언 엄마   일본 갔을 때도요, 우리 도언이는 호기심이 많아요. 호기심이 많고, 호기심이 있으면 참지를 못해요, 해야 돼요. 일본 갔을 때도 사물놀이 공연을 하고 일본, 일본 게임을 배우잖아요. 아무도 안 나가는 거예요, 나오라고 해도. 도언이가 손을 번쩍 들면서 나가더라고요. 나가서 그 게임을 하고 그랬거든요. 게임도 하고(한숨), 일본 사람들도 우리 도언이 엄청 이뻐했는데. 오카모토 상이[씨가] 있어요. 오카모토 상이 일본 문화교류를 진행하시는 분이세요. 그분도 딸이 세 명이나 있는데, 우리 도언이를 엄청 이뻐했어요. 엄청 이뻐하고, 그때 동영상을 우리가 받지 못했거든요.

도언 엄마 이지성

우리가 일본에 갔던 기간 동안 정리해서 동영상을 보내줬어요. 보내줬는데, 중간에 이게 잘못돼서 아직 도착을 못 했어요. 7월 초에 보냈는데, 그게 아직 내 손에 들어오지를 않고 있어요. 예쁘게 해서 보냈는데. 뭐 그런 거? 우리 도언이는… 성격이 너무 좋아 가지고, 친구들이 다들 그래요. 도언이 때문에 성격 밝아지고, 도언이 때문에 친구들 사귀게 되었다는 친구들이 참 많아요. 말로 할려면, 말로 하려면 끝이 없지 뭐, 우리 도언이는.

면담자　　　어머님, 4·16 전에 눈 떠서부터 평소 하루 일과를 얘기해 주실 수 있어요?

도언 엄마　　　4월 16일이요?

면담자　　　아니요, 그 이전에. 사건 일어나기 전에 평소에는 몇 시에 일어나서 애들 학교 보내고 뭐 이런 것들이요.

도언 엄마　　　우리 도언이가 중3때…(한숨) 도언이 아빠랑 부산에 여행을 갔었어요. 갔는데 둘이 바닷가를 걸으면서 유학을 보내달라더라고요. "유학 보내줬으면 좋겠어. 좀 더 넓은 세상을 보고 싶어" 이러더라고요. 제가 그때는 너무 어리니까, 여자애잖아요. 그래서 "도언아, 조금 더 있다가 생각해 보자" 이랬거든요. 두 번을 얘기했어요, 저한테.

그것도 후회되고, 그리고 중3때 지금 살던 집으로 이사를 왔어요. 원래는 다른 고등학교로 가야 됐는데… 그리고 집 구역상[으로]도 단원고를 가야 할 구역은 아니에요, 도언이가. 그런데 사촌오빠가, 안산에 사는 오빠가, 이종사촌 오빠가 단원고를 졸업했는데 너무 좋다고 그러는 거예요. "너무 좋다, 단원고". 그때는 우리 도언이 때부터 평준화가 됐기 때문에 그 전에는 시험 쳐서 갔구요. 그래서 원래는 도언이가 강서고 아니면 선부고 쪽으로 가야 되는데, 단원고로 가겠다는 거죠. 오빠도 단원고로 가라고, 좋다고 그러고, 친구들도 여섯 명인가 지원을 한 거예요. 원래 평준화기 때문에 평준화 학생들 외에는 성적으로 들어갔거든요. 단원고를 넣었는데 여섯 명이 지원했는데 두 명이 떨어지고 네 명이 붙은 거예요. 너무 좋아했거든요. 단원고, 가고 싶은 학교 간다고.

단원고로 가면서 도언이가 '바른생활부[선도부]'를 들었어요. 바른생활부에 들어서 처음에는(한숨) 친구들이랑 걸어갔어요, 여섯 명이서. 아니, 네 명이서 아침마다 학교를 걸어갔는데, 너무 힘든 거죠, 아침마다 걸어가니까. 그래서 나중에는 버스를 타고 가더라고요. 그런데 그것도 힘든가? 버스를 이제 두 번 타야 되거든요, 단원고 갈라 그러면. 그러더니 또 하루는, 한동안은 천 원씩 내서 택시를 타고 간대요. 그런데 그것도 싫다고 하더라구요, 처음에는 좋았는데. 그래서 엄마가 데려다 달래요, 학교를. 바른생활부는 7시까지 학교를 가야 되거든요. 그러면 집에서 6시 반에 나와요, 6시 반에. 저는 숍이 10시에 오픈하거든요. 직원이 있으니까 늦게 가도 돼요. 그런데 도언이가 학교를 7시까지 가야 되니까, 그러면 저는 5시에 일어나는 거예요, 씻고 도언이 밥 먹이고. 내가 또 늦으면 도언이 오빠하고 도언이 아빠는 밥을 안 먹고 아침에 선식을 먹고 다

니거든요. 도언이 아빠 선식 타주면 도언이가 밥 먹고 설거지할 거
는 싱크대에 넣고 도언이가 아빠 선식을 타주는 거예요, 베지밀에
선식 넣고 꿀 넣고 이렇게 해서. 준비하고 난 이제 대충 화장하고
6시 반 되면 집에서 나와야 하는 거예요, 막 나오는 거예요.

제 차는 도언이 전용차였거든요. 도언이가 되게 좋아했어요,
"이 차는 내 전용차"라고. 그 차는 도언이만 태웠지 아무도 안 태웠
거든요. 6시 반에 집에서 나오면 학교 가는 시간에, 그 짧은 시간에
많은 이야기를 해요. 둘이 같이 막 화장도 하구요. 짧은 시간에 학
교 이야기도 하고, 친구들 이야기도 하고. 도언이가 맨날 그랬어
요. "나는 엄마랑 학교 가는 게 너무 좋다"고 그랬어요. 엄마 목소
리 들으면서 학교 가면 기분이 너무 좋고 발걸음도 가볍다고요. 그
말에 신나서 맨날 가는 거죠(웃음).

그러면 이제 도언이 학교 등교시켜 주고, 간혹 늦을 때도 있잖
아요. 늦으면 막 투덜대면서 내려요. 그래도 항상 아침에 내릴 때
는 제가 맨날 그래요. "딸, 사랑해" 이러거든요. 그럼 기분 좋을 때
는 "엄마! 나도 사랑해" 이러고, 늦으면 삐져서 문 탁 닫고 가요(웃
음). 그러면 이제 문자나 카톡이 오죠. "엄마, 아침에 짜증 내서 미
안" 이러고……. 도언이랑은 문자나 카톡을 자주 해요, 우리는 수
시로 했거든요. 지금도 제가 다 보관하고 있지만, 수시로 그냥. 저
도 수시로 심심하면 카톡 보내고 도언이도 맨날 보내고(한숨).

낮에는 도언이 학교 보내주고 숍에 가는 거죠, 숍에 일찍 가는
거죠. 가면 이제 피곤할 때는 좀 자고요. 그리고 아니면 정리할 거,

내 정리할 거 강의자료 이런 거 좀 준비 좀 하고. 그리고 낮에는 수시로 도언이랑 카톡하고, 봉사 갈 때는 봉사하고, 또 일하고. 그러면 또 있는 거 먹고 있으면 제가 도언이한테 보내요. "도언아, 엄마 이런 거 먹고 있다. 엄마 꼭 데리고 갈게" 그러면 좋아 가지고. 저는 항상 있는 거 먹으면, 전 항상 도언이를 데리고 다니거든요. 항상 꼭 데리고 가요, 신랑은 안 데려가도.

면담자　　　오빠가 좀 서운해했겠네요.

도언 엄마　　오빠도 안 데려가고요. 저는 도언이는 다 데리고 다녔어요, 진짜. 그건 이모가 알아요. 이모가 알고, 사실 도언이 아빠도 아는 부분이거든요. 그러면 저녁에 도언이가 힘들면, "데리러 왔으면 좋겠어" 카톡이나 전화가 와요. 그러면 밖에 있다가 시간이 어중간하면, 숍[이] 8시까지 하거든요, 제가. 시간이 어중간하면 숍에서 일하다가 학교 앞으로 갈 때도 있고요. 집에 갔다가 나오면 힘들잖아요. 그래서 밖에서 차 한잔 마시다가 데리러 갈 때도 있고요. 그러면 도언이가 친구들을, 친구들하고 같이 가도 되냐고 그래요. 그러면 제가 친구들 많이 태우고, 애들 많이 귀가시켰어요. 그러면 그사이에 또 많은 얘기를 하고. 그래서 도언이는 친구죠 뭐, 친구. 마음 터놓을 수 있는 친구, 신랑보다 더 가까운 친구, 딸.

면담자　　　딸이어서 더 그런가요? 아니면 둘째여서?

도언 엄마　　딸이어서도 있고요. 도언이는 좀 더 애틋해요, 사실 제가. 좀 애틋한 부분이 있고. 많이 공유하고 싶어요, 도언이하고 똑같은 거, 도언이도 그걸 원했고 그래서. 중3때 도언이랑 커플링을 맞췄어요. 이게 지금 끼고 있는 건데, 도언이가 커플링을 하자 하더라고요. 아마 전교생에[게] 언이가 자랑했어요[했나 봐요]. 친구들이 이쁘다고, 달라고 하는 걸 도언이가 안 된다고. 도언이가 "엄마, 우리 저기 가서 커플링 맞추자" 그래서 "도언아, 그러면 우리 이왕 하는 거 화이트골드로 하자" 그래서 화이트골드로 맞춘 거거든요, 도언이랑. 그래서 도언이가 엄청 좋아했어요. 그런데 제가 숍을 하니까 마사지를 하고 하니까 한번씩 반지를 빼놓을 때가 있잖아요. 반지를 빼놓고 못 낄 때가 있으면 도언이가 그래요. "엄마, 나는 항상 끼고 다니는데, 오른손에 끼고 다니는데, 엄마는 왜 자꾸 빼고 다니냐"고 그래서 "엄마 일할 때는 못 끼니까 그때 빼놓고 깜빡할 때가 있다" 그러니까 "끼고 다니라"고 그러거든요. 요즘은 뭐 반지 뺄 일이 없죠, 뭐 요즘은. 항상 손에서 뺄 일이 없고(한숨).

　오늘 아침에도 도언이 사진을 보면서…, 요즘은 사실 도언이 사진을 안 보거든요. 자꾸 보면… 자꾸 없는 게 인정이 돼서…(울음) 그게 그렇더라고요, 그냥. 내가 [도언이가] 평택에 있는데도 평택에 제가 안 가요, 요즘은. 두 달 넘었나 봐. 자꾸 가면… 도언이 없는 게 인정이 되니까…. 사소한 게, 그때는 참… 그때도 물론 행복한 걸 알았지만요, 지금은 [생각해 보면] 그게 더 큰 행복이었는데, 엄청 큰 행복이었는데 그때는 당연한 거라고 생각했잖아요. 영원히 내가 죽을 때까지는… 항상 내 옆에 있고, 항상 내가 카톡하면 답이 올 것이고, 전화하면 전화받아 줄 것이고… 이럴 줄 알았지…

(한숨). 우리 도언이는 그렇거든요, 불러도… 제가 "애기야" 이렇게 부르거든요. "애기야" 이렇게 부르면, "넹" 이렇게 대답해요. 문자도 우리는 카톡도 그렇게 주고받거든요, 우리는. 항상 애교 섞인 그런 단어를 사용해서(울음 섞인 웃음). 엄마도 아니고 "엄망" 이렇게 하고……. 그런 행복들이 없다 보니까(한숨).

면담자   보니까 엄마를 많이 좋아했던 것 같아요. 그 나이 때 커플링은 남자 친구랑 하지 엄마랑 하진 않잖아요(웃음).

도언 엄마   엄청 좋아했죠, 같이 하는 거. 네일아트도 우리는 하러 다녔거든요. 사실 저는 피부 숍을 하기 때문에 네일아트를 하면 안 되잖아요. 우리 도언이도 애기고 그러면 주말에 하기 위해서 같이 가서 해요. 우리 가게 옆에 건물에 네일숍이 있어요. 도언이 때문에 회원권을 끊어서 둘이 똑같이 하러 가죠.

저번에 한번 네일 하러 갔는데, 도언이랑 저랑 앉고 옆에 그 집도 또 모녀가 왔더라고요. 근데 그 딸은 좀 크더라고요, 성인이더라고요. 우리는 막 하면서 "무슨 색깔을 할까?" 둘이서 막 두런두런 얘기하고 깔깔깔 웃고 하는데, 옆에 모녀들은 대화를 안 하는 거예요. 대화를 안 하고 색깔도 엄마가 딸한테 정해주더라고요. "너는 그냥 투명한 색 해" 그리고는 직원한테는 "어머, 난 뭐 할까?" 묻더라고요. 너무 웃기잖아요. 아니, 엄마가 딸한테 "너는 그냥 투명한 색 해" 그러면서 엄마는 막 밝은 색깔 한다고 그러시길래, 우리 둘이서 "어머, 웃긴다" 그러면서 이랬거든요, 네일숍에서. 나와서 또 얘기를 하는 거예요. 도언이가 "엄마, 저 엄마는 진짜 웃긴다. 어떻게 엄마가 저렇게 할 수 있어? 대화를 왜 안 해?" 이랬거든요, 우리가. 그 정도로 진짜 오만[별의별] 얘기 다 하고, 그리고 또 도언이가 그랬어요. "엄마, 항상 즐기고 살아야 돼. 즐기고 살아. 남한테 베풀지만 말고, 밥도 챙겨 먹고 건강도 챙기고. 엄마, 즐겨야 돼" 맨날 그 얘기를 했거든요. 근데 즐길 뭐 그런 거 없네요, 도언이가 없으니까 모든 게 의미가 없어요, 진짜. 모든 게 의미가 없더라고요. 하나도 의미가 없어요. 이런 의미를 잃어버리게 만든 딸을 어떻게 해야 되나?(한숨)

7
교육관 및 여행

면담자　　아이들 키우면서 특별히 중요하게 생각하시는 게 있으셨나요?

도언 엄마　　저는요, '예'를 참 중요시했어요, 인성. 어릴 때부터 그랬어요. 그래서 항상 "어른들 보면 무조건 인사해", "바르게 행동해" 그랬거든요. 도언이는 고등학생, 고2 되어서도 90도로 배꼽인사 했어요. 배꼽 위에 딱 손 얹고요, 배꼽인사 해요 도언이는. 우리 건물도 그렇고, 숍에 오면 우리 회원들한테도 항상 배꼽인사 해요. 우리 회원들이 다 기억해요, 도언이를. "진짜 딸은 고2가 되어도 항상 배꼽인사 하니까 너무 이쁘다"고. 저는 "취직도 중요하지만, 세상 사는 건 지혜와 인성이 바로 서야 된다" 그렇게 교육을 시켰어요. 그래서 도언이는 항상 예의 바르게 하는 거, 그래서 선생님들이 도언이를 참 많이 이뻐해 주셨어요. 중학교 때도 그렇고 초등학교 때도 그렇고. 중학교 때 선생님이 써주신 편지도 있고 고등학교 때도 그렇고 항상 도언이는 예의 바르고 잘 웃고 활발해서 너무 좋다고, 항상 친구들한테 긍정적인 마인드를 심어주는 애라고 칭찬을 참 많이 하셨거든요. 그러면서 항상, 인성.

면담자 긍정적인 마인드를, 주변에 좋은 기운을 주려면 본인도 좋은 기운이 있어야 하잖아요. 그래서 어머님이 특별히 고민하셨던 부분이 있으신지요?

도언 엄마 저는요, 어릴 때부터 도언이한테 그랬어요. 제가 페이스북이나 이런 데도 다 올렸지만, 저는 참 여행을 많이 다녔거든요, 도언이랑 여행을. 근데 언니들하고 여행을 많이 다녔지만, 여행을 가면 여러 체험을 많이 하잖아요. 처음에는 애들이 싫어할 때도 있죠. 그래도 저는 무조건 하라고 했어요. 지금은 만약에 예를 들어서 짚라인[로프를 타고 빠른 속도로 이동하는 야외 레포츠]을 탔었어요. 그때는 짚라인이 대한민국에 처음 생길 때예요. 와이어 타고 2시간 정도 내려오는 그런, 단계별로 있는 건데, 그때 생겼을 때 처음 데리고 갔어요. 무서워하죠. 산 정상에서 와이어 타고 내려오면 처음에는 무섭거든요. 처음에 망설이길래 제가 그랬죠. "지금 이

도언 엄마 이지성

두려움을 넘어서면 이게 엄청난 경험이다. 그리고 도언이가 살아가면서 엄청난 지혜를 줄 것이고, 이 경험을 바탕으로 살아갈 때 엄청난 혜택이 있을 것이다. 그리고 니가 나중에 살아가면서, 니 꿈이 선생님이기 때문에 학생들한테 지혜를 줄 것이다" 그랬거든요. 그래서 저는 항상 여행을 다니면 그 얘기를 해요. "이게 나중에 살아가면서 피와 살이 될 것이다". 그래서 저는 여행을 진짜 많이 다녔어요, 여행을 진짜 틈만 나면. 그래도 바쁘니까 주말엔 무조건 데리고 가는 거죠.

면담자   주로 어떤 데 많이 가셨어요?

도언 엄마   주로 딱 짚어서가 아니고요. 저희는 어릴 때부터 곤충박물관, 산, 계곡 안 다닌 데가 없어요. 전라도 이런 데 다 다니고요, 외도도 몇 번이나 다녀오구요, 통영에. 다 다녔어요. 그리고 음식도, 도언이는 음식 가리는 게 없어요. 제가 어릴 때부터 막 먹였거든요. 그래서 도언이 친구들이 그러잖아요. "도언이는 어른 식성이다", "음식 가리는 게 없다" 그랬죠. 있는 거 있으면 무조건 다 먹이거든요, 돌아다니면서.

면담자   아까 이모들이 근처에 살고 있다고 하셨는데, 어머님이 혹시 몇 남 몇 녀이신지요?

도언 엄마   부산에 언니가 세 명이고, 안산에 언니가 한 명, 제가 1남 5녀 중 막내예요. 막내래서 제가 귀여움을 많이 받고 자랐어요, 어릴 때. 어릴 때 막내다 보니까, 그래서 도언이가 항상 하는 말이 "엄마도 막내고, 나도 막내다". 도언이는 우리 집안에, 친정집에 막내거든요. 막내라서 너무 좋다고, "막내는 원래 사랑 많이 받는다. 엄마, 그럼 나도 많이 사랑 많이 받는다"고. 진짜 사랑 많이 받았거든요. 이모들이 너무 예뻐했어요. 그래서 여행을 많이 다녔죠.

면담자   여행 가는 곳 정보는 어떻게 얻으셨나요?

도언 엄마   정보는 그때그때 검색도 하지만요. 제가 안산에서 활동을 많이 했어요, 지금은 다 접고 있지만. 그러면 많이 알잖아요. 한 번 가본 곳 있으면 또 가는 거예요.

8
도언이의 학교생활

면담자   안산에서는 어떤 활동을 하셨나요?

도언 엄마   환경재단 쪽에 일도 했고요. 안산시, 시 쪽 일, 그리고 봉사활동도 했고, 강의도 하고 그랬으니까 많이 했죠. 그래서 작년에 사실 도움도 많이 받았죠, 지금도 많이 받고 있고. 작년에 많은 도움을 받았어요. 제 지인이 많이 도와주셨죠.

면담자   환경재단에서는 어떤 일을 하셨어요?

도언 엄마   말 그대로 환경재단에 시오투[CO_2, 이산화탄소] 줄이기, 안산 '에버그린21'이 안산시 환경재단이거든요. 그쪽에서 활동을 하구요. 예를 들어 쓰레기 줄이기 이런 거 다 교육을 해요. 이런 것도 다 같이 활동을 하고 그리고 상록구 노인복지회관에서 제가 활동도 하구요.

면담자   엄청 바쁘셨을 것 같아요.

도언 엄마   네. 바쁜데 그래도 짬짬이 도언이랑 할 거 다 했어요. 그래서 도언이 숍으로 불러서 학교 마치고 숍에서 있는 것도 먹고, 먹으러 가고. 도언이 친구들이, 저는요, 도언이한테 그랬어요. "공부도 중요하지만, 공부 필요 없다. 야, 야자 빼!" 그래서 둘이 영화도 보러 가고 그랬어요. 도언이 아빠한테는 비밀로 하고 "도언아, 니 야자 한 거야" 이러면서 둘이서 영화도 보러 가고 둘이 맛있는 거 먹으러 가고. 저기 궁평항으로 가서 바다장어 구워 먹으러 가기도 하고. 저는 공부가 중요하다고 생각하지 않는 사람이거든요.

면담자   왜 그런 거지요? 보통 부모님들은 공부를 많이 강조하잖아요.

도언 엄마   근데 제가 살아보니까 공부가 중요하지만은 않더라고요. 내가 잘하는 것, 내가 좋아하는 것 하면 행복하게 살 수 있잖아요. 행복하게 살 수 있고, 돈은 쓸 만큼 벌 수 있는 거고. 그리고 내가 한 만큼 인정을 받으니까 내가 하기 나름인 거 같아요, 인정받는 것도. 물론 이제… 기본 틀은 있어야 되겠죠. 기본 틀이 있어야지만 사회에서 인정은 받는 틀은 만들면 되는 건데… 지식, 공부는 중요한 거 같진 않아요. 도언이는 저를 죽 봐왔잖아요. 도언이도 그걸 알죠. 그래서 내가 "니가 좋아하는 걸 하면 돼" [하고 가르쳤어요].

면담자   도언이한테만 특별히 그러시는 건지, 오빠한테도 비슷한 건지?

도언 엄마   네, 전 그래요, 아들도. 대신 그거는 있어요. 도언이 오빠가 ○○거든요. ○○한테는 남자니까 항상 그 얘기를 하죠. "너는 결혼을 하면 가정을 책임져야 되니까 어느 정도는 정확하게 잡고 가"라고 얘기를 하죠. 또 남자애들은 순간 막 휩쓸리고 그럴 수 있잖아요. 〈비공개〉 내가 항상 도언이한테도 친구, 친구, 친구 맨날 그 얘기했던 거예요. 도언이 친구들이 얘기할 때, 오히려 도언이가 친구들을 잡아줬다고. 친구들이 도언이를 잡아준 게 아니라, [도언이가 잡아주었다고] 했다고.

우리 아들 같은 경우에는 물론 그 친구들을 계속 만나고 있지만, 저는… 고3 때 선생님을 잘 만났어, 우리 아들 같은 경우는. 그래서 내가 도언이한테도 "선생님 역할이 그만큼 중요하다" 그랬죠. 그랬더니 도언이가 한 말이, 고1때였어요. 진로를 선택을 하잖아요. 도언이가 이화여자대학교로 대학 탐방을 갔다 왔더라고요. 거기에 주욱 내용이 있는데 도언이는 "끝까지 포기하지 않고 인정받는 사람이 되겠다"라고, 지 이제 자기소개를 적어놨더라고요. 제가 그래서 "도언아, 진로는 어떻게 할 거야?" 물어봤어요. "문과, 이과는 어떻게 선택할 거야?" 내가 그랬더니 "엄마, 나는 엄마랑 상담하는 것도 좋지만, 엄마는 주관적일 수가 있어. 엄마의 주관적인 마인드를 얘기할 수가 있어. 그래서 나는 엄마랑 상담 안 할 거야" 하더라고요. 그래서 "왜?" 그랬더니 "엄마, 정확하게 짚어줄 수 있는 사람은 선생님이다" 왜냐하면 "나의 학교생활을 알고 있고", 저는 학교생활을 모르잖아요. "학교생활을 다 알고 있고 나의 성격과 특기, 적성을 다 알고 계시기 때문에 선생님하고 상담을 해야 된다"라고 얘기를 했거든요. 그래서 도언이는 저하고는 상담을 안 했어요.

면담자   좀 서운하지 않으셨어요?

도언 엄마   아니요, 저는 그게 더 좋다고 생각을 했어요. 왜냐하면 도언이 말대로 자꾸 내가 원하는 대로 갈 수 있잖아요. 내가 아무리 도언이한테 자유롭게 생각하라고 해도, 저는 엄마잖아요. 엄마니까 자꾸 도언이를 이끌 수 있잖아요, 내 주관적으로. "이렇게 했으면 좋겠어"라고 강요할 수 있는 부분이기 때문에 저는 그 부분은 서운하게 생각하지 않았어요. 오히려 '도언이가 참 잘 판단했다'라고 전 그렇게 생각을 했지요.

그래서 도언이가 선생님을 또 워낙 유독히 따랐기 때문에, '바른생활부' 한 이유도, 도언이가 그러더라고요. "너 아침 일찍 가면 힘들지 않냐?" 제가 그랬어요. 왜냐하면 7시에 가면 힘들어요, 피곤해요. 본인도 피곤하고 저도 피곤하고. 왜냐면 야자하고 집에 오면 보통 내가 안 데리러 가면 11시 되잖아요, 버스 타고 오면. 씻고 하면 새벽 되고 또 아침 일찍 나가야 되고. 그래서 "바른생활부 힘들면 그만둬라"고 제가 그랬더니 싫다 하더라고요. 저는[자기는] 바른생활부 해서 너무 좋대요. 선생님이랑 대화를 많이 해서 좋대요. 대화를 많이 해서 좋고 선생님이랑 더 가까워져서 좋고, 그래서 "엄마, 나는 바른생활부가 너무 좋아" 그랬거든요. 그런 부분은 도언이가 현명하게 잘 판단을 해요. 도언이가 마음은 여리지만 딱 결정할 부분에 대해서는 행동을 잘 정리하는 스타일이에요.

면담자   도언이가 야무진 아이였네요. 그러면 입시 정보나 이런 것들은 어머님이 따로 알아보시거나 그러시진 않았어요?

도언 엄마   아직까지는 입시정보는 알아보지 않았어요, 그냥 도언이한테 맡겼으니까. 그냥 1학년 때는 진로선택이 중요하니까, "문과로 갈 거냐? 이과로 갈 거냐? 그다음에 어떤 걸 선택할 거냐?" 이게 중요한 거지. 대학교 [입시] 이런 거까지는 저는 생각을 안 했어요. 그것은 나중에 해도 되니까. 더 중요한 것은 문과, 이과. 문과 중에서도 어떤 길을 갈 것이냐, 이게 중요한 거지. 대학까지 이런 거 까지는 너무 앞섰다고 생각을 했어요, 그런 거에 대해서는.

면담자   혹시 학부모 모임이나 이런 것들은 따로 하셨나요?

도언 엄마   그런 건 안 했구요. 고1때 도언이가 용지를 가져왔어요. "도언아, 이건 뭐야?" 그랬더니 "엄마, 엄마, 학부모회의를 하는 거래. 사람이 없대" 저는 초등학교 때부터 도언이 학교 일에는 관

도언 엄마 이지성

여하지 않았어요.

면담자   '녹색어머니회' 같은 건요?

도언 엄마   녹색어머니회는 했어요. 초등학교 6년을 해줬어요. 아침에 아무리 바빠도 화장 다 하고 정장 입고 그거 해주고 출근한 사람이에요. 그것까지는 제 선에서 최선으로 해줄 수 있는 거니까. 그래도 학교 가서 청소해 주고 이런 건 한 번도 해준 적이 없어요. 그래도 도언이가 다 알아서 잘하고, 회장 선거도 나가고 다 했어요. 물론 떨어졌지만(웃음). 고1때 그런 걸 가져와서, 엄마들 없다고 하니까 "엄마가 좀 해줄까?" 그러니까 알아서 하라길래 사인을 해줬어요. 그런데 그게 반에서 하는 게 아니고 [학교]운영위원이더라고요. 그래서 얼떨결에 운영위원회에 들어가서 1년 동안 활동을 했는데, 저랑은 안 맞더라고요. 그래서 거의 안 갔어요. 돈만 주고 활동은 안 했거든요.

면담자   학교운영위원회에서는 어떤 걸 했나요?

도언 엄마   저도 안 가봐서 모르는데, 학교 전반에 대해서 운영하는 걸 하는데, 저는 안 맞더라고요. 그래서 저는 회비만 내고 활동은 안 했거든요. 그리고 그 당시 단원고 운영위원장이 코드도 좀 안 맞았고요. 근데 사실 지금은 후회를 해요. 그때 처음 맡아서 한 건데 열심히 해줄걸. 그리고 그때 열심히 했으면 상황이 달라졌을까? 물론 이건 [1학년 때의] 그것하고 상관은 없는 일이지만. 작년에는 도언이가 하지 마라고 해서 안 했거든요. 근데 '만약에 작년에 했더라면 수학여행을 못 가게 할 수 있지 않았을까' 생각을 하죠. 후회만 남는 거잖아요, 그죠. '그런 것도 못 해줬으면서' 하고 후회가 돼요. 다른 엄마들은 고등학교 들어가서도 많이 했더라고요. 저는 도언이가 워낙 잘 알아서 하니까, 그리고 저도 학교에 들어가서 막 해줘야 한다고 생각하는 마인드는 아니거든요. 엄마가 안 가도 너희들이 알아서 해야 되고, 도언이는 잘 알아서 했고.

면담자　　　그래도 초등학교 저학년 때는 적응을 잘할까 걱정 많으셨을 텐데요.

도언 엄마　　　그러게요, 좀 해줄걸⋯. 그래도 도언이가 워낙 글짓기나 그림 그리기나 이런 상도 많이 받고, 잘해오니까⋯⋯. 중학교 때도 도언이가 시 적은 게 잘되어서 학교에 걸어놓고 했더라고요. 그것도 몰랐어요. 워낙 잘하니까, 워낙 잘하니까 칭찬을 한다고 해도 놓치는 부분이 많잖아요. 상장 받아와도 그냥 "어, 받았어?" 이 정도지. "그래, 그래?" 이렇게 [칭찬]해줬어야 되는데⋯ 그런 것도 후회스럽고(웃음).

면담자　　　잠깐 쉬었다가 할게요.

(잠시 중단)

9

희생자 가족 배·보상 문제

도언 엄마　　이거[구술] 작업 시작하신 지는 얼마나 되셨어요?

면담자　　2015년 6월부터 준비하기 시작했어요.

도언 엄마　　그러시구나. 사실은 지금 생각해 보면 아쉬운 게, 팽목에 있을 때도 '기록단[시민기록위원회]'이 5월 말쯤에 형성됐잖아요. 사진기록단, 영상기록단이 형성됐어요. 근데 일찍 올라온 애기들은 그 자료가 없는 거야. 그것도 막 섭섭한 거예요. 내가 정신이 있어서[없어서] 촬영할 수가 없잖아요. 그것도 섭섭하더라고요. 그것도 귀한 자료인데, 나중에는 이런 자료밖에 남는 게 없잖아요(한숨). 늦게 나온 분들은 좀 욕하겠지만, 기록단이 좀만 더 빨리 형성됐으면 좋았겠다 싶어요. 그래도 고맙죠. 기록단 분들이 활동을 해 주시니까.

도언 엄마　　엊그저께 우리 3반 당직이어서 밥 먹고 대리를 타고 오는데, 대리를 타고 시흥 능곡동에서 여기 분향소로 왔거든요, 당직이어서. 저하고 대구 분들이 올라오셔서 밥을 먹고 오면서 대리 기사분이랑, 처음부터 그런 얘기하면 안 되잖아요. 이런저런 얘기하다가 [대리 기사분에게] 분향소 와서 애기들 본 적 있냐고 그러니까 없다고 그러더라고요. 그래서 "오시기도 힘드니까 오신 김에 보고 가세요" 그랬더니 대답을 안 하는 거예요. (웃으며) 그래도 강요

할 수가 있나? 그래서 "그냥 현수막에서 보는 거랑 실제로 분향소 들어가서 보는 거는 틀립니다[다릅니다]. 이 대한민국의 비극이다" 제가 그랬죠. 그랬더니 그분이 하시는 말씀이 "진짜 이건 있을 수 없는 일이다. 어떻게 애들을 이럴 수, 이렇게 죽일 수 있냐?" 그러더라고요. 그래서 "그래 말이에요. 21세기에 이거는 말이 안 된다" 그래서 "꼭 분향소 가서 분향하고 가세요" 그랬더니 대답을 안 하시면서 하시는 말씀이 "그러니까 빨리 보상을 해줘야 될 거 아니에요" 이러는 거예요.

아니, 지금 보상이 아니지. 그분은 내가 유가족인지 모르고 이제 얘기를 하시는 거죠. 그래서 전 "무슨 보상이에요. 유가족들은 다들 진실을 알고자 하는데, 진실을 알아야지, 진실이 문제지 배·보상이 문제는 아니죠" 그랬더니 "그래도 다들 힘드시니까 일단 먼저 나랏돈으로 배·보상을 하고, 보상을 하고 나중에 하면 될 거 아니냐?" 그러시더라고요. 그래서 뒤에 다른 어머님 앉아 있고, 내가 그랬죠. "유가족들 엄마, 아빠들은요, 진실을 알아야 되죠. 진실을 알아야 배·보상이 이루어지는 거죠. 그리고 오셨으니 꼭 분향하고 가세요" 그랬는데 끝끝내 안 들어가더라고요. (웃으며) 젊은 사람들도 그래요.

면담자   그럼 배·보상 이야기를 들으면 어떠세요?

도언 엄마   보상이요? 사실 이건, 저도 유가족이지만요, 말하기가 참 어려운 부분이죠. 사람이 다 똑같을 수는 없어요, 똑같을 순

없구요. 똑같은 부모 마음일 수도 없어요. 간담회를 하면 제가 그런 얘기를 해요, 질문하잖아요. 그때도 배·보상 얘기하니까 제가 그러죠 그때는 배·보상 얘기 나오기 전이었구요, 제가 일반인들[이] 얘기를 물어보면 제가 얘기를 하죠. "슬픔은 똑같습니다, 슬픔은 똑같은데, 슬픔의 정도가 어느 정도냐 차이지, 슬픔은 똑같습니다" 라고 얘기를 해요.

그런데 지금도 좀 마찬가지라고 봐요. 배·보상 얘기가 나오면서 문제가 많이 대두되고 있잖아요. 배·보상 신청하는 부모님도 계세요, 희생자[부모들] 중에. 똑같이 슬프죠, 자식을 잃었는데 어떻게 슬프지 않을 수 있겠어요. 17년, 만으로 따지면 16년, 우리 도언이 같은 경우는 12월생이니까 만으로 16년, 17년 내가 키운 자식을 잃었는데 슬프죠. 슬프지만… 생각의 차이, 슬픔의 차이라고 봐요. 제가 요즘에 그런 얘기를 하는데… 어떻게 키웠느냐에 따라서 '어떠한 마음, 어떻게 더 애틋하게 키웠느냐 하는 그 차이지 않을까?' 전 그런 얘기를 해요. "진짜 너무너무 간절하게, 너무 이뻐서, 너무 진짜 다칠세라 너무 이렇게 애지중지했던 자식들[부모들]이 끝까지 가지 않을까? 그 사람들이 배·보상 신청하지 않고 끝까지 진실을 외치지 않을까?" 전 그렇게 얘기해요.

사실 돈이요? 어제도 어떤 엄마랑 그런 얘기를 했는데, 돈이요? 돈 필요 없죠. 저만[제 경우만] 얘기할게요, 다른 부모들은 얘기할 수는 없는 거고요. 열심히 살면 먹고살 만해요, 저희는. 도언이 아빠도 개인 사업체 가지고 있고, 저도 개인적으로 사업장 가지고 있고. 넉넉하죠. 남부럽지 않게 먹고살 만해요. 저는 돈 필요 없거든요. 지금도 돈 필요 없어요. 돈이 뭔 필요가 있어요, 애가 없는데? 오히려 도언이가 없으니까 돈 나갈 일이 없어요. 돈 쓸 일이 없잖아요. 등록금도 안 나가죠, 급식비도 안 나가죠, 용돈도 안 나가죠, 여행도 안 가죠, 맛있는 거 먹으러 나갈 일도 없죠, 네일아트 안 하죠, 영화 안 보죠, 돈 나갈 일이 없잖아요. 우리는 이 돈 나가도 행복하게 살았거든요. 〈비공개〉

우리 도언이 아빠가 배·보상 얘기 나오기 전부터 작년부터 그런 얘기를 해요. 제가 미친 듯이 [활동을] 달렸거든요…(한숨) 억울하니까…. 그때 제가 그런 얘기를 했어요. "왜 부모님들이 안 움직이는지 모르겠다. 억울하지도 않느냐? 내 귀한 새끼가, 죽으면서 얼마나 엄마, 아빠를 불렀겠냐? 억울하지도 않나 봐? 왜 안 나올까?" 그랬더니 도언이 아빠가 그때 그랬어요. "속상해하지 마라. 소수의 인원이 진실을 밝힐 것이다. 그 소수의 인원이 너이면[당신이면] 되지. 억울해하지 마라. 두고 봐라. 시간이 지나면 지날수록 우리 유가족도 소수의 몇몇만 남을 것이다. 대신 그 소수의 인원이 내 새끼가 죽은 이유를 밝힐 것이다" 그 얘기를 했어요. 그게 현실이 되더라고요. 그리고 도언이 아빠가 작년부터 얘기를 했어요. "우리 분명 이거는 소송으로 가야 한다. 소송으로 가야지만 진실을 밝힐 수 있다" 맞더라구요. 지금도 그 얘기를 해요, 도언이 아빠가. "소수의 인원이 진실을 밝힐 것이다" 맞아요. 소수의 인원인 것 같아요. 지금은 받으실 분은 받으시고… 그렇잖아요. 언젠[지금까지]

이 돈 없이도 다들 살았잖아요, 다들. 물론 생활이 힘드신 분도 있었겠지만, 그래도 살았잖아요. 열심히 일해서 살았잖아요. 〈비공개〉 그렇게 돈 받는다고 다 정리가 되는 건 아니잖아요. 돈 받아도 정리 안 돼요, 이거는. 내가 죽어야 정리되는 것이고, 내가 죽어야 이 그리움, 그리워하는 마음이 없어지는 것이고. '내 죽기 전까지 진실을 밝힐 [수 있을]까?' 이게 걱정인데… 그분들은 그 얘기하더라구요, "빨리 정리를 해야지". 뭘 정리할 건데? 내 새끼가 없는데, 진실도 안 밝혀졌는데. 〈비공개〉

그런 얘기를 해요. 주위에서 그런 얘기하면 "자, 내가 알기 쉽게 얘기를 해줄게" 제 지인들한테. 제 지인들이 사실 거의 다 시이오(CEO)들이잖아요. 다 개인사업자고 사업하시는 분이지, 일반 근로자는 없잖아요. 저도 제 일을 하고 활동하는 사람이기 때문에, 다들 대표들이에요. 그럼 한번씩 그런 얘기를 해요. "지성아! 옛날 너의 그 모습이 그리워. 항상 밝게 웃던 그 모습이 그리운데, 지금은 그 모습을 찾을 수가 없어. 지금은 그냥 투쟁밖에 안 보여, 너 얼굴 보면" 그 얘기를 해요. 그래서 나보고(한숨) "이제 일상으로 돌아와야 되지 않겠어?" 이러죠. "어차피 긴 싸움이니까 니 일을 병행하면서 해라. 그리고 진실을 밝히긴 쉽겠냐" 그리고 "정리를 했으면 좋겠다" 그 얘기를 해요. 그럼 내가 그랬죠. "정리라는 것은, 자! 쉽게 얘기해 줄게. 우리가 교통사고가 빡 났어. 빡 났으면 응? 가해자하고 피해자가 있어. 그럼 프로테지[퍼센티지]를 따지지? 8 대 2냐? 아니면 5 대 5냐? 아님 100프로냐? 이 과실을 따져서 보상금 지금이 돼. 근데 진실이 안 밝혀졌는데 어떻게 배·보상을 받냐? 그리고 정부에서 뭐 잘못했다고 밝힌 게 있냐? 아니잖아? 그럼 이거는 정리된 게 아냐. 정리할 수 없는 거지" 제가 쉽게 얘기해요. "그래, 그건 맞는데, 그건 그런데 너를 보면 참 안타깝다" [그래요]. 그 누구는 들리는 말로는 "누구는 얼마 받았더라" 이런 얘기를 막 하더라구요, 저한테.

나를 도와주는 것은 일상으로 돌아오라는 얘기가 아니라, 어깨를 툭툭 치면서 "어, 지성아 힘내. 내가 도언이를 아니까, 내가 니 딸을 아니까, 이쁜 딸. 그래, 진실을 밝혀야지" 이게 나를 도와주는 거지. 그러면 "내가 힘들어할 때, 그냥 소주 한잔 사주는 게 날 도와주는 거다" 그렇게 해달라고 얘기를 했어요. 그래서 요즘은 지인들이 그런 얘기를 안 하죠. 요즘은 그냥 "어떻게 돌아가[진행되고 있어]? 더운데 광화문 가서 어떻게 하고 있어?" 그렇게만 물어봐요, 제 지인들은.

그래서 저는 유가족들이 배·보상 신청받는[하는] 거 사실 속상해요. 속상하고 창피해요. 시민분들은, 내가 항상 단원고 11반들[함께 하는 시민들]은, 지금까지도 같이 해주고 있잖아요. 근데 어떻게 엄마, 아빠들이 돈 받고 정리를 해요? 이건 있을 수 없는 일이잖아, 챙피한 일이고(한숨). 돈이 뭐라고…, 돈이 뭐라고…. 저는 배·보상은 지인분들이 물어보면 사실 그대로 얘기해요, 저는. "우린 받은 거 없고, 여행자[보험] 1억밖에 받은 거 없다. 그리고 또 어떻게 쓰냐? 내 새끼 잃은 목숨값인데 쓸 수 없는 것이다". 제 지인분들은 막 나서서 해주시지는 못하셔요. 대신에 제가 도움 요청하면 도와주시고. 그리고 얘기를 함으로써 그분들이 주위에 배·보상에 대해 안 좋게 얘기하는 분들을 또 설득해 주시겠죠. 그렇지 않겠어요?

그전에는 그냥 좋은 게 좋은 거라고 살았어요, 조금 손해 보고. '그냥 내가 이해하고 말지', '그래 내가 손해 보고 말자', 그럼 다들 두루두루 편하잖아요. 기분 상할 일도 없고 의 상할 일도 없고, 그렇게 살았는데, 그게 결코 좋은 게 아니었던 방식이었어요. 그래서 제가 자꾸 지인들 교육을 시켜요. 그리고 그분들도 날 보면서 달라지더라고요. 자기들도 그렇게 살아왔잖아요, 평생을. 근데 내가 "그렇게 하면 안 돼. 바꿔야 돼. 옳지 않은 건 바꿔야 하고, 좋은 게 좋은 게 아니야" 그랬더니 제 지인분들도 바뀌시더라고요. 자기네들도 뭐가 있으면 그전에는 '그냥 말어. 시끄럽게 해서 뭐 하겠어?' 그렇게 넘어갔던 일도 짚고 넘어간다고 얘기하시더라고요. 이렇게 세상이 바뀌는 거죠, 그렇죠? 근데 그 대가가 너무 혹독해서… 혹독해서 그렇지.

면담자   오늘은 여기까지 할까요? 어머니 조금 더 하셔도 괜찮겠어요?

도언 엄마   아니요, 괜찮아요.

10

정치에 대한 관심 및 앞으로 행동에 대한 바람

면담자　　　예전 같으면 그냥 넘어갈 일들에 대해서 이제는 문제를 지적하거나 "이렇게 해야 한다" 이야기하게 됐다라고 하셨는데… 이전에 예를 들어서 "정치, 투표로 해서 바꾸자" 이런 얘기를 많이 하는데, 이전에 투표는 하시는 편이었는지요? 그리고 정치에 대해서는 어떻게 접하셨는지요?

도언 엄마　　　저는 사실 정치에는 관심이 없었어요. 사람들 많이 만나보셔서 아시겠지만, 사람들은 그냥 본인이 관심 있는 데만 신경을 쓰지 그렇지 않으면 별로 신경을 안 쓰잖아요. 저는 그냥 제 생활 열심히 하고 봉사 열심히 다니고 이렇게 살았고, 간혹 얘기를 하면서 모임 자리거나 술자리 때 정치인들 얘기를 해도 저는 관심이 없었거든요. 관심이 없었어요. 그런데 작년에 우리 애기들이 희생되면서 생각을 달리한 거죠. '아! 너무 관심을 안 가졌구나. 우리가 이렇게 관심을 안 가졌기 때문에, 투표만 해놓고 뽑아놓고, 니들이 뭘 하든 신경을 안 썼기 때문에 애기들이 희생이 됐구나' 이런 생각을 많이 해요. 그래서 요즘은 뭔가 얘기를 하면 제가 찾아보고, 누가 얘기를 하면 제 주위 분들 중에 정치 관심 많으신 분들이 많아요. 그러면 얘기를 자꾸 듣고 저도 얘기를 하게 되고 "그건 아니다"라고 얘기를 하고(한숨).

　　　작년에도…… 작년보다는 그 앞에 일을 얘기해 드릴게요. 제가 고향이 경북 상주예요. 저 어릴 때만 해도 경상도와 전라도는 딱 선이 있었어요. 지금에서야 그게 정치인들이 그렇게 만든 거란 걸 알았지만, 그 당시에는 당연히 그런 줄 알았죠. 우리 엄마들도 그렇고. 우리 엄마도 전라도 분이라고 하면 막 안 좋아했어요. 어릴 때는 보여지는 게 다인 줄 알았으니까, 경상도 사람들은 전라도 사람들을 싫어하고. 또 제가 성인이 돼서도 전라도 내장산에 엠티를 갔는데, 전라도 분들이 경상도 왔다고 엄청 싫어하는 거예요, 기름도 안 넣어주고. 그게 89년도예요. 기름도 안 넣어주고, 내장산 그쪽에 숙박하는데 싸움도 붙고 난리가 났었어요, 그때. 그 당시는 '아, 진짜 무섭구나!' 이랬어요.

그러고는 계속 잊고 살았는데, 우리 애기가 희생되면서 딱 기억이 나는 게 있었어요. 뭔가 하면요, 제가 고2때, 노태우 선거전할 때였어요. 그때 성당에서 동영상을 틀어준 적이 있어요. 제가 천주교재단 학교를 다녔거든요. 제가 여고를 다녔는데, 제가 우연찮게 그 동영상을 봤어요. 뭐냐면, 전두환이 광주에[서] 학살하는 그 동영상을 봤는데 너무 충격적이었죠. 그래서 그 진실을 알리는 사람들이 "이래서 노태우 찍으면 안 된다, 독재다. 무력으로써 대한민국 국민을 학살했고, 전두환이 대통령이 됐고, 이런 사람이 대한민국을 이끌면 안 된다" 막 얘기를 했었어요. '아! 이런 일이 있었구나, 전라도에, 광주에' 사실 그때 알았어요, 진실을 알았어요. 근데 까마득하게 잊고 살았던 거예요. 작년에 애기 희생되면서 그 생각이 확 생각난 거예요. '맞아, 그때 그런 일이 있었지'.

그래서 제가 얘기를 해요, 특히 선생님들 보면. 그리고 수녀님, 신부님들 뵈면 제가 요구 사항이 뭐냐면요, 제가 이 얘기를 하는 거죠. "저 그때 진실을 알았습니다. 진실을 알았는데요, 어떻게 해야 하는지를 몰랐어. '그냥 진실만 알고 있으면 되는가 보다' 그랬지 어떻게 행동해야 하는지 방법을 가르쳐주지 않았습니다. 이제는 학생들한테 행동하는 방법도 가르쳐주세요". 이 진실을 기억하는 방법과 너희들이 어떻게 행동해야 되는지 방법도 가르쳐주라고. "그래야지만 세월호 진실이 밝혀지고, 대한민국이 바뀔 것이다" 맨날 그 얘기를 해요.

어떻게 보면 참 챙피한 일이죠. 저는 그냥 기억 저편에 깊숙이 놔둔 거죠, 그 진실을 알고도. 만약에 어느 누구라도 나한테 "어떻게 행동을 하라"라고 했다면, 제가 '미약한 힘이나마 움직이지 않았을까?' 그런 생각을 해요. 그래서 전교조 선생님들, [다른] 선생님들, 분향소 오시는 분들 있으면 제가 이 얘기를 항상 해요. 간담회 지역을 가서도 이야기하고 "행동하는 방법을 가르쳐주라"[고]. 교육청에서도 제가 간담회 했었거든요. 경기도교육청, 수원북부청사, 의정부남부청사, 국회서 [간담회를] 할 때 항상 그 얘기를 하죠. "행동하는 걸 가르쳐주시라고. 말만 기억을, 기억이 중요한 게 아니다. 기억만 하고 있으면 뭐 하냐? 행동하지 않으면, 행동하지 않는 진실은 안 된다[의미가 없다]. 바뀔 수가 없다"라고 얘기를 해요. 그래서 이런 부분이 중요한 것 같아요, 행동할 수 있는 방법.

우리 신랑이 대학교 때 운동권이었어요. (웃으며) 우리 신랑이 얘기를 해요, "그때 운동을 더 열심히 했으면, 우리 도언이 안 죽었을 거"라고. 우리 신랑은 그때, 어떤 고문을 당한지 얘기는 하지 않아요. 그런데 너무 심하게 했나 봐요. 그 트라우마가 있어요. 그래서 신랑이 저번에 울면서 그 얘기를 하더라고. "내가 사실은 트라우마가 있어, 너무 그때 당해가지고. 내가 그때 극복을 했어야 하는데, 극복했더라면 우리 도언이가 안 죽었을 텐데". 너무 미안하다고, 우리 도언이한테. 끝끝내 싸웠어야 하는데 안 싸워서 우리 도언이가 죽은 거라고. 뭐 마찬가지죠. 저도 진실을 알고도 행동을 안 했으니까. 사실 그때 고2 때면 빨리 안 거거든요, 동영상을 성당에서 많이 틀어줬기 때문에. 근데 사실 경상도에서는 알아도 많이 움직이지 않았죠. 왜냐면 그전까지 워낙 단절된 생활이었기 때문에….

사실은 학생들은요, 세월호에서 애들이 죽은 걸 알지만, 학교에서 맨날 공부만 가르치고 지식만 가르치잖아요. 그렇죠? 이런 거 "지금 당장 너희들이 학생의 신분이지만 몸으로 나서서 할 수는 없어. 하지만 너희들이 너희들의 자리에서, 너희들이 세월호의 진실을 밝힐 수 있는 행동이 있어" 이렇게 알려줬으면 좋겠어요, 진짜. 그게 중요한 거 같아요. 어차피 나도 죽을 것이고, 여기 계신 선생님들도 죽을 것이고… 그럼 세상을 바꿀 수 있는 건 현재에 있는 우리 도언이 친구들, 후배들이 대한민국을 바꿀 것이니까.

그런 것을 많이 해야 되고, 제가 오늘 이렇게 증언을 하지만 이게 중요한 자료가 될지는 모르겠어요. 그리고 이런 내용들이 나중에 학생들이 봤을 때, 또 진실을 알리고자 하는 사람들이 봤을 때 중요한 자료로 쓰일 수 있다면 너무 좋죠. 뭘 못 하겠어요, 우리가. 진짜 1년 동안 태어나서 안 해본 거 다 해봤는데. 캡사이신도 맞고 경찰한테 두드려[두들겨] 맞고 연행도 되고 뭐… 진짜 안 해본 게 없는 사람들인데…(한숨).

11
마무리

면담자   어머님, 오늘 여기까지 하고, 다음 주에는 수학여행 떠나는 준비랑 그 이야기들, 처음 진도 팽목항 이야기들, 그 이후에 들어와서 못 한 이야기들이나 기록이 안 된 것들 중에 혹시 어머니 기억하시는 것들, 경험들 얘기해 주시면 될 것 같아요.

도언 엄마   근데 진짜 기억이 안 나는 게 많아요.

면담자   그래서 기억저장소에서는 더 기억이 사라지기 전에 빨리 하자고, 이야기하자고 하는 겁니다.

도언 엄마   근데 기억이 진짜 한 개도 안 나요. 도언이 아빠가 그러더라고요. 제가 술 먹으면서 "도언이 아빠, 나 며칠 동안 그 부분이[기억이] 안 난다" 그랬더니 "뭔 소리야, 그날 싸우고 난리 났잖아, 집어던지고 해경이랑 멱살 잡고" 그러는 거예요. 딱 그 며칠 동안 기억이 한 개도 없어요(웃음). 그 며칠 동안은 기억이 안 나요.

도언 엄마 이지성

면담자　　　　오늘 긴 시간이었는데 차분하게 구술에 잘 대응해 주셔서 감사드립니다. 이것으로 1회차 구술을 마치도록 하겠습니다.

2회차

2015년 8월 10일

1
시작 인사말

면담자   본 구술증언은 4·16 사건에 대한 참여자들의 경험과 기억을 기록으로 남김으로써, 이후 진상 규명 및 역사 기술에 기여하고자 합니다. 지금부터 이지성 씨의 증언을 시작하겠습니다. 오늘은 2015년 8월 10일이며, 장소는 안산시 단원구 글로벌다문화센터입니다. 면담자는 김향수이며, 촬영자는 이수정입니다.

2
세월호 참사 1주기 즈음에 겪은 국가폭력과 후유증

면담자   어머님, 오늘 오시면서 어떤 마음으로 오셨나요?

도언 엄마   오면서 몸이 좀 안 좋았어요. 연기를 해야 하나, 생각하다가 날 잡았으니까 해야지 하고 나왔어요.

면담자   몸이 어디가 안 좋으신지요?

도언 엄마   한동안 음식을 못 먹었어요. 한두 달쯤? 4월 초부터 광화문에서 크게 집회를 했잖아요. 그때 많이 맞았어요. 그래서 2주일 병원에 입원했다가 나온 뒤로 음식도 못 먹고, 숨도 제대로 못 쉬고, 그런 상태로 있다가 한두 달 이상 고생한 거 같애요. 조금 나아졌거든요. 나아졌는데 오늘 또 운전해서 오는데 안 좋더라고요. 울렁거리고 토할 것 같고, 그런 상태인데…, 또 시간 좀 지나면 괜찮을 거예요.

면담자   집회 때 맞은 상황이 며칠쯤이었는지 기억하시나요?

도언 엄마   4월 11일에 처음 광화문에서 캡사이신 발사한 날이거든요. 그날도 캡사이신 맞았구요. 4월 11일에는 경찰한테 맞고 그런 건 없었어요. 그냥 캡사이신 맞고, 우리가 청와대로 행진하려 할 때 그때 막아서 그런 거고. 4월 16, 17일, 18일처럼 우리한테 폭행을 가하고 그러지는 않았어요, 같이 싸우고. 4월 16일 날, 1주기 추모제가 취소되고요, 인양 발표를 안 했기 때문에 취소를 하고 서울광장에 행사를 갔죠. 행사를 가서 우리는 부모님 한 30명? 40명 정도가 행사 끝나기 전에 미리 빠져나왔어요. 삼삼오오 흩어져서 "광화문 현판 앞에 모이자"고 이런 거예요. 어차피 문화제가 끝나는 순간 모든 게 고립이니까. 우리가 한두 번 겪은 게 아니니까. 그래서 삼삼오오 지어서 광화문 현판 앞에 10시에 모였어요, 흩어져 있다가. 그때부터 경찰들하고 전쟁이 일어난 거죠. 시민분들이 문화제 끝나고 광화문으로 넘어오는 사이에 많은 일들이 있었죠.

면담자   폭행도 있었나요?

도언 엄마   폭행도 있었고, 걷는 부분[길을] 다 고립시키고 차단시키고, 캡사이신 하고[쏘고]. 그날도 1주기를 앞두고, 사고 해역, 저는 개인적으로 '세월호 대학살'이라고 얘기해요. 애들을 학살시킨 사고 해역으로 가는데, 우리 도언이 오빠가 1주기를 앞두고 [군대에서] 휴가를 신청했어요. 처음에는 보내준다고 했는데, 나중에 보내주면 안 된다고 얘기했었나 봐요. 워낙 민감한 일들이잖아요. 그래도 계속 얘기를 해서 휴가를 받았어요. 원래는 4월 16일 날 가는 줄 알았는데, 15일 날 가게 된 거였어요. 그래서 부대에 전화를 해서 날짜를 좀 당겼죠. 그래서 도언이 오빠가 14일에 나왔어요. 14일에 나와서 15일 새벽 2시에 버스 출발해서 진도 해역에 같이 갔다 왔구요. 15일[16일]에도 같이 서울광장까지 갔어요. 저는 먼저 엄마들이랑 광화문 현판 앞으로 오고, 도언이 오빠는 도언이 아빠랑 같이 문화제 끝나고 광화문으로 넘어오는데, 다 차단됐잖아요. 경찰이랑 몸싸움하고 난리가 난거죠. 그걸 얘가 다 본 거예요.

　군대에 있을 때는 인터넷 매체[사이버지식정보방, 군에서 사용하는 인터넷 이용 공간]로만 보잖아요. 휴가 나왔을 때랑 외박 나왔을 때 인터넷으로만 볼 수 있는 거죠. 평상시에는 볼 수 없는 내용들이잖아요. 전화 왔을 때, "엄마 광화문이야" 이러면 그 정도만 알지 실제 상황을 본 적은 없었던 거죠. 근데 16일에 다 봤잖아요. 우리 완전 고립되고, 물대포 쏘고, 싸우고, 캡사이신 뿌리고, 경찰들이 시민분들, 유가족들 때리는 거 다 보고는 몇 시간에 걸쳐서 광화문을 온 거예요. 광화문에 왔는데, 와도 저는 현판 앞에 있었는데 도로들 사이로 고립이 되어서 넘어오지를 못하는 거예요, 그 광화문 광장에서. 그다음 날 17일에 도언이 오빠가 복귀거든요. 17일 날 새벽 3시에 내려간 거예요, 안산으로 서울에서. 나를 보고 내려가려다가 못 [보고] 내려가고, 차단시키면 어쩔 수가 없으니. 그래서 제가 내려가라고 했죠. "내려가라. 내려가라. 어차피 너 복귀를 해야 되니까, 가라"고 해서, 새벽 3시에 안산 집으로 내려가서, [아들이] 군대에[서] 난리를 좀 피웠나 봐요. 16일부터 해서 '휴가를 연장시켜 달라. 복귀 못 하겠다' 난리를 피웠나 봐요.

부대에서도 완전 초비상이 걸렸죠. 안 그래도 세월호 희생자 오빠인 데다가 또 1주기를 앞두고 나갔는데, 민감한 시기에 나갔는데, 거기다가 또 복귀를 못 한다 하니 난리가 난거예요, 부대에서도. 저한테 전화도 오고 [왔는데 못 받았어요]. 왜냐면 우린 16일에 스크럼 짜고 막 그랬거든요. 학생들도 저희들도 마구 끌어내니까, 스크럼 짜고 배낭 메고 누웠었거든요. 항상 계속 배낭을 메고 있었던 거죠, 밤새도록 언제 끌려 나갈지 모르니까. 그런 상황에서 부대에서 전화가 온들, 온 줄도 몰랐어요. 그런데 17일 날 아침에 보게 된 거죠, 제가. 전화가 엄청 들어와 있더라고요, 부대에서. 그래서 도언이 아빠한테 어떻게 된 거냐고 전화를 했죠. 그러니까 "○○가 부대에 못 간다고 해서 부대에 난리가 났었다. 일단은 복귀를 시킬 테니 걱정하지 말라"고 하더라고요.

그리고 16일, 17일에는 하루 종일 경찰들하고 그러고 있었고. 18일에 잘 아시다시피 캡사이신, 물대포[를] 많이 맞았죠. 그러니까 16일 밤, 17일 새벽부터 경찰들이 우리를 화장실도 못 가게 했어요. 페이스북에도 글을 올렸지만, 화장실도 못 가게 해서, 그래서 경찰들이 보는 앞에서 무릎담요로 그냥 가리고 엄마들이 볼일을 봤어요. 인권도 보장되지 않는 그런 상황이었죠. 하물며 내 새끼

죽인 나라에서, 우리 아이들 살려달라고 했을 때 어떠한 조치도 취하지 않은 그런 정권[의] 경찰들 앞에서, 진짜 우리가 그랬죠. "이렇게 우리가 뭘 움직일 때 [그렇게 신속하게] 달려 나오는 게 경찰들이라고 그러면, 그 상황[세월호 침몰한 상황]에서는[도 좀 그렇게 신속하게] 가서 애들 좀 구해주지. 우리가 뭘 잘못했다고 화장실도 못 가게 하고". 그 애들 보는 앞에서, 학생들 보는 앞에서, 경찰들이 거의 다 애들이잖아요, 보통 20대 초반 애들. 그런데 그 앞에서 볼일 다 봤어요. 그날[16일 밤도 그랬었고 17일, 18일 계속. 그런 상황이었어요.

면담자   체력적으로도 힘든 상황에서 어디를 많이 다치셨나요?

도언 엄마   16일, 17일은 우리한테 신체적으로 폭행을 가하거나 그러지는 않았어요. 끌어내기만 하고. 18일 날, 그날 완전히 극에 달했죠. 왜냐면 계속 고립을 시키니까. 화장실도 안 갔다 왔지만 화장실도 못 가게 하고, 그런 상황에 버스를 빼면서 화장실을 들인다 하는데, 그게 아니라 완전히 고립시키려는 거였거든요. 그래서 엄마, 아빠들이 버스 못 들어오게 도로변에 나가서 막았어요. 막으면, 나가면 또 경찰들이 한 번 더 싸는 거죠. 두 겹으로 싸고, 완전 고립인 거죠. 안쪽 현판 앞에 고립, 중간에 고립, 광화문 도로 건너서 그쪽에 또 고립. 그냥 중간중간 전부 다 고립이었던 거예요. 그리고 막 끌어내고. 왜냐면 우리랑 시민들이랑 합류 못 하게 경찰들이 다 막은 거니까. 그래서 엄마들이[을] 한 분 한 분 연행해서 간 거예요, 경찰들이. 그리고 "차 대지 마라", "이거 고립시키지 말고 빼라"고 그것만 요구한 건데도 우리를 한 명 한 명 다 연행해 간 거예요. 연행하고, 경찰들이 우리 앞을 막고 하는 중에서 몸싸움이 일어났던 거죠.

원래는 그러잖아요. 유가족들이 경찰을 때린다고? 아니거든요. 경찰들이요, 우리 엄청 때려요. 근데 자기들은 촬영을 안 하는 거지. 채증 카메라는 항상 우리만 향하고 있어요. 자기들이 우리를 때리거나 발로 찰 때는 절대 촬영하지 않아요. 특히 의경들이요, 장난 아니에요. 발로 차요. 발로 차고 꼬집고, 표시 안 나게 멍들게 때려요, 애들이. 물론 그런 것들만 배우겠지만…. 그런데…(한숨) 우리가 진짜 뭐, 화염병을 던진 것도 아니고, 쇠파이프를 들고 있는 것도 아닌데, 우리를 폭력을 휘두르는 사람으로 그렇게 만들더라고요. 저도 싸울 때… 맞고만 있겠어요? 저도 때리죠. 저도 발로 차고 해요. 경찰들 벨트도 잡고 흔들고 해요. 그렇지만 우리는 한 명 당 기본 경찰들 여섯 명, 여덟 명이 에워싸요. 그럼 힘없어요, 저희들은. 엄마들이 무슨 힘이 있겠어요. 여섯 명이 덤비면 감당 못 해요. 그냥 들고 나가면, 팔다리 잡고 끌려 나가면[끌어내면] 끌려 나갈 수밖에 없어요. 그래서 그날도 끌려 나가다가 제가 버스 밑으로 들어간 거죠. 연행 안 되려고 버스 아래로 들어가서, 연결하는 선을 잡고 있었거든요.

근데 참 웃겨요. 언론들도 그래요. 우리가 1년 동안 움직일 때,

그리고 4월 16일 날 애기들을 한창 구조 안 하고 있을 때, 그때는 언론에 나가지 않았잖아요. 근데 자극적일 때는 카메라가 온 거예요. 물론 대안언론이 있지만. 제가 그래서 그렇게 얘기했어요. "언론이 잘못된 거다, 느그들이 잘못한 거라고. 왜 우리 아이들을 그때 제대로 보도 안 했냐. 느그들만 똑바로 했으면 우리 아이들 다 살릴 수 있었다. 정부가 제대로 구조 안 하는 거를 알려줬으면 우리 아이들 다 살릴 수 있었는데, 언론 느그들이 썩었기 때문에 우리 아이들 다 죽었다. 느그들이 책임져라"고 그때 제가 악을 썼었거든요(한숨). 지금도 저는 그렇게 생각해요. 첫 번째는 단원고. 왜 그날 출항했으며, 왜 갔으며. 두 번째는 언론, 세 번째는 구조하지 않은 정부. 그리고 또한 지금까지 세월호 인양 안 하고 진실을 밝히지 않은 정부. 그래서 우리는[유가족들은] 대한민국 국민이 아닌 것이 밝혀진 거죠, 뭐.

그날 결국은 연행이 됐어요. 광화문 현판 앞에서 청와대 쪽으로 쭉 직진해서 가는 길에, 얼마 가지도 못하고 붙잡혔어요. 제가 선두에 섰으니까(한숨). 갔는데요, 딱 막더라고요. 저희도 싸웠죠. 저희는 아무것도 없는데도 그쪽은 완전무장이에요. 앞에 헬멧 쓰고, 전투복처럼 팔다리에도 [보호대] 다 하고 있는 거예요. 싸웠죠, 못 가게 하니까. 근데… 요새는 전경이라고 하나요? 의경이라고 하나요? 아무튼 그때는 기동대더라고요. 전국에 있는 기동대가 다 왔어요. 나중에 알았지만, 울산에서 오고 부산에서도 오고. 그때 우리를 막은 팀은 경상도 쪽에서 올라온 팀이더라고요. 기동대는 보통 전경, 의경하고 틀려요. 저도 이번에 알았는데, 기동대는 폭력하는 담당? 그런 쪽이래요. 우리가 상상하는 그런 경찰들이 아니라.

근데 막 앞으로 갔는데, 우리는 가려고 하고, 저쪽은 방패를 앞세워서 막으려고 하니까 몸싸움을 했을 거 아니에요. 제가 도언이 모자를 쓰고 있었거든요. 근데 모자를 탁 벗기면서 제 머리를 확 잡아당기는 거예요. 그러니 제 몸이 딸려갈 수밖에 없잖아요. 그럼 어떡해. 나도 잡아야지. 그래서 제가 앞에 있는 애 모자를 치면서 머리를 잡았어요. 남자 애들은 머리가 짧잖아요. 저는 그때 등산용 장갑을 끼고 있었거든요. 제가 준비성이 좀 강해요. 분명히 몸싸움이 있을 것 같아서 제가 등산용 장갑을 챙겨왔어요. 등산용 장갑을 항상 배낭에 넣고 다니거든요. 그래서 장갑을 낀 상태에서 머리를 잡으니까 안 빠질 거 아니에요. 그래서 같이 주저앉았죠. 나를 잡아당기니까 몸이 주저앉을 수밖에 없잖아요. 그리고 저를 막 때리더라고요. 저는 머리를 잡고 있으니까 때릴 수는 없고, 맞으면서 개[경찰] 머리를 계속 잡고 있었던 거예요.

그랬더니 그 앞에서 지휘하는 사람이 저보고 그러더라고요, "저거 끌어내. 저거 끌어내". 우리는 국민도 아니고, 유가족도 아니고, 애 엄마도 아니고, 그냥 물건인 거죠. "저거 끌어내" 이러는 거예요. 그래서 개[경찰] 머리를 계속 잡고 있었죠. 그랬더니 자기 머리를 놔달래요. "그럼 니가 내 머리를 놔라. 니가 놔야 내가 놓을 거 아니냐" 그러니까 먼저 놓으래요. 내가 놓을 거 같아요? 그 상황에서 맞으면서 머리를 잡아당기고 있는데. 그리고 캡사이신을 쐈어요, 정면으로. 왜냐면 머리를 잡으면 제가 꼼짝을 못 하잖아요. 근데 정면에서 캡사이신을 쏘더라고요. 쏘니까 눈이 따가울 거 아니에요. 잡은 상태에서 눈이 따가우니 주저앉았어요. 그런데요(한숨), 기동대 애들이요, 장갑에 캡사이신을 묻혀서요, 친절히[그 장갑으로 얼굴 쪽을] 비벼주더라고요. 친절하게, 너무 친절하게. 이게 대한민국 경찰이에요. 기동대예요.

우리는 진짜 무방비 상태예요. 아무것도 없잖아요. 자기들처럼 캡사이신이 있는 것도 아니고 방패를 들고 있는 것도 아닌데요. 정면에 캡사이신을 쏘고, 얼굴에. 저는 엄마예요. 저는 뭐, 집회에서 폭력을 휘두르는 그런 사람도 아닌데. 왜냐면 우리는 노란 옷을 입고 있잖아요. 유가족인 거 다 알아요. 아는데 얼굴에 캡사이신을 쏘고, 장갑에 캡사이신을 묻혀가지고 아주 친절히 문질러주더라고요. 앞을 볼 수가 없잖아요. 계속 머리를 놓으래요. 그래서 내가 "이거 놔라. 니가 먼저 머리를 놔라, 그러면 놓을게". 어차피 내 시야가 가려져서 꼼짝을 못 하니까 손을 놓더라고요. 그래서 저도 놨어요. 그리고 연행된 거죠. 끌고 나와서 어떻게 했냐면… 그냥 잡고 가는 게 아니에요. 무지막지하게 끌고 나왔어요, 나를. 어차피 "쟤 끌어내. 저거 끌어내, 저거"랬잖아요. 끌려 나갔죠. 끌려 나가서요, 영화에서 많이 보셨죠? 범죄자 취급하듯이. 무릎 막 꿇리고 양팔을 뒤로 꺾는 거예요. 세상 살면서 처음 당해봤어요. 내가 죄지은 것도 아닌데, 무자비하게 무릎을 꿇리는 거예요, 그 세멘[시멘트] 바닥에. 꿇리고, 팔을 뒤로 꺾으니까 몸이 절로 앞으로 가잖아요. 그래서 머리를 바닥에 세게 부딪혔어요.

면담자   캡사이신을 씻어주거나 이런 것도 없어요?

도언 엄마   그런 양심 있는 대한민국 경찰이 있어요? 말 그대로 무슨 범죄자를 체포하는 그런 상황이었어요. 앞이 안 보이는데 과격하게 무릎을 꿇리고 팔 뒤로 꺾고, 머리는 바닥에[부딪히게 하고]. 그리고는 저를 묶더라고요. 그 상태로 끌려간 거예요, 버스로. 가면서는 제가 가만히 있었겠어요? 난리를 쳤죠. 젊은 애들이 저한테 막 욕을 하는 거예요, 기동대 애들이. 그래서 제가 "야! 내가 너 같은 아들이 있어. 어디서 엄마 같은 사람한테 욕을 하냐?"고. [그래도] 막 욕을 하더라고요. 그리고는 버스로 들어갔죠. 또 제가 난리를 쳤죠. 그랬더니 막 욕을 하더라고요, 저한테. 그중에 두 명이 날 잡고 갔는데, 그래도 한 명은 어머니 진정하시라고, "어머니 자꾸 이러면 더 다치니까 진정하시라"고, 한 명은 막 욕을 하고 있고, 한 명이 그 얘기를 하더라고요. 그래서 내가 그랬지. "야! 물 좀 가져와라. 눈 씻어야 되겠다" 그래서 물을 갖다줬죠. 물로 제가 손으로 씻어냈죠(한숨).

그러더니 한 아버지 또 연행돼서 들어오고, 그 버스 안에. "어머니, 진정하시고 조용히 계세요", 그래서 제가 그랬죠. "그럼 좋다, 내가 조용히 있을게. 내가 조용히 있을 테니 내 모자 찾아와. 내 딸내미 모자야, 찾아와" 이랬죠. 그러니까 "어머니 모자 찾아오면 조용히 계시겠냐? 조용히 따라가시겠냐?" 그러니까 "그래 어차피 버스 타러 왔으니까 연행된 거 아니냐? 모자 찾아와. 조용히 있을게" 그래서 한 명이 대기하고, 한 명이 가서 모자를 찾아온 거예요. 그 버스가 일단 바로 연행되는 버스는 아니구요. 부모님들을 잡아와서 일단 앉혀두는 버스였나 봐요. 다시 이동을 해야 된대요. 그래서 막 끌고 가려는 걸 내가 "나 끌고 가지 마. 어차피 내가 간다고 했으니 조용히 따라갈게".

그래서 버스를 나와서 가게 앞으로 갔는데, 중요한 건 그 당시에 호송하는 봉고차 같은 데로 간 거였어요, 큰 버스로 간 게 아니고. 광화문 현판 앞에서도 큰 버스가 아니고 미니 그런 버스였거든요. 그날도 내가 갔더니 자리가 다 찬 거예요. 내가 탈 수가 없었던 거야. 그래서 여기 대기하고 있으래요. 도로변에 앉아 있었지. 그 버스는 가고. 또 이쪽에는 거기도 사람이 다 찼는데, 젊은 여학생인 거 같애, 아가씨인 거 같은데 자기는 잘못 없다고, 그냥 지나가는 길이었다고 그러는데도 무지막지하게 머리를[차 안으로] 집어넣더라고요, 기동대 애들이. 결국은 그 아가씨도 끌려가고. 그리고는 제가 먼저 바닥에 앉았어요. 한 아버님도 자리가 없었는지 바닥에 주저앉았어요. 다른 어머님이, 그분도 자리가 없어서 바닥에 주저앉았어요. 세 명이 바닥에 주저앉은 거예요. 웃기는 상황이잖아요. 그만큼 진짜 아무 죄 없는 사람들을 연행해 갔다는 거지, 호송차에 탈 자리가 없을 정도로. 아마 그날 100명 정도가 연행된 걸로 알고 있거든요. 그리고는 정보관이 온 거지. 광화문 쪽에 항상 정보관이 왔다 갔다 하니까, 정보관이 기동대한테 이 어머니들 보내주라고 하더라고요. 우리가 연행되는 사이에 청와대로 가려고 했던 분들이 철수해서 어느 정도 진정된 상태였던 거예요. 그래서 정보관이 그냥 보내주라고, 이렇게 된 거예요.

그러니까 한 기동대원이 우리보고 막 욕을 하길래, 사투리를 쓰더라고요. 그래서 제가 "너 어디서 왔어?" 그러니까 울산에 왔대요. "야! 경상도인이지만 똑바로 하라고, 너들이 진실을 아냐고, 알면서 지금 유가족들한테 폭행을 하냐?"고, 그러니까 저한테 욕을 하더라고요. "니가 뭔데 나한테 지시를 하냐?"고, "잔소리를 하냐?"고. "야… 대한민국이 이렇게 썩었구나. 아무리 명령에 따른다지만 진실을 알고 해야지. 이럴 수가 있냐" 그랬죠. 그랬더니 거기 있는 정보관이 자꾸 가라고 하더라고요. 어차피 있어 봤자 연행되니까 눈치껏 가라고 보내주더라고요.

그래서 이렇게 돌아서 광화문 현판 쪽으로 세 명이서 걸어오는데, 우리 세 명이 다 노란 잠바를 입었잖아요. 그러니까 기동대 애들이 벙 찐 거지. 일단락해서 조용히 있는데 어디서 세 명이 노란 잠바를 입고 다시 거꾸로 내려가고 있으니 기동대 애들이 놀랄 거 아니에요. 기동대 애들이 벙 찐 거예요. 그중에 지휘하는 사람 한 명이 막 지휘를 하더라고요. 그때 옆에 있는 어머님이 그 얘기를 한 거예요. "니들도 니 자식이 죽으면 우리보다 더할 것이다" 막 그랬어요. 그러니까 그 지휘하는 사람이 뭐라고 하냐면 "나는 내 자식이 죽어도 너거처럼 그렇게는 안 해" 이러는 거예요. 그러니까 이 엄마가 막 난리가 난거지. 그래서 제가 "일단 싸우진 마라. 어쨌든 여기서 나가자. 어차피 연행되면 우리만 손해다" 그래서 끌고 온 거예요. 그래서 광화문 현판 앞에 있는 학부모들이랑 다시 합류를 했죠.

그리고 난 후에 안 좋아진 거죠. 몸도 많이 맞았고, 머리를 세게 부딪히면서 계속 어지럽고 울렁거리는 거예요. 숨 못 쉬고 이런 걸 떠나서, 음식 못 먹는 거는 그전부터 안 좋은 상태에서 더 심각하게 안 좋아졌던 거고. 어지럽고 울렁이는 증상이 그때부터 생긴 거예요. 바닥에 세게 부딪혔으니까. 병원을 갔는데, 처음에는 [안산시 상록구] 사동 한양대 앞에 있는 한사랑병원을 갔어요. 거기는 하도 유가족들이 많이 다쳐서 자리가 없는 거죠. 그래서 소개시켜 줘서 한사랑외과로 입원을 했어요. 처음에 어머님이 세 명, 제가 제일 먼저 입원하고 두 분이 들어오시고, 나중에 일주일 후에 한 분이 더 들어오시고.

제가 제일 먼저 입원했는데, 거기서 하시는 말씀이 뇌진탕 증세, 울렁거리고 어지러운 증세, 그리고 맞아서 타박상, 근육통. 속 아픈 거는 그때는 몰랐으니까. 그래서 병원에 입원하고, 제가 사진 다 찍어놨거든요. 멍든 거, 다친 거 이렇게. 한 20일쯤 있었어요. 어지러운 증세, 속 아픈 거는 도언이 희생되고 난 뒤부터는 겔포스를 달고 살거든요. 저는 참 건강 체질이어서 위 아프고 이런 거 없었거든요. 근데 도언이가 희생되고 난 후부터는 뭐 조금만 먹어도 속이 안 좋아요. 미식거리고 토할 것 같고, 그래서 겔포스를 항상 달고 다녀요. 지금도 차에 있고, 집에는 항상 쌓여 있어요. 지금도 먹거든요. 그때는 한 2주 동안 있었고, 병원에서 2주 이상 입원해 있으면 안 된다고 그래서 퇴원을 했어요. 그 후로는 집에 계속 있었어요.

면담자   2주 이상 입원하면 안 되는 건 왜요?

도언 엄마   그건 상해, 교통사고 같은 거는 수술이 아닌 이상 2주 이상은 안 된다고 하더라고요. 그래서 집에서 계속 있고, 속 아픈 건 집에서 치료받았죠.

면담자   겔포스는 병원에서 처방해 준 건가요?

도언 엄마   아니요. 4월 16일 그때부터 계속 먹었습니다. 계속 속 아프고, 울렁거리고…. 그런데 겔포스를 먹으면 좀 낫더라고요. 집에서는 자꾸 먹지 말라고 하더라고요. 이건 일시적인 효과를 보는 거지 장기적으로 봤을 때는 속을 다 망가뜨리는 거라고 하는데, 제가 병원을 안 가거든요. '병원을 가서 뭘 하겠느냐? 이렇게 살다가 죽으면 되지' 그 생각…….

3
수학여행을 준비하는 과정

면담자   수학여행 준비 과정은 어땠는지요?

도언 엄마   도언이가 수학여행 가는 걸 엄청 좋아했어요. 한 일주일 전부터 캐리어 가방 짐을 쌌어요. 넣었다가 뺐다가, 넣었다가 뺐다가. 도언이가 캐리어가방을 새로 사달라고 하더라고요. 그래서 "도언아, 집에 있는 엄마 거 가져가. 그리고 우리 올해 해외여행 가기로 했으니까 그때 사자" 이랬거든요. 그게 지금도 후회 돼요. 캐리어 사줬으면 어떻게든 그 기운에 살아 나오진 않았을까?

작년에 도언이랑 여행을 가기로 했는데 못 갔어요. 국내여행은 수시로 가는 거구요, 뭘 못 갔냐면, 재작년이 되겠네요. 2013년도에, 환경재단에서 일본, 한국, 중국, 미국 4개 환경 단체에서 모여서 크루즈로 그 나라에 가서 환경에 대해 교육도 받고 세미나 식으로 하는 14박 15일 일정이 있었어요. 그걸 가기로 했거든요. 제가 거기 회원이다 보니까 할인된 가격으로 갈 수 있었거든요. 다른 사람들 한 명이 갈 가격에 두 명이 갈 수 있었거든요. 가기로 약속을 했죠. 도언이는 체험학습으로 빼고 엄마랑 가자고 했었는데, 제 강의 날짜가 겹쳐서 못 가게 됐어요. 갔던 사람들은 너무 좋다고 했는데 도언이랑 저랑 되게 아쉬워했어요. 그래서 13년도에는 못 가서 2014년에는 꼭 해외여행을 가자고 둘이 약속을 했어요. 그래서 도언이가 캐리어가방 사달라고 할 때, "도언아, 올해 우리가 엄마랑 해외여행 가기로 했으니까 그때 이쁜 걸로 사자. 어차피 그때는 큰 걸로 사야 하니까 그때 이쁜 걸로 사고 이번엔 그냥 엄마 쓰던 걸로 갔다 와" 했죠. 또 수학여행 기간이 짧았잖아요. 그래서 도언이가 제가 쓰던 캐리어가방에 짐을 챙겼어요. 물어보니까 "친구들이랑 나눠서 준비하기 때문에 나는 많이 안 가져가도 되고, 내 소지품하고 옷이랑 가져가면 돼" 이러더라고요.

　그리고 15일에 도언이랑 물건을 사기로 약속했죠, 중앙동에 가서. 도언이가 오빠한테 그랬어요. 오빠가 알바를 했었거든요. 부탁을 한 거죠. "오빠, 나 수학여행 가는데…", 둘이서 카톡한 내용도 있어요. 지가 원하는 "오빠, 이 바지를 사줘" 이런 거예요. 그래서 "알았어. 사줄게" 했는데, 그때 알바비가 아직 안 들어온 거죠. 그래서 나한테 전화가 온 거야. "엄마, 내가 아직 알바비가 안 들어왔는데, 엄마가 사주시면 제가 알바비 들어오면 엄마한테 돈을 드릴 테니 도언이 좀 사주세요" 그러더라고요. 그래서 일 마치고 도언이랑 중앙동으로 갔어요. 뉴발[뉴발란스]을 갔더니 원했던 옷이 다 나가고 없는 거예요, 진작 샀어야 하는데. 그래서 아디다스를 갔죠. 가니까 도언이가 원하는 바지가 있더라고요. 진한 파랑색을 샀어요. 위에는 뉴발 저지 잠바가 있으니까 바지만 사면 된다고 하더라고요. 그리고는 에이비시(ABC) 가서 반팔 티랑 양말이랑 나시 티를 샀어요. 양말 살 때 "도언이 양말 많은데 양말 또 사?" 그랬는데 양말 사달래서 사고….

　또 수학여행 가기 전에 도언이 속옷을 세트로 샀어요. 속옷 세트를 사달라고 해서. 그전에 제가 샀는데 사이즈가 좀 작았나봐. 그래서 사이즈가 맞는 걸 사달라고 해서, "니가 인터넷으로 검색해라"고 했죠. 그랬는데 검색하는 도중에도 보니까 "엄마, 매진이 되고 없어" 그러더니 원하는 걸 선택한 거예요. 그래서 내가 송금해 주고 속옷이 왔는데 너무 마음에 들어 한 거예요. 그래서 그

속옷을 다 싸들고 간 거지. 다섯 세트인가 돼요. 왜냐면 물놀이하면 젖고 하니까. 〈비공개〉 그래서 "엄마, 너무 딱 맞다"고 엄청 좋아했거든요. 그전에는 작았는데 너무 좋다고 해서.

그날 옷 사고 나서 롯데마트 가서 도언이 좋아하는 과자를 샀거든요. 그리고 도언이 친구 A한테 에코백을 부탁했대요. 그래서 좀 데려다 달래. 그런데 제가 그날 몸이 좀 안 좋았거든요. 관리를 하면서 손님들 독소를 좀 마셔서 계속 울렁거리고 머리가 어지러웠거든요. 그래서 "엄마가 너무 몸이 안 좋아서 못 데려다줄 것 같아" 그랬더니 도언이가 "그러면 엄마, 내가 혼자 A 집에 갔다 올게" 이러면서 지금 A 만나야 된다고, 쎄반 앞에. 우리가 흔히 쎄반 앞이라고 하는 지금은 한양프라자인데, "거기서 만나기로 했어, 엄마. 내가 A 집에서 가져올게" [하더라고요]. 그것도 지금은 후회가 되구요. 바로 코앞이거든요. 차로 가면 1, 2분밖에 안 되는 거리를 (한숨) 그것도 후회되고…….

그리고 15일 아침에 새벽같이 일어나더라고요. 애들 다 좋아하잖아요, 수학여행 간다고 그러면. 일어나서 막… 샤워하고, 내가 짐 다 빠진 거 없냐고 그러니까 다 챙겼다고 하더라고요. 도언이가 슬리퍼를 가져간다길래 "도언아, 위험해. 혹시 신발이 떠내려가면 위험하기 때문에 조리 샌들을 가지고 가라. 조리 샌들은 발가락이 끼기 때문에 도언아, 신발이 떠내려갈 일은 없어" 그래서 조리 샌들까지 챙겨줬었거든요.

아침에 데려다주는데 너무 좋아하는 거야. 아침에 학교 앞에서

"도언아, 잘 갔다 와야 돼. 엄마가 [기다릴게], 잘 갔다 와" 하니까(울음) 도언이가 "제주도에는 엄마, 오메기떡이 있대. '1박 2일'에 나왔는데 오메기떡이 너무 맛있대. 엄마 그 오메기떡 사 올게" 그러면서 내려왔거든요. 그래서 제가 "도언아, 사랑해" 그랬더니, "나도 엄마 사랑해" 이러면서 내렸단 말이에요. 너무 좋아 가지고. 도언이가 즐거우면 걸어가는 특유의 걸음걸이가 있어요. 우리가 아침에 학교 갈 때마다 데려다주니까, 내려줄 때마다 그러거든요. "도언아, 사랑해" 그러면은 "엄마, 나도 사랑해" 그랬는데… 제가 제주도에도 몇 번 가고, 제 숍에 오시는 고객들이 선물로 제주도 특산물로 초콜릿을 많이 사왔거든요. 근데 초콜릿은 도언이가 질린다고 하더라고요, "엄마, 이제 초콜릿은 먹기 싫어". 근데 나도 제주도 갈 때 오메기떡은 생각도 안 했거든요. 초콜릿만 사 올 생각했지. 근데 도언이가 "이번엔 내가 가서 오메기떡 사 올게" 그러면서 갔는데.

그리고 한 8시 반쯤 돼서 문자가 왔어요. "엄마, 멀미약을 빠뜨렸어" 그러더라고요. 그래서 편의점이나 약국 가면 있다고 하니까 알았다고 하더라고요. 그리고 제가 "엄마 여행 갈 때 쓰는 작은, 옆으로 메는 가방이 있어. 그거 갖다줄까?" 하니까 됐다고 하더라고요. "엄마 안 가지고 와도 돼. 됐어요" 하더라고요. 그러고 나서 오후에 출발할 때 전화가 왔어요. "엄마, 이제 가고 있어. 잘 갔다 올게" 그래서 "도언아, 인천항 도착하면 전화해야 된다" 했더니 도착해서 전화가 왔더라고요. "엄마, 도착했는데, 우리 수학여행 못 갈 수도 있어. 지금 안개가 너무 짙어서, 엄마. 그래서 좀 더 기다려보래"라고 전화가 왔어요. 그러고 조금 있다가 전화가 왔어요. "엄마, 우리 수학여행 안 간대. 지금 안산에서 버스가 내려온대. 우리 지금 데리러 인천으로 온대. 엄마, 금방 갈게" 이러더라고요. 진짜 올 줄 알았죠. 그날 안개가 엄청 짙었거든요. 걱정이 많이 됐죠. 우리도 운전하다 보면 시야가 안 보이면 엄청 무섭고 걱정되잖아요. 조심조심하잖아요.

그랬는데 도언이가 또 전화가 온 거예요. "엄마, 우리 지금 배 타요. 간대" 이러는 거야. 그래서 "아니 버스 출발했다며, 어떻게 가나?" 그러니까 "엄마, 모르겠어. 지금 우리 지금 배 타요, 엄마. 갔다 올게" 그러면서 "엄마, 사랑해" 그러더라고요. 그래서 내가 "도언아, 친구들하고 사진 찍은 거 보내줘야 해" 그러니까 "예" 하더라고요. 그리고 "엄마. 사랑해 잘 갔다 올게" 그랬는데….

그날도 도언이 노는 데 방해될까 봐 제가 전화도 안 했거든요. 그런데 지금 생각해 보면 도언이 전화가 안 터진 걸 수도 있고. 도언이가 전화가 안 터졌어도… 보통 전화를 안 하는 애가 아니거든요. 수시로 전화하고 문자하고 카톡하는 앤데… 전화도 없고… 아무튼 안전하게 가고 있는 줄 알았죠.

4월 16일, 17일 상황

도언 엄마　　　4월 16일에도 전화가 안 되는 거예요. 연락도 없고……(한숨). 아침에 출근하는데 난리가 난 거예요. 언니도 전화 오고, 도언이 이모도 전화 오고. "지금 뉴스에 세월호가 침몰 중이라는데 알고 있냐? 지금 인터넷 봤다"고, 전화해도 전화 안 받고, 도언이가. 언니[이모]가 계속 전화했는데 안 받았나 보더라고요. 도언이 아빠도 난리 나고. 그래서 학교에 아는 분이 계셔서… 학교에 전화했어요. 그분이 운영위원이니까 학교에 와 계시더라고요. "생존자 명단에 우리 도언이가 있냐?"고 물어보니까 구조자 명단에 없다고 그러더라고요. 일단은 "뜨면 연락을 달라"고. 그리고 제가 예약이 되어 있어서, 학교로 갈까 물어보니까, 일단은 상황을 봐야 하니까 오지 말라고 하더라고요. 그래서 계속 인터넷 보고 수시로 전화하고 그랬죠.

　　그래도 일이 안 되잖아요. 그래서 직원보고 일을 시키고 학교에 쫓아갔어요. 갔더니 학교가 난리가 났죠. 저는 바로 행정실로 갔어요. 구조자 명단에 도언이 이름은 없는 거예요. B는 이름이 중복돼서 도언이인 줄 알았던 거예요. B는 중학교 때부터 친한 친구였거든요. 항상 같은 반이라서 도언이가 먼저 앞자리, B는 뒷자리에 앉고 그랬어요. 중학교 2학년 때부터 4년째 같은 반에, 앞뒤로 있던 친구인데. B가 이름이 두 개가 중복되게 나와서 도언이인 줄 알았던 거죠, 우리는 다. 그래서 도언이는 구조가 된 줄 알았는데, 오후가 돼도 [구조가 된 것이] 아니더라구요.

우리는 버스를 타고 간 건 아니구요. 버스는 안 되겠더라고요. 왜냐면 도언이 옷을 챙겨가야 될 것 같아서. 구조되면 애들 춥잖아요. 구조됐다고 학교에 계속 연락은 오니까. 그래서 집에 와서 도언이 옷이랑, 양말에서 속옷이랑 다 챙겨서, 도언이가 좋아하는 하얀 담요까지. 출발하려니까 형부가 연락이 온 거예요. "느그들 운전하면 안 된다. 내가 운전할게" 해서 형부랑 언니랑 우리 식구 총 네 명이 형부 차로 진도로 내려간 거예요.

내려가기 전에, 오후에, 그날은 전화가 오면 다 받았어요. 근데 [오후에] 모르는 전화가 또 온 거예요. 그래서 받았어요. B더라구요. "여보세요" 이랬더니, "엄마, 저 B예요" 그래서 "B야, 우리 도언이는? 우리 도언이 아직 이름이 없는데 우리 도언이는 어떻게 됐니?" 그랬더니 "걱정하지 말고 내려오세요. 지금 190명이 구조돼서 어느 섬에 있다가 체육관으로 오고 있대요. 걱정하지 말고 내려오세요" 그러더라고요. 진짜 우리 도언이가 구조된 줄 알았거든요. 걔가 전화가 왔으니까. 도언이 구조됐다고 하니까, 우리 도언이가 진짜 살았는 줄 알았어요. 그래서 도언이 옷 챙겨서 내려가는데, 지인분들이 전화가 오는 거예요, 계속. "어디쯤이냐?" 나중에 알고 봤더니 [그분들이] 얘기를 하더라고요. 자기들은 그 상황을 알았다는 거지. 그래서 내가 잘못될까 봐 어디쯤이냐고 자꾸 물어봤대요. 우리 도언이 구조 안 된 걸 알았으니까… 구조를 안 하고 있는 걸 알고 있었으니까…(한숨).

도착해서 진도체육관으로 먼저 갔죠…… 답이 안 나오는 거예요, 답이. 엄마[들]한테 물어봐도 모른다 그래, 교육부 관할 사람들한테 물어봐도 모른다고 그래. 엄마들은 다들 울고 앉아 있고. 그리고 차 가지고 팽목항으로 갔어요. 팽목항에는 학부모들이 많이 있지는 않더라고요. 아무도 없어요. 아무도 없어요. 해경도 없고요. 취재진도 없고요. 경찰들도 없고요.

면담자　　　그때가 몇 시쯤이었는지요?

도언 엄마　　시간은 잘 모르겠어요. 팽목항에서 있으니까 바다만 보이는데, 진짜 아무것도 없었어요. 학부모들은 거의 다 체육관에 있었으니까. 진짜 한겨울이더라고요, 한겨울. 그래서 내가 "이렇게 추운 데서 애들이 어떻게 견디냐? 저 바다에서…" 조명탄만 쏘고 있더라고요, 조명탄. 진짜 모포 하나만 두르고 바다 앞에 앉아 있었는데, 어이가 없는 거예요.

그다음 날도 브리핑을 하는데, 이 차가운 바다 수온에서는 몇 시간을 살 수 있고, 몇 도에서 몇 시간을 버틸 수 있고, 이런 거를 우리한테 얘기해 주는 거예요. 그러니까 결국은 일단 죽었다는 거잖아요, 죽인 거잖아요, 구조를 안 했다는 거잖아요. 그리고 형부가, "둘 다 정신차려야지만 도언이 데려올 수 있다"고 뭐 좀 먹으라고 그러더라고요. 그다음 날 17일 날도, 그래서 내가 "못 먹는다, 넘어가지를 않는데. 내 새끼가 지금 바다에서 아무것도 못 먹고 저러고 있는데, 안 넘어간다" 그래서 물만 마셨거든요.

형부가 안 된대서(한숨) 진도 읍내로 데려간 거예요. 17일 점심 시간쯤? 곰탕집을 데려갔어요. 그다음 날은 조카들도 내려오고 ○○도 내려왔거든요. 그래서 다 같이 이렇게 갔는데… 그 테이블 대각선 맞은편에서 한 남자가 막 술을 먹는 거예요. 나는 계속 물만 먹고 있고. 내가 안 가면 아무도 안 먹는다고 해서 식당을 따라가긴 갔는데, 울면서 술을 먹고 있더라고요. 그래서 가만히 있었어요. 그냥 속으로는 '아유, 저 사람은 참 좋겠다, 무슨 일로 술을 먹는지는 몰라도 살아 있으니까' 그랬더니, 들어보니까 생존자인 거예요. 그러더라고요. "저 배 안에 내 마누라가 있다. 그런데 저 개새끼들이 구조를 안 했다. 미치겠다" 이러는 거예요. 그래서 "그럼 아저씨는 왜 여기 있냐고, 왜 술 먹고 있냐고, 애들 다 데리고 나왔어야지, 부인을 데리고 나왔어야지, 왜 이렇게 술 먹고 있냐고…" 그랬어요. 그분이 그러시더라고요. 자기는 갑판에 담배 피러 나갔다가 나왔대요, 살아 나왔대요. "그럼 구조 요청을 했어야지, 왜 안하셨냐?"고(한숨).

근데 지금 생각해 보면 저도 멍청했던 것 같아요. 그 사람 전화번호라도 적어놨어야 하는데, 아무 생각이 없었던 거예요. 그 사람은 지금도 어떤 증언이나 활동을 하시고 있지 않아요. 지금 생각해 보면 참 바보였죠. 생존자였는데, 물론 또 이렇게 될지도 몰랐지만, 그때 내가 조금만 더 내가 생각을 달리 했더라면, 그 사람 이름이랑 전화번호랑 주소라도 알아냈을 텐데 그걸 못 했던 거예요. 지금도 너무 후회가 돼요.

5

세월호 참사 직후 정부의 대응

도언 엄마　　또 내가 도언이 아빠한테 얘기를 했어요, "사실 팽목에 있을 때, 그때 생각이 많이 안 난다"고. 도언이 아빠는 내가 난리가 났다고 하거든요. 근데 며칠 동안이 기억이 없어요. 그때 친정 오빠 내려오고, 언니들 내려오고, 부산도 언니들 다 내려오고… 팽목에서는 마냥 기다리는 일밖에 없었어요, 비가 와도. 비가 엄청 많이 왔거든요. 비가 엄청 많이 와도 그냥 비 맞고 서 있고, 비 맞고 서 있으니까 그 삼호중공업에서 공사하러 오신 분이 옷을 벗어주더라고요. 입으시라고, 입으시면 덜 춥다고, 덜 춥고 비 안 맞으니까 입고 계시라고. 그런데 됐다고 그랬어요. 제가 그때는 마냥 바다 바라보는 일밖에는 없었어요. 그냥 소리 지르고. 애들 살려내라고 소리 지르고…(한숨).

　　4월 16일 날 내려가면서 지인들에게는 다 얘기를 안 했거든요. 어차피 우리 도언이 데리고 올 거니까. 근데 4월 19일 날 ≪한겨레신문≫ 1면이랑 뉴스에 나왔다고 하더라고요, 제가. 도언이 담요 안고, 삼호중공업 노란 옷을 위에 입고. 내가 항상 도언이 하얀 담요를 안고 다녔거든요, 도언이가 너무 좋아하는 담요여서. 아이 담요를 안고 삼호중공업 노란 잠바를 입고 바다 보면서 도언이를 부

86
·
도언 엄마 이지성

르는 게 TV에 나왔다고 하더라고요. 신문에도 나오고. 그래서 지인들도 다 안거죠. 몰랐던 지인들도 전화 오고.

　친정 오빠가 공무원이에요. 공무원인데, 그 얘기를 하더라고요. 오빠가 17일 날 바로 내려왔거든요. 16일에는 못 오고 17일 날 내려왔는데, 그때도 비가 많이 왔어요. 나랑 도언이 아빠가 정신이 없으니까 상황실 가서 알아본다고 왔다 갔다 했어요. 그랬더니 해경에 책임자인가 봐요. 그분이 깜짝 놀라더래요, 오빠를 보면서. "아니, 이××님이 여기 웬일이시냐?"고, "막내 동생 애기가 지금 세월호 배 안에 있다. 어떻게 좀 해봐라" 그랬더니 그 ×××가 그러더래요. 울면서 여기 팽목항, 진도에는 자기가 아시는 분이 없기를 바랬대요. 근데 어떻게 이××님이 와 계시냐고… 자기가 아시는 지인이 없기를 바랬다고 몇 번이나 그랬대요, 울면서. 그리고 오빠가 하는 말이, "막내야, 이거 뭔가 있다. 이거 뭔가 있는 것 같다"(침묵)(한숨). 이 상태 같으면 애네들은 구조를 안 한 것 같으니 도언이 빨리 찾는 거에만 신경 쓰자고 얘기하더라고요. 그래도 오빠가 이리저리 많이 뛰어다녔어요, 빨리 도언이 찾으려고.

　우리는 4월 17일 날 그 언론에 나왔잖아요, 박근혜 대통령이 팽목항에 왔다고. 우린 몰랐어요. 거기 있는 부모들 아무도 몰랐어요. 진도체육관에 왔다는 것도 팽목항에 있는 부모들은 몰랐어요. 나중에 안 거죠. 팽목항에 와서 유가족들도 안 만나고 갔어요. 나중에 경찰 병력들이 엄청 많아져서 무슨 일인가 그랬더니, 나중에 TV에서 왔다 갔다고 나오더라고요. 그냥 유람하듯이 해역을 돌고 간 거죠(한숨).

16일에 처음 와서 진도체육관을 갔는데, 생존자들을 만나야 될 거 아니에요. 도언이 친한 친구 세 명은 다 살아 나왔더라고요. 저는 나한테 전화한 B를 찾아야 될 거 아니에요. 수소문을 했더니 병원에 진찰받으러 갔대요. 병원을 찾아갔죠. 어느 병원인지도 모르고 찾아간 거예요. 진도에 있는 병원 다, 목포에 있는 병원 다 찾아다녔어요. 나중에 알고 봤더니 안산에 올라가고 있는 거예요. 그럼 나한테 전화를 해줘야 하는 거 아니에요? 도언이 때문에 내려가고 있는데. 다시 체육관을 왔어요. 이 전화번호로 전화가 왔었으니 생존자 인솔해서 올라가고 있는 데에 전화를 해달라고 했어요. 전화가 안 되는 거예요. 지금 인솔하고 있는 선생님한테 빨리 전화를 하라고 교육청에 막 얘기를 했죠. 전화를 받더라고요. "내가 3반 김도언 엄마인데, B랑 통화를 좀 해야겠다" 근데 안 바꿔주는 거예요. 당장 "바꿔라"고 그랬죠. "B가 전화 왔었다, 도언이가 살아 있다고. 빨리 바꿔라" B를 바꿔주더라고요. 그래서 "B야, 엄마인데 우리 도언이는? 너 지금 안산 올라가고 있다며" 올라가고 있대요. "그럼 우리 도언이는? 우리 도언이 어딨냐?"(한숨) 그냥 주위 사람들이 애들 190명 구조해서 온다고 해서 도언이가 거기 있는 줄 알았는데 안 왔다고. 그리고 자기가 생존자들한테 물어봤대요. 도언이는, 왜냐하면 C, D 다 만났으니까. "도언이는[를] 본 아이가 있냐?"고 물어봤더니, 생존자 중에 봤다는 애가 있다고 그랬대요. 도언이 봤다고, 그래서 도언이가 살아 있는 줄 알았다고 그러더라구요(한숨).

그 부모들은 얼마나 좋았겠어요, 자기 자식들 데리고 가니까. 우리는 그 지옥 같은 데 떨어져 있는데. 그리고 B가 도언이 친구들, 단원고 간 애들 외에도 막 전화하고 그랬거든요. 그리고 B가 18일쯤? 19일쯤 다시 전화가 왔어요. 도언이 어떻게 됐냐고. 우리 도언이 아직 소식이 없다고 그랬더니, B가 그러더라고요. "엄마, 도언이가… 친구를 먼저 내보내고 도언이는 못 나왔대요. 친구가 얘기해요" 그러더라고요. 본인이 나왔어야지 본인이…. 그렇게 전화가 왔더라고요. 친구를 먼저 내보내는데 도와주느라고 못 나왔다고 친구가 얘기했다고 그러더라고요. 그래서 "도언이 금방 찾을 거니까 힘내라"[고] 전화가 왔었어요. 근데 그게 무슨 위로가 되겠어요, 그죠? 내 딸이 살아 나와야지. 누구를 살리는 건 중요하지 않아요. 누구를 도와줘서 걔를 살리는 건 중요하지 않아. 살아 나왔어야지, 엄마 곁으로 왔어야지…. 그런다고 그 [생존자] 애들이 살아 나와서 우리 애들을 위해서 증언을 하거나 움직여 주지 않잖아요. 너무 안 움직이고 있잖아요(한숨).

그래서 우리는 그냥 마냥 기다리면서 싸우기도 많이 싸우고, 물건도 많이 집어던지고. 그 지옥 같은 시간을 보냈죠. 도언이 외삼촌이 그랬어요. 사실 우리는, 엄마, 아빠들은, 물론 식사 봉사하시는 분들이 많이 오셨잖아요. 근데 사실 못 먹어요. 어떻게 먹어, 내 자식이 지금 바다에 있는데. 일단은 숨이 붙어 있어야 내 자식을 찾으니까 컵라면을 먹을 때도 있고 그런데, 도언이 외삼촌이 그런 얘기를 하더라고요. "식사 때가 되면 제일 먼저 가는 것들이 공무원이다, 경찰들이다. 내가 공무원이니까 다 보인다. 그리고 음식 골라먹는 것들이 경찰들이고 공무원이다"고, "자원 봉사 정신으로 세계 1위… 무능하고 부정부패로는 대한민국이 1위다" 그 얘기를 하더라고요.

근데 마냥 기다리면서, 진도체육관, 팽목항 왔다 갔다 하면서 계속 그러고 있었고요. 도저히 안 돼가지고 이튿날 17일 날부터, 진도 브이티에스(VTS)[해상교통관제센터] 옆에 가면, 수산물센터 옆에 가면 방파제가 있어요. 브이티에스 옆에 있는 방파제는 못 들어가게 막아놨구요, 수산센터 옆으로 가면 올라갈 수 있어요. 여기 안산에 있는 도언이 이모랑 매일 갔죠. 아침때도 가고, 점심때도 가고, 저녁때도 가고. 도언이 이름을 계속 부르러 간 거예요. 진짜 그거라도 안 하면 안 될 것 같아서. 엄마, 아빠가 할 수 있는 게 그것밖에 없으니까. 진짜, 산이라면 산을 파서라도 애를 데려올 것이고. 근데 이거는 바다니까 어떻게 할 수가 없잖아요.

그날도, 도언이 이모랑 방파제에 도언이를 부르러 갔어요. "도언아, 빨리 집에 가자"고, "빨리 나오라"고. 거기 진도 분, 어르신이시더라고요. 아버님 한 분하고 어머님 한 분이 방파제 위에 죽 서 계시더라고요. 도언이 이름을 부르는데 옆에 오시더니 "단원고 엄마냐?"고 그래서 "맞다. 저기 우리 딸이 저기 바다에 있다, 왜 구조를 안 하는지 모르겠다, 구조를 하고 있는지도 모르겠고, 조명탄만 쏘고 있다" 그랬더니, 어르신이 그러시더라고요. "해경들은 절대 구조하지 않아. 걔들은 원래 구조하지 않아. 내가 이 진도에서 평생을 업으로 살았는데 구조하지 않아. 걔들은 아마 시신만 떠오르면 건져 오는 역할만 할 것이야. 애기 엄마 마음 아프겠지만, 빨리 애기 찾을 수 있는 것만 생각해라" 그래 가지고 참… "지금 무슨 소리를 하시냐? 우리 딸이 지금 배 안에 살아 있는데, 지금 에어포켓 얘기도 나오고 있는데 지금 무슨 소리 하시냐, 우리 애 살아 있다"고 그랬는데, "일단 마음 추스르고 빨리 애기 찾는 방법만 생각하시라"고 말씀하시면서 가시더라고요.

　이모랑 새벽에도 가고… 점심에도 가고, 저녁에도 가고… 계속 도언이 이름만 불렀어요, 도언이 이름만. 그리고 이제 한 6일쯤 되니까 오빠가 얘기하더라고요. "막내야, 이런 말해서 미안하지만 정신 똑바로 차려라. 그리고 이제는 살아 있을 희망이 없다, 가망이 없다. 오빠가 봤을 때는 도언이가 배 안에서 살아 있지 못할 것이다, 저 배 안에서. 실종자로 남지 않게 어떻게 해보자" 그래서 내가 "무슨 소리 하냐고, 우리 도언이 살아 나올 건데 그런 소리 하지 마라"고…(한숨). 17일부터, 웃긴 거지요. 17일부터 팽목하고 진도체육관을 왔다 갔다 했거든요. 잠은 체육관에서 자고, 새벽같이 내려오고. 17일부터 인양에 대해서 얘기가 나왔었어요. 웃긴 거죠. 그때부터 정부는 인양 얘기를 했었어요. 인양을 해야 한다고, 인양을 하자고.

면담자　　체육관에 부모님들이 모여 있는데서요?

도언 엄마   알음알음 얘기를 퍼뜨린 거죠. 지금 생각하면 정부도 참 계획적이었던 거죠. 자기들이 벌써 작업을 다한 거예요. 왜냐면, 17일부터 저랑 같은 모임에 있는 사람이, 그 집 애기도 같은 유가족이에요. 모임 할 때는 같은 학교 다니는지 몰랐어요. 그날 사고 나서 우리 애기들 희생되는 날 같은 학교 다니는 걸 안 거죠. 그분이 저보고 얘기하더라고요. "지성아, 인양을 해야 되지 않니?" 그러기에 "지금 무슨 소리하고 있냐? 애들 살아 있는데 어떻게 인양을 하냐?"고 그랬는데 "아, 인양을 해야 된대" 이러는 거예요. "말도 안 되는 소리 하지 마라" 그랬더니 "나는 집안에 큰일을 많이 당해봐서 냉철하다고. [인양을] 해야 된다" 이러는 거예요. "말도 안 되는 소리 하지 말라"고.

지금 생각해 보면 정부는 구조할 생각도 없었던 거고, 인양도 생각했었는데 지금껏 인양을 안 하고 있는 거예요. 그때부터 인양 얘기가 나왔었어요. 그리고 무슨 회의를 하려고 하면, 체육관으로 오라고 그래요. 그러면 무슨 회의를 하려고 하면, 동시다발적으로 분위기를 흐려요. 곳곳에 사복경찰이 있었던 거죠. 국정원이든 사복경찰이든 프락치든 다 있었던 거죠. 회의를 방해하는 거예요.

면담자   어떤 식으로?

도언 엄마   회의를 하면 중간중간에 반대 의견을 내면서 소리를 지르고, 막 때리고 그래요. 그리고 청와대 갈 때도 그랬어요. 청와대를 가자고 의견을 모았을 때, "가자! 구조를 안 하니까 청와대로

가자! 박근혜가 와서 얘기를 하지 않았느냐, 가자!" 이랬잖아요. 그
때도 난리 났었어요. 뜬금없이 폭행이 일어나고요, 기자를 때리고,
유가족 형제자매 때리고, 또 도망가고. 우리가 유가족들이 사복경
찰들을 잡아왔었어요. 사복경찰들을 잡아와서 사과도 시키고. 걔
네들은 무조건 잘못했다고 해요. "왜 했냐?"[라고 물으면] 했는 이유
를 밝히지는 않아요. 무조건 잘못했대요.

그게 한두 번이 아니에요. 무슨 회의를 하고 중요한 얘기를 하
려고 하면 중간중간에 소리 지르고 때리고 폭행 일어나고, 경찰이
모든 정신을 흐려놓는 거죠. 분위기를 돌려놓는 거예요, 회의를 못
하게. 그때도 사복경찰 두 명을 잡아서 공개적으로 얘기를 했었어
요. 그런 일도 있었고.

그리고 장례 문제도 나왔어요. 애기들이 한동안 안 나오다가
갑자기 확 올라왔잖아요. 그때 합동장례 얘기가 나왔어요. "합동장
례로 할 것이냐? 개인장례로 할 것이냐?" 그래서 우리는 오빠랑 죽
앉아서 얘기를 했어요. "반별로 얘기를 해라, 의견 취합해서 한다,
왜냐면 합동장례를 할 것 같으면 애들 냉동고는 다 만들 수 있다,
무조건 만들 거다. 왜냐면 합동장례를 하는 이유는 애기들이 아직
다 수습이 안 됐고, 나중에 우리가 정부에 요구할 때도 합동장례를
해야 한다, 그때까지 있어야 한다, 정리를 하면 안 된다, 애기들이
다 나올 때까지 기다리고 있어야 된다" 이래서 나왔던 거예요.

우리는 회의를 했죠. 언니들, 부산 언니들 세 명이 있었고요, 오
빠, 안산 언니, 우리, 안산에 형부까지. 오빠가 그런 얘기를 하더라

고요. "마음은 아프지만 합동장례를 해야 된다. 그래야지만 진실도 빨리 밝혀진다. 그리고 정부에서도, 해경에서도 애기들을 더 빨리 찾아낼 것이다. 무조건 있어야 된다"고 얘기를 했어요. 그래서 저는 "김도언은 합동장례로 결정 봤습니다" 문자를 띄웠어요.

근데 합동장례 얘기는 좀 작았나 봐요. 다들 개인 장례로, 합동 장례를 하기로 마음먹었다가도 애기를 보는 순간 부모들 마음이 달라지는 거죠, 불쌍한 애들을 보는 순간. 그래서 다들 개인장례로 하기로 했다고 하더라고요. 우리는 합동장례를 하려고 했는데 합동장례는 못 했어요, 못 한 경우구요. 지금 봤을 때는, 물론 마음은 아프지만 애기들을 합동장례로 한다고 했으면, 세월호가 [아직] 바다에 있지는 않을 것 같아요. 제 개인적인 생각은 그래요. 물론 마음은 아프지만 어쨌든 단원고 친구들이잖아요. 단원고 학생들이고, 단원고 선생님들, 물론 일반인도 있지만.

근데 이제까지 움직인 건 단원고 학부모들이거든요. 특별법 제정하고, 국회에서 노숙하고 농성하고 싸우고 한 건 단원고 학부모들밖에 없어요. 단식도 사실 생존자는 안 했습니다. 우리 단원고 유가족들만 했어요. 앞에 선두 서는 건 다 유가족들이에요. 그렇기 때문에 지금 생각했을 때는 '진짜 좀 힘들었지만, 힘들지만 그래도 그 방법으로 했으면 애기들 다 찾지 않았을까?' 그 생각을 해요. 그 생각을 하고, 중간에 형부가 급한 일이 있어서 올라가게 됐어요. 형부가 계속 내려와 있었는데 사업을 하니까 회사에 올라가 봐야 했어요. 밤 한 12시 넘어서 출발했을 거예요. 이건 나중에 형부가 갔다 와서 얘기를 한 건데요. 혼자 운전을 못 하니까 안산 언니랑 같이 안산을 올라가게 된 거예요. 12시에 출발하니까 피곤할 거 아니에요. 계속 잠자리도 불편했고, 계속 팽목항 왔다 갔다 해서 운전하는데 너무 잠이 오더래요. 그래서 휴게소가 아니고요, 졸음 쉼터가 있잖아요, 갓길에 세우는 그거. 거기서 쉬었대요. 도저히 잠이 와서 안 돼서, 언니랑 잠깐 자고 일어나서 출발하려는데 누가 창문을 두드리더래요. 그 밤에 새벽에 무섭잖아요, 아무도 없는데. 쉼터에 아무도 없는데 한 남자가 와서 문을 똑똑 두드리더래요. 가시는데 수고하신다고, 피곤하시니까 이거 드시고 가시라고 그러면서 즙 하나랑 음료수를 하나 주더래요. 형부가 찝찝하더래요. 아, 에 "감사합니다" 그러고는 창문을 올렸대요. 형부도 찝찝해서 처음에는 출발을 안 하고 백미러를 봤대요. 트럭이라는 거예요, 트럭. 트럭에 두 명이 타고 있더래요.

형부가 있다가 출발했더니 계속 따라오더래요. 그래서 형부가 차선을 바꿨더니 지나가서 앞에 선두를 서더라는 거죠. 고속도로인데 계속 천천히 가더래요. 형부가 찝찝하더라는 거죠. 그 시간에 내가 자는데 왜 뒤에 차가 대기하고 있었으며, 내가 가려는데 야밤에, 누가 먹지도 않잖아요. 요즘 누가, 술 먹지도 않는데 갑자기 왜 수고하시는데, 피곤하신다고 그러는데 그 상황을 어떻게 알고 음료수를 왜 줬으며, 고속도로를 저속으로 왜 따라왔으며. 그래서 형부가 계속 천천히 갔대요. 나중에야 가더라는 거죠. 도언이 아빠하고 저한테 나중에 "이건 이상하다. 분명히 미행 나온 거다. 그러면 진도에 들어오고 나가는 모든 차량을 다 따라다니고, 다 미행했을 것이다" 그러더라고요. 그래서 지금도 차에 음료수 안 먹고 있다고 하더라고요. "이건 잘못된 거다, 분명 우리를 미행한 것 아니냐, 진도에 온 차량, 여기 있는 사람들 전부 다. 지능적이다. 야, 대한민국이 이 정도일 줄은 몰랐다"고 형부가 얘기하더라고요.

중간에 제가 숨 못 쉬고 쓰러져서 링거를 맞은 적이 한두 번이 아니고요. 숨을 못 쉬겠더라고요. 도언이가 바다에 있으니까. 제 지인들이 왔을 때도 쓰러져 있었고, 링거 맞고 있었고…. 그리고 인터뷰한 게 한두 번이 아니고요, 장난 아니었어요. 근데 언론에 나가지는 않았어요. 전부 소장용으로 가지고 있나 봐요.

6
장례 과정

도언 엄마　　도언이 나오는 날, 도언이가 4월 23일에 나왔거든요. 새벽에 꿈을 꿨어요. 제가 꿈이 정확한 사람이에요. 좀 안 좋은 꿈을 꿨어요. 끔찍한 꿈을 꿔서 새벽에 언니를 깨웠죠. "언니, 우리 방파제 나가서 도언이 이름을 불러야 되겠다, 빨리 가자". 근데 부산에 넷째 언니 작은 애기가 도언이랑 동갑이에요. 근 7일을 계속 비웠잖아요. 그래서 부산을 잠깐 갔다 온다고 그랬거든요. 그래서 목포에 가서 첫차 타고 부산을 가야겠다고 해서 목포에 데려다주고 그 길로 방파제로 갔어요. 가서 도언이를 부르고, "도언아, 빨리

도언 엄마 이지성

집에 가자"고 부르고, 팽목항을 갔죠.

그때 처음에는 유가족들이 쉴 수 있는 천막이 없었어요. 한 5일, 6일쯤 돼서 천막이 만들어졌어요. 천막이 만들어져도 완전히 한겨울이었어요. 밤 되면 추워서 파카를 입어도 춥고, 겨울 담요를 입고 잘 정도로 추웠거든요. 천막을 들어갔어요. 들어가서 그때 딱 생각난 게, 그 전에는 생각을 못 했는데 도언이 옷 색깔이 생각이 안 나더라고요. 팽목에 있는 동안 계속 내 정신을 못 차리고 있던 거죠. 그 순간 도언이 바지 색깔이 생각이 안 나서. 분명히 그 전에는 기억이 났는데 그날은 생각이 안 나는 거예요. 그래서 영수증을 찾아서 매장에 전화를 했죠. "이 상품명 넘버로 옷 색깔을 알 수 있냐?"라고 했더니 "알 수 있다"라고 그러기에 불러줬어요. "진한 파란빛 나는 곤색에 주황색 삼색선입니다"

그렇게 전화를 끊는 순간 방송이 나온 거예요. 처음 팽목에는 스피커도 없어서 멀리 있으면 안 들려서 상황실 앞에 다 있었거든요. 근데 천막이 생기면서 스피커가 달리기 시작한 거예요. 천막에 가서 앉자마자 도언이 옷 색깔 확인하는 순간 방송이 나온 거예요. 딱 도언이더라고요. 도언이 짧은 단발머리에 쌍꺼풀지고, 눈 밑에 점. 그리고 바지 색깔, 위에 옷. 바로 도언이인 줄 알았어요. 바로 쫓아갔죠. 그때 9시 좀 넘어서 방송을 했으니까…(한숨). 도언이를 오후에 검안소에서 확인하는데… 22일부터 애기들이 많이 올라왔어요. 도언이가 143번이거든요. 미치겠는 거예요(한숨). 살아 있을 거라고 생각했는데, 그렇게 나오니까 안 믿겨지는 거예요. 오빠가 먼저 보고 왔죠. 먼저 보니까 "도언이가 맞다"고 하더라고요. 그래서 들어가려고 했더니 못 들어가게 하는 거예요. 조금만 더 있다가 들어가자고. 왜냐하면, 도언이랑 같이 나온 애기들 중에 머리를 심하게 다친 애기가 있었나 봐요. 그래서 보지 말라고. 오빠가 들어오라고 할 때 들어갔는데 정말 도언이더라고요. 안 믿겨지는 거예요, 누워 있는데…… 만지면 살아 있는 것 같아요, 그냥. 음… 사람이 숨을 거두면 피부가 파래지잖아요. 도언이는 안 그래요. 피부가 뽀얀 하얀 살결이 그대로고요. 피부도 차지가 않은 거예요. 손톱, 발톱 여기가 조금 새카만 뿐이지. 그것도 전체가 새카만 것도 아니고요, 손톱 뿌리만 조금 파랗더라고요. 제가 그랬어요. "우리 도언이, 숨 거둔 지 얼마 안 된 거다, 몸이 안 차가운데. 여기 손톱 좀 보라"고….

주머니를 뒤지니까 핸드폰은 없고요, 도언이 손거울이 있었어요. 그 손거울이 어떤 거냐면요, 안산에 방문을 하면, 다 주는 건 아니고요. 관공서나 그런데 오시는 분들한테 주는 선물 케이스가 있어요. 명함 케이스랑 김홍도 그림이 있는 뚜껑 있는 손거울이거든요. 도언이가 그게 너무 이쁘다고 달라고 해서 제가 그걸 줬어요. "명함은 엄마가 쓰고, 도언이는 거울 해?"라고 했더니 도언이가 엄청 좋아했거든요. 그런 거울은 구하기 쉽지 않잖아요. 시중에 파는 것도 아니고. 그게 나오더라고요. 발은 맨발이고요, 그냥 발에 조금 상처, 피부가 조금 벗겨지고 콧등이 살짝 벗겨진 상태. 다 깨끗했어요. 도언이는 애기 피부거든요, 친구들이 부러워할 정도로.

진짜 그대로예요. 안경은 없고… 확인하고 애기를 데려와야 하는데요. 참 우리나라는 진짜 무능해요, 무능. 애기들이 장례식장이 정해져야만 애기를 데려갈 수 있대요. 그 당시에 애기들이 막 올라오니까 장례식장이 부족한 거죠. 애기를 찾았어도 못 가는 부모들이 많았던 거죠. 수원, 안양 이쪽으로 간 분들도 있고요. 우리가 개개인별로 장례식장을 알아본 거예요. 장례식장을 구했다, 예약했다고 확인해야지만 애기들을 우리한테 주는 거죠. 저도 지인들한테 전화해서 두 군데 자리를 구했어요. 그 사람들 공무원들은 없다고 그랬어요. 안산, 시흥 이쪽에는 장례식장이 없다고 그러는 거를 지인들한테 알아보라고 전화했어요. 한사랑병원이랑 고대 두 군데가 나왔는데, 저는 고대로 정했죠.

정하고 "애를 달라. 데리고 가겠다"고 했더니 안 주는 거예요, DNA 확인이 안 됐다고. 그래서 "지금 무슨 소리를 하냐? 내 새끼가 맞는데 왜 안 주는 거냐?" 그래서 국과수 원장하고 싸우고 엄청 난리가 났어요. "아니, 맞는데 왜 안 주냐?"고. 그 전에 애기들이 바뀐 사례가 있어서 줄 수가 없다고 그러는데, 지금 장난하냐고. 24시간 걸린대요. 우리는 그 전에 DNA하라고 해서 제가 팽목에서 1순위로 제일 먼저 했거든요. 애기들 DNA검사는 24시간이 걸린다는 거예요. "그럼, 애기 데리고 올라갈 테니 결과가 나오면 연락을 달라"고 그랬는데 안 된다는 거죠. 그래서 제가 엄청 난리를 피웠거든요. 의자 집어던지고 막 소리 지르고 그랬는데도 안 된대요. 안 된다는 거지(한숨). 이런 돌은 나라가 어딨어요. 내 새끼가 맞는데 안 준대. 애들 살려 오라고 할 때는 나 몰라라 하더니 찾아놓으니까 안 준대요. 난리를 폈죠. 의자 집어던지고 소리 지르고 해도(한숨), 그런 게 권력인가 봐요. 아무리 우리가 소리 지르고 해도 꿈쩍도 안 하더라고.

제가 워낙 난리를 치니까, 거기 해경 상황실 책임자가 올라온 거예요. 상황실 책임자가 돌아가면서 왔나 봐요, 그쪽에 일하시는 분들이. "도언이 아버님, 어머님 얘기를 좀 합시다" 천막에 들어가서 얘기를 좀 하자 해요. 검안소가 이쪽에 있고, 이쪽에 공무원들이 서류 작성하고, 그 옆에 천막이 있어서 들어갔는데 어떤 남자가 슥 들어오는 거예요. 공무원들은 티가 나잖아요. 어떤 남자가 슥 들어오는데, 옆에 책임자가 앉고 내가 앉고 도언이 아빠가 앉고 그 남자가 앉고, 주위에 부하 직원들 공무원들이 둘러앉았어요. "내 새끼 달라, 니가 뭔데 안 주냐?" 계속 싸웠거든요. "도언이 어머니, 국과수 원장이랑 얘기해 볼 테니 기다려보세요". 근데 계속 답이 안 나오잖아요. 그랬더니 이 앞에 그 사람이 자꾸 딴지를 거는 거예요. 태클을 거는 거죠. 그래서 "당신 누구냐?"고 "당신 누군데 앉아 있냐?"고. "여기는 분명히 이분이 도언이 아빠랑 엄마만 들어오라고 했는데 당신 누구냐고" [했더니] 유가족이래요. 내가 "유가족 누구냐?"고 "누구 아빠냐?"고 "몇 반 누구 아빠냐?"고 "얘기를 해라" 그냥 유가족이라는 거죠. 그래서 내가 "빨리 얘기를 해라" 그랬더니 그제서야 자기는 기자래요. 그치만 기자 아니죠. 절대 기자 아니고 사복경찰이죠. 도언이 아빠가 좀 순진하거든요. 도언이 아빠는…(한숨) 유가족인 줄 알았대요.

내가 "당신 누구냐? 전화번호를 달라" 전화번호를 받았어요. 그리고 전화를 했죠. "이 전화 맞냐?"고, 전화가 울리더라고요. 그래서 "나중에 여기서 얘기 끝나고 나하고 얘기를 좀 합시다" 하고, 책임자는 일단 "어머니, 지금은 일단 기다려 봅시다"하고 얘기를 마무리하고, 제가 밖으로 나가서 전화를 했어요. 이 사람이 먼저 중간에 나간 거야. 전화를 했죠. "조금 전에 전화 통화했던 도언이 엄마인데, 만나자" 그랬더니 뭐라 하냐면요. "내가 왜 도언이 엄마를 만나야 되냐?"고, 그리고 지금은 회의를 하러 가야 하기 때문에 만날 수 없다는 거죠. 그래서 내가 "지금 무슨 소리를 하냐? 이 시간에 무슨 회의를 하냐? 그리고 거기는 기자들 출입금지야. 잘 알면서 무슨 거짓말을 하냐?" 그랬어요. 검안소는 기자들 출입금지여서 아예 못 들어왔거든요. "지금 무슨 소릴 하냐? 거기는 기자들 못 들어와. 좀 만나지?" 만나자는 얘기를 하니까 전화를 꺼버리더라고요. 사복경찰이었던 거예요. 구석구석에 다 사복경찰이 깔렸던 거예요. 그 당시에 팽목항, 진도항에는요, 한 사람, 한 가구당 사복이 두 명씩 깔려 있었어요. 다 감시하고, 미행하고, 그러는 건 기본이었어요(한숨). 웃기잖아요. 내 자식을 찾아가는 그 순간에도 사복경찰들이 들어와서 태클을 거니… 미친 나라죠. 미친 대한민국인 거죠.

면담자 뭐라고 얘기하면서 태클을 걸던가요?

도언 엄마   제가 계속 도언이를 달라고 하고 거기는 "조금 기다려봐라" 하니까, "그래 줘라, 니 왜 안 주는데? 도언이 어머니, 더 얘기하세요, 더 얘기하세요" 이러면서 싸움을 유도하는 거지, 싸움을 유도하는 거예요. 유가족 같으면 그러겠어? 그렇게 하지 않거든요. 그냥 자꾸 태클을 거니까 "당신 누구냐? 신분을 밝혀라" [했더니] 기자래요. 기자가 그렇게 하겠어요?

면담자   기자면 조용히 취재를 하거나.

도언 엄마   그럼요. 그렇게 못 하죠. 거기는 사복경찰들일 수밖에 없어요. 기자들은 아예 입구에[서] 다 봉쇄해요. 유가족들은 얼굴에 벌써 다 티가 나거든요.

면담자   검안소에서 24시간을 기다린 거네요?

도언 엄마   그렇죠. 그다음 날 아침에 된다고 했는데, 안 되고 오후에 됐어요. 오후 6시 넘어서 출발했어요. 우리 도언이 가입관 하고…(한숨). 이제 가입관하러 들어갔는데, 자식이 부모 입관하는 걸 봐야지, 어떻게 부모가 자식을 입관하는 걸 볼 수 있겠어요. 저는 운구차 타고 왔거든요. 먼저 가신 분들이 119 타고 갔더니 안 되겠다더라고요. 애기들 냄새도 너무 많이 나고, 냄새 나는 건 둘째 치고 119다 보니까 고정이 안 되잖아요. 그럼 애기들이 자꾸 흔들린대요. 너무 마음이 아프더라는 거지. 바다에서 몇 날 며칠을 그렇게 있었는데, 안산 오는 순간까지 흔들린다는 거죠. 그래 나보고 "운구차를 해라"고 그러기에 저는 운구차를 했어요. 도언이 아빠는 택시 타고 올라오고, 저는 운구차 타고 오고.

　가입관을 하러 들어갔는데 속상하더라구요. 저는 엄마, 아버지 돌아가실 때도 가입관하는 걸 다 봤거든요…. 그래요(한숨), 진짜 하늘이 무너지는 거죠. 내 새끼가 그렇게 누워 있으니…. 그러니까 전날 23일에 봤던 얼굴이랑 24일에 봤던 얼굴은 틀리더라고요. 23일에 도언이 얼굴 봤을 때는 진짜 애기가 죽은 지 얼마 안 된 것처럼 느껴졌거든요. 24일에 봤을 때는 냉동고에 들어가 있었잖아요. 그때는 진짜 얼굴이 다르더라고요. 진짜 '도언이가 진짜 내 곁을 떠났구나!' 하는 그런 얼굴. 내가 옛날에 우리 엄마, 아빠 가입관할 때 봤던 그런 얼굴. 그래서 내가 그분들한테 얘기를 했어요. "우리 도언이 머리카락 조금만 잘라달라"고. "내가 가지고 있을 수 있는 거는 우리 애기 머리카락 밖에 없으니까, 조금만 잘라달라"고 그랬어요. 그분이 놀라시더라고요. 이제까지는 그런 사람들이 없었던 거죠. 그분들은 전문업체니까. 잘라주시더라고요. 애기 머리카락을 갖고 운구차 타고 오면서…(한숨).

　그분이 여자분이셨어요. 원래는 유족이랑 얘기를 해서는 안 된대요, 섣불리 얘기를 해서도 안 되고 조언을 해서도 안 되고. 그런데 나보고 얘기하시더라고요. 자기도 딸만 셋이래요. 근데 엄마니까 그 마음 안다고, 울고 싶으면 우시라고, 괜찮다고. 오면서 이런저런 얘기를 많이 했어요. 그분들도 봉사시래요. 가입관하는 것도 지원받아서 하는 게 아니고요, 본인들이 그냥 봉사하시는 거래요. 자기는 신랑이랑 같이 하는데, 가입관하시는 분은 자기 신랑이고,

103
·
2회차

운구차는 자기가 한다, 이 운구차도 다 자기들 봉사라고. "그럼, 생업은 어떻게 하시냐?"고 그러니까 "지금 생업이 중요하냐? 이 많은 애들이 희생됐는데" 자기들은 처음에는 이렇게 앞에 나오지도 못했대요. 왜냐면 상조 그쪽 일이니까 유족들이 보면 마음 아플까봐. 그래서 항상 귀퉁이에 있었고, 밥도 몰래몰래 먹었다고 그 얘기하시더라구요…. 그래서 내가 "이렇게 마무리하는 건 어차피 봉사해 주시는 분들인데, 그러실 필요가 있냐?" 그러니까 "그래도 유족들이 봤을 때는 아니다" 그러시더라고요. 그리고 집에 가서 준비할 걸 죽 얘기해 주시더라고요. "입관할 때 애기 좋아하는 거 넣어 주시라", 내가 "넣어도 되냐?"고 그러니까, "원래는 안 되는 건데 부탁을 하면 안 해주겠습니까? 애기들이 이렇게 희생됐는데" [하시더라고요]. 대신 고무 있는 거는 넣지 말라더라고요. 왜냐면 뼈에 붙으니까. 그리고 애기가 좋아하는 옷이든, 애기가 좋아했던 사진이든 편지든 애기가 좋아했던 거 넣으시면 된다고 얘기하시더라고요. 그래서 도언이 좋아하는 것 전부 다 넣었어요. 도언이가 메모하는 거 좋아해서 도언이가 좋아하는 연필, 메모지 그리고 친구들이 도언이한테 보낸 편지들, 도언이 속옷부터 시작해서 도언이 옷이랑. 그리고 운동화는 안 된대서 도언이 사물놀이 할 때 신던 신발하고 넣어줬어요…(한숨).

지금 생각해도 그래요. '합동장례를 했어야 하는데…', 그리고 어차피 합동장례를 못 했다고 하면 '매장을 할걸' 그 생각을 해요. '괜히 화장을 했나부다'. 도언이 친구가 그러더라구요, 친한 친구가

도언 엄마 이지성

일본에 쓰나미 왔을 때 둘이 얘기했대요. "최고 무서운 게 물하고 불이야. 물하고 불에서만 안 죽었으면 좋겠어" 그랬대요. 근데 결국은 물에서 애기 희생되고, 또 마지막도 그 뜨거운 불에 애기를 태워버렸으니. 이 얘기는 나중에 들었거든요. 일찍 들었다면 도언이 화장 안 했을 텐데. 자기가 최고 무서워하던 걸 두 개 다 했잖아요. 엄마가 돼가지고…(한숨).

면담자   화장하는 게 기본으로 되어 있던 건가요?

도언 엄마   몰라서 당연히 그렇게 해야 되는 건 줄 알았어요. 앞에 올라가신 분들은 그렇게 해서, 매장은 몇몇 선산이 있는 분들이 "나는 안 한다, 나는 애기 데리고 간다" 이래서 데리고 가는 분들이 계시고요. 거의 다 화장으로 다 했어요. 저도 매장은 생각도 못 했던 거죠. 지금 생각해 보면 '매장을 할걸, 그럼 나도 좀 만나보고 할건데'. 평소에 유골함 보는 것보다도, 그렇잖아요, 우리도 엄마, 아빠 묘소에 가서 한참 앉아 있다가 오잖아요. 보고 싶을 때 가서 보고, 마음 아플 때 가서 다시 한번 더 보고 그러는데… 추모관은 그렇더라고요. 나만의 공간도 없고, 마음 편하게 얘기도 못 하겠고. 그리고 시간이 정해져 있잖아요, 오후 6시 이후로는 안 되니까. 그런 것도 그렇고, 그래서 '처음에는 매장했다가 나중에 시간이 지나서 나 죽기 전에 화장할걸' 그 생각을 해요. 내가 어리석어서, 너무 어리석었구나. (면담자 : 경황이 없어서) 그렇죠. 도언이가 항상 엄마 똑똑해서 좋다고 그랬는데 똑똑한 게 아니었나 봐요(한숨).

7

도언이 오빠

면담자　　　제가 오기 전에 기사를 보니까, 도언이 오빠가 계속 아이를 확인했다고 했는데, 그럼 오빠가 수요일쯤 와서 확인을 했나요?

도언 엄마　　　그렇죠. 수요일에 와서 그때부터 계속. 17일 새벽부터 첫 구가 나왔어요. 여선생님 하나, 애기 하나가 나왔어요. 그때부터 아들이 봤어요. 그때는 어떻게 했냐면, 그때는 검안소고 뭐고 아무것도 없었어요. 우리는 첫날부터 팽목항에 있었잖아요. 잠 잘 수 있는 것도 없어서 맨날 차에서 히터 키고 자고, 낮에도 밖에 의자에 나와서 있고 그랬는데, 딱 떠요. 상황실 앞에 있으면 방송으로 "지금 들어오고 있습니다" 하고 딱 떠요. 그럼 막 달려가잖아요. 그럼 뭐라고 하냐면, "여자 시신입니다" 그러면 "실종자가 여자인 분만, 가족들만 오십시오" 그래요. 남자면 "남자분만 오십시오" 이래요. 그럼 여자 두 구가 올라왔대요. 그때는 아니길 바라면서도 쫓아가는 거죠. 지금 생각하면 팽목항 상황실 지나서 그쯤에 119가 올라오는 거예요. 그럼 엄마들이 "아닐 거야, 아닐 거야" 하면서 혹시나 하는 마음에 또 줄을 서는 거예요. 그러면 어른 시신 하나, 학생 [시신] 하나 이렇게 방송했단 말이에요. 막 달려갔어요. 도언이 아빠는 ○○ 못 오게 하고 저는 막 달려갔어요. 왜냐면 애기를 내가 봐야 하니까. 그때부터 아들이 그러는 거죠. "엄마, 이제 내가 볼게. 엄마 쓰러질 수도 있으니까 보지 마". 아들이 딱 보고 온 거예요. "엄마, 아니야. 한 분은 어른이고 한 분은 도언이 아니야. 엄마, 괜찮아, 괜찮아" 그때부터 아들이 방송이 나오면 다 보는 거예요.

여자애들은 다 비슷해요. 처음 발견했을 때 내용을 많이 적어요. 근데 거의 단발머리가 많죠. 단발머리, 통통한 편, 키 얼마, 이러면 다 도언이 같은 거예요. 그럼 '우리 도언이인가 봐, 가봐야 돼' 그럼 일단 가보는 거죠. 가 있으면 번호 순서를 불러요. "몇 번 몇 번 확인하세요" 이러면 아들이 갔다 오는 거죠. "엄마, 내가 갔다 올게" 갔다 와서는 "엄마, 도언이 아니야" 그럼 다시 또 팽목항 그 자리로 돌아오고. 다시 또 방송 나오면 아들이 다시 또 뛰어가고. "엄마 괜찮아. 우리 도언이 아니야" 계속 그랬어요, 계속. 아들이 여자애들 올라오면 계속……. 아마 힘들었을 거예요, 아들도. 엄마는 정신 놓고 있죠. 그 상황을 다 봤잖아요. 팽목항에서 그 많은 여자 애기들 시신을 다 봤죠. 그리고 애기 데려와서 도언이 화장해서 서호[추모공원]에 애기 보내놓고, 엄마는 정신줄 놓고 있고. 집에서 한 일주일 동안 정신줄 놓고 있었거든요. 그리고 한 일주일 만에 정신 차려서 매일 분향소 나가서 집에 맨날 새벽에 들어왔죠. 그리고 본인은 군대를 가야 되니… 그리고 나서는 우리 아들 밥 한 끼를 못 해줬어요, 밥 한 끼를 못 해주고. 병무청에서 군대 문제로 상담하러 와서, 희생자들이니까. 우리 아들이 한 달만 [입대를] 연기시켜 달래요. "엄마, 저 마음 추스르게 한 달만. 군대 안 간다는 게 아니라, 한 달만 연기시켜 주세요". 저는 안 된다고 했어요. "연기시키는 것도 문제가 되고, 니가 한 달 연기한다고 해서 마음이 정리되는 게 아니다, 이 상황에서는. 엄마, 아빠 맨날 밖에 있고. 그냥 군대 갔다 와서 엄마, 아빠가 못 해놓은 게 있으면 그때 와서 합류를 해라. 니가 여기서 지금 한다고 해서 해결되는 건 아니니, 차라리 군대 제대하고 나와서 합류를 해라" [했어요]. 이제 병무청에서 온 거예요. 그분이 그러더라구요. 군대를 안 보내는 거는 안 되고, 연기는 해줄 수 있대요. 6월 16일에 입대니까 연기 신청은 된다고. 우리 아들도 됐다고, 그냥 간다고.

심리치료는 받으래서 받았어요. 근데 그 당시에는, 5월 달이니까 제대로 된 데가 한 개도 없었어요. 처음에 분향소에 갔었어요. 올림픽기념관도 갔고, [경기도] 미술관도 갔고, 여섯 군데를 돌았는데도 제대로 할 수 있는 데가 아무도 없는 거예요, 박사다, 심리전문가다 해도. 결국에는 안산 고대병원을 갔는데요, 정신과를 가서 했는데 교수님이 그러시더라고요. 아들하고 하는 것도 설문지 조사더라고요. 설문지 조사하고 몇 마디 했나 본데, 나중에 들어오라고 해서 들어갔더니, "다른 건 다 정상이다. 대신 분노 수치가, 예를 들어서 최고의 수치가 19라고 하면 애는 16이다. 완전히 최악이다" 그런데 "○○가, ○○○ 군이 군대생활을 할 수 있다고 하니보내도 괜찮겠습니다. 대신 ○○가 저랑 상담할 때도 얘기했지만, 이 분노가, 자기는 대학생이니 성인이라는 거죠. 자기감정을 다스릴 수 있다. 하지만 이 분노가 언제 터질지는 모른다" 그 얘기를 했다는 거죠(한숨).

면담자   본인이 판단할 수 있는 게 아니라, 본인 때문에 위험한 상황이 벌어질 수 있는 것을 의사가 판단해서 군대를 면제를 하던지 이렇게 해줘야 될 것 같은데요.

도언 엄마   근데 그때랑 지금이 상황이 좀 다른 것 같은 게, 그때는 아무런 대책이 없구요. 이런 경우를 그 의사든 어디든 간에 경험을 해보질 않았던 거죠. 그래서 "언제 터질지를 모르는데, 그게 걱정이 된다"라고 ○○가 의사한테 그랬대요. 그 얘기를 하더라고. 안 그렇겠어요? 지금은 제가 항상 강조하는 게 뭐냐면, 생존자들도 힘들 거예요. 당연히 힘들죠. 〈비공개〉 그죠? 근데요, 난 그래요, 물론 생존자들도 힘들 거예요, 그치만 제일 힘든 거는 우리 엄마, 아빠들이고요, 두 번째는 희생자 형제자매예요. 제가 5월 달부터 전국에 서명 다니면서 항상 외쳤던 게 그거예요. 왜냐면 유가족 중에서 우리가 처음으로 [희생자 형제자매를] 군대를 보냈거든요. 다들 정신이 없을 때 처음으로 군대를 보내서 내가 제일 먼저 안다고 얘기해요. 우리 아이들이 만으로 따지면 17년, 그죠? 위에 애들같으면 언니나 오빠나 누나라고 하면 만으로 17년이에요, 햇수로 18년째 들어가잖아요. 우리 도언이 같은 경우는 생일이 12월이니까 만 16년이에요. 진짜 어릴 때부터 같이 커 왔잖아요. 우리 아들 같은 경우는 도언이 기저귀도 갈아줬어요, 어릴 때. 같이 놀고, 먹던 것도 뺏어 먹고, 옷도 입혀주고. 이렇게 만으로 16년, 17년을 같이 산 애들이에요. 게다가 팽목에서 다 봤잖아요. 모든 도언이 친구들 올라오는 거 다 확인했죠. 엄마아빠 힘드는 거 다 봤죠. 도언이 장례 치렀죠. 얼마나 힘들겠어요.

근데 형제자매에 대해서 아무도 관심을 안 가져요. 또 그 위험성을 모르고 있더라고요. 서명 다닐 때 제가 얘기했어요. 우리 아들이 6월 16일에 군대 가고, 우리 3반 부모들한테도 간담회 때 얘기하라고 계속 얘기했어요. 그래서 그때도 부모들이 중요성은 모르지만 자꾸 하라니까 계속한 거예요. 근데 이게 사실은 현실이 된 거예요. 그런 얘기할 때는 몰랐는데, 시간이 지나면서 형제자매들이 엄청 안 좋아진 거예요. 생존자들은 트라우마[센터]니, 스쿨닥터니, 합동으로 수련회 가고, 여행 가고, 봉사한다고 해외도 가고 이러잖아요. 그런데 형제자매들은 아무것도 없었어요. 심각한 애들은 지금도 엄청 많아요. 이렇게 생존자도 있지만 형제자매들도 힘들어요. 아까도 우리 아들 농담도 하고 험담도 했지만, 사실은 그 애 마음을 다 몰라요. 알 수가 없잖아요. 그냥 짐작만 할 뿐이에요. '무척 힘들었겠구나. 엄마, 아빠만큼은 아니었겠지만 너도 힘들었겠구나. 앞으로도 힘들 거야' [하는] 생각을 많이 해요. 그러니까 1주기 때 와서 엄마, 아빠[가 경찰들한테] 맞고, 애들 추모문화제 하는 거도 방해하는 거 보면서 애가 돌아버리는 거죠(한숨). 우리 애기들이 희생되면서 모든 게 다 바뀌었죠. 나부터도 그렇고, 신랑도 그렇고, 그리고 우리 도언이 키웠던 이모, 이모부들도, 도언이 친구들도 다 힘들어하니까. 도언이 친구들, 그리고 같이 움직여 주시는

도언 엄마 이지성

분들 다 상처죠, 상처고 아픔이죠(한숨). 한숨밖에 안 나오네.

면담자   힘든 얘기를 해주셔서 감사합니다.

도언 엄마   이렇게 정신이 있을 때 촬영해 주셔서 너무 감사합니다. 작년이랑 올해는 틀려요[달라요]. 제가 생각해도 틀려요[달라요]. 기억이 없어요, 기억이. 자꾸 기억이 사라지는 것 같아요.

면담자   (구술자의 목걸이를 가리키며) 어머니, 그 목걸이는 뭐예요?

도언 엄마   우리 도언이 [이름이 새겨진]… 우리 아들이 군대 가면서 용돈 모아서 목걸이를 해줬어요. 나는 목걸이, 도언이 아빠는 시계를 해줬는데요. 처음에는 ○○, 도언이 이름 같이 있는 목걸이를 했는데요, 내가 마음이 그렇더라고요, '그래도 너는 살아 있잖아' 이런 마음. 그래서 제가 도언이 거로만 다시 맞췄어요. 아들한테 얘기를 했죠. "○○야, 미안한데, ○○가 해준 ○○랑 도언이가 같이 있는 목걸이는 엄마가 그냥 간직하고 있을게. 엄마는 도언이만 가슴에 안고 있고 싶어" 이랬더니 괜찮다고 하더라고요. 그래서 도언이만 안고 다녀요.

목걸이에, 귀걸이에… 커플 반지는 한 번도 뺀 적이 없고. 이 반지는 도언이가 손가락에서 안 빼거든요. 저는 도언이가 손에 끼고 간 줄 알았어요. 계속 애기들 찾았을 때 보면 "반지, 반지" 하면 도언이인 줄 알았는데 도언이가 안 끼고 있더라고요. 집 가서 보니까, 도언이 책상 위에 빼놓고 갔더라고요. 도언이 이모가 그 얘기를 해요. "도언이가 엄마라면 끔찍한데 이 반지를 끼고 갔으면 살아 나왔을 텐데, 왜 빼고 갔을까?" 대신 내가 안 빼고 있어야지…(한숨). 반지를 왜 빼놓고 갔는지 모르겠어요. 손가락에서 반지를 안 빼는 앤데, 손가락에서. 빼놓고 갔더라고요.

면담자   귀걸이는 어디서 만드신 거예요?

도언 엄마   ○○가 군대 가기 전에 ○○가 목걸이 맞춰준 데 가서 다시 부탁을 했어요. ○○ 이름만 빼고 도언이 거만 해달라고. 고민을 많이 했네요. 그런 생각 많이 해요. 도언이 옷도 입고 다니고 도언이 물건도 하고 다니지만, 채워지지가 않잖아요. 채워지지 않는…… 그리고 이렇게라도 안 하면 미칠 것 같으니까.

　우리 엄마들 다 여기 문신도 했어요. 내일도 어머니들 모시고 가요. 여기 애기 이름, 주민등록번호, 이름, 별자리, 이거는 이탈리아 어로 '영원히 사랑해' 그런 뜻이에요. 제가 하고 와서 엄마들 많이 했거든요. 내일 여섯 명 또 홍대[에] 가요. 제가 검색해서 갔었거든요. 그냥 뫼비우스 띠처럼, 그런 거 있잖아요, 영원히 다시 만난다는 그런 의미. 왜냐면 내가 죽었을 때, 애기들은 그런다잖아요. 엄마 젖내 맡고 찾아오잖아요, 멀리 있어도. 그래도 혹시 못 찾을까 봐. 다시 만나야 하는데 못 찾으면 어떡해…… 그래서(한숨). 다시 만나겠죠. 다시 만날 거예요, 우린.

면담자   여기까지 할게요. 감사합니다.

3회차

2015년 8월 25일

1
시작 인사말

면담자　　　본 구술증언은 4·16 사건에 대한 참여자들의 경험과 기억을 기록으로 남김으로써 이후 진상 규명 및 역사 기술에 기여하고자 합니다. 지금부터 이지성 씨의 증언을 시작하겠습니다. 오늘은 2015년 8월 25일이며, 장소는 안산시 단원구 글로벌다문화센터입니다. 면담자는 김향수이며, 촬영자는 이수정입니다.

2
세월호 활동

면담자　　　어머니, 지난주에 진도랑 팽목항 이야기, 장례 치른 이야기해 주셨어요. 그 후 일주일 동안 집에 계시다가 서명운동 등을 하시러 밖에 나가서 활동하셨다고 말씀하셨는데, 활동을 시작하시게 된 계기나 심경의 변화 등에 대해 말씀해 주세요.

도언 엄마　　　(한숨 쉬며) 우리 도언이 장례 치르고, 한 일주일 정도를 도언이 아빠랑 폐인처럼 살았어요. 하루 종일 술 먹고, 취하면 자고 그리고 형부랑 언니가 오면 또 울고(한숨). 이모도 많이 울었거든요. 진짜 많이 망가졌죠, 다들(한숨). 그런데 얘기하는 도중에 형부가 그 얘길 하더라고요. 도언이 이모부가…. "도언이 장례 치르는 날도 사복경찰이 두 명씩 다 있더라"고 얘길 하더라고요. 그래서 "그게 뭔 말이냐?" 저는 정신이 없으니까(한숨). 도언이 이모부 후배가 단원경찰서에 형사로 있어요. 근데 뜬금없이 거기 사복을 입고 와 있더라는 거죠, 도언이 거기 그 라인에. 그 사람은 도언인지 몰랐겠죠. 그러니까 형부를 보고 놀라더래요. "아유, 형님이 여기 웬일이시냐?"고. 그래서 형부가 "어, 그래 후배는 여기 웬일이냐? 나는 조카, 처제 애기가 오늘 여기 장례 치르고 있다" 그러니까 놀라더라는 거죠. "아, 저는 여기 그냥 일 있어서 왔습니다" 그러더래요. 형부가 나보고 그러더라고요. "형사가 무슨 일 있어 여기 왔겠냐? 우리 진도에 있을 때처럼 감시고 미행이지" 그 얘길 하시더라고요. "두 명이 다 집집마다, 두 명씩 다 있더라". 그때 제가 정신이 번쩍 든 거예요, 사실은.

애들이 마지막 가는 길도 이러는구나. 무슨 잘못이 그렇게 많고, 숨길 게 그리 많기 때문에, 우리를 미행하고 감시를 하고. 그래서 정신을 차렸죠. '아, 이러고 있으면 안 되겠다, 내 아이가 억울하게 죽었는데. 얼마나 엄마를 불렀겠냐? 아빠를 불렀겠냐? 목이 터져라 불렀을 건데(한숨). 엄마가 이러고 있으면 안 되지. 우리 도언이가 엄마를 얼마나 자랑스러워했는데, 엄마가 이렇게 넋 놓고 있으면 안 되지' 그래서 그 길로 제가 분향소를 나갔어요.

분향소를 나갔는데 다 모르는 사람들이잖아요. 엄마, 아빠들 쭉 있더라고요, 작년에. 처음에는 몽골텐트였어요. 엄청 더웠어요. 저보다 도언이[제가 도언이를 찾아온 것보다 본인 아이들] 먼저 찾아온 부모님들이 계시잖아요. 〈비공개〉 그래서 내가(한숨) 제 지인들한테 요청을 하기를 시작을 했죠. "우리가 싸워야 되니까 지원 좀 해달라". 그래서 적십자에서 기본 밑반찬이 들어오고, 밥이 들어오고, 그 외에 국, 밑반찬, 고기반찬해서 점심때, 저녁때, 그리고 중간에 떡, 간식, 2시 되면 떡이 딱 들어와요. 그리고 과일까지 지인들이 다 대주신 거예요. [분향소 유가족 대기실이] 이 컨테이너 박스로 바뀌기 전까지 계속해 주신 거죠. 그렇게 친절하신 거예요. 점심 저녁으로 계속, 매일. 직접 이렇게 배달해 준다는 건 사실 쉬운 게 아니거든요. 부모님들 제대로 먹어야지만 싸울 수 있으니까. 거기서 제가 대기실 [총무] 일을 시작하게 된 거죠.

그리고서 제가 또 자원봉사센터를 잘 아니까, 제가 봉사를 한 16년, 17년 했기 때문에 봉사센터에 팀장님 불러서 "지원해 줄 거 지원해 달라"[고] 제가 요청을 하고, 그러면서 피켓도 들고. 처음에는 전단지부터 돌렸어요. 분향소 오시는 분들 앞에서 우리가 피켓 들고. 피켓 들 때도 문제가 많았어요. 처음에는 못 들게 했었거든요. 우리 부모님들도 사실 이걸 왜 들어야 되는지를 모르는 거지. 다들 정신이 멘붕이니까, 정신을 못 차리니까 왜 들어야 되는지 이유도 몰랐지만 몇 명이 들기 시작하니까 타임별로 교체하면서 들게 된 거예요. 돌면서 설명을 해야 되니까. 그렇게 시작해서 특별법 제정까지 전국을 돌면서 다 하게 된 거죠(한숨).

참, 지금 생각하면 무슨 정신으로 그렇게 했는지 모르겠어요. 그때는 오히려 전국을 다니고, 정신없이 다니고 노숙하고 농성하고 이러다 보니까(한숨) 우리 도언이가 없는 부재에 대해서는 일단은 생각을 접은 거죠. 없는 건 알았지만 아직까지 내 곁에 있다고 생각을 했는데, 올해 들어서는 이 아이[의] 부재를[가] 느껴지는 거죠. 작년엔 집을 나가면 집에 들어온단 보장 없이 달렸거든요. 근데 요즘은 일단 나갔다 하면 저녁엔 집에 들어오니까, 그럼 이 부재가 더 크게 느껴지는 거고.

작년에는 우리가 총회를 할 때, 사람들이 많이 부족하잖아요. 그래서 제가 나갔어요. 제가 그러면 "나 2학년 3반 김도언 엄마다. 내가, 내 모든 지인을 다 동원해서라도 지원을 할 것이다"라고 나갔었어요. 그래서 총무로 들어갔는데, 음… 이걸 어떻게 설명해야 되죠? 제일 먼저 느낀 게요. 물론 진도 팽목항에서도 느꼈지만 두 번째로 느끼는 게 뭐냐면(한숨), 사람, 환경, 생각의 폭, 앞을 내다 보는 안목… 이걸 무시 못 한다는 걸 아주 많이 느꼈어요. 회의를 들어가고 하다 보니까, 이게 아닌데… 내가 봤을 땐 이렇게 하면 안 되는데. 물론 다들 이렇게 큰일 당해보지도 안 했고, 그러다 보니까 다들 갈팡질팡이잖아요, 많이 속상도 했고. 우리[가] 분명 놓친 부분들이 많아요. 그래서 제가 "총무는 안 하겠다. 그냥 대기실에서만 내가 지원하겠다" 해서 총무를 안 한 거예요. 안 하고, 대기실에서 서명받고, 부모님들 음식 다 챙겨드리고, 부족한 게 있으면 자원봉사센터에다 부탁을 하고 적십자에다 부탁을 하고 다 충원을 시킨 거죠.

지금도 참 안타까운 게 뭐냐면, 그때 [국민]성금 문제가 나왔었어요. 저도 그렇고 몇몇 부모님들이 그걸 얘길 했었어요. "성금을 좀 받아두자. 분명 긴 싸움이 될 것이다. 이게[성금이] 나중에 우리가 버틸 수 있는 힘이 된다, 분명히 나중 되면 모든 지원이 끊기고 우리를 압박할 건데 현금을 받아야 된다" 왜냐면 지금 복잡하잖아요. 단원고 희생자, 생존자 있고 일반인 생존자, 희생자가 있으니까, 이것 땜에 말이 많았어요. 그리고 일부 1기 [4·16가족협의회] 집행부 분들은 "성금 안 받는다" 이런 난[논]리를 폈고. 근데 이걸 받았어야 된다고 저는 생각을 해요. 복잡한 문제가 있으니까, 그때부터 일반인 희생자분들은 떨어져 나가니, 별도로 하니 이런 얘기 나왔었거든요. 그래서 그때 내가 무슨 얘기를 했냐면 "그러면 단원고 [희생자]만의 통장을 하나 만들자, 성금을 받자, 받아야 된다" 근데 복잡해서 안 되니, 일반인도 있니 이랬어요. 그래서 내가 "받아야 된다. 이거 진짜 받아야 된다. 단원고 통장만이라도 하나 받자. 받아야지 우리가 버틸 수 있다. 이거 긴 싸움이다" 했는데 안 된 거죠. 통장도 안 만들고, 진행비 안 되고, 또 집행부들이 성금 안 받는다고 언론에 [이야기]하고.

근데 결국은 맞아. 지금 현실을 봐. 1년 딱 지나자마자 모든 지원 다 끊기잖아요, 다 힘들어하잖아요. 지금 다들 생활고에 힘드니까 직장 들어가신 분들이 많잖아요. 만약에 성금만, 그때 내가 얘기한 것처럼 받았으면, 우리 10년, 20년도 싸울 수 있어요. 일단은 기본 생활만 하면 되잖아요. 왜냐면 희생 형제, 자매 교육은 시켜야 되니까. 고 돈으로 교육을 시키고 기본 생활만 하면 진짜 죽을 때까지 싸울 수 있어요. 근데 기본 생활이 안 되니까, 부모님들이

[생업] 현장으로 도로 가시는 거죠. 지금 안타까운 기[것이], 내[가] 끝까지 우겼어야 되는 부분이 이거예요. 참 안타까운 부분이에요. 그랬음 좀 더 낫지 않았을까? 그러면 배·보상 신청하신 부모님들도 안 하실 수 있잖아요, 일단 생활은 해결이 되니까. 지금 생각하면 내가 그거를 놓친 부분이 아쉽고, 안타깝다고 생각을 하죠.

면담자　　　어머님, 총무 하셨던 기간이 언제부터 언제까지예요?

도언 엄마　　5월, 도언이가 4월 23일 날 나왔으니까 5월 중순쯤 일 거예요, 아마. 중순쯤이고 한 석 달 하다가 내가 그냥 자연스럽 게 회의를 안 들어간 거죠. 〈비공개〉

3
배·보상 문제

면담자　　　보상 얘기가 계속 나올 때 기분은 어떠신지요?

도언 엄마　　기분이요? (웃으며) 그렇게 얘기해요, 알기 쉽게. 저 번에 제가 얘기했는지 모르겠지만 최고 쉬운 방법. 자동차 사고를 빗대 얘기해요. 사고가, 우린 대학살이지만, 참사지만, 자동차 보 험도 보상도, 그건 배상이 아니라 보상이잖아요. "보상과 합의도 프로테지[퍼센티지]를 정하지 않냐? 각자의 보험회사 직원이 나와 서 넌 몇 대 몇, 넌 80프로 나 20프로. 이렇게 해서 서로 합의가 이 루어지고 보상이 되는 거 아니냐? 그럼 정확한데, 우리는 없지 않냐? 정부 잘못이 몇 프로, 학교 잘못이 몇 프로, 교육청 몇 프로 나오지 않았는데 무슨 피해보상이냐?" 그 얘길 해요. 그래서 "배·보상은 아무 의미가 없다. 우리가 얘기하는 거는 그냥 진실이다. 1000억을 갖다줘 봐라. 우리가 진실을 안 밝혀주는데 그거 받겠냐?" 그렇게 얘기를 하죠.

"받은 사람도 있다더라" 그러면, 대신 금액을 잘못 생각하시는 거죠. 원래는 그러잖아요. 다섯 명에 몇십억, 이렇게 [언론에] 나오니까 한 명당 몇십억이 나간 줄 아는 거지. 이렇게 여론 몰이로 가는 거예요, 언론사에서. 그니까 사람들이 그걸 생각하는 거예요. 나누기 n[n분의 1]을 해야 되는데 안 하고 총금액만 얘길 하는 거지. 예를 들어서 30억이 나갔다 그러면 1인당 30억을 받은 줄 안다는 거죠. 이건 언론이 잘못된 거죠. 정확하게 "다섯 명 중에 몇십억이 나갔는데, 인당 얼맙니다" 이렇게 해줘야 되는데, 그렇게 안 한다는 거죠.

배·보상? 참 슬픈 단어죠. 슬픈 단어예요. 우리 소송을 걸었잖아요. 그래서 저번에 세희 아버님이 옆에 앉아 있을 때 제가 우스갯소리로 그 얘기하고, 박주민 변호사님이 나오셔서 설명을 해주셨어요. 소송 건, 변호사 수임료 산정하실 때, 10억을 계산해서 소송을 거신다 하시더라고요, 10억에 대해서. "금액이 문제가 아니라 우리는 무조건 진실을 밝히기 위해서 한다는 그런 의미다"라고 얘길 하시는데, 세희 아버님 옆에 계시길래 내가 그랬어요. "세희 아버님, 1000억을 해야 되는 거 아니에요? 1000억. 이것들이 찍소리 못 하게?", "아유, 도언이 엄마, 그기 될까?"이러는 거예요. "그럼[변호사 수임료 같은] 돈이 많이 올라가" [하길래], "하면 되죠. 다 돈 받은 거 있잖아요. 애들 여행자보험도 있고 성금 받은 것도 있고 내면 되지. 뭐 걱정하냐"고 [했어요]. 근데 국민의 여론 얘기하시더라고요. "그러면 1000억 아니 100억 합시다, 우리. 100억으로 해야지. 1심, 2심 그리고 대법원 그리고 헌법재판소까지 가지 않겠냐" 내가 그 얘길 했었거든요.

그다음다음 주에 우리 수요일마다 간담회 가는 강의가 있어요. 그때 변호사님이 오셔서 설명을 쭉 해주셨거든요. 그때 무슨 얘길 하셨냐면, 우리가 그게 놓친 부분인 거 같애요. 우리가 10억을 요구를 했어요. 지금 소송을 걸었잖아요. 10억에 대해서 재판을 올라가요. 그러면 정부에서 '그래 옛다, 10억 가지고 떨어져라' 이렇게 할 수 있다 그거죠. '우리 인정할게, 응 그래' 인정하는 순간 진실은 밝혀질 수가 없잖아요. 거기까지만이잖아요. 그럴 수도 있다는 거지. 그게 전문용어로 뭐라뭐라 하시던데, 그건 기억이 안 나고, 그얘길 하시더라고요. "이것도 생각해 두셔야 됩니다. 우리가 10억을 요구했어요, 진실을 밝히기 위해서" 인원이 127가진가[가정인가], 또 생존자들 있으니까 생존자들은 별도로 간대요. 희생자는 희생자대로, 일반인 생존자들은 생존자대로 달라지니까, 같이 소송은 걸지만 다르다는 거죠. 별도로 묶어서 가는데, 우리가 10억을 요구해서 재판을 해요. [그러면] 인정할 수도 있다는 거지.

면담자   어떤 인정이요?

도언 엄마　　　"그래, 우리가 잘못했다. 그래, 10억 줄게" [해버리면] 지금 배·보상 신청한 부모님들처럼, 어떠한 이의제기도 할 수 없다는 거죠. "우리 인정할게. 10억 줄게. 10억 받아라" 그럼 끝이라는 거예요. 그럼 우리가 다시 할 수가 없다는 거지, 인정하니까. 만약에 "인정 못 한다" 그러면 계속 헌법재판소까지 가는데, "인정한다, 내 인정할게" 그러고 끝이라는 거죠. 내가 그때 무슨 생각한 줄 아세요? "그래. 내가 그때 세희 아빠[한테] 얘기한 것처럼 1000억이든 100억을 요구했어야 했는데, 그럼 끝까지 갈 수 있지 않냐?"(웃음)

　　헌법재판소 가는 동안 자꾸 진실이 밝혀질 거니까, 정부는 덮을라 할 것이고. 그러니 '그럴 수도 있겠다' 그 생각을, 가정을 하는 거죠. 그래서 변호사님이 "이것도 생각해 두셔야 됩니다"라고 얘기하시더라고요. 가만히 생각해 보니 그럴 수 있을 거 같아요. 왜냐하면 내년, 1년 6개월이면, 9월 달에 소송 들어가면 내년에 대선 들어가잖아요. 그럴 수도 있어요. 그러니까(한숨) '또 어렵구나. 또 이렇게 잘못하면 당할 수도 있겠구나' 이 생각을 좀 했어요.

면담자　　　어머니, 이번에 법에 대해 많이 듣고 배우셨을 거 같아요.

도언 엄마　　　우리 부모님들 전문가가 다 됐죠. 우리가 뭘 알았겠어요? [이제는] 우리가 항적도 그런 것도 모두 알죠. 전문가 다 됐어요. 굳이 알지 않아도 될 거를 다 알게 되는. (웃으며) 이렇게 만들었어요, 우리를.

4
기억에 남는 사건들

면담자　　　어머니, 간담회나 도보 순례 등 기억에 남는 일화나 남기고 싶은 이야기들이 있으세요?

도언 엄마　　[19박] 20일 도보할 때요. 어느 지역에서 도보를 하는데 그러시더라고요. 자식 좀 그만 팔아먹으래요. 다 빨갱이래요, 우리보구. 다 빨갱이 새끼들 지나간다고, 자식들 그만 팔아먹으라구. "느그 자식들만 죽었냐?" 그러는 거예요. 그래서 제가 그랬죠. "우리가 빨갱이라 그러면, 수학여행 가다 죽은 우리 아이들의 부모가 빨갱이라 그러면, 우리는 부모다, 엄마, 아빠다. 학생들의 엄마 아빤데 우리보고 빨갱이라 그러면 당신도 빨갱이다" 그랬어요. "당신도 당신 집에 가면 어느 자식의 부모일 것이고, 할아버지일 거 아니냐? 그럼 당신도 빨갱이네" 내가 그 얘길 했거든요.

　　이게 어릴 때부터 받아온 교육의 잘못이겠죠. 반대 의견을 내고, 바꾸자 하는 행동하는 사람들에 대해서는……. 우리가 종북 좌파[라는 거]까지는 괜찮아요. 근데 빨갱이라는 단어로 입혀지면 대한민국에 살 수는 없잖아요. 우리보고 빨갱이라 하고, 지금도 빨갱이라 하잖아요. 그 얘기 참 상처예요. 자식 잃은 이 슬픔도 아직까지 못 추스르고 있는데, 진실도 못 밝히고 있는데, 정치색을 입혀서 빨갱이로 만들더라고요. 그런 사람들한테는 어떻게 대해야 될지도 모르겠고, 설명한다고 되는 것도 아니고. 결론은 그거죠, 우리도. 그러면 당신도 자식을 잃어보거나, 손자, 손녀를 잃어봐야지 우리 마음을 알지. 그것밖엔 없는 거예요. 같이 당해봐야 아는 거지. 이 마음을 모르는 사람들은, 겪어보지 못하면 모르는 거죠.

그러구 또 가는 곳마다 학생들이 많이 왔어요···. 학생들이 같이 슬퍼하고 아이들의 희생을 기억하고 같이 행동을 해주니까 고맙고. 도언이 또래 여학생들 보면 도언이 같고. '아, 이 아이들이 대한민국을 바꿔주겠지' 그 생각 많이 하고요. 이번에 5·18 때 광주를 갔다 왔어요. 제가 저번에 얘기했지만 저는 5·18 진실을 고2 때 알았다고 했잖아요. 그때 광주를 갔었는데, 광주에 있는 어린 학생이, 중학생? 아니면 중3 아니면 한 고1쯤 돼 보이는 남자 아인데, 뭐라 하냐면요. 충격으로 다가왔어요. "만약에······ 세월호에 대해서 진실이 밝혀지지 않으면, 다음 차례는 우리가 될 것이다. 우리가 될 것이고 중학생이 될 것이다" 그 얘길 하는 거예요(한숨).

가만히 생각해 보니 맞더라고요. 광주에서 대학생들이 많이 희생됐잖아요. 그리고 우리 고등학생이, 광주도 학살이잖아요. 우리 대한민국 군인들이 대한민국 국민을 그냥 칼로 찔러 죽인 거예요. 칼로 총으로 찔러 죽인 거잖아요. 진짜 엄청난 학살인데. 그 일에 엄정한 처벌을 하지 않고 진실을 밝히지 않았으니 아직 전두환이가 살아 있는 것이구요. 아직까지 이제 떵떵거리며 살고 있는 거예요. 전두환이가 처벌받은 게 뭐예요? 사람을 죽인 거, 국민을 죽인 거로 처벌받은 게 아니에요. 자기 반란 일으킨 거에 대해서만, 자기가 움직이라고 명령한 거에 대해서만 처벌받은 거지, 자국민을 죽인 거에 대해 처벌받은 게 아니거든요. 그러니까 아직도 살아 있고, 저렇게 떵떵거리고 살고 있는 거고, 그 밑에 있던 부하직원들[이] 다 살고 있는 거예요. 제대로 처벌 안 했기 때문에, 진실을 밝히지 않았기 때문에 역사가 반복이 되잖아요. 제대로 고쳐지지 않은 역사는 반복될 수밖에 없잖아요.

다시 우리 애들이 희생이 됐어요, 몇십 년 지난 다음에. 세월호가 진실이 밝혀지지 않고 처벌하지 않으면 또 반복이에요, 몇십 년 뒤에. 더 당겨지겠죠. 지금은 35년이지만, 다음 세대는 아마 10년 뒤에 될 수도 있는 거고 5년 뒤에 될 수도 있는 거예요. 이 아이의 말이 맞는 거죠. "세월호의 진실이 밝혀지지 않으면, 그다음엔 우리의 차례다". 왜냐하면 지금 이 아이들이 중3이든 고2든, 10년이든 20년이든 얘들 성인이고 결혼했을 거 아니에요? 그럼 아이를 놓을 거 아니에요? 그럼 이 아이들 되는 거죠, 또 희생되는 거죠.

'그래. 우리가 더 열심히 뛰어야지. 내 아이는 희생이 됐지만 저렇게 말하는 아이들도 희생을 시키면 안 되지'. 그래서 정확하게 진실을 밝혀야 되는 거예요. 진실만 밝혀지면, 책임자 처벌되는 것이고, 덩달아서 안전한 나라가 되는 거예요. 먼저 진실을 밝혀야지만 모든 게 다 정리가 된다고 보거든요. 근데 진실을 밝히는 게 좀 힘들어지는 거죠. 지금도 힘들 때 마음을 많이 다져요. 그 아이 했던 말, "다음 우리 차례가 될 수 있어" 그런 내용들, 그래서 많이 버티는 거죠.

면담자　　　　어머니, 어떻게 보면 그 얘기를 외면할 수도 있잖아요. 근데 계속 마음에 남는 이유가 무엇일까요?

도언 엄마   내가 5·18[의] 진실을 알고, 행동을 하지 않았잖아요. 그래서 우리 아이가 희생된 거 같고, 더 미안하고 죄책감이 들거든요. 그래서 저번에 고향 친구들 만났을 때 그 얘기를 했어요. "야, 우리 그때 5·18 진실을 알았잖아", "그래, 그때 우리 성당에서 틀어줘서 알았지". [그랬는데] 다들 그냥 침묵하고 있었던 거죠, 다 같이. 어떠한[어떻게] 행동할지 모르니까 침묵하고 있었던 거죠. 그니까 내 친구들도 "도언이 생각하면 너무 가슴이 아프다" 얘기해요. 그래서 우리 도언이는(한숨) 꿈도 못 피고 떠났지만, 진실을 밝혀야지만 우리 도언이 희생이 헛되지 않죠. 물론 안전한 나라도 중요해요. 근데, 진실을 안 밝히면 우리 도언이 희생이 너무 헛되잖아요. 아무 의미가 없잖아요. 그 새누리당 의원이 그랬잖아요, "그냥 교통사고다". 그냥 배 사고가 될 수밖에 없는 거예요(한숨).

이게 쉽진 않을 거 같애요. 왜냐면 광주도 자국민을 죽인 학살이잖아요. 학살인데두 아직까지 못 밝히고 있는 거예요, 증거가 있어두. 근데 우리는 하물며 바다에서 애들이 수장돼서 희생이 됐기 때문에 더 힘들 수도 있어요, 진실 밝히는 게. 아마 우리가 죽을 때까지 싸워도 안 될 수도 있어요. 그래도 끝까지 밝혀야죠. 내 아이를 위해서. 내 아이를 위한 것이면 그게 바로 대한민국을 위한 일이거든요. 다시 역사가 반복되지 않도록.

5

캐나다 간담회

면담자　　　어머니, 캐나다 간담회 갔다 오셨던 얘기 잠깐 해주셨는데, 언제 어떻게 가게 되셨는지요?

도언 엄마　　　도보 20일, 19박 20일로 팽목항[까지] 도보[행진] 끝나고 와서 캐나다에서 간담회가 들어왔었어요, 아버님 한 분, 엄마 한 분 했는데. 저는 그전부터 계속 간담회를 다녔던 사람이거든요. 전교조도 가고 전국으로 계속 간담회 다녔기 때문에, 하여튼 저랑 예슬이 아빠랑 캐나다를 갔어요. 갔는데…, 갔는데 가슴이 너무 아팠어요. 왜냐면 우리 도언이가 중3때 유학을 보내달라 그랬거든요. 유학을 보냈으면 될 건데 왜 안 보냈는지 모르겠어요. 그땐 너무 어려서 사실 안 보낸 기[것이] 후회가 되고 지금은. 우리 도언이가 막 조르는 성격이 아니거든요. 근데 몇 번을 얘기했단 말이에요, 나한테 유학 보내달라고. 그래서 갔는데(한숨) 제일 먼저 생각나는 생각이 도언이 생각이었어요, '아, 도언이가 갔음 참 좋았겠다'. 거기는 젊은 분들이 많으셔요. 밴쿠버, 토론토, 윈저도 그렇고.

　　제일 먼저 간 게 토론토였거든요? 토론토에서 주관해서 캐나다로 우리가 가게 된 건데요, 참 열성적이세요. 열성적이시고, 제일 미안해하시더라고요. 자기들이 대한민국을 버리고 와서, 자기들이 버리고 왔다, 그거죠. '버리고 와서 너무 미안하다'라고 얘길 하시더라고요.

또 한 분은, 오동석 목사님은 아예 한국에 입국을 못 하셔요. 운동을 하시다가 대한민국에서, 운동을 좀 많이 하셨거든요. 그래서 블랙리스트에 올라가서서 아예 한국 입국을 못 하는 분이세요. 근데 그분이 주축이 되고, 캘리[교민 이름, Lee Kelly]가 주축이 돼서 진행이 되는데, 미안함을 많이 느끼시더라고요. 자기들 때문에 우리 아이들이 희생이 된 거 같다. 우리가 끝까지 싸웠어야 되는데, 대한민국 버리지 말고 싸웠더라면 이런 희생 없었을 건데. 그래서 자기들이 토론토, 캐나다, 박근혜 대통령 왔을 때 [피케팅] 했잖아요. 그것도 자기들이 했다고 그래요.

그리고 한의사 부부가 있는데요, 우리가 몸이 1년 동안 다 망가져서, 그때 저를 치료해 주셨거든요. 그 한의사분이 하신 말씀이 (한숨), 자기가 광우병 그때 있죠, 우리 미국 소고기 [수입 반대 촛불집회] 할 때, 그 운동을 했었대요. 몇 년을 싸우고 진짜 치열하게 싸우셨대요. 대학생이었는데, 치열하게 싸웠다[고 하시더라고요], 반대한다고. 근데 결과가 달라지지 않더라 그거죠. 그리고 군대 입대를 하고 제대를 했는데 더 나빠져 있더라는 거지, 상황이. 그래서 '야, 대한민국은 미래가 없다. 계속 이렇게 갈 건데' 그래서 자기도 대한민국을 떠났다 얘기하시더라고요. 죄송하다고, 죄송하다고 진짜 끝까지 싸웠어야 되는데 죄송하다고.

대학교 가서도 유학생들하고도 간담을 했고요. 외국인들한테도 얘기를 하고. 오히려 유학생들이 많이 울었어요, 유학생들이. 같이 공감하고 자기들이 "잊지 않고 끝까지 움직이겠다" 얘기를 하시고. 밴쿠버에 가서도 우리가 피켓을 많이 들었어요. 피켓도 많이 들고, 추운데.

면담자   어디서 피켓을 드셨어요?

도언 엄마   대학교에서도 들고, 요크대학교에서도 들고. 그리구 그 영사관 앞에 가서도 들구요, 저희들이. 사실 그 시간들 너무 아까운 거예요. 교민들은 우리가 힘드니까 자꾸 쉬라는데, 우리가 간 목적이 뭐예요? 이 세월호에 대해서 알리기 위해서 갔잖아요. 그 시간들이 너무 아까운 거예요, 저희는. 그래서 틈만 나면 피켓 들었어요. 나이아가라폭포에 가서두 외국인 앞에서도 피켓 들고. 외국인들이 자기들이 기억한다고, 아직도 해결이 안 됐냐고. 외국인들은 다 기억하더라고요, 세월호. 그래서 안아주고 가시고. 밴쿠버에 갔는데(한숨), [도시의 느낌이] 확 트였더라고요. 토론토랑 밴쿠버랑 틀리더라고요. 또 혹 도언이가 들어오는 거예요. 도언이가 혹 들어와서[유학 보내달라던 도언이가 생각나서], 눈물 좀 흘리고⋯ (한숨).

그 여정들이 버틸 수 있는 힘이었던 거 같아요. 윈저에 갔을 때는, 원래 윈저는 계획이 처음에는 없었던 건데, 오 목사님이 다시 조율을 한 거예요. 그래서 윈저를 차를 타고, 서울에서 부산 가는 거리를 달려간 거예요. 한 2시간 간담회 하기 위해서 막 달려간 거죠. 그때 방송에 나온 거예요. 대한민국으로 치면 KBS나 MBC? 공영방송 1위 하는, 방송 취재가 나와서 세월호에 대해서 알린 거죠.

그래서 중요한 시간 때 방송이 된 거예요. 세월호 부모님들이 원저에 와서 간담회를 하는 목적, "우리는 진실을 알고 싶다", "캐나다 교민들, 캐나다 국민들 같이 움직여 달라" 그런 호소를 많이 했어요. 그래서 지금두 캐나다 교민들은 많이 움직이고 계셔요, 지금도. 단톡방도 있고 같이 계속 공유를 하고 있거든요. 지금도 캐나다는 단식 릴레이를 하고 있어요. 피켓도 계속 들고 있고 서명도 받고 있고(한숨).

캐나다에 가서 많이 자면 2시간, 아니면 1시간 자고 계속 움직였거든요. 그때 움직였던 행동들, 기억들, 그리고 저한테 얘기해 줬던 소중했던 말들, 마음들이 저를 지탱해 주는 힘인 거 같애요. 물론 우리 도언이를 [보고] 버티고 있지만, 그래도 힘들 때마다 '아, 그분들이 그렇게 얘기했지. 우리 갔을 때 이렇게 해줬지' 이런 거 있잖아요. 그런 거 생각하면서 많이 움직여요. 해주신 거에 대해서 내가…, 그 맞는 단어가 뭐죠? 이렇게 우리를 응원해 주시니까, 힘을 실어주시니까 같이 더 열심히 하게 되는 거죠. 해야 되고, 포기하면 안 되고, 지치지 않고 열심히 하는 거(웃음).

면담자　　　　지난번에 난민 관련해서 교수님의 이야기를 해주신 것이 충격적이었는데요.

도언 엄마　　　제가 이번에도 얘기했어요. 일요일 날, 총회 끝나고도. 그게 지금 맞아지는 거죠.

면담자　　　　어떻게 만났는지?

도언 엄마   토론토에서 간담회 할 때였어요. 그때 1시간 이상? 1시간 반? 가까이 간담회 하고 질문을 받고. 근데 나중에 끝나고 나서 개인적으로 얘기를 하자 하시더라고요. 여자분은 한국 분이 신데, 부부시더라고요. [부인이] 비서관으로 움직이시는데, 부부시 래요. 그래서 이분이 얘길 하면 부인이 통역을 해주는데, 자기는 "이런 경우를 많이 봤다. 난민들에 대해서 많이 이끌고, 많이 만나 왔기 때문에 지금 대한민국의 세월호 유가족들도 똑같은 상황일 것이다. 분명히 아이들이 희생된 거는 정치성을 띠고 있는 것이고, 처음에는 모든 걸 원하는 대로 다 해줄 것이다. 이거 달라면 이거 해주고 저것도 해주고 모든 지원을 다 해줄 것이다. 근데 시간이 지나면서 하나하나 지원을 다 끊을 것이다. 그리고 고립을 시킬 것 이다. 그리고 나서는 아마 납치, 감금도 할 수도 있다. 그것도 안 먹힌다고 하면 살해도 할 것이다. 그러면 대한민국을 떠날 각오로 싸워야 된다"라고 얘길 하시더라고요. 그 말을 어느 정도는 인정을 하면서도 충격이었거든요. 그때는 이민, 정치적으로 난민[이] 될 수도 있다는] 생각은 없었는데, "아! 그렇습니까?"라고.

별도로 만나자고 해서 그러자고 했는데, 지금 생각하면 그 말 이 다 맞는 거죠. 모든 거 지원 끊고, 분열 일으키고 완전 고립을 시키잖아요, 자꾸. 저번에 단원고[교실 존치 문제]두 이것도 하나의 분열이라고 봐요, 작년부터. 자꾸 우릴 고립시키는 거잖아요, 이렇 게. 그래서 제가 오늘도 페이스북 급하게 올린 게 그거예요, 알아 야지만 [되니까]. 다른 곳의 활동을 중지시킬 거 아니에요, 서명받는 거를. 우리끼리만 싸워서 되는 게 아니잖아요, 전 국민이 알아야 되지. 지금도 마찬가지예요. 자꾸 고립을 시키잖아. 〈비공개〉 분열 시키고 나중에 안 되면, 그분이 말씀하신 것처럼 '납치도 할 수 있지 않을까?' 그리고 또 소리 소문 없이 죽을 수도 있을 거 같애요, 저는.

근데 지금 소송 건 부모들은 무서운 거 없거든요. 다들 그 마음이에요. '무서운 거 없어, 우리. 내 새끼 없는데 무서울 게 뭐 있어? 그냥 빨리 죽었으면 좋겠어' 이 생각하고 다니는 거예요. 그만큼 겁나는 것도 없고 무서울 것도 없고 '덤비려면 덤벼라' 이런 마음으로 다니는 거죠, 우리도. (미소 지으며) 아마 가면 갈수록 더 심하지 않을까 생각을 해요.

면담자 웃으면서 할 얘기가 아닌데 웃음이 나와요. 조금 쉬었다가 할까요? 아니면 그냥 계속할까요?

도언 엄마 아니, 괜찮아요.

6
국회 농성

면담자 유가족들이 농성하실 때, 국회나 청운동, 광화문 이런 곳에서 나눠서 계셨잖아요? 그때 어머니는 어디에 계셨나요?

도언 엄마 저는 국회랑 광화문. 청운동은 나중에 국회 접고 나서 넘어간 거구요, 저는 국회에서 거의 있었고. 그때도 제 지인분들이 음식을 많이 주셨어요. 많이 가져오서 가지고, 사실 피해도 많이 보셨고, 그분이. 제일 미안한 게, 우리가 흔히 얘기하는 상류층이세요. 기업을 몇 개나 가지고 계시고 외자[외국투자]계로 외국 기업을 가지고 계시는데. 나를 도와줬다는 이유로, 유가족에 음식 넣어주고 필요한 물품 타줬다는 이유로, 그분은 핸드폰을 다 도청당하는 거라. 국회만 가면 핸드폰[이] 난리가 나는 거야, 안 돼요. 아이폰인데도 그래요. 일부러 아이폰을 들고 다니시거든요, 그분은. 근데도 안 되고. 중요한 거는 그런 걸 떠나서(한숨) 갑자기 회사에 감사가 뜨고요, 세무 감사가 뜨고, 몇 년 전에 다 정리했던 상속세 몇십억이 떨어지고. 그래서 얘기를 했대요. "아니, 이거 상속세다 정리 되지 않았냐?" 다했는데 이게 계산 착오로 다시 나온 거라고 [그러더래요]. 그래서 너무 힘드셨어요. 나보고 자기가 "숨 고르기 좀 해야 되겠다. 요즘 너무 많이 힘들다" 그래서 요즘엔 연락을 좀 안 하거든요. 많이 고생하셨어요.

그니까 이런 식으로 우릴 지원하시는 분들은 떨어져 나가게 만드는 거죠, 하나하나. 지금 우리가 흔히 알다시피 페이스북에도 떨어져 나가게 만드는 거, 똑같은 거라고 봐요. 처음에는 큰 끈들 다 가지치기하고, 다음에는 소소하게 도와주시는 분들 다 치는 거죠. 이게 고립이죠 뭐. 우리만 자꾸 고립시키는 거죠 뭐. 그런 일도 있었고. 속상하죠(한숨). 그분들이 정부에 대해서 그렇게 얘길 한 것도 아니고, 단지 그냥 애 키우는 부모로서 그 마음 아니까, 그 슬픔

134

도언 엄마 이지성

을 아니까 우리를 도와주고 같이 하고자 하는데, 그런 거마다 다 차단을 시키니까. 그래서 캐나다에 그분 말씀이 '아, 맞다'라고 생각을 해요. 그래도 우리는 꿋꿋하게 잘 버티고 있잖아요, 이렇게 다 도와주시니까. 오늘같이 이렇게 촬영하면 이게 또 기록이잖아요.

면담자　　어머니, 처음에 집회 나가거나 노숙하거나 이런 것들이 좀 어색하셨을 거 같은데, 어떠셨어요?

도언 엄마　　그렇지 않아요. 애 잃었는데, 그러겠어요(웃음). 저는요… 제가 이렇게 과격할 거라고는 생각을 못 했죠, 저도. 인제 우리 도언이 희생되면서 이렇게 막 과격해지는데, 과격해도 저는 살아오면서 애들이 먼저였어요, 항상. 내 애가 귀하면 남의 자식도 귀하잖아요. 저는 내 애가 다치지 않아야 되는 거와 마찬가지, 남의 애 다치면 안 된다는 그런 위치[생각]예요.

　　근데 국회에 있을 때, 우리가 막 농성하고 있을 때, 대학생들이 국회에 몰래 들어갔잖아요. 그래서 잡혀서 끌려 나와서 맞았어요, 경비들한테. 새정치민주연합 사무실 들어가서 끌려 나와서 경비들이 그 본청 앞에서 애들을 그냥 집어던진 거예요. 그래가 요기가 정문이라 그러면은 이쪽에 앉아 있었던 거죠. 애를 끌고 나와 집어던지니까 바닥 소리가 난 거죠. 소리가 나가지고 난리 폈거든요. 애가 집어던[져]지는데 내 눈이 확 뒤집어진 거죠. 아니 애들을, 저 귀한 애를 집어던지는 거예요. 그래서 저희 엄마들이 깜짝 놀래 가지고, 도언이 엄마가 가만히 있다가 순간적으로 튀어나가는 거 보고 깜짝 놀랬대요. 애가 떨어지는 게 문제가 아니라 도언이 엄마가 소리 지르면서 나가서 깜짝 놀랬다는 거지. 저는 항상 아이들 위주거든요. 내 새끼든 남의 새끼든 귀하잖아요. 그걸 보는데 발로 차고 난리 났어요. 아, 미치겠더라고요, 나는. 어떻게 저 애들을, 대학생 애들을 발로 차고 밟고…… 돌아버리겠더라고, 나는 막. '그게 자기들 직업이지만 굳이 그렇게 했어야 되나?' 싶은 생각이 들어. 자기도 자식 키우는 부모들이잖아. 근데 발로 차고 집어던지고 (한숨).

국회 있을 때는, 일 많죠. 화장실도 못 쓰게 해가지고. 거기서도 화장실을 못 쓰게 해가지고 (웃으며) 장난 아니었죠, 음식 반입도 못 시키게 하고. 들어갈 때 못 들어가게 해가지고 몸싸움하고. 저는 거의 밖에서 잤어요. 많이 잤어요. 어차피 도언이도 없고 도언이 오빠도 군대 가고 집에 없으니까, 신랑만 있으니까. 저는 국회에 거의 있다시피 했어요. 밤 되면 이슬이 내려요. 그러면 '아이고, 이게 뭐 하는 건가? 자식 잃고 이 서리 맞아가며' 7, 8월인데도 서리가 내려요. 춥더라구요. 많이 울기도 울었죠, 울고.

핸드폰 불 켜놓고 아들한테 편지 쓰는 거예요, 낮에 쓸 시간이 없으니까. 낮엔 항상 긴장하고 있어야 되잖아요. 밤 되면 경찰들도 일부 다 들어가요. 딱 한 줄만 있어요. 낮에는 몇 줄 있거든, 네 줄 다섯 줄 서 있거든요. 근데 밤 되면 엄마들도 거의 집에 가고 아침에 다시 오니까, 경찰들도 그만큼 다 빠져나가요. 그래서 고때 시간이 되니까. 거긴 불도 없거든요? 국회 앞에는. 불도 안 켜줘요. 그래서 핸드폰 켜고 편지 쓰는 거죠, 아들한테. 편지 접어서 보내고, 그렇게 많이 했어요(한숨). 그런 시간들 다 보냈는데 아직까지 제자리걸음을 하고 있으니, 미칠 노릇이죠.

면담자　　　쉬었다가 할게요, 어머니.

(잠시 중단)

7

도보 행진 등 다른 활동

면담자　　　5·18의 진실을 알고도 행동하지 못하셨던 게 투쟁하실 때 계속 생각나셨겠어요.

도언 엄마　　　[5·18광주민주화운동을 다룬] 〈26년〉 영화를 봤었어요. 도언이랑 영화 본 거 찾아봤거든요. 도언이랑 야자도 빼먹고 "나와" 이래 가지고 영화도 보고, 주말 되면. 많이 보러 갔어요. 나랑 둘이서도 많이 갔지만 도언이 아빠랑 세 명이서도 많이 보러 갔어요. 일반 영화도 많이 보지만 애니메이션 영화도 많이 보러 갔어요(웃음). 도언 아빠가 그런 거 좋아하거든요. 그때 영화 〈26년〉은 [도언이랑] 둘이서만 봤는데 많이 울었거든요, 둘 다. 나는 그[5·18광주민주화운동의] 진실을 알지만 도언이는 모르는 상태에서 그 영화를 본 거죠. 얘는 무슨 내용인지 모르고. 애들 다 모를 거예요,

아마 학생들은. 거의 정확한 진실을 몰라요. 근데 같이 보면서 많이 울었거든요. 이게 현실이다 보니까 '아… 그렇구나, (웃으며) 그렇구나' 하는 생각 많이 해요.

그리고 경주 리조트[2014년 2월 경주 마우나리조트 천장 붕괴 사고] 그… 붕괴 사고 때도…, 도언이랑 소파에서 같이 뉴스 봤었거든요. 도언이도 엄청 울었거든요. "엄마, 어떡해" 그래서 내가 "야, 저 다 키운 자식 죽어서 저 부모들 어떻게 살아갈까?" 이랬는데 두 달 뒤에 내가 이런 상황이 됐어요. 그때 내가 분명히 그랬거든요. "저 다 키운 자식들, 저렇게 허무하게 죽어서 저그 엄마 어떻게 살아가니?" 이랬는데. 지금은 그래. 물론 그분들도 슬프겠지만 그래두 고등학교는 졸업했잖아(한숨). 우리 애들은 고등학교 졸업두 못 하고 연애 한 번 못 해보고(한숨).

지금도 집에 가면 도언이랑 영화 보러 갈라고 한 티켓이 두 장 있거든요. 제가 영화 티켓을 많이 받아왔어요. 안산 메가박스 회장이 제 지인분이세요. 영화표를 많이 주시고, 초대권 많이 주시거든요. 그라면 친구들도 많이 데려가서 보고. 우리 친구들 가면 기본 15명은 데리고 가요. 그럼 밥도 사 먹이고 영화도 보여주고 그러거든요. 영화 참 많이 봤는데, 그 영화표 초대권 두 장이 있어요. 도언이랑 보러 갈라고, 아직까지도 가지고 있네. 끝끝내 못 봤네, 끝끝내 그 영화를(한숨).

면담자　　　무슨 영화를 보려고 하셨어요?

도언 엄마   영화는 우리가 가서 선택을 하는 거니까. 수학여행 끝나고 보러 가자 했는데, 끝끝내 못 보러 갔네(웃음).

면담자   어머니, 신문 인터뷰 보니까 도보 순례 할 때, 몸이 안 좋았던 거 같은데 그때는 어디가 안 좋으셨어요?

도언 엄마   그땐 몸 아픈 것보다도요. 다리 아프고 이런 걸 떠나서…(한숨) 음식이 안 넘어가는 거예요, 마음이 아프니까. 음식도 거의 먹지도 못했지만 약도 안 넘어가는 거예요. 목에서 약이 안 넘어가는 거예요. 그래두 우리 도언이 생각하면서, 그리고 세월호 인양해야 되니까, 도언이 친구들이 거기 있으니까 참고 견뎠죠. 제가 갈 때마다 마이크를 들고 짧게 짧게 얘기를 많이 했어요. 제가 다니면서 그 인원들 중에 얘기하실 수 있는 부모들 몇 명, 간담회 다니신 분 몇 명 안 되셔가지구 내가 마이크 최고 많이 잡았던 거 같애요. 지역 갈 때마다 저녁에 촛불 추모를 하고 나면 나와서 얘기 좀 해달라 하거든요. 제가 항상 그 얘기했어요. "우리 부모님들, 이 힘든 발걸음이 한 발 한 발 걸을 때마다 진실은 두 걸음 세 걸음 성큼성큼 다가서는 거라고. 그 마음으로 우리 엄마, 아빠들이 이 몸, 망가진 몸으로 팽목항까지 도보를 하고 있다. 이 진실이 성큼성큼 다가오게끔 해줄 수 있는 거는 국민들밖에 없다. 도와달라".

그리고 교육청에 가서는 무슨 얘기했냐면 "옛말에 그런 말이 있지 않냐? 큰 바위는 한 번에 깨지지 않는다. 우리 속담에 있듯이 물방울 한 방울 한 방울이 계속 그 자리를 떨어지면, 그럼 결국 그

큰 바위는 깨지게 돼 있다. 지금 대한민국의 힘을 싣고 있는 이 권력층이 당연히 한 번에 깨지진 않을 것이다. 그러나 국민들, 우리 시민분들이 한 분 한 분 마음을 모아서 계속 두드리면 반드시 깨진다. 이 거대한 권력층을 깨달라"고 했어요. 분명히 깨질 거라고 봐요, 물론 시간은 걸리겠지만. 지금까지 움직여 주시는, 내가 일명 '단원고 11반' 얘기하지만, '단원고 11반' 분들이 끝까지 해주는 한 분명히 깨질 거라고 저는 봐요.

8
'진실'의 의미

면담자 어머니께서 진실이라는 말씀을 많이 하시는데, 진실이 무엇을 의미하는 것인지요?

도언 엄마 진실은요. 크게 얘기하면 많은데, 진실은 우리 도언이의 생명이라고 생각을 해요. 도언이의 생명이에요, 생명(한숨). 남들은 그렇잖아요. 그때 구조하지 않은 해경, 컨트롤 타워를 못한 정부를 먼저 얘기를 해요. 저는 처음부터 그랬어요. "그거는 일단 뒤[의 얘기]다. 단원고 교장, 교감, 행정실장, 인솔했던 선생님 그리고 교육청이 문제다"라고 항상 얘기했고, 지금도 그렇게 얘기해요. 왜 그렇게 날씨가 안 좋은 날 수학여행을 갔으며, 분명 출항 허가가 안 떨어졌는데 왜 배를 탔으며, 분명 우리 도언이는 버스가 인천항에 우릴[애들을] 데리러 온다고 했는데 왜 [안산으로] 출발을 안 시켰으며, 애들한텐 버스가 온다 해놓고 왜 그 배를 탔으며. 이게 단원고, 교육청이 문제거든요, 그 안에 깊이 들어가면 교육부랑 여행사랑 청해진[해운]도 있겠지만. 첫 번째 문제는 단원고라고 봐요, 단원고와 선생님들. 다음에는 컨트롤 타워를 못 한 정부, 그다음에 해경이라고 봐요.

저는 이 진실을 밝히는 첫 번째는 학교라고 봐요. 학교, 대한여행사, 청해진, 그리고 교육청. 교육청 [위로] 올라가서 교육부까지 연관돼 있겠죠. 왜냐하면 교육부에서 지시를 했으니까, 몇 년 전부터. "여객선을 타고 수학여행을 가라" 이거부터 시작을 해야지만 실마리가 풀리지, 그렇지 않으면 안 된다고 봐요. 이거를 밝혀야지만[밝히는 것이] 진실이[의] 시작이라고 봐요. 그런데 교육청은 아직까지도 아무것도 안 하고 있잖아요. 교육부도 안 밝히고 있잖아요. 내가 전교조에 가서 간담회 할 때마다 하는 얘기가 뭐냐면 "교육청, 교육부[에 대해] 큰소리를 내라. 왜 안 내냐? 느그들, 학생들이 죽었어. 느그들 소속했던 학생들이 죽었으면 느그들 진실 밝히러 큰 소리를 내야지 왜 안내냐? 선생님들 왜 가만히 계세요? 선생님 제자들 죽었습니다. 그러면 자꾸 교육청 교육부 자꾸 푸시업하세요[압박을 하세요]. 밝히라고 자꾸 하세요. 항의하세요. 그래야지만 이게 풀리지 그렇지 않으면 안 된다". 교육부 안에는 다 있잖아. 국가와 우리가 밝힌[밝히려고 하는] 국정원 연결되거든요. 그르니까 진실은 크게 보면 생명, 작게 보면 시작은 단원고부터 들어가는 거죠. 전 이렇게 나누고 싶어요. 너무 크게 보지 말고.

면담자　　　크게 보면 생명이란 것은 무엇을 의미하는지요?

도언 엄마　　생명은, 우리 도언이, 나, 도언이 아빠 모두의 생명을 다 앗아간 거죠. 도언이 아빠랑도 항상 얘기하지만 우리는 지금 살고 있는 게 아니에요. 그냥, 그냥 버티는 거고, 시간을 보내기 위해 있는 거지. 내가 죽지 못하니까, 내가 자살해서 죽으면 안 되니까, 이것도 또 세월호 전체에 누가 되니까. 이게 사는 게 아니고요, 그냥 시간을 보내는 거죠, 내가 빨리 죽기 위해서. 아까 내가 지나가며 얘기했지만 "그래, 와서 박아" 우리는 아직 그렇게 원하거든요. 그게 빨리 죽을 수 있는 하나의 방법이니까. 사는 게 의미가 없다 보니깐 진실은 생명, 우리가 살아갈 수 있는 힘, 원천이죠. [진실을 밝히지 못하면] 의미가 아예 없는 거죠, 생명은. 나뿐만 아니라 250가정의 부모들까지 다 죽인 거죠. "진실은 생명이다" 제 나름대로는 그렇게 정의를 짓고 있어요. 나는 우리 도언이의 생명 그리고 엄마, 아빠의 생명.

9
앞으로 하고자 하는 일

면담자　　　어머니, 앞으로 살면서 '이거 하나는 꼭 해야겠다'라는 삶의 목표가 있으세요? 있으시다면 어떤 것인지요?

도언 엄마 이지성

도언 엄마   삶의 목표요? 목표가 있나? 목표는, 당연히 진실을 밝혀야죠. 목표라기보다는 의무. 엄마, 아빠로서 당연히 해야 될 의무라고 보고요. 저는 애기들 진실이 밝혀지면 저는 도언이랑 약속한 부분이 있어요. 항상 도언이한테 뭐라 했냐면 도언이가 이렇게 시골생활을 좋아해요. 우리 도언이 아빠 그니까 시댁 쪽도 그렇고 친정 쪽도 그렇고 시골이 없어요, 고향집도. 그런데 우리 도언이 이모 시골집 앞에 냇가도 흐르고, [냇가에서] 고기도 많이 잡고 그래요. 산도 있고, 개구리도 잡고, 개구리 잡아가 튀겨도 먹고 이랬거든요. 그 시골집에서 눈썰매도 타고, 비료 포대 들고 가가[지]고 산에 가서 미끄럼 타고 그랬단 말이에요.

면담자   도언이 어렸을 때요?

도언 엄마   네. 초등학교, 중학교 때. 겨울에 가서 개구리도 잡아오고 튀겨 먹고 그랬는데, 도언이가 너무 좋아해요. 그래서 [도언이] 중학교 때부터 "도언아, 엄마가 너를 위해서 10년 후에 전원주택을 지어줄게. 너만을 위한 거야. 오빠도 아니고 너만을 위한 거야. 여기는 너만 와서 살 수 있고 그리고 니가 결혼해서 너 자식들이 살 수 있는 집을 엄마가 만들어줄게. 앞에 개울이 흐르고, 뒤에 산이 있고" 그랬더니, 도언이가 하는 말이 "그 냇가에서 엄마랑 발담그고 물장구도 치고 고기도 잡고, 우리 좋아하는 채소 길러서 엄마, 아빠랑 고기도 구워 먹고 하자" 그러더라고요. "그래. 도언아, 엄마가 거기에 니 좋아하는 과일나무 다 심어주고, 니가 좋아하는

꽃나무 다 심어주고 그렇게 해줄게. 엄마, 꼭 해줄게" 이랬거든요.

수학여행 가기 전날도 그 얘기했고 수시로 그 얘기했어요. 내가 "도언아, 엄마 해줄게" [하면], "응. 엄마, 너무 좋아. 너무 좋아" 이랬거든요. 그걸 도언이가 동영상 남긴 것도 있어요, 친구들이랑. 수학여행 가기 전에 4일 전에 동영상이 있더라고요. 아이들이 '10년 후의 흑역사'[흑역사는 '잊고 싶은 과거'라는 의미 외에 '재미있었던 추억'이라는 의미로도 사용됨. '10년 후에 있을 재밌는 나의 모습 혹은 꿈'이라는 뜻으로 영상 제목을 지음] 해가지고 촬영한 게 있어요. "나는 10년 뒤에 뭐가 될 거야. 뭐가 될 거야" 그기에 도언이가 그렇게 해 났더라고. "나는 전원주택에서 살 거야" 내가 맨날 그 얘기했거든. 도언이는 너무 좋았던 거야. 도언이가 이모 시골집을 너무 부러워했어요. 너무 좋은 거지. 내가 꼭 해준다 그랬는데…….

그래서 애기들 진실이 밝혀지면 도언이만을 위한 집을 지어줘야죠. 약속했던 거 지켜줘야죠. 도언이 아빠랑 그 얘기도 하고 있어요, 지금도. "도언이가 원했던 거. 도언이 집 만들어줘야지". 목표라기보다는 도언이하고 약속을 지키는 거죠. 내가 해준다고 약속을 했는데 도언이가 없어서, 없는 상태에서 우리가 약속 지켜야죠. 도언이랑 저랑은 약속 지키는 거를 철칙이거든요[철칙으로 여기거든요].

어제 도언이 아빠랑 얘기를 했는데, 자기는 도언이가 나가면, 나랑은 맛있는 거 많이 먹으러 다니니까. 도언이 아빠랑은 많이 못 다니잖아요, 바쁘니까. 나가면 도언이 아빠 걸 많이 사 와요, 도언이가. 조각 케이크도 사 와서 아빠 주구. 어제는 무슨 얘기 나왔냐면 요즘 밥버거가 많이 나오잖아요, 휴게소를 가도 패스트 푸드점을 가도. 밥버거를 보면 미치겠다는 거지. "음… 그래?" 내가 그랬더니, "뭐 알아?" 그래서 "도언이랑 뭔 추억이 있겠지" [했어요]. 나는 몰랐거든요. 한날은 집에 있는데 도언이가 [뭐를] 가져와서 주더래요. "아빠, 이거 드세요". 보니까 밥버거라는 거지, 아빠 생각나서 사 왔다고. 우리 도언이 그런 앤데. 그래서 도언이 아빠는(한숨) 다 간직해야죠. 그래도 살아 있음 참 좋았을 건데. 살아 나왔어야 하는데…(울음).

10
도언이 오빠의 군 입대

면담자   어머님께는 도언이도 있지만, 도언이 오빠도 있잖아요. 아까 밤에 편지도 썼다고 하셨는데, 오빠에 대한 고민이나 걱정도 있을 거 같아요.

도언 엄마   지금은요, 많이 내려놨어요. 제가 진짜 애들 위주로 살았는데, 도언이 희생되고 난 뒤부터는 아들에 대해서 많이 내려놨어요. 걱정은 되는데 '살아 있으니까 알아서 잘하겠지' 그 생각. 우리 아들이 4월 16일, 1주기 때 [휴가] 나와서 그때 상황을 충격적으로 보고 갔잖아요. 내가 광화문 현관 앞에서 싸우구 본인도 서울광장에서 광화문 오는 데 몇 시간씩 걸려서 새벽에 왔고, 그 짧은 거리를. 그 상황을 다 보고 간 뒤부터는 나한테 전화를 잘 안 해요. 아빠랑만 통화하는데, 아빠한테 전화 와서 그러더래요. "내년 3월 달에 제대잖아요. 그런데 복학 안 하면 안 되겠냐"고 얘길 하더래요. 그래서 도언이 아빠가 "그거는 전화상으로 얘기할 거는 아니고 나와서 같이 한번 얘기해 보자, 엄마랑" 그랬다는데.

　지금도 그래요. 하고 싶은 대로 하고 살게끔 해주고 싶어요. 어차피 어떻게 될지 모르는 거래서. 사람이 자기 하고 싶은 거 하고 살면 그만큼 행복하잖아요. 희생된 우리 아이들도 맨날 학교 때문에 하고 싶은 거 다 못 하고 살았잖아요. 근데 특히 아들 같은 경우는 대학생이다 보니까 좀 더 자유로울 수 있고. 근데 항상 걱정되는 게 이 아이의 신변이 걱정 되는 건 아니구요. 혹시 감정을 억제 못 해서 군대에서 사고를 치면 우리 전체가 욕을 얻어먹으니까. 사실 난 그게 지금 제일 걱정이에요. "행동 똑바로 해라, 사고 치지 말아라" 계속 그 얘길 하거든요. 지금 계속 정부에서 우리 [희생자 가족들 사이]를 분란 일으키고 빨리 정리를 할라고 하는 찰나에 군대 간 아이가, 우리 아들이, 다른 학부모 애기가 사고를 쳤다 [하면] 금방 또 이슈화시킬 거 아니에요? 그래서 항상 "니, 조심해라 조심해라". 안전은 지가 알아서 할 거라고 봐요(한숨). 복학을 안 한다 하니, 작년에 군대 가기 전에 심리치료를 못 받고 갔잖아요. 그 상황을 다 봤는데, [팽목항에서 수습되어 올라온] 여자 애기들 가서 보고 이랬기 때문에 오면 일단 심리치료도 받게 해주고 싶고. 왜냐면 그때 맘 못 추슬러 가지고 군대 갔기 때문에.

면담자   군대에서 심리치료를 받는 것은 없어요?

도언 엄마   없어, 없어요.

면담자   유가족이라는 것을 아는 정도인가요?

도언 엄마   네. 〈비공개〉 지금 비상사태니까, 그냥 지지난주에 김제동이랑 주진우 기자랑 유가족 밥을 한번 대접해 주셨거든요, 뷔페에서. [그때] 군대 가는 것 땜에 얘기가 좀 나왔었어요. 그래서 내가 제일 먼저, 우리 유가족 중에 내가 제일 먼저 우리 아들을 보낸 거고, 이번에 군대 입대하는 아들이 또 있더라고요. 한 부모가 "애가 고1인데 군대 가는 게 걱정이 된다" 이러면서 얘길 한 거예요. 그래서 제가 얘길 했어요. "나는 보냈는데 사실 깨놓고 얘기하겠다. 나는 안 보냈으면 좋겠다. 안 보내는 방법을 찾으시라". 찾으라는 게 아예 안 보내라는 게 아니라 산업체[산업기능요원 복무]도 있을 것이고, 아니면 진짜 뭐 다른 방법, 6개월 가는 방법도 있을 것이고, 우리 아들이 한 말을 고대로 얘길 했어요.

그때 김제동 씨가 "그래[그렇게] 얘기하면 어떡하시냐?"고 이랬는데, "우리 아들이 얘기했다. 우리 아들[이 군대를] 간대서 전 보냈다. 정 보내고 싶다 그러면 보내시는 것도 괜찮다. 하지만 나는 안 보냈으면 좋겠다" 〈비공개〉 그리고 아이들이, 내가 지금 항상 걱정하는 것처럼, 군대를 가서 사고가 나[면]요. 이슈화시키면 안 되잖아. "그럴 바에야 차라리 다 안전하게, 군이 위험한 상황에 보낼 필요가 없다". 이제 거의 다 애기들 둘 아니면 하나였잖아요. "하나는 잃었어요. 근데 하나 남은 자식을 또 잃을 수는 없잖아" 내가 그 애기를 했어요. 근데 김제동 씨가 "아유, 어머니 그러시면…" [하길래], "아니, 난 사실대로 얘기하는 거라고. 정 보내야 되겠다, 간다 그러면 보내고. 보내면 잘할 것이다, 본인이 원해서 가는 것이기 때문에. 하여튼 진짜 불안하시고 애가 갈팡질팡한다 그러면 방법을 물색하시라"고 그랬어요.

나도 의연하게 얘길 하지만 나라고 의연하겠어요? 저도 진짜 많이 울었거든요. 애기 군대 보내는 날도, 두 달 동안 밥 한 끼 안 먹이고, 당일 날 아침에 달랑 찌개 한 개, 밥 한 그릇만 해서 애를 입대를 시켰어요. 나는 오죽했겠냐구요. 내가 이렇게 의연하지만 지금도 항상 걱정하고 해요. 힘들다고 얘기한다고 해서 해결되는 건 아니잖아요. 대신 안전하게 제대하기만을 바랄 뿐이지. 군대 가 있는 동안에 부모들 마음은 말도 못 해요. 그럴 바에야 그냥 안전하게 매일 보는 데 가든지, 6개월 거기 보내든지, 산업체는 매일 출퇴근하잖아요. 난 그렇게 하고 싶다는 거지. 굳이 가서 얼굴도 제대로 [못 보고], 애들 안전도 제대로 모르고, [군대가] 완전 폐쇄적이니까. 〈비공개〉

처음 보낼 때도 그 얘길 했어요, 작년에. "엄마, [입대를] 연기를 했으면 좋겠습니다" 그래서 "○○야, 니가 여기 더 있는다고 해서 빨리 정리되는 것도 아니고, 해결 나는 것도 아니다, 지금 상황으로 봐서는. 아직 아이들도 바다에서 다 안 올라왔고 이제 올라오기

[시작하고] 있는데, 니가 몇 달 연기하고 간다고 해서 해결되는 것도 아니고, 니가 지금 여기서 추위 떤다고 해서 해결되는 것 하나도 없다. 도언이 희생에 대해서 진실을 밝히고 싶다 그러면 어차피 날짜 나온 거, 가라. 갔다 와서 엄마, 아빠가 못 해논 거 있다면, 그때도 밝혀지지 않았다면 그때 합류를 해라" 그랬거든요. 그래서 애를 보낸 거죠.

많이 힘들었을 거예요. 힘들어하는 거 알지마는 "너 힘들어? 가지 마" 이거 안 되잖아요, 어차피 해야 되는 거. 내 자식을 죽인 대한민국이야. 대한민국은 책임과 의무를 다하지 못했어요. 근데 난 큰애를 대한민국에 의무라고 보내줘야 돼요. 참 이 현실이… 올해 보내는 부모랑 작년에 내가 보낸 거랑 마음 틀릴 거예요. 작년에 우리 애 보낼 때는 뭐라 표현할 수가 없을 정도였어요. 1년 지난 시점에서 부모들이 어느 정도는 정리할 거 정리하고 마음을 좀 추스렸지만[추슬렀지만], 우리 작년에 보낼 때는 추스를 그것[시간]도 없었잖아요. 애기 4월 23일 날 나와서 장례 치르고 6월 달에 바로 갔으니까. 그리고 우리는 계속 서명 다니고 했으니까. 잘 버틸 거라고 봐요, 사고 안 치고. 지가 약속을 했으니까 사고 안 치고 안전하게 나오기를 믿어야죠.

면담자   제대가 얼마 남았나요?

도언 엄마   3월 달이 [제대]니까 얼마 안 남았죠. 그동안에 아무 사고 없이 안전하게 [지내기를 바라고 있어요].

11
생존자들의 도움을 바라는 마음

면담자　　어머니, 세 번에 걸쳐 구술증언 하고 있는데, 혹시 빠진 이야기나 꼭 남기고픈 것이 있다면 말씀해 주세요.

도언 엄마　　[구술증언] 하고 나면, 집에 갈 때 '아, 그래. 이 얘길 했어야 되는데' 하고 생각이 나요. 그리고 또 잊어버려요. 오늘도 끝나고 '아, 맞다. 이 얘길 해야 되는데' 이럴 수도 있어요. 그럼 [나중에라도] 더해주세요.

생존자 애기들 데리고 갔을 때, 병원에 있을 때 얘기, 먼저 병원에 있을 때부터 얘기를 해야겠다. 〈비공개〉 왜냐면 [생존 학생들을] 만날 때마다 얘길 자꾸 하거든요. 그래서 그날의 상황에 대해서 넌지시 물어봐요. 애들도 시간이 지나면 잊어버리니까. 얘길 하더라고요. 내가 넌지시 이렇게 푹푹 던지죠. 그랬더니 "언론에 나왔던 선생님들이 사실은 달라요. 하지만 그렇게 [선생님들이 아이들을 구했다고 언론에 보도가] 됐는데, 저희들이 [다른] 얘기를 할 수는 없다"고 얘길 하더라고. 그리고 내가 그 동영상도 봤고(한숨).

애들과 '파파이스' 촬영을 가서, 방송은 안 나왔지만 뭐라 했냐면, 처음에 얘기했나요? 15일부터 배가 기울었고. C, D 같은 경우는 탈출자거든요. [그 아이들은] "구명조끼를 입어서 탈출하기 더 힘들었다, 배 안에서"라고 이야기를 해요. 선생님들이 잘못된 지식을 가지고 애들한테 알려준 거죠. 구명조끼는 배 안에서 입으면 몸이 봉 뜨기 때문에 탈출을 못 하거든요. 외국에서는, 무슨 영화? 〈타이타닉〉에도 [구명조끼를] 밖에서 다 입지 안에서 안 입잖아요. 그러면[선실에서 빠져나와 밖에서 구명조끼를 입으면] 바다에 떨어져서 몸이 뜨는 거지. 배 안에서, 선실에서 조끼를 입으면 몸이 붕 떠서 문 밖으로 빠져나오지를 못해요. 이런 것도 선생님들이 안 해주신 거죠. 근데 여론은, 선생님들 부모님들은 [선생들을] 우상화를 시키잖아요. 잘못된 거죠.

C, D가 서거차도로 가는데 이동하는 배 안에서 그러더래요. 언론에 전원 구조라고 떴다고. 그때부터 자기는 안 믿었다. 저 배 안에 친구들이 있는데 "전원 구조"라고 뜬 거예요. 그리고 애들이 구조돼서 진도체육관으로 왔는데, 생존자들이 있을 거 아니에요? 구조자들이 있을 거 아니에요? 모 언론에서 인터뷰를 했다는 거죠. 어른이라면, 대한민국 국민이라면 "너 괜찮니? 친구들은 봤니?"라고 물어봐야 되는 거 아니에요? 그런데 모 기자의 첫 마디가 그랬대요. "첫 사망자가 발생했는데, 그 친구한테 말 한마디 해주라" 이게 대한민국 언론이에요. 그래서 자기는 "절대로 믿지를 않는다"라고 얘길 하더라고요. 〈비공개〉

면담자　　　'파파이스'를 섭외하게 된 과정이 궁금합니다.

도언 엄마　　그때 엄마들이 일주일에 한 번씩 이거를 촬영하게 됐어요. 그날 얘기들, 그런 문제를 가지구서 모 엄마가 "언제 좀 나갔으면 좋겠어"라고 얘기를 하더라고요.

면담자　　　언제부터 '파파이스'에 나가셨어요?

도언 엄마　　겨울, 겨울에 갔어요, 작년에 갔으니까. 도언이는 아직 핸드폰이 안 나왔잖아요. 몇 명 부모님들은 딸내미 핸드폰이 나와서 걔들은 [방송에] 많이 떴어요. 〈비공개〉 사실 모든 부모님들이 [아이들의] 핸드폰이 나오지는 않았잖아요. 해수부에서, 해경에서 안 줬거든요. 그 안에는 엄청난 자료들이 많을 거예요. 그리고 이 아이들이 살아온 흔적이 고대로 남아 있을 거란 말이에요. '파파이스'에 나가서 얘길 하라길래, 우리 도언이는 재능은 많지만 핸드폰에 안 나왔잖아요, 그래서 뭔 얘길 해야 될지 모르겠더라고.

　　내가 생존자 아이들을 계속 만났어요. 애들이 연락 와서 밥도 사 먹이고, 도언이랑 같이 갔던 식당도 가서 스파게티도 먹고 피자도 먹고. 여자애들은 도언이랑 같이 [간] 네일숍도 가서 네일도 같이 했어요. 마음이 아프고 속상하고 막 슬프지만, 도언이가 너무 좋아하던 친구들이 왔기 때문에 도언이 대신하겠거니 생각해서 같이 한 거예요. 내가 하고 싶어서 했겠어요? 마음 아프죠, 내 새끼가 없는데.

　　그렇게 했던 이유는, 그 친구들 중에 생존자도 포함돼 있어요. '도팸'이라고 중앙도서관 패밀리예요. 중앙도서관[에서] 같이 공부하러 갔었던 애들이거든요. 〈비공개〉 내가 걔를[생존 학생을] 몇 번 만나고 카톡을 해도, 그 상황을 물어보지를 않았어요. 왜냐면 이 아이도 상처니까. '얘가 얘기할 때까지 난 기다려야겠다' 저는 기다렸거든요. 팽목에 있을 때 B가 전화 와서 "엄마, 도언이… 도언이 아직 안 나왔어?" 그러더니 "도언이가요, 생존자 친구들 얘기 들으면 친구 먼저 보내고 도언이가 못 나왔대요. 도언이 금방 나올 거예요" 이렇게 전화 왔었거든요. 그것도 걔가 얘길 한 거지 나는 물어보질 않았어요. 걔가 얘기할 때까지 기다리는 거예요. 그래서 도언이 아빠한테도 "우리는 기다리자"라고 했어요.

그래서 '파파이스' [나가는 것이] 결정되고 고민을 많이 했어요. '무슨 얘길 해줘야 될까? 도언이 핸드폰은 안 나왔고 없는데, 자료가 없는데 뭔 얘길 해줘야 되지?' 고민하다가 애들한테 카톡을 보냈어요. 내가 '엄마', '딸', '아들' 이렇게 부르거든요. 세 명한테 카톡을 해서 "엄마가 '파파이스'를 촬영하게 됐는데, 진짜 미안한데, 엄마가 너그들한테 안 물어볼랬는데 그래도 요거는 좀 물어봐야 될 거 같애. 고날 상황에 대해서만 얘기해 줄 수 있겠어?"라고 물어봤어요. "도언이 16일 날 아침의 상황에 대해서 잠깐만 얘기해 주면 좋겠다. 그거만 얘기하는 거 아니고 도언이는 어떤 애인지 얘기하고 그날 사고에 대해서 얘기를 하는 거니까, 고거만 얘기해 주면 안 될까?" 라고 카톡을 띄웠어요. 그랬더니 세 명이서 학교 쉬는 시간에 만났나 봐요. "야, 그러면 우리끼리 촬영하러 가자" 이렇게 됐대요.

그거는 [시민기록위원회] 영상기록단 김진열 감독님이 다 촬영했어요. 내가 일부러 그날 급하게 불러서 같이 갔었거든요. 자기들끼리[생존자 아이들 세 명이] 만나서 같이 촬영을 가자라고 했대요. 그래서 세 명이 오케이 한 거예요. 나한테 톡이 올라온 거예요. "엄마, 우리도 가면 안 될까요?" 이러길래 "글쎄, 너희들 가면 좋지만 너희들 엄마한테 허락을 맡았니?"라고 물었죠. 그랬더니 "알았어요. 그럼 허락을 맡고 다시 연락을 드릴게요" 그러더라고요. 다 허락했다고 연락이 온 거야. C, D는 할머니, 할아버지[와 함께 사니까 허락을 맡았고, B는 엄마가 허락을 했대요. 〈비공개〉 내가 '파파이스'에 연락을 했지. "생존자 세 명을 데려갑니다. 대신 비밀입니다. 보안해 주셔야 됩니다. 만약에 이게 나가면 애들 못 갈 수도 있습니다". 왜냐면 생존자가 증언할라 그러면 정부에서 가만히 있겠어요? 가다 사고 날 수도 있는 것이고, 우리 [4·16가족]대책위에도 절대 얘기 안 했어요, 제가. 오직 아는 건 나, 우리 신랑 그리고 '파파이스', 생존자 세 명하고 생존자 대표하고. 혹시나 잘 못 하게 할까봐 비밀리에 진행했어요. 애들이 얘기만 잘하면 무수한 자료가 나오잖아요. 증언이 나온단 말이에요.

그래서 가만히 생각하다가 '안 되겠다. 아차' 싶은 거예요. '기록단을 불러야지' 그래서 김진열 감독님한테 연락한 거예요, 급하게. "감독님, 제가 이날 이렇게 생존자랑 갑자기 촬영을 하게 됐는데, 같이 가줄 수 있겠냐?" 오시겠다는 거죠. "그럼 가야죠. 생존자가 증언해 준다는데". 처음이거든요. 가겠다 그래서 오신 거예요. 같이 안산 단원고에서 출발하면서부터 다 촬영을 하신 거예요, 가면서. 내가 운전해서 갔거든요. 가면서 얘기하는 거 다 촬영하고 '파파이스'에서 촬영하는 거하고.

아쉬운 거는 '파파이스'에서 김어준이가 좀 더 디테일하게 물어봤어야 했는데, 너무 어설프게 한 거야. 시간이 오래 걸리더라구요, 생존자 증언 처음이거든요. 근데 너무 디테일하게 못 한 거야. 내가 사전 미팅에 가서도 어떻게 진행했으면 좋겠냐고 묻길래, "우리 도언이 얘기 안 해도 된다. 생존자 [증언] 위주로 나가라. 이거 처음이고 법원[에서]도 다들 비밀리에 증언했고, 이렇게 개인적으로 한 적 없고, 방송에 처음이다. 그니까 자세하게 물어보시라. 그건 너희들도 할 수 있다" 그랬거든요. 그래서 그날 간 거잖아요. 다 허락을 했는데 촬영에 들어가서는 디테일하게 못 한 거야. 15일은 아예 묻지도 않고, 16일 날도 그냥 하다가 끝나버린 거죠. 그게 진짜 중요한 시간이고 진짜 중요한 증언이 나올 수도 있었는데 못 한 거야. 거기[15, 16일의 구체적인 상황에 대해 묻는 것을]를 김어준 씨도 놓친 거지. 분명히 내가 하는 것보다 당신들이 전문가니까 디테일하게 물어보라고 했는데. 우리도 다 [이야기할] 각오로 갔잖아요. 그렇게 갔을 때는 도언이를 위해서 간 건데 그걸 못 해준 거지.

근데 촬영하고 방송되기 30분 전에 B엄마가 튼 거예요. 안 된다고, 거기 나가지 마라고. 그래서 결국 계획을 바꿔서 못 나가고 소장용이 된 거예요. '파파이스'에 원본이 있고 김진열 감독님은 측면에서 찍었다더라고. 그래서 나보고 "'파파이스'에 원본을 한번 요청해 봅시다" 하더라고요. 방송 나간 편집본은 들어왔는데 계속 조율한 거예요. 방송 나가자고 했는데 B엄마가 튼 거지. 뭔가 있었겠죠. 처음엔 허락을 했는데 나중에는 허락 안 한다.

면담자　　생존자 애들의 첫 증언인데, 어머니는 구체적으로 어떤 질문을 더 했어야 된다고 생각하세요?

도언 엄마   15일에 왜 그 배가 출항했고, 왜 그 배를 타게 되었는지, 그때의 상황을 정확하게 물어봐야 된다고 봐요. 고러고 왜 [안산으로 되돌아가는] 버스가 안 왔으며, 분명히 버스가 온다고 했는데 안 왔다는 거는 뭔 문제가 있는 거잖아요? 작년에 단원고 교장은 내가 별도로 만나서 녹음한 게 있어요. 거기도 그렇게 나와요. 자기는 지시를 했대요, 버스를. 도언이가 그랬거든, "엄마, 안산에서 버스가 출발했대. 우리 안산으로 갈 거야" 분명히 이랬거든요. 교장도 지시를 했다 했는데, 행정실장이 대한여행사에 얘기를 안 한 거야, 데리러가라고. 그럼 이것도 문제라는 거지. 내가 처음부터 얘기했잖아요, "출발부터 진실을 밝혀야 된다". 오히려 진실 [규명을] 거꾸로 하고 있는 거죠. 이거부터 하나하나 하다 보면 밝혀지는 거예요. 우리가 단원고를 아예 조사를 못 하고 있는 거야, 교장이랑 다. 그래서 교감도 자살한 거고. 교감이 경찰서 가서 어떤 증언을 했는지 몰라요, 우리는.

나는 16일도 16일이지만 15일부터 궁금해요, 왜 그 배를 탔는지. 얘들 말로는 회의도 했대요. 안산에 갈지 말지에 대해 선생님들이랑 반 대표들이랑 회의를 하러 들어갔대요. 회의를 들어갔다가 와서 배를 탔다고 하더라고요. 출항 허가가 안 떨어졌는데 왜 탔는지를 알아야 된다는 거지. 여기 안에는 우리 3반 반 대표도 있거든요, 생존자 중에. 이게 중요한 건데 그걸 놓친 거예요. 그럼 기본[이] 해결 다 되잖아, 대한여행사, 청해진[해운], 청해진 연결된 국정원, 정부 다 밝혀지잖아. 안타까워요. 〈비공개〉

12
학교에 대한 원망과 불신

면담자　　그날 방송에서 조금 부족하지만 미방송된 아이들의 이야기를 들으면서 어머니는 어떤 생각을 하셨어요?

도언 엄마　　가는 날부터 문제가 있었는데, 배를 탔을 때 배가 많이 기울어져 있었다는데 왜 굳이 갔어야 됐는지. 분명히 선생님들이 결정한 거거든요. 애들이 뭘 알아요? 선생님이 가자면 가는 거예요. 선생님이 인솔한다는 건 뭐예요? 우리가 사인한 거 뭐예요? 우리 아이들이 수학여행 갔을 때 안전하게 생명을 지키고 오라는 사인이지 애를 죽여서 오라는 건 아니잖아요. 그러면 선생님들은 뭘 했을까? 무슨 생각으로 그 배를 탔을까? 애들이 배고프다 해서 저녁 먹자고 그 배를 타는 건 아니잖아요. 안산에서 버스를 보냈다는데, 출항 허가를[가] 안 떨어진 그 배를 탄다는 거는 간다는 거잖아요. 어떠한 방식으로든 간다는 거예요. 이리 무책임한 게 어딨어요? 애들의 생명과 안전을 책임질 선생들이. 그리고 지금 자기들은 우상화가 됐잖아요.

　　순직 처리요? 내가 웃겨서 "하지 마라" 그랬어요. 자기 자식들이, 제자들 다 죽었는데 순직 처리요? (한숨을 쉬며) 어이없어서. 그래도 순직 처리 하고 싶은가 봐요. 그 많은 학생들 다 죽여놓고. 결국은 그것도 선생님 부모들 욕심이에요. 그렇지 않아요? 미안한 줄 알아야지, 우리한테. 지 자식들 때문에 이 많은 250명이 죽었어.

순직 처리요? 좋아요. 순직 처리 당연히 해야 되겠죠, 억울하니까 본인들도. 그럼 진실을 밝혀놓고, 진실만 밝혀지면 당연히 순직 처리돼요. 그걸 왜 못 기다려주느냐고. 진실 밝히러 같이 움직여 줘야죠(한숨). 진실만 밝혀지면 순직 처리 그거뿐이겠어? 뭣이든 다 할 수 있어요. 지금 당장 순직이 중요하냐구요. 순직 처리 서명받고 다니고, 순직 처리 있고[되었고], 몇 분은. 우리한테 미안하지도 않나 봐.

우리가 그걸 인정해서 가만있는 게 아니구요, 진실 밝히는 데 방해가 돼가[돼서] 참고 있는 거예요. 우리 부모님들 다 욕해요, 만나면요, 웃기는 것들이라고. 250명을 죽여놓고 순직 처리? 웃기는 소리 하지 말라고. 결국 저거 다 욕심이에요, 잘못된 거죠. 우리가 반발을 하면, 사람들 맘이 틀리잖아요[다르잖아요]. 도와주시는 분들이 순직 처리 서명받아 주시는 분들이 있잖아요. 그러니까 우리가 참고 있는 거예요. 우리 바보 아니에요. 큰 거를 위해, 진실을 밝히기 위해 다 참고 있는 거야(한숨). 여기 가도 억울, 저기 가도 억울, 미치겠어. 생존자 보면 또 억울(한숨). 상식적으로 생각해도 그렇잖아요. 진실만 밝혀지면 순직 처리가 되는데, 순직 처리 기자회견 하고, '서명해 달라' 그러고. 진실을 밝히는 데는 목소리 올리지도 않아요. 이게 말이 되냐고요.

우리가 그런 얘길 하면 엄청 싫어해요. 〈비공개〉 "같이 가자[진실을 밝히자]" 해도 안 되더라고요. 가지가지해요, 그분들은. 자기 자식들도 억울하다는데, 우리가 더 억울하지. 자기 자식들은 결혼도 하고 연애도 하고 대학교도 갔잖아요, 고등학교도 졸업을 하고. 우리 애들은 학력으로 따지면 중졸이잖아요, 중졸. 고졸도 아니고. 연애를 한 번 해보길 했어, 고등학교 졸업 한 번 했겠어, 대학교 가 보길 했어. [그런데도] 자기들이 막 억울하대요. 자기 자식들이 똑바로 안 해서 우리 애들 다 죽었는데도 자기들만 억울하대. 자기네[가] 더 억울하대 우리보다. 더 불쌍하대. 자기 자식들만 불쌍하대(한숨). 미치는 거지(한숨). 하늘은 무너지지도 않아요. 옛말에 '여자가 한을 품으면 오뉴월에 서리가 내린다'고? 다 거짓말인가 봐. 서리도 안 내리고 천벌도 안 내리고(한숨), 나쁜 짓 하는 사람 더 잘 살고 있고. 우리 그런 말하잖아요. 애국[독립운동]한 사람들은 3대가 거지로 살고 있고, 친일파 매국노 놈들은 떵떵거리고 살고 있다고(한숨). 그래도 힘내야죠. 싸워야죠, 끝까지 싸워야지.

면담자 　　　어려운 얘기해 주셔서 감사합니다. 혹시 저희가 구술증언을 3회로 하는데 더 하시고 싶은 얘기 있으시면….

도언 엄마 　　　연락드릴게요.

면담자 　　　네. 연락 주세요.

도언 엄마 　　　(한숨) 끝나고 나면 '아!' 이러고 또 잊어버려요.

면담자 　　　긴 시간 중요한 증언해 주셔서 감사드립니다. 이것으로 3회차 구술증언을 마치도록 하겠습니다.

4회차

2018년 11월 2일

1
시작 인사말

면담자 본 구술증언은 4·16 사건에 대한 참여자들의 경험과 기억을 기록으로 남김으로써 이후 진상 규명 및 역사 기술에 기여하고자 합니다. 지금부터 이지성 씨의 증언을 시작하겠습니다. 오늘은 2018년 11월 2일이며, 장소는 안산시 단원구 4·16기억교실 교육장입니다. 면담자는 강재성이며, 촬영자는 송추향입니다.

2
4·16기억저장소 소장으로 부임한 과정

도언 엄마 반갑습니다.

면담자 네, 오랜만에 뵙겠습니다. 요즘 4·16기억저장소에서 진행하는 각종 사업들 때문에 바쁘실 텐데, 근황이 어떠신지요?

도언 엄마 음… 하여튼 정신은 없는 것 같고요. [정신없는 과정에 또 뭐 우리 [기억저장소] 실무자 샘들이 잘 챙겨주시니까, 그냥 차근차근 일하고 있어요.

면담자 어제 4·16기억전시관에서 '4·5전시'가 시작되었고, 또 내일부터 4·16민주시민교육이 시작되는데요. 준비 과정은 잘 마무리가 되셨나요?

도언 엄마   네. '4·5 전시'는 '마을아카이빙[사업]'의 전시거든요. 그래서 제가 "희망마을만들기"에서 총 1억[원]을 사업비를 받아왔어요. 1억 중에 다섯 개의 사업이 있는 거죠. 하나는 민주시민교육, 그리고 마을아카이빙 사업 중에 그게 8000[만 원]이에요. 8000 안에 네 개 사업이 있는 거죠. 하나는 공간 구술, 하나는 사람 기록, 그리고 기록교육, 그리고 마지막이 전시예요. 마을기록 교육은 다음 주 월요일부터 들어가고요. 세 번째 사업, 공간, 사람, 전시는 이제 마무리가 된 거죠. 전시가 어제 시작이 됐고요. 거기 보면 공간과 사람에 대한 내용과 마을 주민들, 마을 주민들이 사실 또 우리 아이들이고 부모님들이거든요. 그 내용을 전시로 담은 거예요.

면담자   마을아카이빙 사업 이야기는 후반부에 다시 여쭤봐야 될 것 같습니다. 지난번 세 차례 구술은 기억저장소 소장으로 부임하시기 전에 진행되었습니다. 그래서 약 3년이 지나서 이번에는 기억저장소 소장님으로서의 기억을 여쭤보려고 합니다. 기억저장소로 오시게 된 과정에 대해서 먼저 여쭤보려고 하는데요. 기억저장소 소장님으로 오시기 전에는 어떤 역할을 맡고 계셨나요?

도언 엄마   그냥 활동을 했어요. 저 개인적인 구술에서도 구술[이야기] 했지만, 초창기에는 가족협의회 총무로 들어가서 분향소 대기실을 맡았고. 그리고 진행 과정이 저랑 조금… 음… 스타일이라 그랬겠죠 뭐, 좀 그래서 그 임원에선 빠졌고, 자연스럽게 빠졌고요. 그냥 활동만 했어요. 진상 규명, 이제 가족협의회에서 움직이는 진상 규명 활동, 도보 등등, 간담회 활동을 했고요.

저장소를 맡게 된 거는, 사실 저장소에 대해서 그렇게 저는 가치? 그 움직임에 대해서 별로 관심을 안 가지고 있었어요. 워낙 이미지가 안 좋았었어요, 사실은. 그러니까 우리 시민기록위원회 등등 움직이신 분들은 영상활동과 사진 기록가 선생님들 그 사람들을 이야기하는 게 아니라, 하여튼 저장소라는 개인 개인이 아니라, 그렇게 [단체에 대한] 이미지가 우리 가족들은 별로 이미지가 안 좋았었어요, 사실은. 4·16기억저장소? 했을 때 별로 그렇게 안 좋았었어요. 그리고 저도 마찬가지였고. 그래서 크게 관심을 안 가졌고. 그리고 그때는 이렇게 공개적으로 소장을 추천하고 이런 게 없었어요. 그냥 이렇게 조용히 삼삼오오 모여서 "뭐 니가 해, 내가 해" [그러면서] 소장을 그렇게 맡았던 거죠. 소장은 [그 당시에] 그냥 이름뿐인 소장이었던 거예요.

그 외에, 이거는 이제 제가 [저장소에] 와서 알고 보니까 하는 얘기예요. 어… 운영위원이 계시지만 크게 활동을 하시고 의견을 내시고 진행을 하시는 그런 구조는 아니었던 거죠. 사무국장 체제로 사무국장이 총괄을 하고 다 했던 거예요. 여기 저장소를 거쳐 간 가족들 중에 소장의 이름을 달고 가신 분들이 엄청 많으시더라고요. 저는 몰랐어요. 우리 가족들 아무도 몰랐어요. 그냥 그냥 조용히 "니가 소장해", "아, 나 안 해" 뭐 다른 사람 또 추천하고 이렇게 시간을 보냈던 거죠, 저장소가 만들어지고 난 다음에 문제가 한 개씩 한 개씩 인제 표출이 됐었어요. 그리고 1기 소장으로 영만 어머님이, 그 전에 이미 많은 분이 거쳐 갔고.

면담자   영만 어머님 이전에도 저장소 소장으로 몇 분이 더 계셨군요.

도언 엄마   네, 많은 분들이 거쳐 갔고. 영만 어머님이 하시는 말씀이, 모 아버님이 그랬대요. "하지 마라, 욕만 얻어먹는다" 막 그 정도로 그랬고. 사실, 영만 어머님이 저장소 체계를 못 잡으셨고, 사실은. 저는 그렇다고 생각해요, 거쳐 갔던 가족들이 정확하게 했다면 저장소가 그렇게 무너지진 않았을 거라고 저는 봐요. 제가 왔을 때는 진짜 최악이었거든요.

면담자   저장소에 오시기 전에는 저장소의 이미지가 안 좋다고 하셨는데, 가족분들은 구체적으로 어떤 이미지를 갖고 계셨나요?

도언 엄마   가족분들이 아니라 그냥 제 생각을 [말]할게요, 저는 저를 이야기해야 되는 거니까. 어… '그렇게 활동도 안 하면서, 나는 열심히 하고 있다'는 그런 느낌? 막 나의 자랑이랄까, 자랑 아닌 것 같으면서 자랑을 하고 다니고, '내가 다 이끌고 있어' 그런 거죠. 근데 진짜 그런 줄 알았어요. [당시 사무국장] 본인이 다 이끈 줄 알았어요, 다. 다. 우리 가족들에게 사실은 진짜 진짜 마음으로 다가와서… 2014년도 [이후] 모든 [본인의] 생활을 다 팽개치고 다 이렇게 해주시는 줄 알았던 거죠. 아니 제가 그랬으니까, 제가. 가족들이 아니고, 제가. 이게 표현이 정확한 거죠, 제가. 가족들이 아니고 제가 [그렇게 생각했다고].

면담자   소장님이 오시기 전에는 그렇게 생각을 하시고 계셨는데, 그러면 부임하신 게 2016년이었지요?

도언 엄마   16년 7월이죠. 왜냐면 그 전에 6월 달부터 얘기가, 그 전에부터 이야기가 나왔는데요. 영만 어머님이 이제 또 그만두셨어요. 그만두셨는데, 저한테 계속 얘기를 하신 거예요, 가족들이. 우리 임원들이 나를 이제 몇 년을 봐왔잖아요, 벌써 14년도 15년, 16년도 나의 성격, 나의 행동하는 거, 그리고 나의 사고방식. 이제 어느 정도 답은 나오잖아요. 그래서 저장소를 갔으면 좋겠다고 이야기를 하는 거예요.

전 싫다고 했어요. "아니, 그 힘든 일을 내가 왜 맡아야 되는데? 기억저장소의 이미지가 이렇게 안 좋고 다들 싫어하는데, 싫다고!" 제가 그랬죠. 그래서 2015년부터 이야기가 나왔었어요, 저한테. 제가 그것 좀 맡아줬으면 좋겠다. 도언이 엄마밖엔 없다고. 싫다 그랬습니다. 안 한다 그랬어요, 안 한다… 안 한다. 다 쓰러져가는, 사실, 새로 만드는 게 쉽지 다 무너져 버린 진짜 최악을 걷고 있는 단체를 다시 세워놓고 싶지는 않아요. 그 원망이 오죽하겠어요. 그죠? 그래서 전 싫다고 했습니다. 그래서 몇 달을 제가 고사를 하고 막… 그래서 진짜…. 그래서 2016년도 6월 달에 제가 오케이를 했고요. 그 뒤 [4·16가족협의회의] 심리분과장, 대협분과장, 그리고 추모분과장 등등 계속 저한테 얘기를 하시는 거죠.

그래서 제가 16년도 6월 달에 오케이를 하고 7월 달에 여기로 온 거죠. 7월 초에 와서, 오자마자 제가 그래서 딱 결정이 나고, 그 얘기가 [저장소 기존 구성원에게] 다 들어갈 거 아니에요? 저를 인제 안 좋아하죠, 제 성격을 아니까. 네… 그래서 제가 일주일 동안 제가 안 왔어요. 저장소를 안 왔고, 그동안도 기억저장소는 저한테 전화 없었어요. 가족협의회에서 2기 소장으로 도언 엄마가 결정이 나서, 그럼 소문 다 나죠… 그런데도 전화 한 통 없었어요. 일주일 동안 기다렸어요, 사실은. 근데 그리고 일주일 지나고 왔죠.

오는 날부터 크게 싸움이 좀 일었었습니다. 왜냐하면 제가 여기 저장소를 오겠다고 다짐을 했을 때, 마음을 굳혔을 때는 그냥 굳히는 건 아닌 거거든요. 저 혼자만의 계획을 짜고 오는 거죠, 뭐부터 잡아야 하는지. 물론 밖에서 바라보는 거와, 직접 와서 바라보는 거는 틀려요[달라요]. 하지만 그냥 저는 인제 크게 좀 잡은 거죠. 제일 먼저는… 재정이다. 후원금 정리는 정확하게… 잡아야 되는 거죠. 재정을 잡아야 되기 때문에, 어… 첫날 왔을 때 사무국장님이랑 엄청 싸웠었어요. 뭐라 했냐면 제가 "재정[내역]을 다 내놓으라"고 했어요, "결산보고 다 내놔라". 결산 한 게 없어요. 2014년, 15년, 16년도 상반기 하나도 없어요. "통장 다 내놔라". [그런데] 자료가 없어요.

면담자   하나도 없다는 게 돈이 없다는 거예요, 자료가 없다는 거예요?

도언 엄마	돈도 없고, 자료도 없고, 아무것도 없어요.
면담자	정말 아무것도 없었네요.
도언 엄마	네. 그래서 내놔라, 그럼 재정 관리를 내가 하겠다고 했어요. 안 된다는 거예요. "소장님은 운영위원장만 맡아라. 이 저 장소는 내가 다 관리하겠다" 안 된다고 그랬습니다, 저는. "저는 그렇게 할 수 없다". 그래서 엄청나게 싸웠어요, 사무실에서 엄청 싸웠고요. 그래서 내가 그랬죠. "그래? 그러면 니가 다 해라. 저장소 니가 다 해라. 내가 고대로 요 상황을 그대로 가족협의회에 보고하고 다 공개를 하겠다, 지금 현재 상황을" 그래서 제가 사무실 나왔어요. 또 그래서 사무실 앞에서 또 싸웠죠. [사무국장이] 쫓아 나온 거예요. 그래서 인제 그날 뭐라 하냐 하면, 나한테 "소장님이 승!" 이러는 거예요, "소장님이 1승!" 이랬어요, 내가 어이가 없는 거지. 이게 1승이 아니라, 무너진 저장소를 바로잡기 위함이고, 이게, 어… 세월호 참사로 인한 거는[활동은] 사실 우리 단원고 희생자를 지지하는 시민들의 성원] 때문에 더 아직까지 움직이고 있는 힘이라고 저는 생각을 해요. 근데 이 한 분 한 분의 후원금을 헛되이 쓰면 절대 안 되는 거죠. 지금도 마찬가집니다, 저는. 우리 아이들 목숨 값에 있어 이런 거는 용납하지를 않아요.

　　그래서 지금도 제가 다 막 정리 들어가거든요. 근데 그 돈을, 아, 당연 돈을 써야 되죠, 왜냐면 활동을 해야 되니까…. 그러면 정확하게 자료가 남아야 되는 것이고, 인풋, 아웃풋이[재정 출납이] 정

확하게 기록이 되어야 된다는 거죠. 그게 안 됐다는 게 사람을 돌아버리게 만들었습니다, 저는. 그래서 그때부터 이제 시작이 됐구요. 전 참 많은 어려움이 있었습니다.

면담자   계획을 가지고 들어오셨다고 했잖아요? 그 전에 가족협의회 쪽에서 여러 분들이 설득을 하시기도 했는데, 소장님이 결정적으로 '아 그래, 내가 가야 되겠다'라고 마음을 먹게 된 계기가 있으셨나요?

도언 엄마   음… 우리 아이의 돈을 헛되이 쓰는 거… 그러니까 헛되이 쓰기, 아니 '헛되이' 이 표현은 아닌 것 같고요, 어… 값지게 써야 되는 거죠. 값지게 정확하게 기록을 해야 한다는 거지, 이 4·16기억저장소가 [역할이] 기록이라며, 기록이잖아요. 기록하기 위해 당연히 후원금이 있어야 되는 거죠. 후원금이 들어오면 당연히, 이 자료도 기록이 되어야 되는 거지만, 후원금도 정확히 기록이 되어야 되는 거죠. 어디에 썼는지 어디로 들어왔고, 어디에 썼는지는 정확히 기록이 되어야 된다는 거죠. 그래서 우리 아이들 목숨값 때문에 저는 여기 왔어요, 사실은. 물론 기록도 중요하지만 전 우리 아이들 목숨값 헛되이 쓸 수 없습니다, 저는.

면담자   재정을 확실히 하는 것과 또 다른 계획들이 좀 더 있으셨나요?

도언 엄마   그렇죠, 일단은 기록이죠. [기록물이] 정리가 안 되어 있으니까. 이게 수집만 되어 있고 정리가 하나도 안 되어 있었어요. 지금도 사실은 내가 뭐 자료 찾으려면 거의 못 찾아요. 찾을 수가 없는 상태인 거죠.

면담자   재정 문제가 좀 심각했던 것 같은데 좀 더 여쭤볼게요. 지금 4·16기억저장소가 시민들의 후원금으로 운영되는 단체잖아요. 4·16기억저장소는 소장님 오시기 전에도 후원금으로 운영되고 있었던 거죠?

도언 엄마   그런 걸로 알고 있어요. 그런 걸로 알고 있고요, 그때 후원하신 분이 지금도 후원하고 계시고. 그리고 저는 여기 저장소에 와서 알았어요. 힘들다고 그래서 가족협회에서 5000만 원이 들어왔어요. 그러니까 돈은 들어온 게 나와 있는데, 저는 결산서를 다 [정리]했죠. 제가 와서 총무팀장님한테 결산서를 하라 그랬어요, 제가. "정리를 해라, 말씀 안 했어도 정리를 해야 되지가 않냐?" 그래서 14년도부터 정리를 했어요. 근데 그게 정확하지 않을 수도 있죠, 자료가 정확하지 않으니까. 그래서 일단은 그런 부분들, 가족협회에서도 5000만 원이 들어왔고. [그런데] 그것도 없고, 계속 [재정이] 마이너스였고. 여기 왔을 때 진짜 볼펜 한 자루 살 돈이 없었어요. 빚만 져 있었던 거죠.

면담자   저장소에 빚이 있었군요.

도언 엄마   많았습니다. 네, 정리할 빚이 많았습니다.

면담자   얼마 정도였는지 여쭤봐도 될까요?

도언 엄마   (웃으며) 어… 일단은 거래처에 뭐 지금 마이너스 된, 결제 못 한 거 제가 정리 다 했고요. 〈비공개〉 그래서 결산서가 정확하지 않다는 게 제가 말씀을 그렇게 드리는 거예요. 〈비공개〉

면담자   소장님이 오시기 전에 여기 실무진으로 누가누가 계셨던 거예요?

도언 엄마   김×× 사무국장 있었고요. 신×× 총무팀장님 계셨고, 그리고 원××가 전시관 있었고요, 그리고 기록팀이 세 명 있었나요? 네, 그랬던 걸로 알고 있습니다. 세 명.

면담자   그때 기록팀에는 누가 계셨나요?

도언 엄마   박××, 오×× 선생님, 김×× 샘은 구술하면서 기록팀 일을 같이 하신 거죠.

면담자   그때 운영위원회는 있었나요?

도언 엄마   어, 있었던 걸로 알고 있고 있었는데요. 그것도 무너진 상태로 알고 있었어요. 제가 와서 다시 운영위원회를 조직했구요. 사실은 저는 기존 운영위원분들을 다 정리를 하고 싶었습니다. 어차피 다 연관되어 있는 거니까. 근데 이제 김×× 국장이 다 초대를 또 한 거죠. 그래서 이제 몇 분은 그냥 안고 가는 거죠.

3
4·16기억저장소의 운영위원회 구성

면담자　가협과 저장소의 관계가 궁금한데요. 당시에는 저장소가 가협의 산하단체였잖아요. 그래서 소장을 추천한 것처럼 말씀하셨거든요.

도언 엄마　아… 그랬어요?

면담자　그러니까 소장 추천의 권한이 가협에 있었던 건가요?

도언 엄마　글쎄요. 그 당시를 저는 모르는데, 김××국장이 [가협의] 산하기관으로 한다고 얘길 했다 하더라구요. 근데 산하기관이라 해도 협의해서 뭐를 하고 이건 아니거든요, 별도의 단체예요. 그러니까 제가 봤을 때는, 어… 그렇다고 산하기관에서[이라서] 뭐 지원을 해주고, 자금을 주고 이런 건 아니구요, 음… 그냥 어차피 똑같은 일을 하니까, 같은 일이니까. 아이들 기록, 아이들 기록이 많고 하니까 이제 산하기관으로 그냥 명시만 한 거지, 막 그렇게 거기에 대해서 뭐 업무의 제한, 뭐 사람을 뭐… 이거는 좀 아닌 것 같아요. 처음에 그렇게 했기 때문에 진행이 되는 거고, 지금은 제가 이렇게 자꾸 정리하는 단계라고 생각하시면 될 것 같아요.

면담자　그 정리하는 과정들에 대해서 구체적으로 여쭤보려고 합니다. 일단은 말씀하신 게, 어쨌든 제일 중요하게 생각하신 게 재정 문제였는데요. 재정에 대한 자료도 없고, 자금도 없는 상태웠잖아요. 그러면 그때부터 재정을 확보하고 또 정리하기 위해서 어떻게 노력하셨는지요?

도언 엄마　음… 제가 엄마들을 끌고 [후원]회원을 모집하러 다녔어요, 전국으로(웃음). 왜냐하면 어차피 가족협의회에서는 우리를 지원해 주는 건 없어요. 그렇기 때문에 일단 [저장소에 대해] 알려야 될 거 아니에요. 왜냐하면 모든 사람들이 4·16연대와 가족협의회에서 지원이 되는 줄 알고 있었던 거죠, 전혀 그게 아닌데. 그러면 저장소를 알릴 수밖엔 없는 거죠.

　'가족 체제로 움직인다'. 그전에는 물론 소장이 가족이었지만, 그거는 이름뿐인 소장이었고 지금은 소장 체제로 가는 거죠. 그거는 김××국장이 싫어했던 거거든요. 가족 체제가 아니라, 소장님 체제가 아니라 국장님 체제로 가자 했던 그건데, 나는 그거 안 된다고 했고. 그래서 어… 뭐 무슨 행사, 무슨 행사 무조건 다 갔어요. 예를 들어서 무슨 당에서 [행사를] 한다 그러면 엄마들 끌고 간 거죠. 그러니까 처음에 올 때 가족들을 저 포함해서 여덟 명을 제가 운영위를[에] 포함시켜서 가족운영위원과 외부운영위원을 구성을 한 거죠. 왜냐하면 이… 어… 균형과 뭐 견제, 그리고 힘을 받기 위해서. 일단은 가족이라 하면 사람들이 "뭐 하겠어?" 이렇게 생각할 수 있잖아요.

　일단은 힘이에요, 힘. 일단은 가족들이, 우리는 아이만 바라보고 움직이기 때문에 흔들리지 않거든요. 대신 또 우리 중심[으로]만 가게 되면 중심을 잃을 수 있잖아요. 그러면 가족운영위원과 외부

운영[위원]이 같이 맞아야 되는 거죠. 그래서 제가 여기를 꾸릴 때 먼저 소장으로 오고 가족운영위원회 여덟 분을 모셔온 거예요. 나 포함하면 아홉 명이잖아요. 그러니까 우리 [후원]회원 모집할 때 제가 실무진들 아무도 안 데려갔고, 간다고 한 사람도 없었고, 사실은. 사무국, 사무국장은 간다 소리 한마디 안 했고, 사실은. 제가 엄마들로 [함께]해서 전국 다 다녔어요. 그리고 방송, 다 갔습니다. '파파이스', 팟캐스트, 뭐 라디오 방송 제가 안 간 데가 없습니다, 제가. 모든 방송국 제가 다 찾아다녔고요, 그리고 행사장 다 갔습니다. 회원을 [모집]했죠. 이제 그러면서 [저장소가] 알려지기도 하고, 회원 확보가 된 거죠. 왜냐하면 사람들이 '어? 이런 것도 있었어? 중요한 일을 하네?' 이렇게 하시는 분들이 있고. 또 우리 가족분들, [그런데] 우리 4·16가족협의회에서는 오히려 반박을 하는 거죠. '왜 돈을 확보해? 왜 회원을 모집해?' 이렇게. 이제 모르니까 가족협의회에서 공격 좀 많이 받았어요, 왜 회원을 확보해서 돈을 끌어모으냐고.

면담자   어떻게 받아들여졌길래 그렇게 오해를 하는 거였을까요?

도언 엄마   그러니까요. 별도의 재산을 만든다고 생각을 하신 거죠. 근데 왜냐하면 여기는 전문가 실무진 선생님이 계시잖아요. 그러니까, 저 또한 그랬고 다들 그래 진짜 진짜 봉사하시는 줄 알았거든요. 원래는 그게 아니었던 거죠. 물론, 당연히 그건 맞아요.

당연히 다들 노력하시니까, 최고의 인건비는 아니래도 최소한 기본은 드려야 된다는 게 맞는 거거든요, 그런 거. 사실 그것도 안 되는 상황인데, 당연히 빨리 그걸[임금을] 해드려야 될 거 아니에요? 가족들이 그걸 인식을 하면서도 '왜 돈을 모아?' 이렇게 생각하시는 거죠. 그래서 저 공격 엄청 받았어요. 그런다고 제가 굴할 사람은 아니고(웃음). 저장소를 맡았기 때문에, 그런 거에 제가 공격에 흔들릴 사람 같으면 처음부터 오지를 않죠… 네. 그래서 하여튼 여러 가지 공격을 많이 받았어요, 사실은.

면담자   소장님이 부임하시면서 가족운영위원분들 여덟 분을 모시고 들어왔다고 하셨고, 또 외부 운영위원이라고 표현하면 될까요?

도언 엄마   그렇죠, 그렇죠. 전문가 운영위원. 그러니까 별도, 가족이 아닌 운영위원. 저장소를 위해서 자문하시고 같이 움직여줄 수 있는 전문가와 단체의 운영위원분들이죠.

면담자   그런 운영위원회를 구성할 때 어떤 기준이 혹시 있었나요?

도언 엄마   음… 그땐 구성…이 중요했구요. 사실 그때는 구술은 진행이 되고 있었고, 거기에 전문가가 당연히 오셔야 되는 거구요. 그리고 기존에 있던 운영위원분들은 당연히 다 흡수가 된 거고. 그리고 거기에서 또 이제 어… 저의 기준은 그거였어요. '4·16에 대한 마음이 흔들리지 않으실 분들이 왔으면 좋겠다' 왜냐면 시간이 지나면 어… 좀 마음이 조금 옅어지잖아요. 옅어지고, 또 일 상생활 하시다 보면 또 이렇게 조금 소홀할 수도 있어요. 근데, 어… 바빠서 조금 걸음은 조금 더디게 오시더라도 끝까지 같이 갈 수 있는 분이었으면 좋겠다, 저는 그거였어요. 네.

면담자   소장님께서 특별히 모셔온다거나 아니면 염두에 두 신 분이 혹시 계셨는지요?

도언 엄마   저는 일단은… 저랑 단원고에서 졸업앨범 [제작]을 같이 했던 대표님이 계세요. 제가 단원고 졸업앨범을 2015년도부 터 하반기부터 준비를 했거든요, 16년도 1월 달에 생존자 애들이 졸업을 해야 되니까. 그러면 그때 같이 앨범을 만들어[야] 될 거 아 니에요? 이것도 사실은 가족협의회에서 말이 많았어요, "왜 만드 냐?"[고]. 근데 일이라는 것은 그 할 시기를 놓치면 안 되는 거거든 요. 물론 저도 많이 살진 않았지만, 내가 살아온 길을 보면 내가 사 업을 하고 강의했던 길을 보면, 미리 준비하지 않으면 안 되는 거 예요. 그 생존자들이 졸업을 하는데, 같이 준비가 돼야 되는 거죠. 그래서 2015년도에, 어… 하반기 7월 달부터 하반기부터이지 싶어 요. 하반기부터 졸업앨범이 진행이 된 거죠. 그때 제가 같이 관여 를, 졸업앨범 관여를 했고.

    그때 입찰하신 대표님이 계세요. '프라이드스쿨' 허동훈 대표님 이신데 그분이 입찰할 때도 그러셨거든요. 자기는 진짜 원가만 한 다[받는다], 진짜 우리 아이들만 보고 이 작업을 할 것이라고 얘기를 했었어요. 그래서 그분이 입찰이 되셨고, 저랑 한 7개월 넘게 졸업앨범을 제가 총 주관하고, 졸업앨범을 반별로 이제 어머님 한 분들을 더해서 자료를 다 모집을 했던 거죠. 그래서 7개월 만에 졸업앨범을 완성을 시켰어요. 거기에 또 제가 제 의견을 많이 넣고, 진짜 뭐 미흡한 부분이 있을 수 있지만, 졸업앨범이 지금 단원고에 보관되어 있거든요. 그거를 해준 대표님을 제가 모셔왔고.

그리고 이제 그 광화문에 천막카페 하셨던 목사님, 양민철 목사님. 그분도 세월호 참사 나고 진짜 마음으로 오셔서 그 교회와 뭐 성도님이라 하나, 신도님들이라 하나? 집사님들 이하 자원봉사와 본인의 재원으로 그것을 운영하신 분이시거든요. 같이 모시고 왔죠.

면담자　　　허동훈 대표님하고 양민철 목사님은 아직도 같이하고 계신 거죠?

도언 엄마　　　네, 그럼요. 많이 도와주고 계시고, 그리고 또 교수님 이하는 계속 구술 같은 걸로 많이 움직이고 계시죠.

면담자　　　가족운영위원분들은 어떻게 여덟 분들을 모셨는지요?

도언 엄마　　　아, 제가… 그렇게 제가 막 사람을 쉽게 마음을 주는 스타일은 아니에요(웃음). 근데 마음을 주면, 한 번 마음을 주면 저는 진짜 한결같은 마음을 주거든요, 저는. 쉽게 마음을 열지는 않고, 대신 마음을 이렇게 주면 오래 가는 스타일이라서. 그때 도보

할 때, 19박 20일 도보할 때 재강이 어머님이랑 같이 완주를 했어요. 그때는 그냥 얼굴만 트고 간간이 이제 말할 정도였구요, 오히려 도보 끝나고 나서 진짜 많이 친해졌어요. 마음을 열고 얘기도 많이 하고, 같이 뭐 술도 먹고. 또 이제 부부끼리 또 같이 많이 그래서 많이 친해진 거예요. 친해지고 속마음도 얘기하고 또 거기에 고운이 엄마가 합류가 돼서 이렇게 많이 만났었거든요. 그래서 두 분을 먼저 섭외를 했고, 또 제가 부탁을 했죠. "이러이러한데 같이 했으면 좋겠다, 우리 아이들 일이다. 그리고 우리 아이들 희생으로 인한 이 후원금이[을] 헛되이 쓰면 안 된다". 그래서 제가 설득을 시켰고 또 오케이 하셨고.

그러면서 하시는 말씀이… 힘들죠, 사실은. 이 기록… 우리가 기록을 만드는 것은 쉽지는 않아요. 내 아이들의 기록물이고 내 아이의 친구들이고, 우리는 피해 당사자이기 때문에…. 제가 그랬죠. 마음을 단단히 먹고 오셔야 된다고 얘기를 했어요. 어차피 나는 소장이기 때문에 저는 어차피 각오하고 일을 맡았고, 저를 응원해 주고 제가 진행하는 일을 도와주실라 그러면 마음을 독하게 먹고 오셔야 된다고 얘길 했어요. 그래서 이제 그 두 분이 뭐라 했냐면, "도언이 엄마가 기억저장소 소장으로 있을 동안은 자기가 도와준다"고 얘기를 했었어요. 그랬고.

그리고 이제 우리 수진이 언니도 굉장히 친해서 수진이 엄마를 섭외를 했고요, 그리고 이제 다른 반 우리 혜선이 어머님, 은정이 어머님, 윤희 어머님은 그때 공방에서 다 같이 활동할 때예요.

4·16공방에서 가서 인제 부탁을 했죠, "언니, 좀 도와줬으면 좋겠다". 그리고 톡방에도 올렸었거든요. 공방 톡방에 올렸는데 아무도 댓글을 안 다는 거예요(웃음). 그래서 이제 공방을 막 찾아갔죠. 가니까 어머님이 계시는 거예요. 그래서 이제 같이 좀 도와줬으면 좋겠다. 흔쾌히 오케이 하신 거예요, 네. 그래서 그분들이 오시고, 영석이 아빠는 재강 어머님이 섭외를 해서 같이 합류가 된 거예요.

그래서 요 [기억저장소가] 자리 잡기까지는 고생 많이 하셨어요. 제가 고생도 많이 시켰고, 사실은. 특히 이제 후원 모집을 할 때 진짜 고생 많이 시켰죠. 많이 시켰고, 또 갑자기 후원을 하시겠다는 분들이 많으니까 전화하는 그런 것도 다 시키구요, 어마어마하게 일을 제가 너무 많이 시켰죠. 네.

면담자 2016년 부임한 이후부터 16년 하반기에 계속 어머님들과 함께 고생을 하신 거였군요. 수진 어머님은 1반 수진이 어머님이세요?

도언 엄마 네, 1반.

4
4·16기억저장소의 실무진 구성

면담자 문제가 있었던 상황들을 어떻게 정리해 가셨는지 얘기를 듣고 있는데요. 그 당시에 실무진들의 업무분장 상태라든가,

도언 엄마 이지성

내부 조직이 어떤 상태라고 진단을 하셨고, 또 어떻게 변화를 시키시려고 하셨는지 설명해 주셨으면 좋겠습니다.

도언 엄마　　　사무실은, 우리 총무님은 이제 이쪽 일을 많이 하셔서… 총무님은 제가 얘기를 하면 따라오셨어요. 왜냐하면 이런 결산서를 안 해보셔서… 일단은 저는 결산서가 중요하다고 보는 사람이에요. 뭐 자료가 있어야 앞으로 논의를 하고 계획을 세우는데 이 자료가 하나도 없잖아요. 사실 그때도 스트레스 엄청 많이 받으셨을 거예요. 2014년도 상반기부터 2016년도 하반기까지 자료를 다 뽑으라 하니… 얼마나 힘드셨겠어요? 3년이에요, 3년. 그죠? 또 허동훈 대표님이 회계과 출신이세요. 지금은 스튜디오를 하고 계시지만, 그래서 요청을 드렸죠. "양식 좀 만들어달라. 결산서 만들어달라. 서류를 만들어달라" 그랬어요. 그래서 만들어주시고 오셔서 다 가르쳐주시는 거죠. 그러니까 우리 신×× 총무님은 힘들었겠죠. 뭐 짜증도 나고 진짜 힘드셨을 거예요. 이 유가족이라는 사람 한 명 턱 와가지고, 그전에는 그것도 편하게 업무를 진행을 했는데, 유가족이라는 도언이 엄마가 와가지고 뭐 해라 뭐 해라 뭐 해라 해가지고 많이 힘드셨을 건데, 그래도 짜증 한 번 안 내시고 제가 지시한 걸 다 해주셨어요, 사실은. 다 해주셨고.

　　제가, 오자마자 딱 약속한 부분이 있어요. 돈이 하나도 없고, 진짜 볼펜 살 돈이 없어서 맨날 싸우고 난리 났었어요. 돈이 없어 가지고 뭐 사달라는데 사줄 수가 없고, 뻔하잖아요. 근데 제가 총무님한테 뭐라고 했냐면 제가 7월 달에 왔잖아요. 3개월 안에 제가

5000만 원 꽂아준다고 그랬습니다, 12월 달에는 제가 1억 꼽아준다고 했습니다. 저 약속 지켰어요, 진짜요. 그래서 제가 7월 달에 와서 3개월 안에 5000만 원 이상 통장에 꽂혔어요, 후원금으로 〈비공개〉 한 분 한 분 후원금 외에 제가 또 뛰어서 막 1000만 원, 500만 원 가져왔기 때문에 5000만 원 꽂아놨어요. 그러면 이제 그 외에 결산서 외에도, 어… 또 [후원]회원 늘리는 거, 시엠에스(CMS)에 가서 또 신청하는 게 있는데 그걸 다 하셨어요. 일단은 힘드셨어도 다 하셨어요.

저는 그래서 약속은 지켰어요. 그만두신다고 할 때도 제가 정확히 얘기했어요, "저 약속 지켰습니다"라고. 그리고 팀장님이 하실 수 있는 권한 저 분명히 드린다고 얘기했어요. 총무팀장이잖아, 돈을 관리하시는 분인데. 일일이, 왜냐하면 처음에 갔을 때 제가 딱 정리를 했었어요, "돈 나갈 때 나한테 보고하고 돈 나가라" 돈이 없는데 어떻게 해요? 그렇잖아요. 돈이 쌓이는 과정에서는 나한테 일단은 보고를 하고 돈이 나가야 된다고 정리를 했고요. 사무국장님한테는 자리를 잡으면 사무국장님 권한을 준다 그랬어요, 제가. 따라오라고 했습니다, 제가. 그런데 안 따라오신 거고. 전시관은 전시하는 데 제가 어려움 없이 해준다 그랬습니다, 제가. 맡긴다고 그랬어요. 그분은 뭐 문제를 느껴서 나가신 거고, 저는 정리는 약속했다니깐요.

면담자　　　그러면 2016년 하반기 동안에 실무진들이 많이 바뀌었네요?

도언 엄마　　16년도에는 안 바뀌고, 17년도 들어오면서 1월 달부터 바뀐 거죠. 왜냐하면 전시관 같은 경우는, 제가 왔을 때는 벌써 그 전시를 기획하고 있었던 거예요. 내가 봤을 때는 이게 말도 안 되는 거죠. 해야 된대요, 그러면 하라 그랬어요. 제가 다 지원을 했어요. 홍××화백[의 작품이 새겨진] 티셔츠 만드는 것도, 내가 봤을 때는 진짜 이거는 뭐 티 만드는 거를 4160장? 그것도 실현 가능성이 없는 거죠. 어떻게 그걸 팔 거예요? 그걸로 전시할 수 있는 비용을 만든다는 거죠. 그거는 허무맹랑한 거구요. 전시하기 위해서는 돈이 있어야 진행이 되는 거예요. 전시를 진행하면서 티를 팔아서 진행을 한다? 이거는 말도 안 되는 거죠. 제가 그렇게 하겠어요? "그럼 진행하세요, 일단 진행하세요" [하고는] 제가 예산 다 받아왔죠. 사업비를 받아오죠. 전시를 해야 되니까.

그리고 가족협의회 반발이 엄청 심했었어요. 제가 다 무마시켰어요, 다 진행시켰어요. [가족협의회] 운영위원장한테 다 얘기하고, 다 온가족 붙들고 얘기 다 하고. 우리는 그때는 개인 한 명이 전시를 할 수 없게끔 만들었어요. 문제가 발생하니깐. 그래서 당시에는 약속 지켰다니까요, 전 한다니까요. 저는 약속한 부분은… 약속은 지키라고 약속을 하는 거예요. 말만 하라고 하는 게 약속이 아니라, 약속은 내가 어떤 노력을 해서도 지키라는 게 약속이거든요. 저는 약속 지켰다니까요. 진행했어요.

진행하는 과정에, 저는 그렇게 생각을 해요. 조금 전에 말씀드렸지만, [이전 실무진들에게는] '유가족이 너희들이 우리를 관리를 해?' 이런 마인드가 있었던 거죠, '너희들이 뭔데?' 이런. 결과로 보면 그랬습니다.

면담자　　실무진들이 그렇게 생각했다고요?

도언 엄마　　네, 네. 시민들이 아니라 저장소에서. '지가 뭔데, 유가족 너희가 관리한다고? 내가 너거한테 들어갈 것 같애?' 이런 마인드인 거죠. 저지하는 문자가 엄청 많았었어요. 보고하지도 않고 진행을 하고, 출장도 가지 말라고 해도 출장을 가고, 경비는 다 사무실로 들어오고. 그리고 후원금이 모집이 되니까 그 후원 단체에 전화해서 "저장소 돈 있는데 왜 후원하냐" 이런 일을 만들고. 그러니까 내가 이제 막 제재를 하니까 그러더라고요, 유가족도 유가족 나름이라고. 그래서 제가 활동가도 활동가 나름이라고 그랬습니다. 〈비공개〉

그리고 내가 소장이에요. 소장이 지시하면 따라와야 되는 거고, 하지 말라면 하지 말아야 되는 겁니다. [그런데도] 마음대로 하는 거죠. 이거는 어느 단체, 어느 체계에서도 있을 수 없는 일이에요. 내가 왔으면 따라와 주는 게 맞습니다, 싫어도. 소장으로 왔고 그리고 자기 급여를 주고 있고, 운영할 수 있게끔 내가 다 지원하는 거기 때문에. 이런 마인드가 없었다는 거죠, 네.

면담자　　업무 절차나 (도언 엄마 : 안 되어 있는 거죠) 업무 매뉴얼이 정립되어 있지 않은 상태였던 것 같네요.

도언 엄마　　일단 유가족이 오는 게 싫었던 거죠, 유가족이 오면 제재를 가하니까. 당연한 거 아니에요? 내가 처음부터 얘기했지만, 내 아이 목숨값이에요. 일단은 유가족 오는 게 싫은 거예요. 우리들 마음대로 하고 싶은데, 너희들이 오면 안 되니까. 그거였던 거죠, 사실은.

면담자　　　　제가 그다음에 소장님이 어떤 역할을 해야 한다고 생각하시는지 여쭤보려고 했었는데, 비슷하게 연결되게 말씀해 주신 것 같아요. 좀 더 구체적으로 '소장은 이러이러한 역할을 해야 해'라고 생각을 하시고 저장소로 오신 바가 있었나요?

도언 엄마　　　소장은 일단 총괄이잖아요. 일단은 이 4·16기억저장소가 잘 운영이 되고 지속이 되기 위해서는 일단 첫 번째, 재정! 재정이라고 하면, 저는 일단은 사업비는 중요한 거 아니에요. 사업비는 따오면 돼요, 제가. 일단은 고생하시는 실무진 선생님들 급여는 실수 없이 차질 없이 제 날짜에 나가야 된다. 두 번째, 복지! 최선은 아니지만, 최고는 아니지만 내 선에서는 최대로 해줘야 한다, 두 번째입니다. 그리고 사업은요, 근데 어차피 실무진 선생님들 급여가 나가고 복지를 해드리면 기본적인 일은 할 수 있어요, 그렇게 하면 돼요. 저장소가 뭐예요? 기록이라며요. 자료 수집한 거 정리하고 목록화시키면 돼요. 그건 기본이고요, 그건 기본적으로 다 일을 진행할 수 있어요. 그 외의 사업은 제가 사업비 받아오면 된다니깐요, 제가 기획해서. 첫 번째는 그거라고 생각했어요.

그리고 두 번째, 이 기록을 우리가 가지고 있으면 뭐 해요? 갖고 있으면 뭐 해요? 알려야죠. 그래서 제가 전시를 막 나가게 됐던 거죠. 알려야죠. '우리가 이런 자료를 가지고 있고 이만큼 희생이 됐어. 너희들? 좋아. 2014년 4월 16일 너무 아파했지? [하지만] 14년, 15년, 16년도 시간이 지날수록 뭐 다 정리됐겠지. 그래 우리가 이 정도 아파했으면 됐지. 그래 뭐 세월호 참사만 참사야? 다른 일도 많으니'. 그건 아니죠. 우리가[유가족들이] 움직이지 않았으면, 이렇게 국민들을 [못] 움직였고, [우리가 움직였으니] 국회의원들이 저렇게 우리를 무시 못 하고, 가족들을 무시 못 하고, 응? 바뀌겠냐고요. 그럼 또 알려야죠. 그래서 그랬던 거죠. 여러 가지를. 네.

면담자　　　말씀 들어보니까 부임하신 초기에 실무진들과 갈등이 많이 있었던 것 같은데….

도언 엄마　　　저, 너무너무 힘들었어요, 힘들어 가지고….

면담자　　　정리가 되어간 과정을 설명해 주실 수 있을지요?

도언 엄마　　　음, 정관을…. 이때 제일 처음 가자마자 제가, 가기 전에 다 파악을 하고 가잖아요, 가자마자 제가 대표자 명의를 바꿨어요. 저장소 대표가 김×× 국장이었어요. 그리고 [저장소의] 정관 개정! 모든 권한이 김×× 국장으로 되어 있어서 개정할 필요가 있었던 거죠. 그리고 거기에 보면 2년마다 평가를 받게 되어 있었어요, 그런 부분. 그리고 운영위원회에 또 조금 힘을 더 실어줄 정관을 변경을, 개정을 준비를 했었구요. 일단은 고유등록증에, 아니 민간단체 등록증에 먼저 대표를 먼저 제일 먼저 바꿨구요. 일단 그래야 제가 소장으로서 제가 움직일 수 있는 거죠. 그리고 두 번째 [가] 정관 개정이었어요. 거기도 대표가 김××국장이었으니까, 고유등록증이 바뀌었으니 정관도 당연히 바뀌어야 되는 거죠. 그 가는 과정에 엄청난 싸움이 좀 있었던 거죠. 운영위원들은 다 오케이 했는데 우리 사무국장님과 안산시민연대 위××만 반대를 했어요. 그전에부터 운영위원회에 있던 사람이죠. 〈비공개〉 [먼제] 사무국장을 없앤다 그랬습니다. 일단은 소장 체제로 가기 때문에 모든 권한은 소장한테 오고 사무국장을 없앤다. 대신 별도로 하나를 맡아라, 사업을 맡아라 그랬습니다, 사무국장님한테. 자기는 받아들일 수 없다는 거죠. "소장님은 운영위원장만 해라 내가 저장소 총괄한다" 계속 그걸 주장했던 거예요. 그리고 내 밑에 들어올 수 없다는 거죠. [사업팀장] 하시라, 안 한대요. 난리, 하여튼 난리 났었습니다. 막 우리 운영위에 와서도 막 진짜 그렇게 하고, 우리 실무진 회의할 때도 그렇고, 개인적으로 그렇고요. 난리가 났었습니다.

그래서 그때는 우리 운영위원회 임시회의가 2주에 한 번씩 열렸었어요, 제가 막 소집했었어요. 때론 일주일에 한 번씩 할 때도 있구요. 이 정관 개정, 정리를 해야 되니까. 내가 바꾸겠다는데, 저장소를 내가 세우겠다는데 다 동의하셨어요, 운영위원분들이. 다 동의하셨어요. 왜냐하면 심각성을 알거든. 〈비공개〉 하여튼 모두 다 동의를 하셨고, 이제 우리 김××국장님, 뭐 위×× 이렇게 두 명 반대했는데, 일단은 11월 달에 정관 개정 통과시켰습니다. 그래서 모든 권한[이] 저한테 다 넘어왔습니다, 모든 권한. 그러면서 이제 본인이 [기억저장소에서] 나간 거죠. 〈비공개〉 결국은 12월 달까지는 급여는 계속 나갔어요. "쉬어라, 일단은 그동안 고생했으니, 고생했다 생각하시고 12월 달에 쉬어라" 그랬습니다. 급여 나갔습니다. 1월 달까지 안에서 정리가 된 거구요.

전시관도 우리 나영 샘[선생님]이 왔죠. 그 전에 먼저 우리 총무팀 먼저 바뀌었고, 총무팀 정리가 되었고, 우리 혜란 샘이 왔고. 그리고 전시관 왔는데… 더 기가 찬 게 뭔 줄 아세요? 난 나중에 들었죠. 우리 나영 샘이 왔잖아요. [대학] 졸업하기 전에 온 거죠. 혜란 샘도 졸업하기 전에 왔고, 나영 샘도 졸업하기 전에 왔는데요, 원××씨가(헛웃음) 나영이를 그만두게 했다는 거예요. 그만두게 하려고 계속 그랬다는 거예요. 자기가 인수인계해 주는 단계잖아요. 진짜 이런, 진짜 이런 개 같은 경우가 어딨어요?

면담자   왜 그만두게 하려고 한 거죠?

도언 엄마   엿 먹이려는 거죠, 한마디로. 내가 그랬어요. "느그들 세 명, 우리 엿 먹이냐?" 끄떡하지 않는다고 그랬어요, 제가요. 신×× 총무는 그게 아니라고 얘기하지만 결과적으로 느그를 봤을 때 우리를 엿 먹이는 거라고. '너희 유가족들 엿 먹어봐라, 우리가 다 그만두면 너희 할 수 있을 것 같애?' 김×× 국장은 아무 인수인계 없이 그냥 다 나가버렸어요, 진짜. 그 이후에 제가 막 다 자료 정리를 했지만, 그렇죠. 원×× 뭐 그래 하고 나영 샘 그만두게 하려고 열라 그렇게 했죠. 신×× 총무는 다 인수인계했죠. 그러니까 제가 봤을 때 신×× 총무는 제대로 된 사람이에요. 일단은 우리 체제를 못 따라와서 그런 거지만, 그래도 기본적인 그건 사람이 된 거죠.

일단 그래서 하여튼 2016년 12월 달 모든 건 다 정리됐고, 저기 사무국장님은 1월 달부로 정리가 된 거예요. 1월 달까지 제가 기약을 더 준다. 그래서 또 계속 같이 일하자고 계속 술도 먹고 했어요. 본인이 못 하면 못 하는 거죠, 네. 대신 정리하는 과정은 깔끔하지 않았다. 그것은 무슨 진짜 있을 수 없는, 진짜 유치원생도 그렇게 하진 않아요. 그렇게 정리가 되었어요.

면담자　　　그러면 2017년 1월 정도가 소장님이 오셔서 체제를 잡는 과정에 한 (도언 엄마 : 획을 그었습니다) 일단락을 (도언 엄마 : 네, 일단락된 겁니다) 지은 시점 정도로 생각하면 되겠죠? 그러면 '2기 소장 체제'라고 하면 될 것 같은데요. 소장님이 보시기에 '아, 이제 좀 안정되게 운영할 수 있겠구나'라고 판단하신 시점이 혹시 있는지요?

도언 엄마　　　맞습니다. 2017년도 1월 달입니다. 그때 1월 달부터 제가 태경 샘 먼저 채용을 했구요. 그리고 기록팀장님 채용을 했고, 1월 1일부터 출근을 하셨고. 그 전에는 기록이 와 있는데 어디든 정리가 안 되어 있는 거죠. 그래서 제가 김익한 교수님한테 제가 얘기했습니다. "전문가 투입시켜라, 급여 줄게" 제가 그랬어요. 그냥 자원봉사 하시라는 거 아닙니다. 일을 하신 만큼 제가 최고는 아니지만 최선의 내가 노력을 하겠다. 그래서 기록팀장님이 오시게 된 거죠. 오시게 돼서 팀장님도 고생 많이 하셨죠. 제가 요구하는 게 너무 많아서(웃음). 그래도 맞춰서 지금까지 잘 진행을 하고 있고, 지금 우리가 많이 정리가 된 상태잖아요, 2017년 1월 1일부터 딱 체계가 잡힌 거예요. 이은화 팀장님 오고, 그리고 사업팀으로 태경 샘이 오시고 진행이 된 겁니다.

면담자　　한두 가지만 좀 더 여쭙고, 부임 후 활동에 대한 얘기를 일단락하려고 합니다. 김×× 국장이나 또 특히 위×× 같은 분들은 이런 분들은 안산 시민운동계에서 활동이 많으신 분들이었고, 또 그런 인맥들을 활용해 가지고 그동안 기억저장소를 끌고 왔었는데요. 이분들이 나가시면서 안산의 시민단체들과 관계 맺음에서 좀 문제 생기진 않으셨나요?

도언 엄마　　그렇죠, 오히려 그렇게 보면… 안산 시민단체에서 우리가 이제 고립이 된 거죠. 사실… 고립? 글쎄, 저는 잘 모르겠어요. 어떻게 안산 [시민단체들과] 4·16기억저장소가 그렇게 연대를 잘하고 진행이 잘됐다면, 그렇게 힘들지 않았[을 거라고 저는 생각하거든요. 뭐 이렇게 후원을 받고 계속 연대를 했겠죠. 어차피 본인이 하셨던 역량이니까. 나는 어차피 시민[단체] 일을 안 했던 사람이니까.

　　어떻게 보면 남들은 그런 얘기를 하더라구요. 어… 누가 나한테 그 얘기를 했었어요. "저장소가 고립된 거 아니냐?" 나는 그렇게 생각 안 하거든요. 내가 자리를 잘 잡으면 고립은 [안 돼요. 연대는] 절로 오게 돼 있어요. 처음부터 그냥 우리가 자리를 잘 잡으면 굳이, 왜냐하면 사소하게 아쉬운 소리 안 해도 되는 거죠. 예를 들어서 "어휴, 돈이 없는데 50만 원 좀 지원해 주면 안 돼? 뭐 이게 없는데 우리 티[셔츠] 하나 사주면…" 이걸 할 필요가 없다는 거죠, 오히려. 지금은 자리를 잡으니 오히려 [4·16]기억교실에 다들 방문을 하시잖아요. 그리고 오셔서 놀라시는 거죠.

처음에는 고립 아닌 고립[이] 있을 수도 있겠죠. 우리 저장소를 배제하는 분위기였죠. '느그들이 우리 활동가를 내쳐?' 그런 거 있잖아요. 왜냐하면 소문은 금방 나거든요. '유가족이 와서 우리를 내쳤네? 활동가를 내쳤네?' 어, 당연히 그렇죠. 근데 그거는 뭐 굴하지 않습니다. 저는 우리가 잘 자리를 잡으면 당연히 오게 돼 있습니다.

면담자　　　　오히려 저장소의 체계를 잡음으로써 더 긍정적인 방식으로 연대를 할 수 있게 된 거라고 보시는 거죠?

도언 엄마　　　　그럼요, 지금 다들 저장소 그러면 "어!" 이러거든요. 네.

5
4·16기억저장소의 운영 기조

면담자　　　　이 정도로 기억저장소 부임 초기 체계를 갖춰나가는 것에 대한 얘기를 정리하려고 합니다. 체계를 잡은 이후에도 아마 운영위원회의 역할이 컸을 것 같아요. 그래서 아까 말씀을 해주시긴 했지만, 가족운영위원분들이 구체적으로 어떤 일을 하셨는지, 그리고 또 외부운영위원분들은 어떤 도움을 주셨는지 여쭤보려고 합니다.

도언 엄마   아, 네. 우리 가족들은 계속 연계해서 우리가 후원을 [받기 위해] 계속 움직였던 거구요. 그리고 제가 어… 이제 그 [예전] 전시를 접고, 기억시 전시가 [시작]됐잖아요. 그 전시는 이제 계속 쭉 해서 우리 4월 달까지 전시를 했으니까 '금요일에 함께하렴'[이라는 제목으로] 진행을 하고. 그러면서 저희가 전국 교육청으로 전시를 돌게 된 거죠. 제일 먼저 [전시는] 국회.

왜냐하면 그거 하기 전에 사실, 가족협의회 운영위원장님이 어… 저장소가 심각한 걸 아니까, 조금 관여를 좀 하시려고 했어요. 워낙 성격이 꼼꼼하시잖아요. 계속 한동안은 사무실로 오셨었어요. 근데 이제 제가 하는 거 보니까 이제 믿어도 되겠다 했고. 김 ×× 국장하고도 차를 마시고 하셨다고 얘기하시더라고요. 근데 얘기를 하니 아닌 거죠. 그래서 그냥 하는 말로 그렇게, 보통 그러면 정리가 된 거예요. 그러면서 전시할 때도 제가 얘기를 했어요. 묻더라고요. "계획을 어떻게 가지고 계시냐?" 그래서 내가 재정 확보를 먼저 얘기를 했고. 원래는 국회를 먼저 하려고 생각했던 게 아니고요.

면담자 기억시 전시 말씀이시죠?

도언 엄마 네. 국회가 먼저가 아니라 저는 경기도교육청 먼저 하려고 했습니다. 사실은 저는 지금도 변함이 없어요. 세월호 참사에 첫 번째 책임 질 사람, 단원고입니다, 단원고. 그리고 경기도교육청이에요, 첫 번째. 물론 구조 안 한 그런 거 여러 등등 있지만, 첫 번째 책임은 단원고입니다, 단원고. 우리 아이들 데려간 단원고. 그리고 경기도교육청이에요. 그래서 저는 첫 번째 [전시를] 경기도교육청에서 하려고 했는데, 그때가 3주기였거든요. 여기가 4월 9일까지 하고, 그 기간에 차라리 16일, 17일까지 국회에서 하시는 게 어떠냐. 왜냐하면 여러 가지 법안이 있고 "우리한테 힘을 실어주려면 국회가 낫습니다" 그래서 좀 망설였죠.(웃으며) 그래서 다시 아는 유은혜 국회의원님한테 개인적으로 연락을 했어요. 그분은 교육 담당이시거든요. 그래서 제가 얘기를 했더니 또 흔쾌히 승낙해 주셨어요. 그래서 이제 국회에서 시작이 되었고.

사실 엄마들이 전시를 해보지를 않았잖아요. 저 또한 전시회를 해보지 않았어요. 그런데 [일반적인 전시는 전시]공간이 있기 때문에 [그] 공간에[서 하는 거는] 힘들진 않거든요, 사실은. 전시하는 공간에 전시하는 건 힘들지 않아요. 그냥 액자 걸고 우리가 구도만 잘 맞추면 되는데, 우리가 이동해서 하는 순회 전시는 처음이잖아요? 그래서 그때 엄청 힘들었습니다, 사실은(웃음). 아니 이 많은 261개 액자를 어떻게 걸 것이며… 국회 로비에 가가지고 계획도 없이 일을 먼저 저지른 거예요, 계획도 없이 무조건 전시하겠다는 욕심 하나로. 답사를 갔다가 [보니까] 답이 안 나오는 거예요. 이거[액자]를 와이어가 없어서 걸 수가 없는 거예요. 그때부터 막 철망을 구상을 하고, 하여튼 철망에 다 했는데. 전시하기 이틀 전에 철망과 고리를 막 맞췄거든요. 있는 기성품이 없어서 맞췄어요. 근데 액자를 거니까 너무 보기 싫은 거예요. 그래서 망을 씌우자 그랬어요, 또. 이 철망에 커버를 씌우자. 그래 또 막 해야죠, 어떡해? 제가 하라니깐 또 가서 원단 사러 가서 사이즈 재서 이 커버 씌우고, 그래서 진짜 진짜 고생했어요.

그때부터 전시가 시작이 된 거예요. 전시가 지금까지 진행이 되는 거고, 그 외에 우리 기록물 정리하는 거. 제가 [부모님들] 투입을 시켰죠. 손이 달리잖아요, 기록팀에. 이은화 팀장님도 사실은 어… 1월 달에 왔으니까 아직 체제를 못 잡았거든요, 저희 기록팀에. 왜냐하면 이[기존 기록팀] 선생님들이 대학원생 공부를 하시는 분들이기 때문에 정립된 걸 모르시는 거죠. 그 앞에 권×× [기록]팀장이 정리를 안 해주신 거죠. 사무국장은 [기록학을] 모르잖아요. 나열되고 정리 안 된 거를 [부모님들이] 이은화 팀장을 도와서 정리를 하라고 그랬죠. 그러면 팀장님이 [일을] 주시면 엄마들이 도와주고.

또 그런 과정에 세월호가 인양이 되었어요. 그죠? 그 전부터, 팀장님 오시기 전부터 16년부터 교육을 시켰죠. 제가 생각이 좀 앞서가는 스타일이고, 준비하는 스타일이라서 16년도 내가 저장소 오면서 엄마들 교육을 시켰어요. 이제 인양이 준비가 되고 있으니 그럼 이거 어떻게 할 거냐? 이 기록물 어떻게 할 거냐? 그래서 막

문화재보존센터 뭐 등등해서 교육을 다닌 거죠. 그래서 인양이 되면서 엄마들도 유품 보존, 보존 처리 진행이[에 참여하게] 된 거죠. 하여튼 이런 과정들, 그리고 지금은 이제 '마을아카이빙[사업]'이 있고, '민주시민교육'이 있고. 이번에 또 '마을교육[사업]'에도 들어가고, 네. 지금 그렇습니다.

면담자　　　가족운영위원 부모님들이 거의 모든 사업에 다 참여하시네요.

도언 엄마　　그렇죠. 왜냐하면 실무진 선생님들[도] 사실 저장소 오실 때는 4·16을 가슴에 담고 오셔요. 하지만 우리만큼은 아니죠. 우리는 당사자니까, 당사자니까 우리는 하라면 해요. 사실 엄마들, 저희가 이 [단원고 희생 학생들이 사용했던] 사물함도 엄마가 다 닦았어요. 무릎 꿇고 바닥에 있는 머리카락도 다 무릎 꿇고 다 닦은 엄마들이에요. 사실 예를 들어서, 물론 하시라면 하시겠죠, 실무자 샘도. [그런데] 하라면 그거 제대로 하시겠어요? 아니거든요. 내 자식의, 내 자식이 있던 공간이니까 엄마들이 무릎 꿇고, 바닥도, 머리카락도 다 하고, 사물함도 다 닦고 하는 거거든요. 유품도 마찬가지, 기록물도 마찬가지예요. 엄마들이 투입되지 않으면 실무자 샘들이 다 차고 나갈 수가 없어요. 이 기억저장소 일은 너무 방대하니까 할 수 없는 거죠, 네.

면담자　　　일손이 달린다는 그런 현실적인 이유도 있지만, 가족운영위원분들이 실무에 참여하시는 것은 이전에 전문가집단 중심이었던 저장소 운영 체계와 지금 체계 사이의 차이점인 것 같은데요.

도언 엄마　　큰 차이점이에요.

면담자　　가족분들이 실무에 직접 참여하시고, 심지어 기록물을 직접 만져야 하는 작업에 참여하시는 게 어떤 의미가 있다고 생각하세요? 마음이 좀 다르다는 말씀도 하셨는데요.

도언 엄마　　음… 어떻게 보면 실무자 샘들은 힘들 수 있어요, 엄마들 옆에서 하다 보면. 근데 이것도 오히려 어… 금방 말씀하신 것처럼 우리 가족들, 그러니까 피해 당사자와 전문가와 같이 만들어가는 길이거든요. 사실 대한민국 역사상 세계적으로 역사상도 이런 일은 없었어요. [피해 당사자와 전문가가] 같이 가는 일은 없어요. 그냥 참사가 나면 다 전문가가 진행을 했던 거고. 지금은 또 왜냐하면, 전문가가 보는 관점과 유가족이 보는 관점이 달라요… 달라요. 그래서 사실 우리 기록팀도 많이 바뀐 거예요, 사실은. 자꾸 전문가적[으로] 이제까지 배워왔던, 이제까지의 룰만 자꾸 생각했던 부분이 많이 바뀌는 거죠. 우리가 자꾸 얘기를 하고, 우리 엄마들 움직이는 걸 보고, 그전에는 '이것까지 이렇게 해야 해?' [하고 생각]했던 부분이, 관점이 넓어진다는 거죠. '아 맞아, 이것도 중요해' 이렇게 바뀌는 부분이고.

엄마들이, 음… 많이 힘들죠, 사실은. 특히 고운이 엄마는 유품 관리를 [담당했는데], 다시 포장하고 막 뜯고 할 때 많이 울죠. 이렇게 수시로 우는데, 제가 울라고 그래요. 이러면서 좀 단단해지는 거고, 또 이러면서 이 힘든 시간을 견딜 수 있는 거거든요. 견딜 수가 있어요. 사실 밖에 나가서 울면 싫어하거든요. 그리고 밖에 나가서 내 아이를 얘기하면, 이제 말은 안 하지만 행동이 보여요. '어우, 그만했으면…' 이런 게 보여요, 사실. 얘기를 못 하는 거…….

면담자　　　일반 시민들을 만났을 때 말씀이죠?

도언 엄마　　그렇죠. 내 지인을 만나도 그렇고. 사실은 그래서 밖에 나가서 얘기를 안 하죠. 할 수가 없죠. 그래서 오히려 이 기록물을 보면서 내 아이를 생각할 수 있고, 내 아이를 자연스럽게 얘기할 수 있고, 이 힘듦을 눈물로써 말로써 풀 수가 있고… 언제까지 살 수 있을지는 모르겠지만, 우리가 언제까지 살 수 있을지는 모르겠지만, 그날까지는 사실 버틸 수 있다고 봐요. 이렇게 하면서 [부모님들이] 맨날 저한테 그래 협박해요. (웃으며) 힘들어서 그만둔다고 맨날 그래요, 맨날. 내가 맨날 "힘들어. 나는 당장 그만둘 거야! 도언이 너 때문에 못 그만두고, 소장님 때문에 못 그만두고 있는데, 아이씨, 내일부터 안 나올 거야" 하지만 또 나오세요(웃음). 사실은 또 버티는 힘이거든요.

면담자　　　부모님들이 기록물 작업을 하시면서 나름대로 감정이 정리된다고 할까요?

도언 엄마　　그렇죠, 다시, 다시 느끼는… 왜냐하면 우리 분향소 정리하고 기록물 할 때에도 보면 그때 당시 기록물들이 많아요.

'아, 그랬구나' 왜냐하면 우리도 사실 마음이 그때의 분노와 지금의 분노가 다르거든요. 또 생각이 달라요. 그때의 생각, 지금 현재의 생각, 그날의 분노와 지금의 분노는 또 다른 또 분노거든요. 다시 또 되새김하는 거죠. 해서 다시 마음잡는 거죠.

면담자　　　좀 더 단단해진다고 하셨는데, 그 표현이 제일 정확한 것 같네요. 또 실무진과 같이 일을 하게 되면서 실무진분들의 전문가적인 관점이 변하는 게 있다고 말씀하셨잖아요. 혹시 사례가 있을까요?

도언 엄마　　　사례요? 어⋯ 우리 실명 나가면 안 되고, 선생님들 싫어할 건데?(웃으며) 우리 기록팀 샘들이 싫어할 건데(웃음). 왜냐하면 특히 기록물보다 예를 들기 쉬운 건 사실 공간의 기록. 단원고4·16기억교실이에요. 음⋯ 왜냐하면 이제 그냥 교육받은, 저는 어차피 기록학 공부를 안 했기 때문에 거의 뭐 체계적인 건 잘 몰라요, 모르지만. [실무진은] 그냥 하나의 그냥 기록물로 보는 거죠. 하나의 기록물, 하나의 개체로 보는 거죠, 하나의 개체. 그런데 우리는 아니잖아. 우리 아이들 유품으로 생각하는 거죠. 하나의 개체와 하나의 기록물로 보는 거와, 내 아이와 내 아이의 친구들이 썼던 유품으로 보는 관점은 너무 다른 거예요. 유품은 진짜 너무너무 소중하거든요, 진짜. 깨질까 봐 흠날까 [봐] 스크래치 날까 봐 막 우리는 전전긍긍을 해요. 이 분들은[에게는] 하나의 표에 들어가는 그냥 기록물이에요. 이게 다른 거죠, 이게 다른 거고요.

또 단원고4·16기억교실 같은 경우는 공간의 기록이고, 어… 우리 아이들 교실을 이전했고요. 사실 단원고에 있으면 최고 좋죠. 근데 이 공간이 이동이 됐고, 우리 아이들이 쓰던 책걸상이 와 있고, 칠판, 게시판 등등이 와 있어요. 근데 이제 우리… 이거 나가면 또 팀장님이 싫어할 건데…(웃으며) 단원고기억교실의 중요성을 그렇게 중요하게 생각 안 하셨던 거죠. 지금은 [팀장님도] 이제 얘기하죠. 진짜 이게 중요한 공간이라고, 진짜 중요한 공간이다, 이 공간이. 사실 저는 지금도 그래요. 내가 어제도 가족 공지방에 올렸지만, [기억교실의 물품이] 우리 건 아니에요. 정확하게는 경기도교육청 거고요. 책걸상도 재산은 경기도교육청 거, 단원고도 경기도교육청 거고, 이 공간도 우리 거가 아니에요. 우리 거 아니라니깐요. 그런데 이 공간이 주는 의미, 의미가 있잖아요. 이 의미를 어떻게 활용, 변화를 하는 것은 우리의 몫이에요. 이 재산은 우리 게 아니야, 우리 게 아니라니깐요, 기관 거예요. [그렇지만] 이 공간의 의미를 어떻게 우리가 활용해서 대한민국을 바꿀 것이냐, 이거는 우리의 몫이라니까, 각자 우리의 몫이라니까요. 이 공간이 주는 의미를 바라보는 관점과 이걸 기록물로 바라보는 관점이 달라졌다는 거죠.

제가 우리 기록팀, 왜냐하면 기록팀이 이제 다 하니까, 기록팀과 자원봉사 선생님들한테 제가 정확하게 교육을 시키라고 그래요, 우리 엄마들도 마찬가지고. 이 기록물이 훼손되면 저 가만히 안 둔다고 그러거든요, 가만 안 둔다. 이게 훼손되면 어떻게 복구할 건데? 다른 거 갖다 끼워요? 그게 의미가 있어요? 물론 표시는 안 나죠. 틀리다는[다르다는] 거죠. 물론 이 뭐, 시계, 책걸상이 우리 아이들만 쓰던 건 아니에요. 그 앞에 선배들이 쓰던 거지만, 참사가 났기 때문에 주는 의미는 다르다는 거죠. 그럼 "우리는 그걸 잘 보존을 해서, 활용을 잘 해서, 바꿔야 되지 않냐. 그걸 하는 역할이 우리다. 우리가 주체기 때문에 여기에 주는 의미를 정확하게 생각하지 않으면 안 된다"고 제가 그렇게 하는 거죠.

면담자   부모님들과 전문가 실무진들이 함께 일함으로써 전문가분들의 관점이 많이 좀 바뀌게 된 거네요.

도언 엄마   그렇죠, 우리 엄마들도 많이 바뀌고. 엄마들 진짜 많이 바뀌셨어요. 엄마들 사실 뭐 기록[에 대해] 뭘 알아요? 모르죠, 아무것도 모르죠. 그냥 하라니까 했죠. 근데 지금은 알아서 착착착 다 하세요. 지금도 [서명용지] 스캔 작업 하고 있고, 그리고 또 팀장님이 말씀하신 대로 다 따라가고, 네. 지금 많이 바뀌셨어요. 그리고 [부모님들이] 저장소 왔을 때 노트북을 다 샀어요, 16년도에. 기록 공부하라고 김익한 교수님이 공부를 가르쳐주셨어요. 노트북 사서 공부를 했거든요. 그래 지금은 어… 기록 정리하는 건 다 아세요. 웬만한 건 다 아세요. 왜냐하면 우리 가족협의회 밴드, 밴드가 많거든요. 밴드에 그거[업로드된 자료]를 분류해서 기록팀으로 다 정리해서 옮기시는 거죠, 네. 진짜 뭐 어디 가면 제가 기록학 공부만 안 했을 뿐이지 전문가라니까요, 진짜.

면담자   부모님들께서 보존 처리도 직접 하시고, 촬영도 다 직접 하시죠.

도언 엄마 그럼요, 네. 전문가예요, 진짜(웃음).

면담자 이렇게 가족운영위원분들이 실무에 참여하시는 것에 대한 의미를 들었고요. 이런 형태로 장기적으로도 계속 갈까요?

도언 엄마 제가 있는 동안에는 계속 갈 것 같은데요. 같이 가야 더 힘을 받죠. 사실은 지금 이제 겨우 체계를 좀 잡았는데 흐트러지면 안 되고.

면담자 그럼 장기적으로 저장소에서 가족운영위원분들이 어떤 역할을 맡아야 된다고 생각하시는지요?

도언 엄마 지금은 거의 보조 역할을 많이 하시잖아요, 뭐 기록팀에 일하는 것, 사업팀에 일하는 것, 전시 일하는 것, 거의 지원이에요, 사실은. 물론 그 외에 이제 북콘[서트]은 다 하시는데, 마을기록 공부가 들어가잖아요. 강의가 들어가잖아요. 여기에 이제 기록에 대해서 체계적으로 공부를 들어가시는 거예요.

그거와, 그리고 이제 그 처음에 엄마들 항상 하는 얘기가 있어요. 이게 단원고4·16기억교실이 복원이 되고 그리고 지금 진행해 온 '기억과 약속의 길'이 진행이 되고 또 마을 기록강의를 하고 있고 그러면, 여기에 대해서 가족들이 맡고 나가야 된다는 거죠. 쉽게 말하면 도슨트죠, 기억과 약속의 길 도슨트. 먼저는 생명안전공원도 별도의 그거는[도슨트는] 별개로 또 거기서 진행이 되는 거니까. 생명안전공원, 아니 기억과 약속의 길 진행하는 거고. 왜냐하면 이것도 나중에는 정확하게 되면 거기에 대해서는 지원을 받아야 되는 것이고. 그리고 마을기록 [강의]에 들어가잖아요. 마을기록을 정확히 강의 수료하시고 더 심화 과정을 거치면 마을기록을 할 수 있는 그쪽으로 강의를 좀 나갔으면 좋겠다. 오히려 왜냐하면 체계적으로 공부를 하지는 않았지만 오히려 더 다가가기는, 마을기록은 더 다가가기 쉽다는 거죠. 그래서 제가 사실 마을기록도 다 교육에 참여하시라고 제가 얘기를 한 거예요.

면담자   점점 전문가로서 역량을 키우는 쪽으로 말씀이네요.

도언 엄마   그렇죠. 처음에는 우리 엄마들이 카메라 만지는, 동영상 찍을 줄도 몰랐잖아요. 그래서 오자마자 막 카메라 최신형을 제가 들여왔고. (웃으며) 그래서 엄마들이 지금은 막 탁 하면 어디 간다, 뭐 북콘 한다 그러면 가서 막 카메라 설치 착 하시고 카메라 사진 찍고 탁 하시잖아요, 벌써.

면담자   저번에 민주시민교육 프로그램 진행할 때 어머님들이 사진 찍으시는 거 보니까 사진 찍는 자세부터 남다르시던데요 (웃음).

도언 엄마   그렇죠(웃음), 네. 기본 뭐 이제 웬만큼은 다 정리가 되어서 알아서 탁탁 정리가 좀 돼요, 저희들은.

면담자   그리고 실무진 분들에 대해서도 여쭤보려고 해요.

도언 엄마 이지성

2017년 1월 기점으로 생각하면, 그때 이은화 팀장도 오시고, 또 윤태경 선생님도 오시고 해서, 구성원들의 많은 변화가 있었거든요. 새로 실무진들을 구성할 때는 채용을 하시는 입장이니까, 채용 기준이랄지 어떤 분들을 모셨으면 좋겠다라고 생각하셨어요?

도언 엄마   일단은 공개채용을 다 했구요. 이은화 팀장님은 어차피 특채로 들어오신거구요. 전문가이시고 이제 기록을 정리해주셔야 되기 때문에 특채로 오신 거고. [다른 분들은] 다 공개채용을 했어요. 다 공고를 내고 했고요, 제일 중요한 건 4·16 정신이죠. 4·16을 어떻게 바라보느냐, 4·16 정신을 기점으로 해서, 사실 우리 나영 샘, 김나영 선생님이 오시고 윤태경 선생님 오시고. 그리고 이제 혜란 선생님 같은 경우는 희생자 언니잖아요. 사실은 처음에 많이 망설였어요, 처음에. 처음에 기준은 형제자매를 채용하지 말자라고 정리를 좀 했어요.

면담자   기억저장소에서요?

도언 엄마   네, 저장소도 그렇고 가족협의회도 그렇고. 왜냐하면 서류상으로 돼 있는 건 아니고, 사실 서로 힘들잖아요. 우리는 당사자 부모고 형제자매인데…. 여러 가지 가족들이, [희생된] 아이들이 250명, 선생님까지 261인이에요, 우리 단원고만 했을 때. 가족협의회에도 화물[기사] 피해자, 생존자 뭐 등등 많잖아요, 일반인 희생자도 있는데. 일단 저장소만 봐도 벌써…. 근데 그 무수한 말들이 얼마나 많겠어요… 쉽지 않거든요. 사실 일반 회사 같으면.

그냥 딱딱 체계 잡혀서 그냥 뭐 상사와 직원 이렇게 분리가 되어서 그 일에서 정리가 되는 건데, 우리는 그냥 딱, 예를 들어서 뭐 사무실[만이라고] 그러면 그것만 아니잖아요. 가족들이 있잖아요, 가족들. 이 [저장소에 대한] 공격과 힘듦 때문에 사실은 가족과 형제자매는 안 했으면 좋겠다고 정리가 됐는데, 근데 혜란 샘을 채용을 했어요. 채용을 했고 또 혜란 샘 나름대로의 여러 가지의 힘듦이 있을 거예요. 왜냐하면 동생은 희생이 됐고 저장소에서 일을 하고 그리고 또 엄마들도 와 있고. 음… 그리고 또 그 외에도 혜선 엄마도 많이 힘드시겠죠. 또 자기 딸이 여기 와 있으니 일을 진행함에 있어서 만약에 미흡한 부분이 있으면, 얼마나 신경 쓰이겠어요.

이제 윤태경 샘 그리고 나영 샘, 이은화 팀장님, 이렇게 딱 구성이 되면서 오히려 저는 그랬어요. 원래 윤태경 샘도 그렇고 나영 샘, 김나영 선생님도 사회 초보자예요, 사회 초보자입니다. 물론 미숙한 게 많겠죠. 사회 초보자가 뭘 [알겠어요], 처음 직장을 나오는데, 대학생활 하다가. [그래도] 저는 감수했어요. 왜냐하면 오히려 앞에 있던 우리 실무자 샘한테 내가 너무 상처를 받았기 때문에 오히려 '이 선생님들을 잘 키우면 되겠다, 잘 역량을 강화시켜 주면 저장소는 단단하게 가겠다'고 저는 봤어요, 사실은. 그래서 윤태경 선생님은 같이 있다가, 사업팀 막 하다가 이제 목포 신항에 기록 인원이 없어서 이제 목포 신항으로 제가 이제 그쪽으로 보냈고, 지방으로 보냈고. 네… 그랬고 음… 혜란 샘은 사무실[총무]이고, 나영 샘은 전시. 이제, 처음에는 다 그렇죠. 이런저런 거 다 감싸 안 왔다니까요. 처음부터 어떻게 잘할 수 있어요? 그렇잖아요. 금방 졸업하고 뭘 알아? 그러면 안고 갈 수밖에 없는 거죠.

지금 이제 봐봐요. 17년도 보내고 18년도 [되니까] 너무 잘하잖아요. 지금 다 잘해요, 사실. 태경 샘은 이제 내가 가족협의회로 보냈고, 혜란 샘 사무실 다 잘 정리하고 있고, 물론 이제 뭐 실수할 수 있고, 사람이 어떻게 실수 안 하고 살아?(웃음) 그렇고. 나영 샘 잘하잖아. 이번에 전시, 물론 같이 막 계속 논의하고 했지만 진짜 잘했어요, 네. 이런 거는… 어제도 가서 그랬어요. "진짜 나영 샘, 진짜 많이많이 성장했다" 제가 그 얘기했어요. 본인도 그걸 느끼는 거죠. 이러면서 사실 역량을 키워주는 게 사실은 소장의 역할이거든요. 모든 일을 내가 다 할 수 있는 건 아니잖아. 그래서 지금은 기록팀과 우리 구술팀은 워낙 잘하시는 전문가들이니까, 구술팀, 기록팀, 뭐 사업팀, 전시팀 다 두루두루 다 이렇게 잘 했어요.

면담자   이은화 팀장을 위시한 기록관리팀은 전문가분들이잖아요? 그분들의 전문가적인 마인드가 소장님이나 유가족분들의 생각과 충돌하는 일이 혹시 있었나요?

도언 엄마   충돌은 없었던 것 같애. 왜냐하면 처음에 팀장님이 오셨을 때, 사실 기록팀[사무실]은 우리 합동분향소 컨테이너에 있었잖아요. 저는 그게 최고 마음이 아팠어요, 사실은. 사무실은 별도로 이렇게 있는데, 가봤더니 의자도 플라스틱 의자고. 이건 잘못된 거거든요. 왜냐하면 아니, 컨테이너에서 일할 수 있어요, 상황이 우리는. 그럴 수 있어요. 왜냐하면 모든 기록물은 분향소로 오니까. 그런데 최소한 실무진이 일 하시는 거에 대해서는, 물론 좁은 공간이지만, 기본은 해줘야 되는데 그런 거 정리해 드리고.

힘들 땐 그거였던 것 같아요. 팀장님이 [기록물] 정리가 안 된 거 [맡아 주셨죠]. 그리고 왜냐하면 갑자기 투입이 되셨잖아요. 먼저 선생님 세 분은 [원래] 계셨던 선생님이고, 요거 잡는 게 좀 많이 힘드셨어요. 그래서 그때는 저랑 얘기 참 많이 나눴어요. 많이 얘길 하고 같이 술도 많이 먹고, 제가 이런 얘기를 좀 많이 했고. 어… 충돌이라기보다는 음… 제가 설득을 시키죠(웃음). 제가 왜냐하면, 특히 이제 보존 처리 부분, 팀장님은 어… "우리가 기록 이런 것까지 해야 돼요?" 하죠. 자기는 완성체로 온 거를 정리하는 사람이지, 이건 [그 이상의 역할은] 아니다[라고 하는] 이런 부분을 제가 설득을 시켰죠. 왜냐하면 여기는 그렇게 [기록물 관리만] 할 수 있는 상황도 아니고, 당연히 그래야 하니까 "보존 처리 안 하실 거예요?" 이런 거. 그리고 우리 세월호에 올라왔었던 유품 처리하는 건 같이 이제 막 팀장님하고 논의하고, 팀장님이 다 전화하셔서 다 의뢰하시고… 진짜 고생 많으셨죠. 소장을 잘못 만나서(웃으며) 고생을 진짜 많이 하셨고.

그리고 [팀장님이] 지금도 이해 못 하시는 부분은 그거래요. 이제 기억교실도 이제는 중요성을 아시는 거고, 진짜 본인 입으로 얘기하셨어요. "처음에는 아니었는데, 진짜 이런 공간이 너무 중요하다" 자긴 이제는 안다는 거죠. 그것만 해도 진짜 많이 바뀐 거잖아요, 전문가라서 부모 마음이 아니었는데 이런 거. 또 두 번째 이제 뻘. 뻘은 지금도 이해를 못 하겠대요(웃음), 뻘.

면담자   세월호에서 나온 그 뻘 말씀하시는 거죠?

도언 엄마   네, 뻘 보존 처리하는 거. 왜냐하면 저는 할 거거든요. 중요하거든요. 왜냐, 아니 세월호에서 나왔는데 어떻게 보존 처리를 안 해요? 이거를 내가 말씀드린 게 뭐냐 하면 보존 처리를 많이 해봐야 활용할 수 있다는 거죠. 그 당시에 가서 활용하려고 하는데, "없어요" 그러면 어떡할 거예요? 다 폐기처분하고 없는데. 그러면 소량이 아니라 많이 있어야 여러 군데 전시를 할 수 있고 다양하게 활용을 할 수 있다 이거죠. 지금도 뻘은 이해 못 하시겠대요(웃음).

세월호에 있던 뻘을 보존을 해야 나중에 전시관이든 생명안전공원이든 우리 여기 기억교실 복원이 되든 전국 어디에도, 제주도에 뭐 박물관 만들 수도 있고, 그리고 진도에 할 수 있고 그랬을 때 [활용할 수 있다고] 예를 들었어요. 예를 들어서 세월호 인양이 되기 전에 세월호가 심해 사십몇 미터에 박혀 있었어요. 뻘에 잠겨 있었죠. 그럼 그 뻘 어떻게 재현할 건데요? 그럼 뜬금없이 바닷가에서 퍼 오실 거예요? 세월호 모형을 만들 수는 있죠. 그런데 더 가치 있게 만들려고 그러면 세월호에 안에 있던 뻘을 전시하는 게 더 낫습니다. 물론 보존비용 엄청나게 들어요. 뭐 1미터 곱하기 1미터 50, 50이 1200[만 원]이에요. 보존 처리 비용이 엄청나요. 그래도 제가 한다고 그랬어요. "준비를 해놔야 활용을 하고 기억을 하고 다시 대한민국에 참사가 없게끔 만드는 거다". 그래서 아직까지 그거는 팀장님이 이해를 못 하신다 하는 거고.

또 한번은, 그때 제가 팀장님을 많이 울렸어요, 사실은. 제가 얘기하다 보면, 일이 힘들어서가 아니라 어… 팀장이 저한테 그런 얘기를 하죠. "나는 그게 아닌데 소장님 어떻게 그렇게 얘기하실 수 있냐?" 이제 그거죠. 나는 막 어떨 때 보면 직선적으로 얘기하는 거죠. "팀장님 그거 아니잖아요" 이렇게 "그거 잘못하신 거예요. 내가 유가족이지만 전 어차피 객관적으로 보려고 한다". 만약에 내가 유가족으로만 생각하고 저장소를 이끌어오고, 기록물을 보고 팀장님을 내가 대했다고 그러면, 벌써 여기 난리가 났겠죠. 물론 유가족이지만, "유가족이지만 근데 나는 소장으로서 객관적으로 자꾸 보려고 한다. 객관적으로 움직인다" 얘기를 해요. 그걸 인정하세요, 팀장님이. 내가 이번에도 그 얘기했죠. "팀장님, 제가 추진하고 팀장님한테 내가 얘기하고 했던 부분이 잘못된 적 있어요? 틀린 적 있습니까?" [물었더니] 아니래요, 그럼 따라오시라고 했습니다(웃음).

그리고 그때 또 한 번 울린 게 뭐냐 하면… 분향소 철거하고 안에 분향소에 있던 기록물을 빼려고 정리할 때요. 그때 한번 내가 이번에 난리 났었[어요], 하여튼 가족협의회[하고] 좀 안 좋은 일이 있었어요, 나한테. 나를 폄하하고 그런 일 있어 가지고 난리가 났었거든요. 그리고 어차피 분향소 정리하는데, 다시 내가 갔어요. 어차피 내가 없으면 안 되니까. 그러면 가족들이 얼마나 또 팀장님

208

도언 엄마 이지성

이하 기록팀을… 이런 표현해도 되나? 음… 쉽게 보는 거죠. 이러면 안 되거든. 항상 우리는 가족들이 문제라고 봐요. 그런데 그건 나중에 얘기하면 될 것 같고요.

나오는데 제가 의외로 좀 꼼꼼해요. 이렇게 덜렁덜렁 사고를 많이 치는데, 막 부딪치고 이런 건 잘해요. 맨날 넘어지고 부딪치는 건 잘하는데, 제가 매의 눈을 가지고 있어요. 꼼꼼해요, 제가 손재주는 없지만. 그래서 내가 그날도 [분향소 철거 현장에 갔더니], 쓰레기통에 우리 분향소에 있던 기록물들이 있는 거예요. 팀장님이 봤대요. 내가 다 끄집어냈거든요. 내가 엄청 뭐라 했어요, 제가. 보고는 왜 안 꺼냈냐고, 왜 못 막았냐고. 그런데 봤다는 거예요. 그러면 거기에 대한 제재를 해야 되지 않아요? 그래 내가 엄청 뭐라고 했어요, 엄청 뭐라 했고. 그러고 며칠 뒤엔가 그날인가 저녁에 술을 한잔 먹었어요. 너무 힘드시니까… 사실 팀장님 고생 많으시거든요. 네, 팀장님 때문에 이렇게 말을 하고 하는데 우시더라구요. 제가 또 얘기했거든요, "[그때] 잘못하셨습니다". 막 우시더라구요. "그게 아니고 소장님, 그러려고 했던 건 아니고요" [하고 말씀하시길래] 그래서 "그래 잘못하셨다고요" 그래서 우신 거죠. 그러니까 뭐 [타박하거나] 그런 거는 아니구요, 이제 일 진행함에 있어서 나는 이제 소장으로서 바라보는 거고, 여긴 실무자로서 일이 많잖아요. 이 것도 관여를 해야 되고, 저것도 관여를 하고, 사실 손이 달리다 보니까 저게 눈에 보이지만 못 가는 거죠, 눈에 보이지만. 이 기록물 버리는 게 보여, 근데 [하던] 이걸 또 팽개치고 갈 수 없는 상황인데,

나한테 딱 걸린 거지, 나한테. 나는 거기에 대해서 막 얘기하는 거죠, 잘못하셨다고. 그러면 옆에 사람 누구한테 얘기해서라도 했어야죠. 이제, 이런 거죠. 의견 차이 그런 건 없구요. 팀장님 잘 따라와 주세요. 네, 힘드실 겁니다, 저 때문에.

면담자 　　잠깐 쉬었다가 좀 더 진행하도록 하겠습니다.

도언 엄마 　　네, 네. 수고하셨습니다(웃음).

6
4·16기억저장소와 가족협의회와의 관계

면담자 　　지금까지 저장소 운영 초기 과정에 대한 얘기를 자세히 들었구요, 이제 얘기를 더 이어서 저장소와 다른 단체 혹은 다른 집단들과의 관계에 대해서 여쭤보고 싶어요. 시작은 일단 다른 유가족 부모님들에 대한 얘기로 시작해야 할 것 같은데요. 그중에서도 가협과의 관계를 먼저 여쭤보고 싶습니다. 지금 시점에서 기억저장소하고 가협이 정확히 어떤 관계인가요? 그러니까 완전 별개 단체인 건지요?

도언 엄마 　　음… 별개 단체는 맞아요. 왜냐하면 음… 대표자가 틀리잖아요. 고유등록번호가 틀리고 (면담자 : 법적으로는) 그렇죠. 별개 단체. 거기는 사단법인이고, 여기는 임의단체예요, 별개의. 대표자가 다릅니다. 별개의 단체고 또 별개의 재산으로 운영이 되

도언 엄마 이지성

고 있어요. 우리는 독립된 단체예요.

어… 처음에 저장소가 만들어질 때 [사무국장님이] 가족협의회에 가서서 산하기관으로 넣어달라 얘기해서 그렇게 정리가 된 거예요. 그래서 가족협의회 정관에 그냥 말만 '[기억저장소가] 산하기관이다'라고 들어가서. 사실 별개 독립된 단체인데, 근데 가족들은 그렇게 생각하지 않는 거죠. 별개 단체인데, 오히려… 너희들은 우리의 밑에 들어와 있는 뭐 하나의… 단체로 생각하지도 않아, 하나의 뭐 부속적인 부서? 이렇게 생각 정도를 하는데요.

지금은 이제 많이 바뀌었죠. 제가 막 자꾸 정리를 하거든요. 별개 단체다, 별개 돈으로 운영되고 있고. 이번에도 제가 이제 그 얘기를 했어요. 빼라 그랬어요, 정관에. 왜 산하기관으로 있냐, 빼라고 막. 이제 그런 그것도 논의를 좀 하고 이러고 있거든요. 그런데 거기에 문구를 산하기관으로 넣든 안 넣든 그건 문제는 아니에요. 그건 아무 의미는 없어요. 어차피 같은 일을 하고 있고, 같은 길을 가고 있는 거예요. 같은 길을 가고 있고 가족협의회와 저장소는 떼려야 뗄 수가 없어요, 모든 자료를 우리가 다 가지고 있고, 기억교실을 우리가 관리하고 있으니. 그 문구가 중요한 게 아니라, 가족들의 생각이 바뀌어야 된다는 거죠.

지금은 많이 바뀌었어요, 처음보다는. 그래 처음에 제가 말씀드렸잖아요. '왜 후원금 받으려고 노력을 하고, 왜 회원을 확보하냐?' 그 공격이 엄청났거든요. 지금은 그러지 않는 거죠. 지금은 거기에 대한 얘긴 하지를 않아요. 지금은 이제 가족들한테 "좀 적

211

어" 이렇게 하죠. 그럼 또 적죠.

면담자　　뭘 적으라는 거죠?

도언 엄마　　후원 약정서(웃음). "한 달에 쉬면서 5000원이든 만원이든 후원해라. 우리 아이들 기록물이다. 우리 아이들 기록물이고, 우리 아이들 기억교실 관리하는데, 만 원도 못 내? 해!" 막 이러거든요. 지금은 이제 해요. 근데 초창기에는 공격이 엄청났거든요. 이것도 이제 2016년도 와서 서서히 이제 바뀌는 거죠. 근데 아직까지도 일부 가족들은 우리를 부속기관, 뭐, 우리의 밑에 있는 부서로 생각하는 거죠. [근데] 그거는 아닌 거죠. 그것도 변화하고 있는 과정이라고 생각하시면 될 것 같아요.

면담자　　저장소가 가족협의회로부터 독립된 기관인데요. 그럼 가족협의회의 확운위라고 말하는 확대운영위원회의 회의에 참석 하시지요? (도언 엄마 : 하죠, 네) 그러면은 어떤 자격으로 참석하시는 건가요? 다른 분과장이나 반 대표와 같은 자격인가요?

도언 엄마　　저장소 소장으로 가는 거죠. 저장소 소장으로 가는데, 처음에 이것도 얘기를 좀 풀면 길기는 한데요. 제가 저장소로 왔을 때 근데 저는 저장소[가 확대운영위원회에] 들어가는지는 몰랐어요.

면담자　　저장소에서 확운위에 참석하는 걸 모르셨다는 말씀이세요?

도언 엄마 네. 김××국장이 회의를 간대요. 왜냐하면 시민단체 워낙 회의를 많이 가니까 시민단체 하는 데도 많이 가더라고요. 중요한 건 가족협의회[확운위]에 저장소가 들어가는지를 몰랐던 거죠. 그런데 나한테 얘기도 안 하고 [회의를] 들어갔던 거예요. 소장이 왔는데도 본인이 계속 들어갔던 거예요. 그래서 그러면서 제가 가족협의회를 들어가게 된 거죠. 그러니까 웃기는 상황이 됐던 거예요.

그러니까 이게… 아니 나는 참… 내가 잘못된 건가? 이거는 기싸움 할 게 아니거든요. 하나의 길을 보고, 하나의 뜻을 보고 간다고 그러면, 이거는 기싸움 할 것도 아니고 어차피 딱 정리가 됐잖아요. 단체장이랑 사무국장, 이렇게 정리가 되면 이게… 그 체계를 잘 아시는 분일 건데. 그래서 확운위는 처음에 제가 한두 달 정도는 안 들어갔죠. 몰라서 안 들어갔죠. 근데 분과장들이 얘기를 한 거죠. "왜 소장님이 안 들어와?" 그래서 내가 "어? 뭔 소리야?" 그랬더니 "김××국장이 들어오는데 왜 넌 안 들어와?" 이제 이렇게 된 그런 거죠. "지금 뭔 소릴 하냐, 나한테 보고도 없었는데" 그래서 이제 내가 들어가면서 자연스럽게 사무국장이 빠지게 된 거죠. 소장이 가니까 당연히 빠져야 되는 거죠. 근데 이런 부분이 가족들 분과장이 얘기해서 그렇게 될[된] 게 아니라, 사무국장이 소장으로 인정을 안 했던 거죠.

면담자 본인이 권한을 위임받은 것도 아니고요.

면담자　　　네, 소장이 새로 왔고 소장 체제로 바뀌고 소장이 대표 자격으로 왔는데도 그걸 놓기 싫어서…. 그래서 자연스럽게 빠지시게 된 거고, 지금은 저장소 소장으로 가는 거구요, 그리고 인제 저장소 엄마들 둘, 기록팀 재강이 엄마, 전시팀 혜선이 어머님 같이 총 세 명이 들어가고 있습니다.

면담자　　　그럼 가협 확운위 논의 과정에서 저장소와 관련된 안건의 의결이 이루어지나요?

도언 엄마　　　그런 건 없고, 거의 보고죠. 왜냐하면 제가 모든 말 나올 걸 다 정리를 하고 들어가는 거죠. 예를 들어서 사업을 한다, 그러면 예산이 확보 안 된 상태에서 절대 들어가지는 않아요, 저는. 만약 예를 들어서 전시를 한다, 그러면 2000만 원 예산이 들어가면 2000만 원 예산을 확보하고 저는 들어가요. 그럼 모든 서류가 [있으니] 얘기할 건 없으니깐 거의 보고 형식으로 보시면 돼요.

면담자　　　저장소가 진행하는 사업에 대한 보고를 가협에다가 하는 식이군요.

도언 엄마　　　그렇죠, 왜냐하면 가협에는 논의사항이 많잖아요. 논의사항이 많고, 뭐 공방이든 뭐든 논의사항이 있는데, 그러니까 제가 어떻게 보면 저는 참 철두철미한 거죠. 정확하게 다 정리를 해서 가죠. 왜냐하면 논의사항, 보고사항을 보고 왔어도 다른 분과나 뭐 어디서 이렇게 질문하면 답을 못 하는, 예를 들어서 이제 금방 얘기한 것처럼 예산을 딱 물어보면 답을 못 하시는 거죠. 왜냐하면 공방이나 다른 분과들은 어차피, 온마음센터든 희망마을만들기[안산시 희망마을사업단]든 뭐 가족협의회에서든 예산이 다 지급이 되는 거잖아요. 저장소하고는 틀려요[달라요]. 만약 예를 들어서 뭐 공방이든 목공방이든 또 온마음센터[에서] 진행하는 엄마들이 어디를 간다, 견학을 간다 그러면 거의 다 심리분과와 공방에서 관여를 해요. 그럼 "예산이 얼마입니까?" 그러면 모르시는 거죠. 거기는 [외부 지원기관이] 다 알아서 해주는 거고, 저는 내가 진행을 하다 보니 저는 완벽하게 세팅을 해서 들어가는 거죠.

면담자　　　확운위에는 저장소 말고도 4·16희망목공소라든가 엄마공방, 또 합창단 같은 단위들도 소장님과 같은 그런 자격으로 들어오는 거죠?

도언 엄마　　아니요, 합창단은 들어오지 않아요.

면담자　　　합창단 안 들어오구요?

도언 엄마　　네. 우리는 단체로 들어오는 거구요. 가족 임원들, 분과장 이하 반 대표들, 그리고 공방장, 4·16기억저장소 들어가고.

면담자　　　목공소도 안 들어가나요?

도언 엄마　　네. 목공소는 협동조합이에요. 그거는 이제 빠진 거구요. 또 안산시민연대와 그리고 4·16연대[가 있죠]. 연대는 이제 텔방에만 들어와 있고, 회의는 올 때는 거의 보고구요. [4·16]재단도 들어가 있어요.

면담자　　　목공소도 어쨌든 저장소처럼 독립된 곳인데 왜 빠졌나요?

도언 엄마　　[목공소는] 그전에는 공방 소속이었어요. 지금은 협동조합으로 별도로 나간 거고.

면담자　　　네, 똑같이 별개 단체인데, 저장소에서는 회의를 들어가는데 목공소에서 회의를 안 들어오는 것은 어떤 차이인가요?

도언 엄마　　어… 목공방은 협동조합으로 되어 있지만 [목표가] 이익창출이잖아요. 우리는 기록이잖아요. 우리는 가족협의회와 떼려야 뗄 수가 없는 관계죠. 왜냐하면, 뭐 단원고4·16기억교실 모두 기록 목록화 다 돼 있죠, 관리하고 있죠, 운영하고 있죠, 운영을 하고 있고. [희생자] 한 명 한 명 기록물 다 가지고 있고, 유품 가지고 있고. 내가 맨날 우스갯소리로 "잘 보여라, 나중에 하나도 안 줄 거다"(웃으며) 막 그런 얘기를 해요. "저장소에 잘 보여라" 그런 소리를 하긴 하죠(웃음).

면담자　　　요즘 들어서는 마침 정권이 바뀌고 하면서 예전 같은 그런 격한 투쟁 국면은 아니게 되면서 가협을 중심으로 돌아가던 활동이 점점 축소되는 느낌인데요. 대신에 기억저장소라든가 엄마공방이라든가 이런 다양한 분야 활동들이 점점 더 많이 전개가 되는 것 같아요.

도언 엄마　　음… 그건 아니구요. 대신 우리가 전면적으로 나서

도언 엄마 이지성

는 집회라든지 이런 건 없죠. 왜냐하면 어… 그래서 더 답답한 거예요, 사실은. 진행되고 해결되는 건 없는데 정권이 바뀌면서 우리가 전면에 나서서 얘기를, 요구를 할 수가 없는 거예요. 그러면 [대신] 조용히 움직이는 거죠. 오히려 더 바삐 움직여요. 그러니까 이제 시민분들, 4·16을 생각하면서 움직이시는 분들도 우리가 다 정리된 줄 아는 거죠. 그러니까 우리가 전면에 나설 수가 없는 거예요. 왜냐하면 국가 차원에서 사과를 했어요, 위로를 한대요. 근데 어떻게 우리가 나서서 싸우겠어요. 그리고 중요한 건 우리가 대통령을 만들었어요, 촛불혁명으로. 그런데 우리가 대통령을 폄하하거나 뭐 내려와, 이러면 안 되잖아요. 오히려 지지를 해줘야 되는 거죠. 그래서 오히려 가족협의회는 전면적으로 나설 수는 없고 대신 밑에서 엄청나게 움직이는데, 대외적으로는 그게 안 보이는 거죠.

그런데 이쪽은 이런 저장소, 공방, 목공방, 합창단은 계속 꾸준히 그전에 우리가 투쟁할 때도 계속했던 활동들이에요. 근데 가족협의회가 전면적으로 나서서 싸우지를 못하니 이런 활동들이 부각될 뿐이지. 특히 이제 합창단, 연극단이 더 부각되는 거죠. 가족협의회에서는 사참위, 인양 문제, 세월호 선체 보존 이런 부분에서 조용히 움직이고 있잖아요. 그 차이인 것 같습니다.

면담자   장기적으로 가협과 다른 4·16 부모님들이 주축이 된 그런 단체들하고 저장소는 어떤 관계가 되어야 될까요? 떼려야 뗄 수 없는 관계인 건 확실한데, 좀 더 구체적으로 어떤 비전이 있으신지요?

도언 엄마   제가 저장소에 온 이후로는 오히려 음… 안산에 뭐 [시민]단체는 조금 관계는 소원해질 수도 있어요. 왜냐하면 저는 자리를 잡아야 되니까, 저장소[가] 자리를 잡기 위해서는 뭐 거기에 신경 쓸 겨를도 없고, 연대할 시간도 없고. 요청이 오면 당연히 자료는 다 주죠. 오히려 자료 요청을 하면 우리는 더 빨리빨리 진행이 되는 거죠. 자료가 바로 있으니까 찾을 수가 있으니까. 그전에는 찾을 수가 없었던 거죠.

요청이 들어오면 자료는 바로바로 나가요. 그리고 모든 게 다 서류화가 되어 있고. 그전에는 그냥 나갔다 그러고, 자료를 반출했다 [구두로만] 그러면, 지금은 서약과 다 사인을 받고 반출이 돼요. 그리고 오히려 이제 관, 기관에서의 자료 요청이 더 많죠. 학교, 교육청 그리고 기관에서 요청이 더 많아요. 왜냐하면 시민단체는 계속 움직여 주시는 분이고 본인들도 자료가 많아요, 그죠? 또 그리고 엄마들도 개개인 연락을 해서 많은 자료를 받고 또 요청을 하지만 기관에서는 그게 쉽지는 않잖아요. 저장소를 통해서 모든 자료가 이제 요청이 들어오는 거죠. 네, 기관으로 좀 바뀌고 있다고 생각하시면 될 것 같아요.

도언 엄마 이지성

4·16기억저장소와 유가족과의 관계

면담자   이제 다른 유가족분들과의 관계를 좀 여쭤봐야 될 것 같은데요. 전반적으로 다른 유가족분들께서 저장소를 지지한다라고 생각하시는지, 또 지지를 받는다면 그 정도가 어느 정도라고 생각하시는지요?

도언 엄마   음… 뭐 반반이지 않겠어요? 100프로 지지는 없을 것이고(웃으며) 100프로 반대는 없고. 어… 그것도 진행형이죠, 사실은 진행형. 처음에 제가 오기 전에 저장소가 진짜 고생을 하셨지만 그렇게 인정 안 하셨던 [부모님들] 부분이, 내가 오면서 또 이제 '그래 좀 되겠네, 안정이 되겠네' 하지만, 또 후원약정서를 들고 다니니까 '왜 너희들 돈을 받냐' 이런 분위기에다가, 지금 이제 그렇게 막 안 좋다 하셨던 분들이 '어, 그래' [하고] 당연히 받아들이는 거. 그러니까 뭐 지지하면 반대하는 사람이 있고, 뭐 또 응원하는 사람이 있으면 거기에 대해서 또 폄하하는 사람이 있고, 그렇다고 봐요, 저는.

면담자   예를 들어 『그리운 너에게』의 부모님들 편지를 받는다거나, 다른 유가족분들을 상대로 관계를 맺어야 될 때가 많잖아요. 이런 과정 속에서 특별히 어려움이라든가 고려를 하시는 부분이 있는지요?

도언 엄마　　　그러니까 가족들이요, 음… 기억저장소를 별개의 단체로 생각을 하고 계세요. 생각을 하고 계시는데, 그건 또 아닌 거지. 이게 참 표현하기 애매한데요. '저장소 일은 당연히 저장소가 알아서 하겠지' 이제 이런 거죠. '저장소 일 잘 알아서 하잖아' 뭐, '당연히 고생하는 거 알아'. 도움 요청해도, '어차피 너희들 다 알아서 해나갈 거니까'. 그런 반면에 또 저장소가 잘 운영이 되고 있어요, 막 눈에 보이는 게 너무 많아, 지금 현실적으로. 일단 [단원고 4·16]기억교실이 자리를 잡았죠. 처음에 왔을 때는 여기 막 그냥 문 닫고 있었잖아요. 이게 착착 자리 잡고 있지, 진행하고 있는 단원고에 추모조형물 되고 있지, 유품 기록 목록화되고 있지, 눈에 가시적으로 보이는 게 있어요. 〈비공개〉 시간이 지났을 때 우리 저장소가 해놓은 뭐 성과라면 성과죠. 성과라는 표현이 더 맞겠죠? 저장소가 이룬 업적, 성과를 보고 나면 '아, 그래. 그땐 그랬지. 내가 어, 오해했네' 이런 날이 오지 않을까 저는 그렇게 생각을 해요.

면담자　　　장기적으로 다른 유가족분들이 '기억교실은 어떤 공간이다. 저장소는 어떠어떠한 일을 하고 있는 곳이고 어떤 의미가 있다'고 생각하시길 바라시는지요?

도언 엄마　　　바라는 거요? 어, 바라는 거 많은데. (웃으며) 우리 가족들이 자꾸 저장소는 '느그는 별개잖아' 이런 자꾸… [말을] 하니까. 별개는 맞죠, 당연히 맞죠. 근데 그 밑바탕에는 같은 유가족이에요. 같은 엄마, 아빠예요. 이거는 변할 수 없어요, 변할 순 없고.

근데 이게 다른 거죠, 역할 분담이 달라진 거죠. 이거를 좀 정리를 못 하시는 것 같아요, 가족들이. 역할 분담이 달라진 거예요.

우리는 4·16가족협의회 회원이고, 회원이기 전에 사실은 단원고 희생자의 엄마, 아빠예요. 이거는 변함이 없어요. 단원고 희생자의 엄마, 아빠이고, 그래서 사단법인 회원인 사람도 있고, 아닌 사람도 있어요, 활동하는 사람들 중에. 사단법인은 우리는 진상 규명을 위하는 '세월호 참사의 진상 규명 및 안전사회건설을 위한 피해자 가족협의회'예요. 여기에는 회비를 낸 사람이 있고, 안 내는 사람이 있어요. 그래도 우리는 같이 가요. 왜냐하면 밑바탕이 단원고의 희생자의 엄마, 아빠니까. 사단법인 회원이든 아니든. 사실 이게 밑바탕이거든요.

그래서 조금 더 나아가면 역할 분담이 되는 거죠. 활동하는 사람 중에 너는 공방에, 나는 저장소, 나는 뭐 추모, 나는 심리[생계]분과, 뭐 위원장, 집행[위원장], 진상[규명분과]로 나눠 역할 분담인데. 역할 분담에 있어서 인정과 존중을 안 하는 거죠. 그게 문제라고 저는 봐요. 이 밑에 사단법인 중요하지, 사실 이것 때문에 이제까지 온 건데, 역할 분담에 대해서는 서로 인정하지 않는 부분이 좀 있다. 특히 저장소 같은 경우는 음… 눈에 띄잖아요, 너무 잘나가잖아, 너무 잘나가잖아요? 왜냐하면 예를 들어서, 만약에 뭐 심리분과다 그러면 가족협의회 소속이고, 우리는 별개 단체니까 아예 저장소로 딱 움직이니까 틀릴[다를] 수밖에 없죠.

근데 역할 분담이라고 생각하시면 돼요. 어차피 엄마, 아빠니까, 우리가 하지 않으면 우리가 움직이지 않으면 움직여 주시는 활동가든 전문가든 우리 실무진 선생님들도 움직이지 않는다는 거죠. 이분들을 움직이기 위해서는 피해자 당사자가 움직인다, 이 생각만 하면 되는데, 이게 조금 잘… 뭐라 해야 되죠. 심리적으로 조금 뭐 그런 게 좀 있어요. 〈비공개〉 이게 미묘한 심리한 심리전이라고 전 생각을 해요. 미묘한… 하여튼 남들은 밖에서 보면 이해할 수 없는.

그런데, 그런데요. 저희들은 싸울 때는, 우리는 한마음이에요, 투쟁할 때는. 내부적으로 막 이렇게 서로서로 이런 거[생각의 차이 같은 게] 있어도, 그거는 내부적인 거죠, 내부적인 갈등. 내부적인 심리전인데 대외적으로 싸울 때는 한마음이에요. 만약에 우리 가족을 공격한다? 그러면 가만히 있나요? 막 달려들어서 그냥 밟아버리죠. 그게 중요한 거라고 봐요. 어차피 사람이 두 명 모여도 심리전은 있어요, 그죠? 세 명 모이면 조금 더 강한 심리전이 있고 내부 갈등이 있고. 우리는 자그마치 몇 명이에요? 우리 희생자[부모들]만 해도 500명에다가, 희생자 선생님 있죠, 일반인들 있죠. 막 이러니까 어마어마한 인원이거든요. 이거는 어쩔 수 없어요. 그냥 이렇게 뭐 치고 박고 싸우고 같이 연결되었다가 떨어져 나갔다가, 이러다가 다시는 결국 뭉치는 거죠. 그렇다고 봐요.

면담자   그런 시기 질투가 조금 있긴 해도 기억저장소에 의미가 있다는 게 점점 부모님들한테 알려지고 있으니까 혹시 새로 같이하고 싶어 하시는 부모님은 아직 없으신지요?

도연 엄마 이지성

도언 엄마   힘들어서 아무도 안 하려고 해요.(웃으며) 너무 일이 많아서. 아니 근데 이제 개인적으로 하시려는 분들은 있는데요. 근데 지금은 왜냐하면 [가족]운영위원분들이 처음에 [여러 분이] 있다가 좀 정리가 좀 됐잖아요. 이렇게 추모분과 활동하고, 연극하신다고 나가시고 좀 정리가 되어서 이제 오신다는 분은 계세요. 개인적으로 연락은 좀 왔는데, 제가 영입을 좀 하자고 그랬어요, 이제 엄마들 힘드시니까. 저는 어차피 총괄하는 거기 때문에 같이 막 못 뛰어다니잖아요. 그래서 지금 [가족운영위원이] 총 네 분이시잖아요. 그런데 어머님들이 그냥 요 체제로 당분간 가자고 그랬어요. 나중에 더 힘들어지면 다시 영입을 하고, 지금은 오히려 이 세팅된 인원이 더 낫다. 왜냐하면 지금은 웬만큼 다 알잖아요. 만약에 제가 들어와서 전시[하자고] 그러면 다 아시거든요, 뭘 해야 되는지 아시는 거지. 그러니까 오히려 새로 오신 분들이 와가지고 같이 흡수가 안 되면, 흡수가 안 됐을 때는 그분이 상처받을 수도 있다, 그런 거죠. 그래서 일단 이렇게 체제로 가자고 그랬어요.

면담자   일단은 현재 안정된 이 체제대로 가시는 게 일을 할 줄도 아셔서 더 효율이 좋다는 말씀이죠?

도언 엄마   그렇죠, 근데 일이 힘들긴 해요. 일이 워낙… 제가 일을 워낙 이렇게 자꾸 사업을 벌이고 어… 일을 진행을 하니까, 왜냐하면 우리가 움직이지 않으면 안 되니까. 그래서 자꾸 더 나은 게 눈에 보이니까 나아가야 되는 길이 눈앞에 보여요. 그럼 해야 될 거 아니에요. 물론 당장은 아니라도, 저는 이제 기획하고 추진을 하고 딱 결정이 되면, 그날이 되면 엄마들 제가 딱 투입을 시키는 거죠. 마을아카이빙도 사실은 이 사업이 올해 바로 된 건 아니에요. 작년 9월부터 논의를 했다가, 올 7월 달에 진행이 된 거잖아요, 이런 것처럼. 그리고 저는 또 개인적으로 저장소를 공격하는 거는 절대 용납 못 한다는 거예요. 저장소를 공격하고 나를 공격하는 거는, 특히 고생하시는 실무진 선생님들을 공격하는 것이고 무시하는 거고, 절대 용서 못 한다, 저는. 나를 공격하는 거, 그냥 도언이 엄마면 괜찮아요. 저장소 소장을 공격하고 저장소를 공격한다는 것은 절대 용서할 수도 없고 용납할 수가 없다. 그것은 고생하시는 실무진 샘들을 무시하는 거고 저장소를 무시하는 거고, 그리고 특히 엄마들, 진짜 고생하시는 저장소 엄마들을 무시하는 거다. 저는 용서할 수 없다고, 저는 거기에 대해서 엄청 강경하게 대응을 해요, 저는. 〈비공개〉

면담자　　　장기적인 비전 중에서 가족운영위원분들이 전문가까진 아니어도 어쨌든 가족들의 마음을 가지면서도 또 일을 할 줄 아는 실무적인 기술까지도 겸비해 나가는 (도언 엄마 : 어, 성장 엄청 많이 하셨어요, 네) 비전도 말씀해 주셨는데요. 그러면 또 만약에 새로 가족위원분들이 영입된다고 하면 그분들도 이렇게 교육을 시켜야 하는 과정이 있어야 되는 거죠?

도언 엄마　　　그럼요, 네. 처음에 조금 이제 어려우신, 왜냐하면 처음에 우리 엄마들 노트북을 이제 샀는데요. 사실은 사용하실 수 있는 분들도 있고, 사용 못 하시는 분들도 있었어요. 사실 그 진짜 걸음마부터 시작을 하신 거거든요. 그런데 이제 또 오시면 이제 또 그런 과정들을 거쳐야 되겠죠. 왜냐하면 저장소 엄마들은 웬만큼 어느 정도의 레벨까지 올라오셨거든요. [저장소에서 활동한 지] 벌써 2016년, 17년, 18년도. 내년 2019년도잖아요, 벌써요. 그랬기 때문에 이제 다시 오신다 그러면, 이제 그분이 많이 노력을 하셔야 되고 그리고 또 엄마들이 서포트 많이 해주실 거예요. 우리 엄마들은… 당연하죠.

면담자　　　다른 유가족분들이 저장소를 어떤 단체로 기억해 주시길 바라는지, 그리고 장기적으로 저장소가 어떤 역할과 의미가 있다고 보시는지요?

도언 엄마　　　어차피 지금은 다 알아요, 엄마들이, 가족들이. 기억저장소[라고] 그러면 단원고4·16기억교실, 기록물 그거는 기본이고, 유품 이거는 다 알아요. 유품 관리, 그리고 저장소[가] 선체[에서 나온 유류품의] 보존 쪽으로 제가 그때 했었잖아요. 그런 부분도 아는데, 일단은 저장소[라고] 그러면 일단은, 아까 말씀드렸던 우리 기억교실, 유품, 아이들의 기록은 정확하죠. 그렇게 하고, 앞으로 저는 만약에 앞으로 우리 가족들이 저장소를 바라본다고 그러면, 지금 이런 기록물들, 단원고는 기본이고 기억교실은 기본이고 기억교실로 인한, 우리가 항상 요구하는 거, 의식이 좀 바뀌었으면 좋겠다. '의식을 바꾸는 그런 기억저장소다'라고 생각했으면 좋겠어요.

면담자   시민들의 의식을 바꾸는?

도언 엄마   그러니까 대한민국 국민 통틀어서 얘기해야 되거든, 시민이라고 그러면 안 될 것 같구요. 국민이라 그러면 국회의원부터 다 있죠, 대통령부터 시작해서 국민이잖아요. 대한민국 국민, 세계에서 찾아오는 모든 사람들, 특히 저는 제일 중요한 게 뭐냐하면, 학생들. 저는 학생들 진짜 중요하게 생각하거든요. 우리 기성세대 때문에 세월호 참사가 일어났어요. 진짜 우리가 이렇게 묵인했기 때문에, 부정부패를 묵인했기 때문에 사실 이런 참사가 일어났거든요. 기성세대예요, 사실은. 뭐 선생님 이하 우리 다 기성세대예요.

제가 13년도에 어… 6월 달인가? 대구 MBC 인터뷰 때 똑같이 얘기했어요. 그때 다른 엄마들은 울고…, 참 보면 다 그랬을 거야, 냉정하다 했을 거야, 그 기자분도요. 진짜 인터뷰한 내용이 있어요. 부정부패[를] 묵인한 우리 세대, 그러니까 우리가 물론 우린 계속 교육을 하죠. [그래서] 진짜 많이 바뀌었어요, 국민들이 많이 바뀌었어요. [그런데] 우리가[만] 바뀌면 뭐 하냐구요. 학생들이 안 바뀌면? 결국 학생들이 이제 대한민국 이끌어갈 사람인데 이 학생들이 바뀌어야 된다는 거죠. 그래서 저는 학생들을 바꾸는, 학생들의 의식을 바꾸는, 뭐 우리 흔히 말하는 민주시민교육이 그거잖아요.

'자율적 판단, 생각, 행동[을 할 수 있도록] 바꿀 수 있는 곳이 기억저장소다'. 그리고 뭐 물론 이제 민주시민교육원은 건립이 되죠. 그런 쪽으로, 교육 쪽으로 좀 앞서가는 곳이, 우리 기록물을 토대로 우리 기록물, 우리 아이들 흔적, 세월호 유품 등등 이렇게 해서 그렇게 바꾸게 할 수 있었던 계기가 4·16기억저장소라고 인식했으면 좋겠어요.

면담자　　　교육에 상당히 강조를 하시고 싶으신 거군요? (도언 엄마 : 네) 교육기관으로서의 역할.

도언 엄마　　　네. 저는 교육이 중요한 것 같아요. 왜냐하면 [교육을] 바꾸는 거. 참사가 나고 나서, 해외에도 워낙 많잖아요, 참사가 많잖아요. 결국 바꿀 수 있는 건 교육이거든요. 교육을 함으로 인해서 행동이 바뀌는 거거든요. 의식이 바뀌고, 행동이 바뀌는 거거든요. 진짜 교육 중요하거든요. 그러니까 교육을 어떻게 하냐는 것이 중요해. 그냥 교육이 아니라 어떠한 방식, 어떠한 논리, 어떠한 그 커리큘럼을 하는지 이게 중요한 거죠. 그게 진짜 중요하다고 봐요. 그래서 학생들이 많이 바뀌었으면 좋겠어요.

　　학생들이 바뀌었으면 좋겠고, 사실 여기, 그러니까 경기도교육청도 아직 모르는 거죠. 참사 나고 민주시민교육에 들어가고 [경기도교육청의] 안전교육[에 대해서] 한 번 제가 말씀드렸을 거예요. 영상도 한 번 보여드렸을걸요? 우리 실무진 회의 때 한 번 보여드렸었어요. 제가 받아서 안전교육이라 하는데, 야…(한숨) 그것을 학생들 자발적으로 신청받아서 애들 교육을 시키더라고요. 근데 그 내용이… 유치원 수준인 거죠. 그 안전교육이라는 게 지진 났을 때, 화재 났을 때 애니메이션으로 그런 거. 거기에 세월호 얘기는 한 개도 없는 거예요, 세월호 때문에 안전교육이 들어가는데. 단원고 기억교실에서 세월호 얘기는 하나도 없는 거예요. 애니메이션 그냥, 피피티(PPT)로 그냥 보는 거예요. 그냥 빔으로 프로젝트로 보는 거예요, 그냥. 화면 보고 얘기하는 거예요. 그런데 이제 한 학생이 손을 들었어요. 여기 안산에 있는 학교거든요. 딱 손을 들었어요. "저, 질문 있습니다" 저도 참관했거든요. "지금 안전교육을 하셨는데, 저는 이렇게 교육할 것 같으면 저는 신청 안 했습니다" 거기가 학생들 임원들 있잖아요. 총학생회 임원들[이] 신청해서 온 거예요, 안전교육 한다니까. "나는 이렇게 교육할 것 같으면 신청 안 했습니다" 딱 그러는 거예요. 그리고 "선생님, 세월호 참사가 났습니다. 세월호 참사처럼 배가 침몰하고 있습니다. 그러면 어떻게 해야 할까요?" 질문을 한 거예요, 학생이. 앞에서 있던 선생님이 어떻게 한 줄 아세요? "그건 예민하기 때문에 얘기할 수 없다"라고 했습니다.

이게 아직까지 대한민국 교육이라는 거죠. 세월호 참사로 이만한 아이들이 희생이 됐는데, 네? 진상 규명을 외치는 가족들이 있는데, 단원고기억교실 옮겨와서 여기 지금 임시 이전해 있는데, 안전교육 강화가 됐는데, 그런 식으로 아직까지 교육을 하고 있다는 거죠. 그러니까 말한 게, 교육이 어떤 식으로 하는 것에 따라 달라지는 거예요. 지금처럼 [그 학생의] 말처럼 그냥 이렇게 유치원 수준으로, 그냥 구두식? 강의식? 어이없는 강의, 이거는 절대 안 된다는 거죠. 그래서 저는 교육을 잘해야 된다는 거예요. 어떠한 방식으로든 우리가 원하는 방식으로 아이들의 생명을 지킬 수 있는 방법, 생존권, 인권, 안전에 대해서 정확한 교육을 했으면 좋겠다. 그렇게 하는 계기가 저장소였으면 좋겠다, 그겁니다.

면담자　　　지금 기억저장소에서 진행하고 있는 민주시민교육이 장기적으로 기억저장소의 교육기관으로서의 비전에 첫걸음인 것 같네요.

도언 엄마　　　네. 학생들이 많이 참여를 했으면 좋겠는데 시간도 안 맞고, 사실은 일단 단원고부터 시작을 해야 되겠죠. 네, 네.

8
4·16기억저장소와 정부기관과의 관계

면담자　　　네. 교육청 얘기가 나와서 그런데, 제가 다음 질문을 드려야 되는 게 교육청과의 관계에 대한 거라서요.

도언 엄마　　　어머, 딱딱 들어맞아요, 우리(웃음).

면담자　　　교육청하고, 특히 경기도교육청 회복지원단이 여기 저장소하고 어떤 관계를 맺고 계시고, 소통과정에서 어떤 어려움이 있는지 여쭤보고 싶어요.

도언 엄마   음… 처음에 저는 뭐 회복지원단은, 그때 2014년
도… 그때 제가 여럿 모시고 갔었죠. 그때 단원고 교실 존치 회의
를 들어갔었어요. 저랑, 유가족 세 명, 생존자 부모 하나, 그리고
단원고 학부모, 그리고 회복지원단, 그리고 이제 안산시 등등 이렇
게 왔었어요. 제가 이제 갔죠.

그때 가가지고, 어… 그때는 지금 국민의당 [소속으로] 우리 사
참위[사회적참사 특별조사위원회] 들어왔던 사람이… 이름이 생각이
안 나네? 양… [양××], 국민의당에 있어요. 여기 회복지원단에 있
던… 검색 좀 해볼까요. 아… 갑자기 생각이 안 나네. 그래서 그때
우리가 엄청 반대, 사참위에 들어온다고 해서 엄청 반대를 했었어
요, 우리가. 하여튼 나중에 검색해 볼게요.

국민의당으로 이번에 출마해 가지고 떨어졌고 사참위로 들어
온 사람이 있어요. 그분이 회복지원단에 계셨어요. 그 회의 때 오
셨었구요. 그때도 말은 "[교실] 존치를 해야지" 하면서, 진행되는 게
없었어요. 그때는 어… 14년도니까 얼마나 제 가슴속에 분노가 있
었겠어요, 그죠? 참고 회의를 들어갔어요. 어… 가서 진짜 뭐, 단원
고 재학생 부모들한테 입에 담지 못할, 듣지도 못할, 들으면 안 되
는 그런 말, 오만 얘기 다 듣고도 버텼거든요. 교실 존치해야 된다
고. 근데, 그때 회복지원단 그분은 항상 뭐 좋게 얘기했으니까.

그랬고 중요한 거는 우리가 교실 농성 들어갔잖아요, 농성. 그
때부터 이제 확 불거진 거죠. 회복지원단이 그때는 그렇게 부각되

지는 않았어요. 그냥 조용히 움직였으니까. 교실 농성할 때 회복지원단, 저기 안산[교육]지원청 장학관이랑 다 장학사랑 다 회복지원단 이렇게 불러왔구요. 음… 그때가 이제 우리가 농성할 때는 제가 저장소 맡기 전이에요. 2016년 5월 9일 날 협약식 하고, 협약식 하는 날부터 농성에 들어갔으니까. 그리고 제가 7월 달에 저장소로 갔고 이제 [기억교실] 이전을 했잖아요. 그때는 관여할 수 없었고, [논의가] 진행 중이었기 때문에 [저는] 관여할 수 없었고, [저장소에] 오면서부터 진행이 된 거죠. 그때부터 회복지원단이랑 1대 1로 진행이 된 거예요, 사실은.

교실 이전을 했는데, 예산이 빵 원인 거예요. 이 사람들은 교실을 빼는 거에 목적이 있었던 거죠. 교실을 빼는 거에 목적이 있었고, 교실을 여기 다시 우리가 재현하고 구현하는 것에 예산이 없었어요. [예산이] 0원이었던 거예요. 그리고 중요한 것은 포장이사 하는데 1000만 원, 기억식 행사하는 데 9000만 원을 넣었어요. 멍청한 것들. 진짜 교실 빼는 데 목적이 있었던 거죠. 우리 단원고 행사하는 데 9000만 원? 웃기는 거죠. 가족들이 안 가는데, 우리는 교실을 안 뺀다고 하고 있는데, 강행한 거예요.

그래 여기 [저장소에] 왔는데 돈 10원도 [예산이] 없는 거예요. 뭘 개방을 못 하는 거예요. 뭘 꾸며야지 개방을 하죠. 그냥 칸막이만 해놓은 거예요, 칸막이만. 일단 책걸상만 집어넣은 거예요. 포장도 못 풀었어요, 3개월 동안. 예산안을 만들어오라 했죠. 근데 안 가져온 거죠. 말해도 해오질 않는 거예요. 지금 없다는 거죠 없고, "내년, 내년에 돈을 해야 된다. 예산을 집어넣어야 되지 지금은 돈 없다". 추경[추가경정예산]? 막 웃기는 거죠. 교실 빼기 전에 준비를 해놨어야 되는 거죠. 얘들은 아예 그게 없었던 거야, 그냥 교실 빼는 게 목적이었던 거지. 경기도교육청, 안산교육지원청, 기억저장소 때문에 그래서 내가 맨날 열받는 게, 이래 [일을] 해놓은 기억저장소, 경기도교육청, 안산시, 다 교실 빼는 데 목적이 있었던 거예요, 이들은.

그 이후에는 [예산이] 없어 가지고 그때 이제 엄청 싸웠죠. 그래서 이제 3개월 뒤에 이제 개방을 한 거죠. 그때 싸우고 막 해가지고 막 예산을 만들어라 해온 거예요, 회복지원단에서. 그때 [담당관이] 이×× 사무관이었어요. 나랑 엄청 싸웠어요. 내가 죽여버린다고 했어요. 진짜 죽여버린다고. "어? 느그들은 이런 마인드로 여기 왔냐고. 내가 죽여버린다, 느그들". 그래서 하나씩 하나씩 한 거야. 내가 다, 내가 다 기획하고, 내가 다 아이디어 내가지고 거기 그나마 저 [안산시 교육지원청] 별관이 [4·16기억교실로] 개방할 수 있었던 거예요. 그때 김×× 국장님은 다 빠져 있었고. 벌써 나랑 틀어져 있었으니까(웃음).

그러니까 제가 다 뭐 캘리, 그림, 이런 거 싹 다 제가 다 했어요. 그래서 일단은 했죠. 그러면서, 그러고 난 뒤에 [교육청과] 조금 이제 회복 관계가 된 거예요. 이 사람도 내가 만만치 않거든요. 쉽게 본 거죠, 다들. 유가족들[을] 다 쉽게 본 거예요. 그래서 이제 파사드[정면 출입구] 다 정리했고, 하여튼 다 이렇게 해서 개방을 했고.

지금은 업무협조를 하긴 하죠. 여러 가지, 어차피 큰 지원은 어차피 공간을 주는 거니까, 저기도[경기도교육청도]. 근데 어차피 운영은 저장소에서 하는 거예요.

나는 답답한 게 뭐냐 하면, 기억교실에서 4·16민주시민교육이 들어가요. [교육청에서] 지원을 할 수 없대요, 학생들이 아니라서. 그럼 어떤 식으로든 노력해야 되는 거 아니에요? 그러니까 내가 요구하는 것만 해주는 거죠. "뭐 해주세요, 뭐 해주세요" 그러니까 교육에 대해서 사업비를 지원해 주지 않고, 만약 예를 들어서, 뭐 필요한 거 있잖아요. 예를 들어서 뭐… 어떻게 표현해야 될까? 뭐 협의[회]실에 종이컵이 없어, 뭐 이런 거. 그렇게 관계를 유지했던 거죠. 제가 하나하나 또 바꾸죠.

지금은 제가 오만 거 다 요구해요(웃음). 〈비공개〉 지금은 남×× 사무관님이 오셨어요. 이분은 항상 저랑 논의하는 거죠. 물론 기억교실 [안산교육지원청 본관으로] 이전할 때도 여러 가지 일들이 많았죠. 저한테 엄청 혼났죠. 왜냐하면 아까도 얘기했지만, 기록팀이랑 가족이 보는 눈이 관점이 틀려요[달라요]. 나는 세세하게 디테일하게 다 판단하는데, "이거 훼손되면 안 돼" [그런데] 이 사람들은 모든 게 다 안 그런 거예요. 그러니까 그때도 기록팀도 놓쳤던 거고, 회복지원단도 놓치고 난리가 났었어요. 〈비공개〉 지금은 그나마 많이 협조하고, 같이 지금은 계속 논의하고 토론을 하긴 해요. 많이, 많이 하죠. 그때보단 많이 좋아진 거죠. 아직까지 갈 길은 멀죠. 아직까진 갈 길은 멀어요, 갈 길 멀어요.

면담자   회복지원단은 교육청에서 세월호 가족분들에 대한 지원을 목적으로 하는 곳인가요?

도언 엄마   지원은 아니고요. 지원은 아니고, 정확하게는. 경기도교육청이 있어요. 단원고가 있어요. 내가 처음에 얘기했죠? 첫 번째의 잘못은 단원고, 경기도교육청이에요. 여기 유가족이 있어요. 이거 중재할 사람이 필요했던 거죠. 우리는 다 죽여버릴 거거든. 가만 안 두거든요. 다 죽여버릴 거거든. 왜냐하면 우리 아이들 데려가서 애들 다 수장시켰고, 그리고 우릴 고립시킨 게 경기도교육청, 단원고예요. 진도에 고립시킨 게 이 두 기관이라니깐요. 진도 갈 필요 없었어. 다 수장시켰어. 근데 왜 고립을 시키냐고. 이 두 기관, 두 기관이 우리 아이들을 죽였고, 유가족을 고립시킨 게 이 두 기관이에요. 그러니까 우리가 분노가 엄청 나죠. 중재해 주러 온 게, 회복지원단이 만들어진 거예요. 관여할 수 없지. 중재역할이에요, 중재역할. 단원고와 유가족과 교육청을 중간역할 해주는 게 회복지원단이에요, 회복지원단.

면담자   경기도교육청에서 소속기관으로 만들어진 줄 알았는데요.

도언 엄마   특별히 만들어진다, 이거는 임시기관이에요, 임시기관. 그러니까 이거는 4·16민주시민교육원이 건립이 되면 해체될 기관인 거죠, 네. 다시 구성이 되는 거죠, 그렇게 되면.

면담자   그러면 회복지원단이라는 임시기관이 계속 유지되고 활동하는 이유가 뭘까요? 참사에 교육청의 책임이 있다고 유가족분들이 주장을 하시는데, 그러면 교육청에서도 인정을 했기 때문에 (도언 엄마 : 아니죠) 회복지원단이 활동을 하는 건지, 아니면 인정을 안 했다면 왜 활동하고 있는 것이지요?

도언 엄마   아직까지 인정은 안 했죠. 왜냐하면 아직까지 진상조사가 진행되고 있는 거고. 인정은 아니지만, 일단은 아이들이 경기도교육청 소속이잖아요. 총괄이 경기도교육청이잖아요, 우리가 경기도 안산시니까 당연히 책임이 있죠. 왜냐하면 우리 항상 얘기하는 학사일정. 애들 여행 간 거 아니라니깐요, 학사일정으로 갔다니깐요. 그러면 이 두 기관은 [책임에서] 피할래야 피할 수가 없는 기관이에요. 우리 아이들 수장시킨 첫 번째 잘못한 기관이거든요. 그렇기 때문에 그런 거고. 회복지원단은 가족들 지원? 지원이라기보다는, 아이들 장례, 수습에 다 같이 관여를 했죠. 지원? 지원은 좀 단어가 안 맞는 것 같구요. 음….

면담자   교육청 소속 기관이라서 교육청과의 소통창구 역할이라고 하기도 애매한 것 같은데요.

도언 엄마   네, 그렇죠. 하여튼 그래도 중간, 중재역할을 하는 거예요. 왜냐하면 가족들이 원하는 것을 어떻게든 풀어나가려고 하는… 그러니까 그 앞에는[전에는] 아니었구요. 지금은 남×× 사무관님, 그 앞에 정×× 사무관님 계시거든요. 지금은 발령 나서 가셨지만, 그 사무관이 오시면서 조금 더 관계가, 제가 오면서 정××

사무관님이 오셨거든요, 투입이 됐거든요. 그러면서 관계가 유해진 거예요. 서로 소통이 좀 잘된 거죠.

그전에는 소통 단절이었어요, 소통 단절. 쉽게 말하면 "어휴, 너희들은 지껄여라 우리는 안 한다" 이랬다니깐요, 요구를 해도. 내 성격에 가만히 있겠냐고요. 그리고 이번에 또 이×× 사무관님 팀이 재정비하면서 가시고 남×× 사무관이 오셨는데, 이분은 또 안산 분이시고 자녀가 우리 아이들과 [나이가] 비슷하니까 더 소통이 더 잘되는 거죠. 더 서로 이제 마음을 읽으려고 노력을 하는 거죠. 그리고 서로 애로사항이 있으면 서로 서로 얘기해서 도와줄 수 있는 부분 논의하고, 그런 관계까지는 됐어요. 그런데 기본적인 건 바뀌지 않아요. 잘못한 거는 잘못한 거예요, 저는 네.

면담자　　교육청이 잘못했고, 책임을 다하지 못했기 때문에 회복지원단이라도 활동을 해서 (도언 엄마 : 그렇죠, 네) 유가족분들 지원을 하고 도와주는 것은 당연히 해야 되는 일이라고 생각을 하고 계시는 거군요.

도언 엄마　　네. 당연하죠. 그럼요, 네. 아까도 통화 들으셨지만… 하여튼 뭐 그렇습니다.

면담자　　또 안산시청하고 저장소의 관계는… 어떤 창구로 지원이라든가 받고 있으신가요?

도언 엄마　　안산시청은 우리 세월호 참사가 나서 '세월호 수습지원단'이 만들어졌어요. 그거는 이제 단장님 이하 이렇게 부서가 좀 나눠져 있구요. 거기에 우리… 같은 경우는 추모기록팀 하고 연계가 되어 있는 거죠, 추모기록팀. 추모기록팀 하고 연계되어 있고, 사실 우리 세월호 참사, 우리 아이들과 가족협의회 움직이는 건 다 저장소에서 관여를 하고 있구요. 안산시 추모기록팀은 일단은 서고, 안산시에 있는 뭐… 이런… 건물이, 가건물이라도 일단은 그 서고[기록물 보관 공간]에 대한 지원, 그리고 기타 등등에서 해줄 수 있는 부분은 지원해 주고 있고. 어… 사실 우리가 예산은 많이 없잖아요, 저장소가. 왜냐하면 기록팀에서는 중성[지] 한지만 해도 단가가 엄청 많이 나가니까. 그런 부분들은 우리가 잘 풀어나가고 있어요. 일단은 추모기록, 안산시는 안산시대로 준비를 하고 있고, 세월호 참사에 대한 기록물 수집을 하고 있고요. 이제 거기는 책, 동영상 그리고 백서도 만들었다는데, 나 어이가 없는 거죠. (웃으며) 한 게 뭐 있다고…. 이제 그런 거[는] 추모기록팀이 진행하고 있는 거고, 또 우리는 우리의[우리와는] 그냥 좀 틀리죠[다르죠]. 내용은 틀리지만[다르지만] 그래도 안산시 추모기록팀하고 계속 연계해서 일은 진행을 하고 있는 거죠.

면담자   그럼 정리하자면 교육청과의 관계는 기억교실을 중심으로 많은 소통이 있는 거고, (도언 엄마 : 그렇죠) 그다음에 시청과는 추모기록과 관련해서 소통이 되고 있는 거군요. (도언 엄마 : 네네. 그렇죠) 그렇게 이해하면 될 것 같습니다. 중성 상자나 이런 거 물품을 지원해 주는 게 시청인 거죠?

도언 엄마   시청… 그렇죠. 거의 많죠. 왜냐하면 단가가 워낙 비싸기 때문에. 왜냐면 그거는 이제 뭐 해수부에 예산도 있고, 추모기록팀에 대한 예산도 있고 하니, 거기서 이제 서류를 정리해서 구매를 하는 거죠.

면담자   그런 식으로 공무원들과 소통할 때 아까도 말씀을 해주셨지만은, 전반적인 태도랄까 혹은 공무원들이 유가족들을 어떻게 생각하고 있다고 생각하시는지요?

도언 엄마   공무원들은 쉽게 안 움직여요. 진짜 쉽게 안 움직여요. 네, 우리가 막… 일단은 좋게 얘기하면, 그냥 그렇게 얘기하면 안 움직이고, 우리가 진짜 흔히 하는 말로 닦달하고 자꾸 요구를 하고 그래야 움직이는 게 공무원. 사실 공무원들은 그러니까 본인에 피해가 올까 봐, 그리고 또 자기는 발령받으면 다른 데로 가면 되니까, 이런 마인드가 있는 것 같아요. 그래서 쉽게 움직이지 않는 조직이 공무원 조직이다 [하는 생각이 들어요].

그런데 우리 추모기록 같은 경우는 이제 윤기 샘이 여기 계세요. 박윤기 샘은, 진짜 열심히 움직이시거든요, 진짜. 진짜 마음으로든, 행동으로든, 진짜 우리가 흔히 말하는 열과 성을 다해서 진짜 움직여 주시거든요, 사실. 이런 분들만 계신다고 그러면 공무원들 욕 안 얻어먹거든요. 진짜 알아서 먼저 움직여 주시고 계시거든요. 알아서 "뭐를 좀 해야 되겠네, 뭐가 필요하시겠네" 그리고, "이것은 같이 논의해서 같이 진행했으면 좋겠다". 먼저 그런 걸 혼자 먼저 생각을 하고 계시고 와서 논의를 하시는 거죠. 사실 이러면 대한민국 걱정할 거 뭐 있겠어요. 그렇죠? 사실 외국처럼 공무원하면 막 이렇게(엄지를 세우며) 치켜세워 주죠. 근데 대한민국은 공무원 이러면 "어우…" 이러죠. 부정부패에 찌든 공무원들 이렇게 생각하는 거죠.

면담자   공무원 개인을 생각하면 굉장히 열심히 노력을 해주시고, 또 능력도 출중하시고, 그럼에도 4·16과 함께 공감을 해주시는 분들도 계시지만….

도언 엄마   그렇지 않으신 분들도 많죠. 아니 뭐 그렇죠. 공무원들이 속내를 잘 표현하지는 않잖아요. 그런데 세월호수습지원단에 오시는 분들은 거의 4·16에 대해서 같이 공감하고 움직이시는 분들이기 때문에 사실 이쪽으로 또 발령받아서 오시는 것 같아요. 오셔서 고생 또 많이 하시고. 사실 유가족을 대하는 것이 쉽지는 않거든요. 쉽지는 않고 또 얼토당토않게 요구하는 사람도 있고, 또 진행이 안 되면 막… 얘기를 하니까. 근데 뭐 처음과 2014년도와 지금을 비교하면 그렇게 얼토당토않은 요구는 하지 않아요. 그 당시엔 워낙 할 일이 많았으니까, 요구사항도 많고. 하지만 지금은 이제 아예 정확하게 정리를 해서 요구를 하는 거죠.

면담자   유가족 개인으로서 공무원들을 상대하실 때와, 소장님이 되신 다음에 소장으로서 공무원분들을 상대할 때 그때 뭔가 마음가짐이나 공무원들을 대하는 방식의 차이가 좀 있을까요?

도언 엄마　　음… 똑같은 것 같아요, 사실은 공무원들이요. 음… 뭐 지금도 우리가 왜냐하면 어디 뭐 예를 들어서 서류를 떼러 가잖아요. 주민자치센터 가서 서류를 떼도 안 바뀌어요. 불친절해요. 왜냐하면 우리가 낸 세금으로 사실은 이 기관에 와 있고, 우리가 낸 세금으로 자기 급여를 받아가고, 우리가 낸 세금으로 자기들 복지를 누리는 거거든요. 그런데 우리를 대하는, 우리를 대하는 행동은 안 바뀌어요. 그게 보여요. 왜냐하면 친절하지도 않고, 얼굴 웃음도 없고, 틱틱거리고 똑같아요. 그냥 소장으로 바라봐도 똑같고.

사실은 근데 이제 개인적으로 그냥 굳이 뭐 내 업무만 보고 나올 때 얘기를 하죠. "불친절하십니다" 저는 이렇게[만] 하고 나와요. 그런데 또 소장으로 있을 때는 일을 진행을 해야 되는 거잖아요. 일을 진행해야 되니까 진짜 화날 때 화를 내요, 저는. 화를 내죠. 일이 진행이 안 되고 있는데, 요구를 했고 이거는 분명히 해야 되는 일인데 진행이 안 되면 엄청 화를 내요. 그런데 제가 요구할 때는 허무맹랑한 걸 요구하지는 않아요, 저는. 그래서 화를 낼 때도 있고 웃을 때도 있고 친하게 지낼 때도… 그렇게 진행을 하긴 해요. 어차피 똑같은 사람이잖아요, 인간관계잖아요. 그러니까 업무일 때는 화도 내고 하지만 개인적으로 보고 하면, 웃고 또 하죠.

근데 아직 공무원들은 아직 멀었다, 아직 대한민국 아직 멀었다 [싶어요]. 왜냐하면 2014년도 4월 16일에 우리 아이들이 수장이 됐잖아요. 우리 오빠가 왔어요. 우리 오빠가 공무원이거든요. 근데 그날 왔는데, 나는 막 정신없죠. 16일 날 그날 팽목항에서 막 있고 우린 차를 끌고 갔으니까. 오빠가 이제 17일 날 왔어요. 연락받고 온 거죠. 다 왔어요, 언니들, 친정 식구들 다 왔어요. 오빠가 제일 큰오빠고 저는 막내니까 나이 차이가 많이 나잖아요. 살아온 세월이 다 눈에 보이잖아요. 딱 첫마디가 뭐라 했냐면… "막내야, 미안한데 도언이 찾는 거에 우리가 집중을 하자" 그래서 "지금 뭔 소리 하냐?"고 내가 막 이랬거든요. 살아 있다고 막 이랬는데, 오빠는 또 공무원이니까 "공무원들은 다 보인다", 이런 거죠. "답 없다…".

그리고 그날도 개인 구술에도 그 내용이 들어가 있지만, 오빠가 이제 막 내가 정신없으니까, 도언 아빠랑 오빠가 다 휘젓고 다녔어요. 가는데 어떤 사람이 탁 손을 잡더래요. "아니, 이××님 여기 어떻게 오셨냐"고 그랬더니 "내 막내 동생 막내 조카가 아직 못 찾았다, 저 바닷속에 있다" 그랬더니, 막 울더라는 거예요… 그분이…. 여기에, 진짜 여기 진도에 내가 아시는 분들이 아무도 없기를 바랐대요…. 그럼 이거는 뭐가 있는 거죠. 진짜 막 울더라는 거예요, 오빠 손을 잡고. 그리고 오빠가 계속 있었거든요, 도언이 찾을 때까지 있었거든요, 휴가 내고. 그래 오빠 눈에 다 보이는 거예요. "야, 막내야 저 공무원이야. 저 봐라, 저 봐라! 공무원이야" 왜냐하면 유가족인 척하고 다녀도 보여요. 왜냐하면 특히 밥 때가 되잖아요. 유가족은 밥 못 먹어요. 막 초췌하게 앉아 있어요. 막 바닥에 앉아 있고 이런데, 제일 먼저 가서 막 식판 들고 가는 게 공무원들인 거예요. 그리고 밥을 골라요. "아, 이 집 맛없어, 저 집 가자". 오빠 눈에 다 보이는 거죠. 오빠 눈에도 한심해 보이는 거예요.

나는 그런 거 많이 들었잖아요. 많이 듣고, 이제 뭐 그때랑 14년도와 지금 18년도랑 바뀐 거 한 개도 없어요, 공무원들. 진짜예요. 네, 진짜 문제예요, 진짜 문제. 물론 다 그런 건 아니지만, 대다수가 그러다 보니까 진짜 열심히 움직이시는 공무원들이 이제 피해를 보는 경향이 있죠.

면담자　　　공무원들부터 민주시민교육이 필요하겠네요.

도언 엄마　　그죠? (웃으며) 공무원들부터 바꾸자(웃음).

9
4·16기억저장소와 시민단체와의 관계

면담자　　　또 시민단체 분들하고도 저장소가 사업을 같이 하기도 하잖아요. 4·16연대라든가 다른 전문가 단체들 중에 주로 결합하는 단체가 혹시 있는지, 그리고 또 결합한다면 어떤 사업에서 어떻게 결합하셨는지 듣고 싶습니다.

도언 엄마　　시민단체랑 결합해서 같이 하는 사업은 없어요.

면담자　　　마을아카이빙 사업은요?

도언 엄마　　아, 그거는 단체라기보다는 마을아카이빙은 내가 사업을 기획을 했고, 그 안에서 소사업으로 다시 이제 그 협력[단체]으로 들어오는 거죠. 어차피 그분들이 사업비를 가지고 와서 사업을 하시는데, 안산시에[서] 주최[한] 사업을 기획한 거는 4·16기억저장소예요. 저장소 안에 세분화가 이렇게 된 거죠, 세분화시킨 거죠. 네, 그렇게 생각하시면 될 것 같고. 그래서 그게 전문단체가 붙으신 거죠. 총괄은 4·16기억저장소에, '강장공장'은 사람구술, 사람기록. 우리 특히 음… 희생자 친구들, 아이들이 갔던 [곳을] 기점으로 해서 가는[기록하는] 거고 우리 또 '뭉클스토리'[스토리 제작업체]는 구술과 영상, 여기 고잔동마을에 대해서 기록을 하고 계시고, 그리고 교육, 전시. 이렇게 하여튼 총괄은 기억저장소고 그거는 연대라기보다는 사업 안에 들어오신 거예요. 네, 들어오시는 거고, 인제 4·16연대와 진행하는 거는 이번에 북콘, [안산] 대동서적 [북콘서트는 저장소가] 단독으로 간 거고 생협이랑, 생협은 다이렉트로 한 거구요. 이거 진행하고 있는 네 군데는 4·16연대랑 같이 진행을 하는 거고. '엄마의노란손수건', '토닥토닥 괜찮아', '청소년이 꿈꾸는 사월'[안산 청소년 봉사단체], 이거는 이것도 세월호 참사 나고 생긴 청소년이 꿈꾸는 사월, 그리고 '마실'[안산 일동 협동조합마을카페]. 총 네 군데가 진행이 되고 있어요.

그리고 지금은 어… 시민단체보다는 이제 기관, 뭐 해경, 교육청, 시[청], 이런 쪽으로 더 많고. 저는 그랬어요. 왜냐하면 시민단체는 시민단체로 그냥 계속 움직이고 계시니까, 계속 그렇게 움직이시면 되고. 그리고 마을아카이빙은 그렇게 진행이 되고, 민주시민교육은 자체적으로 우리가 기획해서 이제 학생들을, 수료[수강생들을], 강의받으시는 분들을 모집하는 거고. 그리고 전시. 그런 거

같아요. 〈비공개〉

면담자　　그런 거 말고도 세월호에서 나온 유품·유류품 보존 처리 관련해서 박물관이라든가 전문가들 집단들에 많이 자문을 구하거나 관계를 맺으셨는데, 그때는 어떤 식으로, 또 어떤 곳과 관련이 있었고, 또 어떤 거 느끼셨는지 여쭤보려구요.

〈비공개〉

도언 엄마　　우리가 전문가는 아니잖아요? 우리가 뭘 알아요? 그전에 참사 나기 전에는 그냥 내 일을 하던 사람이에요. 고운이 엄마와 나는 내 가게를, 내 숍을 운영을 하고 강의를 하고. 진짜 일반 국민하고 똑같이 그냥 소소한 행복을 느끼며 사는, 그냥 대한민국 국민이었어요. 근데 내 쪽으로는 나는 전문가죠. 뭐 건강, 아로마 테라피 뭐 이쪽은, 이쪽은 내 전문가예요. 내 쪽은 잘할 수 있어요. 근데 이 기록 쪽은 내가 전문가가 아니잖아요. 뭐 전시며 기록이며 전문가가 아니에요. 그러면 사실 이제 우리 운영위원 중에 전문가들이 많잖아요. 사실 이분들이 하나하나 가르쳐주시는 거죠, 우리는 모르니까.

　　얼마나 답답하겠어요. 엄마들이 따라오기를 하나, 얘기하다 보면 삼천포로 빠져가지고 엉뚱한 얘기하고 있고, 저쪽에 가던 얘기 다시 끄집어 와서 다시 또 교육을 시켜야 되니 얼마나 힘들겠어요. 근데 오늘의 저장소를 움직이게 해주신 분은 사실 이 저장소 운영위원들, 전문가분들이세요, 진짜. 운영위원분들이 흐트러지지 않았기 때문에 저는 그렇다고 봐요. 물론 거기에는 이제 우리 김익한 교수님, 이현정 교수님, 그리고 또 이제 아름다운재단 사무처장님도 계셨고, 그리고 우리 목사님, 뭐 우리 허동훈 대표님 등등. 또 이렇게 감독님도 계시잖아요, 〈나쁜 나라〉 찍은 감독님도 계시고, 작가님도 계시고. 등등 이분들이 사실은 딱 기반을 잡아주신 거죠.

이게 크게 활동[하고] 이게 아니라 사실은 이 자리만 지켜주시고, 그리고 회의에 참석하시고, 그리고 또 내가 사업을 기획하고 논의하는 방향에 대해서 좋고 나쁘고를 결정해 주시고. 그리고 저장소가 좀 흐트러지는 것 같으면, "어, 그건 좀 아닌 것 같아요" 길을 잡아주신 이 힘이 큰 거였다고 저는 봐요, 전문가들은. 이현정 교수님은 인류학, 김익한 교수님은 기록학, 유은주 교수님은 원주에 계시는 또 거긴 뭐 다른 쪽이지만 본인의 또 각자의 역량은 있지만, 나의 전문[성을] 딱 과시? 과시 그거는 표현이 좀 그런데… 강하게 표출하기보다는 딱 저장소라는 거를 옳게 하기 위해서 이렇게 힘을 해주신 이게, 전문가의 힘이 컸던 것 같애. 왜냐하면 우리 가족들, 유가족과 일반 시민활동가만 있으면 사실 큰 힘을 받지 못했을 거예요, 대외적으로 사실은.

우리 저장소 운영위원회에 유가족이 있고, 전문가 그룹이 있고, 그리고 또 시민단체가 있잖아요. 거기에 이제 목사님, 안산시민연대 등등, 뭐 우리 감독님 계시고 작가님 계시고 등등. 이렇게 딱 잘 어우러진 것 같아요, 사실은. 그래서 대외적으로 봤을 때도 저장소가 탄탄하구나. 뭐 시민들만 구성된 것도 아니고, 시민들만 구성됐으면 또 전문성과 역량이 떨어질 수도 있고, 유가족만 있으면 '뭐야 유가족만 운영이 되는 거야?' 이럴 수도 있는데 적절하게 잘 조합이 잘된 것 같아요. 이게 힘인 것 같아요, 사실은.

면담자　　　저장소에 대한 길고 상세한 말씀 감사드립니다. 너무 긴 시간 진행을 한 관계로 오늘은 여기서 마치고요, 모자란 말씀은 회차를 바꾸어 듣도록 하겠습니다. 수고 많으셨습니다.

5회차

2018년 11월 16일

· ·

1
시작 인사말

면담자   본 구술증언은 4·16 사건에 대한 참여자들의 경험과 기억을 기록으로 남김으로써 이후 진상 규명 및 역사 기술에 기여하고자 합니다. 지금부터 이지성 씨의 증언을 시작하겠습니다. 오늘은 2018년 11월 16일이며, 장소는 안산시 단원구 4·16기억교실 교육장입니다. 면담자는 강재성이며, 촬영자는 송추향입니다.

2
기억교실 존치 문제

도언 엄마   반갑습니다.

면담자   오늘은 기억저장소에서 했었던 사업들에 대해서 항목별로 여쭤볼 건데요. 그 전에 두 주 만에 뵙는데, 어떻게 지내셨는지요?

도언 엄마   뭐, 항상 끊임없이 (웃으며) 연결이 되고 있습니다. 네. 잘 지내고 있습니다(웃음).

면담자   4·16민주시민교육 프로그램은 잘 진행이 되고 있는가요?

도언 엄마   네. 잘되고 있구요. 이번에는 또 다른 분위기가 되는 거지요. 진행자가 좀 달라졌으니까, 네. 강사님들은 똑같지만 진행자에 따라서 분위기가 좀 달라지는 거구요. 내일이죠? 내일이 마지막 4강입니다.

면담자   지난번에는 기억저장소 운영과 정상화되는 과정, 소장으로 부임하시고 난 다음의 저장소 운영 등에 대해서 여쭤봤고요. 오늘은 저장소 사업들에 대해서 항목별로 여쭤보려고 합니다.

소장님이 부임하셨던 그즈음 한창 기억교실 투쟁이 있었고, 그에 이어 기억교실이 이전되었어요.

도언 엄마   그렇죠, 네.

면담자   그래서 기억교실 투쟁 국면부터 여쭤보려고 해요. 기억교실 투쟁하는 과정에 대해서, 소장이 되시기 전에는 어떤 소견을 가지고 계셨고, 저장소에 부임하신 후에는 어떻게 참여하시게 됐는지 말씀해 주세요.

도언 엄마   저는 첨부터 교실 존치를 외쳤던 사람이기 때문에요, 2016년 5월 9일 날 단원고 정상화를 위한 협약서? 가칭 4·16민주… 지금은 우리가 뭐 가칭 '4·16민주시민교육원' 하지만, 그때는 아마 '안전교육시설 위원회'일 거예요, 아마. 협약서를 그렇게 했어도 사실 그거는 우리가 존치를 원했지만 그냥 교실에서 쫓겨나는 거와 다름없는 상황이었잖아요. 그래도 책걸상을 존치를 하고, 아이들 공간을 마련하기 위해서 협약서를 가족협의회와 단원고, 안산시, 경기도교육청, 경기도 등등 이렇게 했는데요.

5월 9일 그 전부터 그랬죠, 뭐. 책걸상을 뺀다는 행동들을 했었고, 사실은. 단원고와 특히 안산교육지원청에서 그런 행동을 했었고. 또 몰래 뺀다는, 밤에 빼려고 했던 그런 것도 있고, 이삿짐센터를 통해서 노란 바구니가 와 있기도 했었고. 그래서 우리가 5월 9일 날 협약서 하는 순간, 아마 우리 동의 없이 아마 책걸상을 뺄 수도 있다고 이래서 저와 몇몇 엄마들이 학교로 갔어요. 이제 가가지고… 교실을 지키고 있었고. 아예 투쟁 국면으로 들어가서 투쟁할 생각을 한다고 갔었고요.

그러고 우리 수경이 어머님이, 김수경 어머님이신데요, 그 전에 학적부를, 생활기록부를 떼보고 싶었던 거예요. 근데 자신이 없어서 못 뗐던 거예요, 행정실에 가서. 그런데 교실을 뺀다 하니 [마침] 가가지고, 엄마들도 몇 명 있고, 이렇게 힘을 받아서 원무과[행정실]에 가서 서류를 요청했는데 "서류를 뗄 수 없다" 이래 된 거죠, "제적처리가 돼서 뗄 수 없다". 인제 올라가서 엄마들한테 이야기를 한 거예요. 그때부터 난리가 난 거죠, 그때부터. 그래서 엄마들이 "그러면 교실을 뺄 수가 없고, 협약서는 무효다" 어떻게 가족들이 모르는데 제적처리가 되냐고. 그러면 이건 결국 우리 유가족을… 거짓된 말로 협약서 쓰게 만든 거잖아요. 그래서 그때부터 농성에 들어간 거죠.

그전부터 저는 교실 존치를 외치던 사람이었고, 2014년도부터. 그때[2016년 5월 9일]부터 엄마들이 거기서[단원고] 아예 바닥에서 농성을 하게 된 거예요. 그날 저녁부터 난리가 난 거죠. 재학생 부모들, 생존자 부모들이 와서 우리 유가족과 대치를 하고, 입에 담지 못하는 말들을 하고, 하물며 교실에 들어가서 아이들의 공간이었던 그 공간에 가서 책걸상을 빼 오는 행위까지 했었어요. 거기서 진짜 심한 말들이 오가고 몸싸움도 일어나고 좀 그랬고. 하여튼 그날은 진짜 아수라장이었어요, 단원고가. 엄마들의 분노가 완전히 어떻게 통제를 할 수 없을 정도로 그런 상황이었고요. 그때부터 인제 계속 농성을 또 들어간 거죠. 그래서 농성에 들어갔고요(한숨) (침묵).

뭐, 언론을 봐서 아시겠지만. 그때 교장이 유가족을 무시하는 행위도 있었고, 소리도 지르고… 그건 있을 수 없는 거 아니에요, 사실은? 어떻게 희생 학생 부모님들한테 무시를 하고 소리를 지르고. 참, 아직은 세상이… 교육자라는 사람이 그럴 수는 없는 거죠. 그래서 우리가 농성을 하고, 그리고 [4·16가족협의회] 운영위원장님이 얘기를 하고 그랬을 때, 결국은 빼게 되는 과정에… 제가 저장소로 왔죠.

7월 달에 오게 되었는데, 음… 그때는 벌써 [교실 이전이] 웬만큼 진행이 됐던 거죠. 만약에 지금도 저는 교실을 보면, 만약에 내가 후회스러운 게 그거예요. 저장소에 소장으로 갔으면 좋겠다고, 주위에서 그래 얘기할 때 내가 좀 빨리 결정을 했다고 그러면, 또 상황이 어차피 나올 수[밖에] 없는 상황이라 그러면, 단원고에 있지 못하고 나와야 될 상황이라고 그러면, 아이들 책걸상과 사물함, 칠판, 우리가 지칭, 제가 지칭하는 유품의 훼손이 발생하지는 않았을 것이다, 저는 장담을 해요. 제가 그때는 관여할 수 있는 상황이 아니었고, 7월 달에 갔기 때문에. 그리고 우리 5월까지 농성을 하고 정리가 들어가고 결국은 교실 이전하는 거에 합의를 본 상태잖아요. 그리고, 그러는 과정에 여러 가지 알지 못했던 일들이 좀 알려졌고. 〈비공개〉

"[교실을] 빼면 안 된다. 빼지 마라. 끝까지 버텨야 된다" 했는데, 우리 가족들은 [가족]협의회에서 결정하면 따라가요. 그래서 이 시간까지 버티는 힘이 되었겠지만, 사실은 교실은 뺐으면 안 되는 거였습니다. 그래서 저와, 저는 첨부터 뺄 생각이 없었구요, 저와 재강 엄마, 고운이 엄마는 세 명이 책걸상을 빼지 않았고, 그리고 미수습자 아이들이 올 때까지 같이, 그때 되면 그때는 정리를 해야 되니 그때 같이 이동을 하겠다 했었어요. 그래서 교실 빼기 전에는 단원고에서 그랬어요. 별도의 공간을 마련해 주겠다고 했었어요, 미수습자도. 근데 교실을 빼고 나니 안 만들어준 거예요. 아이들 책걸상 있는 상태에서 공사를 하고, 나중에는 허락도 없이 교장실로 옮겨놓고, 칸막이로 막아놨던 거죠. 이거는 사실 우리 가족들을 우습게 보는 행동이었던 거예요. 무시하고 우습게 보고 희생자를 모욕하는 행위였던 거죠. 그런데 그런 야만적인 행동이 단원고에서 일어났던 거예요. 아이들을 책임지고 데리고 와야 할 단원고에서 그런 일이 이루어지고 있어도 어느 누구도 대처도 못 하고 어느 누구도 간섭 못 하고 그러는 상황이 됐던 거였습니다.

그리고, 우리가 8월 20일 날 교실을 이전했잖아요. 그리고 19

일 날 기억식 행사가 있었습니다. 그 행사를 할 때 저는 반대했습니다. 하면 안 된다고 그랬어요. 그때까지도 저는 교실 빼면 안 된다고 그랬거든요. 그런데 우리 임원 몇 명들은 다 빼자는 거죠. 특히 누구 엄마, 그 □반 ☆☆엄마는 자기가 싸우기 싫다는 거예요. 웃기는 거죠. 반 대표라는 사람이 싸우기 싫다는 거예요. 아니, 아이들 명예를 살려주는 길인데, 말도 안 되는 거죠. "싸우기 싫으니 교실을 빼자" 이렇게 주장을 하는 거죠. 그리고 기억식 행사를 할 때 9000[만 원]이었습니다, 행사비가. 그런데 가족들은 안 가죠. 가겠어요? 교실을 빼는데, 무슨 기억식을 해요? 뭐가 좋아서 가서 기억식을 하겠습니까, 저희들이. 그런데 학교는 강행을 했어요. 강행을 했구요….

〈비공개〉 그래서 제가 계속 태클을 걸었어요. 행사를 하는데 웃기는 거예요. 9000만 원이에요. 그래서 제가 태클을 걸었더니 이 행사를 못 한다고 난리가 난 거죠. 단원고도 그렇고, 회복지원단도 그렇고, 여기 [4·16안산시민]연대도 그렇고…… 엄청 속상했어요, 사실은. 나는 교실을 지키자고 하는 사람인데, 내 새끼 책걸상은 안 뺄 건데, 기억식을 해야 된다 하니. 그건 안 갔고, 난리가 났었죠.

그때는 반대하는 사람이 저와 운영위원장뿐이었습니다. "기억식 하면 안 된다, 교실 빼면 안 된다" 그런데 〈비공개〉 모든 사람은 "기억식은 해야 된다" 이렇게 된 거죠. 그래서 결국은 하죠. 어차피 뭐 이 민주주의라는 거는 참 웃긴 거예요. 민주주의는 다수의 의견

도언 엄마 이지성

으로 가는 게 아니라, 다수의 의견이 중요하지만 소수의견도 지켜주고 존중해 주는 게 민주주의예요. 근데 그 당시는 소수의견은 무시되는 거죠. 운영위원장, 기억저장소 소장 둘이만 반대하는 거죠, "하면 안 된다"고. 모든 사람이 "하자" 이래서 했는데 그 비용이 9000[만 원], 이사 비용이 1000[만 원]이었습니다, 1000이었는데요. 포장을 하는데 엉망이었던 거죠, 엉망이었던 겁니다. 지금 보면 칠판 다 훼손됐고요, 책걸상 다 훼손되었고요. 내가 초반에 말씀드렸지만, 만약에 그때부터 관여했다 그러면 저 그렇게 이전 안 합니다. 어차피 이전해야 된다 그러면 그런 식으로 이전하지도 않습니다. 훼손되면 안 되는 거죠. 지키자며요? 지키자 하는 사람이 책걸상 그렇게 훼손되고 칠판 훼손되고 모든 게 훼손되는데 거기에 동의를 한다? 그러면 행사를 하지 않고, 철저하게 아이들 이사할 때 보존 처리를 제대로 해서 와야 되는 거였죠.

그 부분이 있고요. 그래도 우리가 농성을 하면서 경기도 교육감도 왔고…(한숨) 〈비공개〉 하여튼 그래서 그렇게 농성한 결과, 이제까지는 학사일정에 희생된 학생들은 명예회복이 되지 않았어요. 그냥 무조건 제적처리죠. 제적처리는 내가 퇴학을 당하거나 자퇴를 하거나 그게 제적처리잖아요? 근데 그게 아니라 학적부가 신설이 된 거죠. 명예학적부가 신설이 돼서 학사일정 중에 희생된 학생에 대해서는 제적처리가 아닌 명예졸업을 할 수 있게끔 학적부가 신설이 되었다 그겁니다. 그래서 농성의 결과는 그거고, 결국은 교실을 나오게 된 거죠.

면담자   명예학적부가 신설이 된 게 농성의 결과라고 하셨잖아요?

도언 엄마   네.

면담자   애초에 협약식 했을 당시에는 명예학적부를 만드는 게 조건에 들어가 있지 않았나 보지요?

도언 엄마   그렇죠. 그때는 왜냐하면, 학교 시스템? 그 시스템에는 인원이 차면 신입생을 받지를 못하는 거죠. 왜냐하면 그만큼 졸업을 해야 신입생을 받을 수 있는데, 우리 아이들이 계속 남아 있으니 신입생을 받을 수가 없는 거예요, 서류상. 그래서 일단은 제적처리를 하고 신입생을 받고 난 다음에 다시 그거하는[시스템상에 학적을 복구하는] 기간이 있는 거죠, 2~3개월 이렇게. 그 기간에 이런 일이 발생했고. 우리가 아직 졸업을 안 한 상태였잖아요, 지금도 졸업 안 하고 있고. 그래 결과는 이렇게[명예학적부를 만들게] 농성 때문에 더 빨리 이렇게 된 거죠. 그거는 경기도교육감님이 해주신 거죠.

면담자   그때 농성 과정에서 부모님들이 교실에서 노숙도 하고 그러셨다고 들었거든요. 몸싸움이나 이런 거도 좀 있었다고?

도언 엄마   많이 있었죠. 재학생 부모, 생존자 부모랑 몸싸움도 있었고요, 책걸상… 하여튼…(웃음) 행정실에 가서 난리를 피우고 해도 뭐 그 사람들은, 지금 생각하면 그랬던 거죠. 좀 전에도 말씀드렸지만 유가족 우습게 봤던 거라고 저는 생각해요. "느그들이 그렇게 해놓고 느그들 이제 와서 농성하면 뭐 할 건데?" 그거죠. "느그들이 소통 안 해놓고서는…" 그런 거였고. 농성 접고 나서는 우리가 리본 그려놓은 거는 싹 다 지워진 상태죠. 지금도 사실 단원고는 그런 흔적은 없고요.

면담자　　　제적처리가 된 걸 알았던 게, 협약식을 하고 난 직후라고, (도언 엄마 : 그렇죠) 바로 그날인 거죠?

도언 엄마　　네, 그날입니다. 교실에 그날 책걸상을 뺄 거 같다고 해서. 왜냐면 그 전에 이삿짐센터가 왔었고, 밤에 뺀다고 했고. 이래 가지고 우리가 '그날 분명히 협약식 하는 날 뺄 거 같다, 우리 허락 없이' 그래서 인제 부모님들이 가 있었던 거죠. 많이는 아니고 가 있었던 거죠.

면담자　　　그래도 아이들이 도왔는지 그날 알게 돼서 다행이었네요.

도언 엄마　　그렇죠.

면담자　　　그리고 이전 과정에서 유품 훼손이 있었다고 말씀하셨는데, 구체적으로 어떤 유품들이 훼손이 됐었는지요?

도언 엄마　　제가 봤을 때는 그때는 유품 보존의 마음이 아니라 그냥 이사의 목적이었던 거 같아요. 빨리 교실을 빼는 목적으로 포장이 되고 진행이 됐기 때문에, 첫 번째는 예산도 없었고. 특히 그

257
•
5회차

TV 다이? 아, 다이라고 하면 안 되죠? 일본말이라. 케이스?

면담자   수납장?

도언 엄마   네, 수납장이 [이사] 올 때 지지를 하기 위해서 합판으로 앞에다 지지대를 다 박은 거예요. 그러고 마음대로 피스를 다 박은 거죠. 이 문이 열리게 되어 있잖아요. 이것도 마음대로 막 나사못을 다 박은 거예요. 칠판도 그냥 마구 다 떼서 피스를 다 박아서 구멍이 다 뚫려 있고……(한숨) 사물함은 말할 것도 없고요. 그러고 첨에 이사 차가 왔을 때 엉망이었죠, 사실은. 지금 보면 다 그런 거 같아요. 책걸상도 그렇고요, 사물함, 칠판, 게시판… 다 훼손이 다 되어 있어요. 그래서 이번에도 이전할 때 또 제가 뭐 난리를 피긴 했지만, 이런 부분. 우리는 유품이라 생각하지만 상대방은 유품으로 생각하지 않는 것. 우리는 기록물로 생각하지만 이 사람들은 그냥 단순한 교실, 이 차이인 거 같아요.

그때는 4·16기억저장소가 주체가 돼서 이 교실을 이전했거든요. 그게 속상하다는 거죠. 나는 그때 내가 관여할 수 없는 상황이었죠. 8월 20일이었지만, 내가 7월 달에 갔기 때문에 이미 진행을 벌써 하고 있는 상태였던 거예요, 벌써. 그래서 내가 관여할 수 있는 건 아니에요. 그걸 나한테 100프로 보고한 것도 아니고, 어떻게 진행하는지 보고한 것도 아니고. 그렇기 때문에… 이래 됐지 않았나 생각을 합니다.

면담자   이전할 때 너무 소홀하게 이전이 된 것 같다는 말씀

도언 엄마 이지성

해 주셨는데요, [당시] 사진으로 봤을 때는 아이들이 쓰던 소품들은 박스에 넣어서 직접 들고 오는 그런 사진이 있었는데요. 사실 짐을 들고 단원고에서 여기 기억저장소까지 걸어오기에는 좀 먼 거리잖아요? 아마 차량을 이용하지 않았었나요?

도언 엄마   저는 그날 안 갔습니다. 아침에 잠깐 갔다가 안 갔고요. 내 아이가 여기 있는데 굳이 내가 저기 있을 필요는 없고, 처음에. 어차피 소장이기 때문에 처음에는 갔다가 저는 왔어요. 저는 남한테 보여지는 게 중요한 게 아니라고 보거든요, 사실은. 이 아이들 유품을 부모님이 들고 오죠? 이것도 잔인한 거거든요. 그리고 보여주는 것도 필요 없어요. 사실 금방 전에 이야기했듯이, 아이들 [유품을] 훼손 안 시키려고 그러면, 이거는 보존한다는 정신이라고 그런다면, 진짜 대한민국 교육을 바꾸기 위해서 공간을 마련하고, 이거를 보존해야 된다고 그러면 책걸상을요, 그렇게 포장하시면 안 됩니다. 이사 전체 하는 게 1000만 원밖에 안 들었다는 게, 행사비만 9000이고, 1000만 원이 말이 돼요?

면담자   행사비가 9000만 원이고, 이전하는 데 1000만 원밖에 안 썼다는?

도언 엄마   네. 이게 말이 돼요? 이전하는 것도 포장 비용이에요. 책걸상을 포장하게 되면 그냥 박스를 씌웠어요. 하나 큰 박스에 책걸상 들어갔어요. 들고 내려오고 차에 싣고 다시 오고. 차로 오면 이게 흔들려서 계속 훼손이 되는 거죠.

면담자　　저는 최소한 무진동 차량이라도 사용했는지 그게 궁금했습니다.

도언 엄마　　일반 탑차로 그냥 했습니다.

면담자　　그냥 일반 탑차로요? 무진동 차량이 아니라요?

도언 엄마　　네. 예의도 갖추지도 않았고, 말은 예의를 갖춘다는 데 그거는…… 이건 누굴 탓할 수도 없어요. 나는 그렇다고 봐요. 준비했던 사람을 탓하는 게 아니라 우리 가족들이 그만큼 세심하게 신경 안 썼다는 거죠. 나는 그게 아이들 책걸상 위에 기억유품이게 중요하다? 그건 중요하지 않아요. 그건 부모님이 갖다놓은 거거든요, 사실은. 지키자며요? 이 공간을 지키자며? 그러면 아이들 책걸상과 이 공간을 지키려고 해야 되지, 이 책상 위에 있던 거, 기억 [추모]물품, 애들 사진 그거는 엄마들이 갖다놓은 거거든요. 아이들 유품이 아니잖아요. 그거를 들고 와요, 교실 나오는데. 나는 그렇게 보여주는 이런 게 싫었다는 거죠. 지금도 마찬가지고, 저는.

면담자　　도언이나 재강이 책걸상을 안 옮긴다고 하시면서 책상을 그대로 남겨두셨다고 했잖아요? 그건 언제 이전하셨나요?

도언 엄마　　저희들도 몰랐어요.

면담자　　아, 전혀 모르고 있다가 갑자기 교장실로 옮겨진 건가요?

도언 엄마   네. 교실에 있을 때 올라가서 공사를 막 해요, 애들 책걸상 있는 데에. 웃기는 거죠. 그게 편백나무로 리모델링해서 애들 교실에 쓸 거라고, 여기 [단원고교실의] 몰딩 자체를 편백나무로 바꾼 거예요. 그러면 교실이 좋아지나요? 그러면 단원고가 정상화되나요? 그 당시 교장이 그런 사고방식을 가지고 있었습니다. 애들 책걸상이 있는데, 고운이는 1반이죠. 그리고 이제 은화도 있고, 2반 다윤이 있고, 3반 도언이 있고, 7반은 재강이 있고, 선생님들 있고. 그런데 공사를 하는 거예요, 그냥.

면담자   교실에 책상을 그대로 둔 채로 몰딩 공사를 한 거군요.

도언 엄마   네. 그래서 교실에 가면 내가 닦고 오고 계속 갔었죠. 그러고 바빠서 계속 못 가고 있다가 추석 지나고 그러고 좀 있다가 갔는데 없는 거예요. 그리고 교장실에 옮겨놨다는 거예요. 그래서 내가 영상을 달라 그랬어요. "CCTV 내놔라. 왜 내 허락 없이, 우리 허락 없이 옮겼냐? 그리고 너희들 별도 공간 만들어서 한다며?" 안 한 거예요. 애들 약속 안 지킨 거죠. 그래 가지고 CCTV를 내가 받아냈어요. 받아냈는데, 웃긴 거예요. 예의도 안 갖추고요. 그러니까… 우리 아이들만 불쌍한 거죠. 그리고 우리 가족들이 멍청해서 그런 거죠. 난 그렇다고 봐요. 그러니 우리 아이들이 그런 대우를 받는 거라고 전 봐요. 교무실에 갔더니 [아이들 책상이] 한켠에 마련되어 있는 거죠. 그리고 파티션으로 가려놓은 거죠.

면담자　　　　아, 교장실이 아니고 교무실에요?

도언 엄마　　　아니, 교장실에. 거기다 희생자, 희생자 선생님, 미수습자 학생, 그리고 우리 셋 [아이들 책상을] 임시로 저기다 갖다놓은 거죠.

3
단원고4·16기억교실의 의미

면담자　　　　이제 안산교육지원청 별관으로 교실이 이전된 후에 상황을 여쭤보려고 합니다. 이전하고 난 다음 공개까지 4개월 정도 시간이 걸렸는데요.

도언 엄마　　　3개월.

면담자　　　　그동안에 교실을 복원이라든가 재현하는 데 신경 쓰셨을 거 같은데, 어떤 데 주안점을 두고 계셨는지, 그리고 그 과정에서 교육청과 소통은 좀 원활하게 잘 됐는지. 왜냐하면 교육청 별관이 본래 교실보다 훨씬 좁은 공간이어 가지고 재현조차도 불가능한 상태였는데, 요걸 어떻게 극복을 하려고 하셨는지요?

도언 엄마　　　그렇죠, 뭐. 저 오기 전에 벌써 이게 다 되어 있었으니까, 칸막이 되어 있었고. 어차피 저는 옮겨놓는 당일에 여기 안 왔으니까. 그리고 나서 왔죠, 어차피 개방은 해야 하니까. 저장소가 하라고 하니까(웃음). 아니, 은연중에 기억교실이 저장소가 [관리하는 것으로] 되어버렸어요… 개방이. 기록물 관리하다 보니까… 아니 근데요, 반별로는 책걸상이 다 들어가 있는 거죠. 회의를 했어요. 회복지원단, 안산교육청, 기억저장소 이렇게 회의를 했는데, 개방을 하려면 뭘 꾸며야 할 거 아니에요? 책걸상만 갖다놓고 아무 것도 없는데. 그래서 요구를 했더니 돈이 없대요(웃음). 10원도 없대요….

그때 회의에 영석 아빠랑 들어갔었거든요. 엄청 싸웠어요, 소리 지르고. "느그들 지금 뭐 하는 거냐"고. "느그들은 결국은 교실 빼는 게 주목적이었고, 그냥 창고에 처박아 두려고 그랬던 거다" 엄청 싸웠거든요. 그래서 하물며 이 파사드 거는 비용도 없다는 거죠(한숨). 그래서 그때부터 회의가 중지가 됐죠. 그러다가 [저장소] 운영위원 측이 파사드 해결하고, 그것도 파사드도 좀 문제가 있었던 게, 김××국장이 진행을 했었는데요, 나중에 돈을 줘야 된다는 거예요. 처음에는 재능 기부라고 얘기를 했는데, 그 큐레이터한테 돈을 줘야 된다는 거죠. 그래 "지금 무슨 소리 하냐? 저장소는 돈도 없는데". 생각해 보세요. 8월 달에 [저장소에] 무슨 돈이 있어요?(웃음) 10원짜리 하나 없는데… 돈을 줘야 된다는 거예요. 그래 내가, "아니 지금 무슨 소리냐, 얼마를 줘야 되는 거냐?" 그랬더니 "재능 기부를 받고도 최소한 100만 원은 주셔야 되지 않겠냐?" 그래서 내가 벙찐 거죠. 아니 볼펜 살 돈도 없어 절절매면서… "그럼, 그 돈 어디서 구하실 거예요?" [했는데도] 줘야 된다는 거예요.

그래서 내가 기가 차서 운영위원장님하고 차 한잔을 먹었어요. "이러이러한데, 얘길 좀 하시죠" 이랬어요. 이게 말이 되냐? 어떻게 나한테 큐레이터 비용을⋯ 처음엔 재능 기부라 했는데, 그리고 지난 과정에 대해서 설명을 [했죠]. 이렇게 비용을 준다고 얘기도 안 한 상태에서 이제 마무리될 즈음엔 파사드 디자인도 [비용을 주라고 하고], 그래서 얘길 했죠. 그랬더니 운영위원장님도 벙찐 거죠. 그래서 운영위원장님이 김××국장하고 얘기를 해서 정리를 하셨어요. 내가 봤을 때 그거는 뭐 100프로 재능 기부로 정리가 된 거 같고. 제가 김××샘한테 물어보지는 않았어요, 사실은. 김×× 선생님은 [시민]기록위원회 거기에 같은 그건데[소속인데], 제가 그거를 묻지는 않았어요. 어떻게 정리했는지 묻지는 않았고, 여튼 정리가 됐어요. 그래서 그 파사드 제작이 들어갔고, 안산지원청 등등 해서.

그리고 개방 준비하는 과정은, 저는 여기는 복원도 아니고 재현도 아니고 사실은 구현이라고 그랬어요. 공간이 복원도 아니고 재현도 아니고 구현이다. 일단은 공간이 교실 같지도 않고, 교실도 아니고, 사실. 그냥 칸막이 해놓은 임시 창고 같은 느낌이었어요. 어차피 이 공간에 얼마나 있을지 모르지만, 본인들은 해준다 하지만 '언제가 될지 모르는 이 공간이 그냥 누군가 왔을 때 좀 따뜻했으면 좋겠고, 아이들 한 명 한 명씩 이름을 알렸으면 좋겠다' 저는 그 생각을 했던 거예요.

그래서 1층에 '아이들 꿈'[을 주제로] 한 명 한 명의 꿈[을 다룬] 그 박민선 님이 작품 해놓은 걸로 제가 사진을 받아가지고 제가 반별로 해서 만들었고요. 그리고 250개의 '250명 밝은 빛이 되어라' 그것도 제가 그 선생님한테 부탁을 드리고서 작업 들어간 거고. 2층 올라가는 데도 사실은, 우리가 [알려진 게] 거의 다 영정 사진이잖아요. 아이들이 그냥 좀 딱딱하게 찍었으니, 저는 애들 좀 행복했던 얼굴을 좀 보여주고 싶은 거죠. 제가 단원고의 졸업앨범을 총괄했잖아요. 그래서 거기에, 단원고 앨범도 250명 다 한 건 아니거든요. 반대하신 분은 안 했어요, 사실은. 그래서 그중에 아이들이 최고 행복했던 사진을 엄마들보고 한 카트씩만 뽑아라 했어요. 저장소 엄마들한테 이야기를 한 거죠. 자료가 있으니 자료를 받아가지고 가정당 한 20개씩, 한 명당 20개씩 낸 사진 중에 한 장씩만 뽑아라 했어요, 제가. 그래서 엄마들이 그래서 그 작업을 다 한 거예요. 그래서 2층 올라가는 계단에 아이들이 행복했던 일상의 사진들을 전시를 하게 된 거죠.

그리고, 2층에 들어갔을 때는 너무 삭막한 거예요. 그래서 어떻게 꾸밀까 고민하다가, '이제까지 세월호 참사가 발생하고 나서 국민들이 보내주신 글과 작품으로 좀 꾸며야 되겠다' 그래서 그때는 또 우리가 막 창고 뒤져서, 그때는 기록목록화가 안 되어 있었으니까, 막 또 서고를 뒤진 거죠. 뒤져서 거기 전시를 하게 된 거예요. 그리고 인제 강당에는 우리 아이들이 벚꽃 아래에서 찍은 [단체]사진들 모아가지고 전시를 하게 됐던 거예요. 그리고 또 벽에는 우리 아이들 한 명 한 명 이름을 다 적었어요. 캘리 선생님한테 제가 부탁을 해서….

면담자　　　그게 3개월 정도에 진행이 된 거였군요.

도언 엄마　　　네, 그렇죠. 3개월… 고 진행은 빨리 좀 진행이 되었어요. 사실 3개월 동안 거의 비어 있다가, 짧은 시간에 빨리 작업을 시작을 했어요, 사실은. 그때도 김×× 국장님은 아예 손을 놓은 거죠. 그때는 벌써 저랑 나의 체제를 따라올 수 없다[고 하는] 이런 상황이 되다 보니까, 제가 다 그냥 다 하고. 엄마들하고 제가 인제 막 사진 이런 거는 엄마들보고 하라 그러고, 하여튼 뭐 생각하고 그런 거는 제가 다 해서 총진행이 됐었어요.

면담자　　　2층 입구에 있던 아이들 사진은 올라가시는 분들이 다들 한 번씩 발걸음 멈춰서서 보고, 또 2층 본 다음에 내려갈 때 또 한 번 더 보고. (도언 엄마 : 그렇죠) 눈길이 되게 많이 가는 그런 전시물이었던 거 같아요. 그런 구현을 하는 데에 재원은 어떻게 마련하셨나요?

도언 엄마　　　아, 그때 그거는 경기도[교육청]회복지원단에 제가 이야기했죠. 처음에는 그것도 많이 싸웠어요. 맨날 뭘 하면 돈이 없대요. 그건 뭐, 그러면 결론은 뭐, 논리적으로 따져서 안 되면 싸워서라도 받아내야죠, 하라 해야죠. 그래서 어렵게 그게 인제 좀 진행이 됐었어요. 한 개 [작업]하고 또 한 개 하고 (웃으며) 이런 식으로. 그러니 이 사람들이 잘못된 거죠, 경기도교육청이랑 안산시는 안산교육[지원]청은. 안산시도 마찬가지예요. 교실 뺀 협약서를 했으면 지원을 해야 되는, 예산을 지원을 했어야죠. 그 사람들은 그런 개방에 생각이 없었던 거죠.

면담자   장기적인 운영계획이라든가 이런 게 전혀 없이.

도언 엄마   없고, 그냥 교실 빼는 데 목적이 있었던 거죠. 저는 그렇게 생각해요. 교실 빼는 데 목적이 있었던 거예요.

면담자   맨 처음에 교실이 이전된 직후, 다음 날 가봤을 때 모습을 조금만 더 구체적으로 말씀해 주실 수 있을까요?

도언 엄마   이전한 직후라면 언제쯤?

면담자   그러니까 별관으로 이전하고 바로 다음에 디스플레이가 전혀 없던 그 상태요.

도언 엄마   아, 저 안 왔어요. 한동안 저 안 왔습니다.

면담자   그럼 맨 처음 오셨을 때가 언제쯤이셨어요?

도언 엄마   음… 8월 달에 하고, 한 9월 달에 온 거 같은데요?

면담자   아마 그때도 똑같은 상황이었을 거 같은데, 그때 모습이 어땠는지 구체적으로 여쭤보려고요.

도언 엄마   고 때도 그대로였어요. 그냥 박스 그대로 그냥.

면담자   아, 박스를 뜯지도 않고요?

도언 엄마   3개월 뒤… 네, 개방하기 전에 풀었구요, 박스도 안 뜯었었어요. 우리가 11월 21일 날 개방을 했으니까. 8월 20일 날 이전을 했잖아요. 3개월을 있었어요. 포장 안 뜯고 있었어요. 있었고, 그냥 왔을 때, 어….

면담자 당시 인상은 어떠셨어요?

도언 엄마 그거 있잖아요. 음… 저는… 갇혀 있다는 느낌. 그러니까 내가 아니라 '아, 우리 아이들은 또 갇혀 있네'. 개방이 안 되어 있으니까, 그냥 문도 닫겨 있고, 박스 채로 있고. '왜 어딜 가도 갇혀 있어야 되지? 우리 아이들이 뭘 잘못했다고? 왜 환영을 안 해 주지?' 그거죠.

그리고 인제 그 상황을 봤을 때, '교육자라는 사람들이 이럴 수 있을까?' 말은 맨날 4·16 이전과 이후는 바뀌어야 된다, 바꿀 것이라 하는데, 경기도교육청, 안산교육지원청은 참, '느그들 아직 멀었구나, 우리 아이들 목숨을 가져가고도'. 사실 저는 항상 그러거든요. '경기도교육청, 단원고가 느그들 책임이다. 애들 데려갔으면 데려왔어야지, 아이들 데려갔으면. 느그들이 애들 죽였으면서, 아직 느그는 멀었구나, 안 바뀌었구나, 책임을 안 지는구나', 그 생각했어요, 저는. 그래서 그때부터 인제 막 시작을 한 거죠, 제가. '안 되겠구나' 했던 거예요.

면담자 그리고 2016년 11월 21일 시민들에게 기억교실이 개방됐을 때는 심경이 어떠하셨는지요?

도언 엄마 음… 그냥 저는 되게 슬펐어요. '왜 여기서[여기에] 사람들[을] 오게 만들어야 되지?' 물론 내가 개방하기 위해서 이리 뛰고 저리 뛰고 혼자 구상하고 혼자 아이디어 내고 막, 뭐 올라가는 계단에 그 글귀도 막 제가 원본 파일 받아가지고 내가 구상하고, 올라가는 데 글씨도 그러고 이렇게 하긴 했지만, '아니 아이들을, 왜 이 공간에서 아이들을 맞이해야 되지?' 이런 거 있잖아요. '참, 대한민국은 참 잔인하다' 그래 생각했어요. 참, 잔인하다…….

면담자　　한 가지 정도만 더 여쭙고 기억교실 얘기는 좀 마무리하려고 해요. 기억저장소가 기억교실을 관리하고 운영하고 있는데, 기억저장소에게 기억교실은 어떤 의미가 있을까요? 특히 향후 가칭 '민주시민교육원'이 만들어지고 나서 완전 재현이 되고 나면 그때 또 어떤 의미가 있을지요?

도언 엄마　　글쎄, 기억교실은 우리 아이들이 마지막 있던 공간이거든요. 아이들이 마지막으로 웃음소리가 머무는 공간, 그리고 마지막 수업을 했던 공간, 마지막 손길이 머물렀던 공간, 그리고 아이들이 마지막으로 들떠서 수업시간이든 쉬는 시간이든 막 들떠서 뭐, 친구든 엄마든 아빠든 막 연락을 취했던 그런 공간. 그렇기 때문에 사실은 공간에, 어떤 뭐 전문용어로는 기록이라는데, 저는 기록이 아니고요. 공간의 마음이라고 저는 생각을 해요, 공간의 마음.

어차피 인제 우리가 공간을 나왔잖아요. 새로 만들은 공간이죠. 새로 만들어진 이 공간에 아이들이 마지막 남겨놨던, 한 명 한 명이 가졌던…. 뭐 우리는 알 수는 없죠, 근데 [아이들의] 이 마음을 우리가 잘 다듬어서… 세상을 바꾸는 건 물론 기억이죠. 근데 기억을 하기 위해서는 사실은 교육이거든요. 세상을 바꾸는 건 전 교육이라고 봐요. 기억하게 만드는 것이 교육이고, 행동하기 위해서 하는 게 교육이고, 상기시키게 하기 위해서 하는 게 또 교육이거든요. 그래서 이 세월호 참사를 잊지 않기 위한 교육, 아까 말했던 유가족을 무시하지 않는 교육, 그리고 우리 아이들이 명예를 훼손하지 않는 그런 교육의 공간이 됐으면 좋겠고.

그러고 저는 저장소에서 지금도 사실은 우리 [실무진] 선생님들에게 자율적으로 자꾸 하라고 제가 말씀을 드려요. 근데 이 자율적이라는 게 몸에 배지는 않았잖아요, 우리가 살아오면서. 사실 인제 주입식, 획일적, 그러고 강요. 사실 뭐 기관 단체 회사 뭐 이런 데는 사실은 룰이 있고 서열이 있고 좀 지시형? 뭐 강압적? 이런 게 좀 있어서, 저는 사실 자율적, 항상 그 얘기를 해요. 자율적으로 좀 생각해서 자율적으로 움직이는 게 좋고, 자율적으로 기획안을 내놔라 이렇게 하는데, 이런 의미로 민주시민교육이 이루어졌음 좋겠어요, 사실은. 그리고 '우리 아이들 한 명 한 명 이름과 꿈이 잊히지 않는 공간이었으면 좋겠다', 이런 생각합니다, 저는.

면담자　　시민들에게 기억교실은 어떤 의미가 되었으면 하는지도 여쭤보려고 했었는데, 그 대답을 해주신 거 같아요.

도언 엄마　　일반 시민들은… 그렇죠. 사실 또 그렇게 되면 쉽게 다가오지는 못할 수는 있어요. 세월호 참사를 기억하시는 분은 항상 오시죠. 음… 오시는데 그냥 좀 편안하게 다가왔으면 좋겠어요. 편안하게 다가왔으면 좋겠지만, 사실 이 공간에 오면 마음 아프잖아요. 제 지인분도 교실에, 제가 이쪽으로 [사무실을] 옮기니까 좀 쉽게 더 올 수 있잖아요. 왜냐하면 사무실이 저기 [떨어져] 있을 때는 사무실만 오지, 교실은 떨어져 있기 때문에 자주는 못 왔거든요? 근데 사무실이 여기 인제 와 있으니까 자주 오셔요.

오실 때마다 아직 마음 아프대요, 가슴 아프고 마음 아프다고. 그래도 와야 되지 않겠어요? 그냥 가슴 아프고 슬프고 미안하지만 그래서 자꾸 잊으려고 하겠지만, 그래도 그냥 편하게 다가왔으면 좋겠다. 이 공간이 그냥 지나가면서 "아, 어머 그래? 단원고기억교실이 있네?" 그냥 이름이라도 기억했으면 좋겠고, 조금 더 용기 내서 한 번도 안 와보신 분들은 한번 용기를 내서 '한번 들어가 볼까?' 해서 와봤으면 좋겠고.

지난주죠? 지난주 일요일 날은 선생님 두 분이 오셨더라고요. '아, 여기가 교실이 와 있어' 제가 여기 인제 항상 나오니까 고렇게 그냥 편하게 좀 다가왔으면 좋겠어요.

면담자　　부모님들에게, 그리고 도언이 어머니로서 소장님에게 기억교실은 어떤 의미일까요?

도언 엄마　　아, 그냥 저는… 아이들의 공간은 이 공간밖에 없어요. 사실 생명안전공원이 있다고 해서 아이들의 공간이 있는 거는 아니거든요. 그냥 봉안시설만 들어갈 뿐이지, 아이들의 공간이라고 [아이들과] 만날 수 있는 건 이 공간밖에 없어요. (면담자 : 유일하게 남은?) 그렇죠. 내 아이가 쓰던, 물론 집에서도 사실은 다 가지고 있지만, 또 처분하신 분들도 계시고, 뭐 저 같은 경우 도언이 물건 다 가지고 있지만, 학교에 모든 아이들, 내 아이가 쓰던 물건, 물론 선배가 쓰던 물건이지만, 내 아이가 마지막으로 쓰고 있던 물건을 만질 수 있는 곳은 단원고4·16기억교실밖에 없어요.

그래서 다른 부모님들도 여기 와서 힘들 때 마음을 좀 다졌으면 좋겠고, 그리고 저 같은 경우는… [여기] 도언이가 있으니까 힘들 때 가서 제가 편지도 쓰고 그렇게 하죠. 다시 마음을 다지는 공간이어요. 그래서 어제도 장학관님이 오셔서 "왜 요즘은 소장님은 도언이 노트에 편지를 안 적으세요? 글을 안 적으세요?" 이러시는 거예요. 그래 내가 웃으면서, "그러게요. 이게 막 쓸 때가 있고, 안 써질 때가 있다" 인제 제가 그렇게 얘기를 하거든요.

그래서 그냥 모든 사람들이 편하게 와서 좀 봤으면 좋겠고, 특히 희생자 부모님들은 내 아이를 기억할 수 있는 공간이 됐으면 좋겠고. 그리고 생존자 친구들이 있잖아요, 생존자 친구들도 마찬가지로 희생자 부모님들을 만나기가 쉽지가 않을 것이고. 왜냐하면 저부터도, 나는 아직 우리 아이는 고2에 머물러 있는데……(침묵) 이 아이들은 성인이잖아요. (울먹이는 목소리로) 그래서 보기가 쉽지는 않거든요. 물론 이 애들도 마찬가지예요. 사실은 지금은 연락을 잘 안 해요. 처음에는 연락을 하고 찾아오고, 톡도 보내고 이랬는데……. 일단 내가 힘드니까 연락을 안 해요. 애들도 인제 연락

도언 엄마 이지성

을 못 하고. 그래서 여기 와서 우리 아이들을 친구들이 기억을 하는 공간. 왜냐하면 [생존 학생] 아이들도 지금 이렇게 친구들이 다 흩어져 있어서 보러 가기가 쉽지가 않잖아요. 그러니 여기 와서 아이들이 친구들 만나는 공간, 그리고 아픔을 좀 치유할 수 있는 그런 공간…[이 되었으면 좋겠어요].

아… 그리고 움직여 줄 수만 있다면 진상 규명에 더 움직여 줬으면 좋겠다는, 그런 공간이었으면 좋겠고. 또 생존자 친구만 있는 건 아니잖아요. 그건 아니고, 친구들도 다 사실은 피해자거든요. 어… 그 친구들도 와서 아이들을 인제 계속 생각했으면 좋겠고, 같이 생존자 친구들과 생존자 친구들 보듬어주고, 희생된 친구들 기억하고, 대한민국을 바꾸는 그런 데 힘을 좀 실어줬으면 좋겠다, 저는 그런 생각을 해요.

도언이 친구들도, 도언이는 핸드폰도 아직 살아 있으니까 톡을 보내요. 도언이 톡에 이렇게 보면, 애들이 그런 내용을 보내거든요. "나는 성인인데 너는 아직까지 고2네?" 이런 내용, "시간이 지나니까 너에 대한 기억도 자꾸 흐려지는 것 같다" 이런 거. 그리고 "또 멀리 있으니까 보지 못한다". 그래서 이렇게 아이들이 그냥 우리 아이들을 잊지 않고 왔으면 좋겠다는 그런 공간입니다. 아유, 울면 안 되는데…(눈물을 훔침).

면담자   네. 잠시 쉬었다가.

도언 엄마   괜찮습니다(웃음). 하십쇼. 괜찮습니다.

면담자   계속 진행해도 될까요?

도언 엄마   네네.

면담자   갑자기 생각난 질문인데, 기억교실에 가면 아이들 책상 하나하나마다 개인별로 아이들에게 편지 쓸 수 있도록 노트가 놓여 있잖아요? 그 메시지를 많이 보셨을 텐데, 인상적이었던 메시지가 있다면 어떤 게 있을까요?

도언 엄마   기억이 안 나요. 보긴 봤는데요(웃음).

면담자   너무 많으니까 그죠?

도언 엄마   그 책자를, 어느 분이 그렇게 해주신지는 잘 모르겠어요. 저장소가 한 건 아니고요.

면담자   아, 저는 부모님이 해주신 건 줄 알았는데 아니었군요.

도언 엄마   아니, 어느 단체에서 해주신 것 같은데 어디서 해주셨는지는 모르겠어요. 왜냐하면 그냥 그렇게 놔두고 가서서 그건 알 수가 없고. 음… 모르겠어요. 저는 사실은, 다른 데 가면 방명록이라 그래서 밖에서 이렇게 쓰잖아요. 저희는 그걸 없애 버렸어요(웃음). 왜냐하면 아이들이 교실에 와서 "가만 앉아보시라, 와서 가슴에 담고 가시라" 그러거든요. "한 명이 되든 두 명이 되든 오늘 책상에 앉아본 아이 이름을 기억하시고 이 애를 가슴에 안고 가라"고 그러고.

제가 오기 전에는 사실은 잘 모르겠어요. 그때는 그냥 진행이 됐던 거 같고요. 제가 단원고4·16기억교실을 별관에서 개방하면서 는, 관이든 알려진 사람이 오든, 저는 사실은 우리 [가협] 운영위원 장님 애기 자리, 찬호 자리로 가요. 우리 어머님들은 그러죠, "소장 님, 도언이 자리로 데리고 가야지 무슨 소리를 하시냐?" 막 그런 애 기를 해요. 근데 그거는 그런 말씀을 드리죠. "그거는 아닌 것 같고 요. 사실 가족협의회 운영위원장님은 진짜 고생 많이 하시지 않냐? 그럼 우리가 챙겨줘야지. 그리고 사실은 대외적으로 집행위원장이 많이 알려지지만 사실 대표는 운영위원장님이시다. 운영위원장이 다 총괄하고 힘든 일은 다 하고 있는데, 사실은 사람들은 찬호를 기억을 못 한다. 〈비공개〉 그럼 우리 저장소라도 진짜 고생하시는 진짜 앞장서서 움직이시는 운영위원장님 애기 찬호라도 우리가 해 줘야 되지 않겠냐" 그래서 저는 항상 찬호 자리로 데리고 가요.

그래서 관 기관 뭐 이렇게 정치인들 오면 저는 무조건 찬호 자 리로 데리고 가죠. 근데 엄마들은 속상해하죠. "아니 도언이 자리 좀 데리고 가지" [하면] "그거는 인제 엄마들이 해주시면 되죠" 이러 면서 웃고 말거든요. 그래서 찬호 자리에 많이 적혀져 있어요. 오 시면서 전 그러죠. 특히 시민들은 자기가 마음 가는 데 앉잖아요, 오시는 분들은. 대신 정치인이든 관 기관에서 오시는 사람들은 저 는 그래요. "이 자리에 앉으시고 오늘에 와서 다짐을 적으시오" 저 는 그래요. 정치인들, 관, 기관에서 오면 기억이 아니라 다짐을 적 으시라 그래요, 저는. "오늘 이 자리 이 공간에 와서 어떻게 할 건지 다짐을 적으시라"[고 하면] 인제 그 내용을 적고 가시는 거죠.

면담자   운영위원장님보다는 찬호를 챙겨주시는 거죠?

도언 엄마   그렇죠, 네. 워낙, 어차피 운영위원장님도 찬호 때문에 움직이시는 거잖아요, 내 아이를 위해서. 물론 전체적으로 다 통틀어서지만 그래도 내 아이를 위해서 움직이시면, 찬호와 운영위원장님을 위해서 우리가 해줄 수 있는 거는 저장소에서는 그것밖에 없는 거죠.

면담자   네, 알겠습니다. 잠깐 쉬었다가 하실까요?

도언 엄마   쉬실래요, 선생님?(웃으며) 힘드시면 선생님이 쉬시고, 저는 괜찮고요.

(잠시 중단)

4
4·16기억저장소 기록관리팀 업무

면담자   그러면 분위기를 바꿔서 기억저장소의 팀별 업무들로 이야기를 진행하겠습니다. 팀별 업무라고 하지만은 워낙에 사안이 큰 것들이 많아서 이야기가 길어질 수도 있을 거 같아요.

기록관리팀 업무부터 시작하겠습니다. 기록관리팀에서 하는 업무들이 워낙 다양하게 많지만, 크게 두 가지 질문이 있습니다.

도언 엄마 이지성

우선 기존에 있는 기록품, 추모물품이라든가 유품들의 관리에 대한 얘기를 듣고, 두 번째로 세월호가 인양되고 난 후에 수습한 유품·유류품의 보존과 복원 처리 등에 대하여 여쭤보려고 합니다.

먼저 세월호가 인양되기 전부터 기억저장소에서 관리하고 있던 기록물들에 대한 이야긴데요. 저장소에 어떤 종류의 기록물들이 있고, 얼마나 많이 있는지 대충이라도 말씀해 주실 수 있을까요?

도언 엄마　　음… 처음에 왔을 때는 수집돼 있는 기록물에 대해서 정확히 파악이 안 되었었어요.

면담자　　수량 파악도 안 되어 있고?

도언 엄마　　네. 일단 수집만 돼 있는 상태였고요. 어… 그래서, 왔을 때 처음부터 제가 그 일에 대해서 관여를 할 수가 없었고, 제가 관여를 한 거는 2017년 1월 달부터.

면담자　　네. 제가 여쭙는 시점도 2017년 1월부터입니다.

도언 엄마　　네. 그때부터 인제 이은화 팀장님 오시면서 목록화가 시작이 된 거죠. 목록화가 시작이 되면서 우리 분향소에 있던 기록물, 그리고 상록구청에 있는 기록물, 그리고 [안산시] 예술의 전당에 있는 기록물 등등 이렇게 해서 목록화가 되기 시작했고, 번호를 매기기 시작을 한 거죠.

그래서 일단은… 2015년도에 진도에서 올라온 유류품이 있었어요. 유류품이 다 올라왔거든요. 그거를 예당[예술의 전당]에 있었어요. 그래서 일단은 항온항습기가 상록구청에 있었기 때문에 상록구청으로 먼저 안전하게 옮기는 게 먼저 시작이 됐고요. 그러고 분향소에 있는 건 하나하나 사진촬영과 번호를 매기게 된 겁니다. 그 양은 그 당시에는 정확하게 파악이 안 됐기 때문에 우리가 책자를 보면 "63빌딩의 두 배가 된다" 이렇게 대략적으로만 했던 거죠. 근데 고 시간이 좀 많이 걸렸던 거 같아요, 힘들었고. 지금은 좀 정리가 돼서… 양이 어마어마하죠, 사실은. (웃으며) 방대한 자료와 방대한 유류품과 네, 가지고 있다고 보시면 될 거 같아요.

면담자　　그게 얼마나 많았던지 정리하고 수량 세고 하는 데 또 가족운영위원 부모님들도 모두 참여하셨죠. 제가 기억에 남았던 게 추모 메시지 종이배들 수량을 하나하나 세는 작업을 어머님들이 다들 하셨잖아요?

도언 엄마　　그렇죠. 어떻게 해야 되지? 음… 여기 기록팀 선생님이 세 분이 계셨잖아요. 팀장님도 계셨고, 우리 이은화 팀장님 말고 그 전 팀장님이 계셨고. 요런 거는 거의 인제 정리 이런 걸 안 해보셨는지, 여튼 그것까지 신경 못 쓰셨던 거 같아요. 이때는 자료 수집이 더 급했으니까, 일단 박스에 그냥 무더기로 막 넣어놓은 거를, 엄마들을 제가 고생을 많이 시켰죠. 노끈을 다 자르고 종이배와 리본 이런 거를 다 수량 세고 묶고 정리를 하는 그런 단계를 거쳤고요. 사실 어머님들은 상록구청 바닥에 앉아서, 그 좁은 바닥에 앉아서 그런 작업을 많이 했었어요.

도언 엄마 이지성

수집되어 있는 자료는 인제 '아이들의 방'을 기록을 하셨고요, 사업비를 받아서 진행을 했더라고요. '아이들의 방' 그 자료가 있고, 15년도에 유류품 올라온 게 있고요. 그리고 전국에서 올라온 기록물들, 추모글들을 저장소에서 관리를 하고 있었던 거죠. 대신 전산(화한] 나스[NAS]는 사용하고 있었는데, 정리가 안 되고 있다 보니까 한번 자료요청을 하면 [찾기가] 쉽지가 않았던 거죠. 그리고 지금 특히 '아이들의 방' 같은 전시했던 액자들은 거의 없어요, 지금.

면담자　　　그게 어디 가 있는지 모르시는 거예요?

도언 엄마　　　네. 제가 2017년 1월 달부터는 보통 4월 16일 다가오면 자료 요청이 많잖아요. 그전에는 그냥 문서화시키지 않고 그냥 자료가 요청이 되면 자료가 나가고, 액자든 전시했던 작품이든, 나가면 회수가 되는지 정리가 안 되어 있던 것을, 제가 17년도 1월 달부터는 '모든 건 문서화시킨다' 해서 메일로 자료를 받고 그리고 모든 걸 다 문서화를 다 시킨 거죠. 그냥은 자료가 요청이 되지를 않고, 만일 특히 작품이 나가면 다시 또 우리가 회수를 하는 거까지 다 정리가 됐었어요. 그래서 고 앞의 자료는 뭐 분실이 돼도 회수가 안 돼도 체크할 수 없는 상황이고, 지금 이제 우리가 '아이들의 방' 같은 경우는 북콘 다니면서 전시를 하고 있거든요. [그런데] 그 작품이 [다는] 없는 거죠.

면담자　　　여기 기억저장소로 기록품이 수집되어 들어오고 기증되는 절차와, 활용 요청이 들어왔을 때 또 어떻게 반출되고 어떻게 회수받는지 그 절차를 좀 알려주시겠어요?

도언 엄마　　　다시 한번 설명해 주실래요?(웃음)

면담자　　　그러니까, 기억저장소에 어떤 루트로 기록품들이 들어오고, 이게 활용되기 위해서 어떤 경로를 거쳐야 되는지, 어떤 절차를 거쳐야 되는지?

도언 엄마　　　아, 우리가 일단 자료를 계속 [기증요청] 공지를 하죠. [홈페이지] 팝업창 띄워서 기록을 받고 있고, 움직이면서 활동을 하면서 사진 촬영하시는 분들, 그리고 영상 촬영하시는 분들한테 자료 요청을 드리는 거죠. 자료를 달라고 그래서 자료 요청도 받고요. 4·16연대, 미디어연대, 4·16미디어[연대] 이런 데서도 자료 요청을 다 받아서 받고 있고요. 사진작가님들한테도 사진을 요청해서 받고 있어요. 대신 이 작품 쓸 땐 당연히 그 작가님, 감독님 당연히 성함은 들어가야 되는 거고요. 그렇게 해서 모든 자료를 받고 있고, 인제 해외에서도 자료를 저희들[에게] 보내주고 계세요. 특히 학교들, 시민단체들에서 4월 16일 다가오면 추모글을 만들잖아요, 그러면 거의 우편물로 많이 보내오고 계시고. 지금은 4·16기억저장소가 많이 알려져서 자료가 많이 들어와요, 사실은. 자료를 보내주겠다는 데가 많이 오죠. 그러면 우리가 자료를 받아서 목록화는 시키고 있고요.

　자료요청 건은 사무실로 전화가 와요. 사무실로 전화가 오면, 무조건 기관메일로 자료요청 공문을 보내시라 얘기를 합니다. 자료요청이 들어오면 기록팀에서 자료를 받아가지고 어떤 자료가 나갈 건지, 어떤 자료를 정확하게 요청하시는 건지 그 기관과 단체와 통화를 하시고요, 그렇게 [확인해서] 필요한 자료를 드리는 거죠. 그리고 자료가 나가면 그 행사 이외에는 못 쓰도록 서약서를 받는 거죠. 그리고 작품이 나갈 때는, 작품도 마찬가지예요. 모든 거는 공문화, 메일로 들어와야 되고요, 그리고 작품은 와서 가져가셔야 되고, 갖다줄 때도 무조건 직접 갖다주셔야 되는 겁니다. 뭐 택배 이거는 안 되는 거죠.

면담자　　　그러면 기증받은 작품 같은 경우에는 저작권 문제가 어떻게 정리가 되나요?

도언 엄마　　　지금 저작권은 기본 저장소로 다 가져오고 있어요.

면담자　　　저장소가 다 저작권을 가지는 것으로?

도언 엄마　　　네. 저작권을 가지고 있고, 그리고 촬영하신 선생님들 성함은 당연히 들어가는 거죠.

면담자　　　그리고 활용하시는 분들에서도 저장소 이름으로 이렇게 활용할 수 있도록?

도언 엄마　　　네, 워터마크 다 넣고. 그전에는 사실은 자료가 나가도 저장소 워터마크 안 넣고 들어갔었거든요. 지금은 모든 자료에는 워터마크 다 넣고 들어갑니다.

면담자　　　기록물 보존하고 정리하는 작업이 꽤 많이 진행이 됐고, 사실은 현재진행형이기도 하지요. 아마 제가 알기로는 천만인 특별법 제정 촉구 서명용지도 정리를 한참 하고 계시지요? (도언 엄마 : 네) 진척이 얼마나 됐는지?

도언 엄마   아, 그러니까 제가 엄마들 고생을 하도 시켜가지고요(한숨). 내가 진짜…(웃으며) 음, 올 여름에는 [안산시] 민방위훈련장에서 스캔작업을 좀 했고요. 그리고 교실 이전하면서 여기에 엄마들 작업 공간을 따로 좀 만들었어요. 거기서 스캔작업을 하고 있는데요, 사실 엄마들도 전문가는 아니잖아요. 그래도 처음보다는 수준이 많이 올라왔고, 웬만한 기록물의 중요성도 다 알고, 웬만한 누구에게도 설명할 수 있는 그런 수준까지 됐는데요. 지금… 스캔 작업은 계속되고 있죠. 천만인 특별법 제정 개정[서명지] 그 스캔작업을 하고 있고, 엄마들이 서명용지를 가지고 오고, 스캔작업하고 나면 다시 등록을 하고, 개인 노트북이 있으니까 다 등록을 하고, 그리고 다시 서명용지를 스캔한 거는 다시 또 민방위훈련장에 갖다놓고. 그런 작업을 계속 지금 몇 달째 하고 계시는 거죠.

면담자   정말 몇 달째 하고 계시죠.

도언 엄마   네. '몇 달째' 하고 계십니다. 몇 달째.

면담자   기록물 보존이나 정리 작업에서 어려움이 있다면 어떤 게 있는지요?

도언 엄마   음… 어려움요?

도언 엄마 이지성

면담자 　　　일손 부족이라든가, 아니면 관계기관과의 협조, 장소와 공간 문제 이런 것이요.

도언 엄마 　　　공간 문제는 지금 서고는 안산시에서 준비를 하고 있는데 다들 임시 공간이다 보니까, 항온항습기의 부족, 그런 것도 있고. 일단 서고가 안정적이지 않으니까 항상 불안한 감은 있죠.

면담자 　　　안정적이지 않다는 게?

도언 엄마 　　　일단 임시 공간이기 때문에 이전, 항상 옮겨 다녀야 되는 거죠. 기간이 정해져 있으니까. 예를 들어서 민방위훈련장소라 치면, 1년 아니면 6개월[이 지나면] 이러면 다시 또 그 공간을 옮겨야 되면 모든 기록물을 또 옮겨야 된다는 거죠. 옮겨서 또 해야 되고. 또, 그리고 중요한 거는 항온항습기가 [모든 서고에 필요한데] 안 되니까, 그냥 일반 공간이라고 생각하시면 되는 거고요. 저는 이제 기록관리 이게 힘들다는 그거는 어차피 나중에 차츰차츰 만들어지면 되는 부분이라고 생각을 해요.

근데 이제 저는 기록팀도 있지만 사실은 엄마들한테 제일 미안하거든요. 사실 기록팀이라고 그러면 어차피 뭐 이런 정리하는 부분은 다 해야 되는 부분인데, 제가 그래도 기록팀이 힘든 부분, 어려운 부분을 엄마들을 시키는 거죠…. 피해당사자인 엄마들을 바닥을 닦게 만들고, 책걸상 닦게 만들고, 사물함 닦게 만들고, 그리고 저번에 말씀드렸던 리본을 정리하게 만들고. 제가 이런 일을 시키는 거죠, 사실은. 사실 기록팀이 할, 기록팀에서 힘들어하고 어려워하는 거는 엄마들 시킨다는 거죠. 이건 하나의 내가 해주는 배려거든요. 기록팀에 대한 배렵니다. 이거 정리하는 거는 사실 기록팀이 해야 되는 거거든요. 삭은 노끈을 다 자르고 냄새나는, 그 비린내 나는, 바다냄새 비린내 나는, 뻘 냄새 나는 이거를 다 정리하는 거는 다 기록팀 일이에요.

근데 이걸 알랑가 모르겠어요. 사실은 내가 뭐 이런 구체적인 이야기 하진 않아요. [기록팀이] 정리하는 부분은, 사실은 깨끗한 부분을 시키는 거죠. 뭐 전산에 올리는 거, 기록물화하는 거, 교실을 관리하는 거. [대신] 일명 지저분한 건 제가 엄마들 다 시킨다는 거. 이것도 사실 기록팀 일이에요. 기록팀 일이 뭐래요? 자료의 수집, 그죠? 수집, 정리, 기록, 보존이에요. 수집은 돼 있는데 지저분한 게 많잖아요. 곰팡이도 슬어 있고 녹냄새도 있고 먼지도 있고, 뻘 냄새 나고 정리하는 부분을 엄마들 시킨다는 거예요, 기록팀이 할 일을. 그러니까 엄마들한테 제일 미안하다는 거죠. 자식 잃은 엄마들한테 그 힘든 노동을 제가 시킨다는 거. 안 그래도 힘든 사람들한테 그 추모 물품을 보는 자체만으로도 힘든데, 그 먼지 나고 더럽고, 다시 생각나게 만드는 그 힘든 일을 시키는 내가 미안하다는 거죠.

면담자   곁에서 보는 제 입장에서도 죄송스러운 마음이 앞서던데요. 특별히 어렵거나 기억에 남는 기록물이 있었다면 어떤 게 있으셨는지요?

도언 엄마　　　아, 뭐… 많죠, 많은데요. 저는 그냥… 기록물이라면 분향소에서 뺄 때 그 기록물이죠, 그 기록물이고요. 그… 배에 있던 기록물을 볼 때, 또… 2014년도에 그때 마음을 적었던 기록물들이 참 가슴 아팠던 거 같아요. 사실 그때 우리는 막 농성하고 국회에 있고 막 쫓아다닌다고 그런 글들을 읽을 수도 없었고. 또 그분들이 와서 그때의 맘으로 적었던 것을 [모형]배 안에 넣은 거잖아요. 그런 기록물[들을] 통 안에 넣었기 때문에, 어… 특히 학생들이 적었던 내용들이 가슴 아팠던 거 같아요, 학생들이. 그러니까 어떤 내용이 있냐면, "나도 같은 고2인데, 너희들은 이 세상에 없구나" 이런 내용을 봤을 때 정말 가슴 아팠던 거 같아요.

면담자　　　그러셨군요. 한 가지 확인할 게, 저장소에서 서고로 사용하는 공간은 전부 다 안산시청에서 제공하는 거죠?

도언 엄마　　　네. 공간을 마련해 주고 있습니다, 지금.

면담자　　　그런데 이게 영구적인 게 아니고, 임시 공간이라면 일종의 임대식으로 진행이 되는 건가요?

도언 엄마　　　그렇죠. 이제 빈 공간이 생기면 거기에 들어가는 거고. 제가 계속 기록물이 발생을 하고 올라오니까 공간을 만들어달라고 그런 거죠. 그러니까 예를 들면 민방위훈련장도 그렇고, 그러고 시낭운동장도 그렇고, 잠깐 비어 있는, 다른 단체와 다른 기관이 들어와야 할 [공간인데] 잠깐 비어 있는 사이에 지금 우리 기록물이 들어가 있는 거거든요. 그 단체와 교육기관이 이렇게 그 공간을 다시 쓴다고 그러면 우리는 나와야 되는 상황이 되는 거죠. 그러면 기록물을 계속 옮기는 거죠. 이런 부분이 힘든 거죠. 왜냐하면 추모기록물이 자꾸 옮겨 다니면 안 되는 거잖아요, 기록물은. (구술장소의 책상을 가리키며) 이런 책상은 상관없죠. 우리 아이들 책걸상은 아니고요. 이런 그냥 교육시설인 책걸상은 옮겨 다녀도 되지만 추모기록물이 자꾸 옮겨 다니는 건 아니죠.

면담자　　　기록물에 공간을 맞추는 게 아니고, 공간을 찾아다녀야 하는 거네요.

도언 엄마　　네. 안산시에 계속 요구를 해도… 뭐 저는 안산시가 의지가 없다고 생각을 합니다. 사실은 말은 2016년도부터 200평짜리 건물을 마련해 준다, 임대를 하게 해준다 말은 그렇게 하는데요, 말만 그렇지 의지가 없는 거죠. 의지가 없는 거라고 저는 봅니다.

면담자　　　앞으로도 이런 상황이 계속되리라 예상하시나요?

도언 엄마　　계속될… 거 같습니다, 사실은. 생명안전공원이 되면 수장고와 서고는 마련이 될 거 같고. 그러면 또 그 외 기록물이 많이 쌓이잖아요. 그리고 우리가 서울시에 보관하고 있는 기록물도 가져와야 되고요. 그리고 추모조형물도 가져와야 되는 부분이 있고, 단원고4·16기억교실 여기에 복원과 재현 공간이 건립이 되면 거기에는 당연히 또 서고하고 수장고는 들어가요. 근데 거기 다 들어갈 수 있는 [충분한] 공간은 아니거든요, 사실은. 저장소의 기록이 어마어마하기 때문에, 그리고 아직도 올라오지 못한 기록물이 많기 때문에. 그래서 그거는 별개고, 계속 공간은 필요로 하지요. 근데 아직까지 안산시에서 안정적이고 우리가 걱정하지 않는 그런 공간은 주지 않고 있어요.

5

정부합동분향소 철거 후 기록물 관리

면담자   좀 전에 분향소 기록물을 말씀하셨는데, 지금 분향소 기록물이 서울기록원에 가 있잖아요. 그 과정은 구체적으로 어떻게 됐는지요?

도언 엄마   우리가 처음에 무슨 얘기를 했냐 하면, "4·16생명안전공원 부지를 발표를 하면, 세월호 참사 정부합동분향소인 화랑유원지에서 철거를 해주겠다"고 했었어요. 그래서 [생명안전공원을 건립하기로] 정부에서 발표를 했었어요, 정부에서 발표를 했고 안산시장 제종길 시장이 발표를 했죠. 거기 국회의원 등등해서 어차피 국책사업으로 발표가 됐기 때문에 그럼 우리는 당연히 철거를 해줘야죠. 우리는 약속을 지켜야죠. 약속을 안 지키면 안 되잖아요. 그러니까 철거하는 과정에도 또 임원들은 가족들은 "진짜 믿을 수 있냐, 남겨놔야 된다" 이런 얘기도 있었지만, 그래도 말을 했으니 약속은 지켜야 된다 이래서 철거가 준비가 들어간 거죠. 왜냐하면 [2018년] 4월 16일 이후 다 모든 게 철거가 시작이 되니까.

그 공간을 마련하기 위해서 사실 해수부에도 얘기를 했고요, 해수부 [세월호 후속대책추진단] 단장이랑 국가기록원장이랑, 저랑, 4·16기억저장소랑 [가족협의회] 운영위원장이랑 미팅을 했어요. 해수부에서 공간 마련할 수 있는 상황도 아니고, 안산시에서도 공간 마련이 안 되고, 저 공간이 없는 거죠. 추모조형물이 들어갈 수 있는 공간, 그리고 기록물, 우리 방명록 등등이 들어갈 수 있는 공간이 없는 거예요. 해수부도 안 되고. 그래서 국가기록원장을 미팅했었어요. 우리 가족협의회 사무실에 오셨었거든요(한숨). 팀장이랑 왔었어요. 왔는데요, 해주신다는 거예요. 어차피 해수부 측은 공간이 안 되고 하니까, 걱정 마시래 그거는 하실 수 있다는 거죠, 걱정하지 마시래. 그거는 해줄 수 있대요, 기록원장님이, 국가기록원장님이. 믿었죠, 당연히······.

[그 후에] 답이 없는 거야, 안 된다는 거예요. 가족들한테는 국가기록원이 될 수도 있다고 이야기했어요, 될 수도 있다고. 근데 답이 없고 안 된다는 거예요. 웃기는 거죠, 그렇게 큰소리 뻥뻥 쳤는데.

면담자　　　　말을 바꾼 거네요?

도언 엄마　　　진행도 안 되고 있고. 운영위원장님하고 했는데, 그래 가지고 결국은 서울에… 그때 국회에 박영선 의원님을 뵈러 갔었어요, 운영위원장님이랑 저랑. 그때 기타 등등 진행하는 사항이랑, 이 이야기, 그리고 그때가 『그리운 너에게』 책이 나왔고 이래

가지고(잠시 침묵). 그길로 바로, 그전부터 막 얘기가 됐었죠, 박원순 시장님하고 얘기가 좀 됐었는데 운영위원장님하고 얘기가 좀 됐었죠. 국가기록원이 안 된다 하니까 그길로 저랑 또 시장님을 뵈러 갔죠. (면담자 : 박원순 시장?) 네, 시장님이랑 그날 미팅 잡혀진 것도 아니고 갑자기 연락을 한 거예요. 운영위원장님이 "온 김에 뵙고 가야 되겠다" [한 거지요]. 갈 데가 없는 거예요, 기록물이. 저 장소에 공간도 없고 추모조형물 들어갈 데도 없고, 해수부 안 되고 국가기록원 안 된다 그러고. 그래서 사실 막 급하게 운영위원장님이 막 전화해서, 청사에서 만난 게 아니고요 자택으로 간 거죠, 공관으로 간 거죠. 공관으로 찾아갔어요. 무조건 가야죠. 어떻게 또 그때가 시장님 바쁠 때였어요, 예정도 없었고. 바쁠 때 그때 우리 선거 앞두고 경선 앞두고 막 바쁘실 때였는데 흔쾌히 시간 내주셨어요. 그래서 차 한잔 마시면서 또 운영위원장이 얘기를 하신 거죠. 공간… 그러니까 흔쾌히 "당연히 해드려야지 무슨 소리 하시냐, 당연히 해드려야 되는 거 아니냐" 그래서 내려올 때는 안심하고 내려온 거죠. 그래도 공간이 마련됐으니까. 안 그러면 저걸 어떡할 거예요, 우리가? 우리가 돈이 있는 것도 아니고, 안산시도 안 해준다 그래, 해수부도 못 해줘, 국가기록원은 그렇게 큰소리치다가 안 된다고 연락도 없고 안 된다고 그래서, [서울시장 뵙고 나서] 내려올 때 진짜 너무 감사한 마음으로 내려왔어요.

그래서 박원순 시장님이 바로 직원들한테 다 얘기를 하셨을 거 아니에요. 그래서 서울기록원이랑 기록물은 연결이 되고, 추모조형물은 서울시청 관할하는 창고로 들어가게 된 거죠. 처음에는 서울시청 건물 지하에는 도저히 안 들어가는 거예요, [추모조형물이] 워낙 커 가지고. 종이배는 서고에 들어갔어요. 종이배는 지하에 우리 아이들 영정 사진과 위패 들어가 있는 서고에 들어갔고요. 그리고 워낙 큰 리본과 종이배[조형물]는 들어갈 수가 없는 거예요, 거기에. 높이랑 이게 안 들어가는 거예요, 창고 이쪽 서고 옆에도 있는데[에도]. 그래서 밖에 다른 공간에 창고에 들어가게 된 거죠. 그거는 습기하고 이런 거하고는 상관없는 플라스틱 이래서 그쪽으로 옮기게 된 거죠. 그거는 스테인리스 이런 것처럼 녹슬고 그런 건 아니니까 그쪽으로 옮기고. 그래서 시장님의 도움으로, 박원순 시장님이 "당연히 그렇게 해야죠" 이렇게 하셔서 시청에서 일부 보관, 모든 기록물은 서울기록원이랑 협약서를 맺게 된 거예요.

면담자   국가기록원은 왜 안 된다고 하던가요?

도언 엄마   모르겠습니다. 중요한 거는, 우리가 서울시랑 다 되고 난 다음에 언론에 나갔잖아요. 〈비공개〉 그래서 중요한 거는, 나중에 문제가 발생하기는 했죠. 국가기록원 갈 수도 있다[는 이야기] 이거 때문에 저한테 안 좋은 일이 좀 있었죠. 제가 공격을 받았죠, 가족들한테. 그런 문제 때문에. (면담자 : 그걸 이제 여쭤보려고 하는데) 네. 그러니까요.

면담자   그게 왜 소장님에 대한 공격 빌미가 됐을까요?

도언 엄마   그러니까요! [2018년] 4월 16일 날 계속해서 안내를 했었어요. 내가 아는 건 가족협의회 사무처 일이에요. 그렇잖아요. 우리는 영정 사진과 위패가, 그때 국가기록원[에 보관]이 될 수도 있다 했지 간다고는 안 했어요. 그리고 결국엔 서울시로 간다고 언론에 다 나왔잖아요. 그렇게 얘기했고, 언론에 다 나왔고, 서울시에 간다고 안내가 됐고. 그리고 "서울시에 공간이 마련되기 전까지는 우리 4·16기록관에 영정과 사진을 거기에 보관이 된다"고 그날도 계속 안내를 했었어요. 〈비공개〉

막 그날, 4월 16일이 얼마나 슬픈 날이에요? 나는 지금도 아이들이요, 2014년 4월 16일 날 바다에 수장이 됐어요. 그 깜깜한 바다 안에서 수장이 됐어요⋯ 수장이 된 상태로 올라왔어요, 아이들이. 그리고 와서는 아이들이 냉동고에 들어가 있다가 화장이 돼가지고, 봉안소에 들어가 있어요. 얼마나 무서운 일들이에요. 수장당하고 냉동고 들어가 있다가 그 뜨거운 불에 화장이 됐어요. 그리고 또 가루로 갈아졌어요, 분골이 된 거잖아요. 그렇게 당했어요, 아이들이. 그리고 영정 사진과 위패가 4년 동안 그 깜깜한 합동분향소에 있었어요. 딱 하루, 딱 하루 햇빛을 보러 나왔어요, 딱 하루. 딱 하루 햇빛을 보고 또 캄캄한 서고에 들어갔어요. 그날인데.

또 그날은 무슨 날이냐 하면, '합동추도영결식'이에요. 이제 앞으로 안산에서는 애들을 위한 분향을 안 한다는 의미잖아요. 분향을 안 하겠다, 얼마나 슬픈 날이에요? 만으로 4년이지만, 햇수로는 5년이잖아요. 연수로는 14, 15, 16, 17, 18. 5년입니다. 연수로 따지면, 연수로 5년 만에 딱 하루 햇빛을 봤어요, 사진이. 응? 얼마나 슬픈 날이에요? 그리고 나는 이걸 또 담당하는 사람이야. 애들 사진을 안고 또 나는 옮겨야 되는 사람이에요. 부모들이 한 명 한 명…, 아이들을 뭐 집에 가져가지 않는 사람들은 다시 영정 사진과 위패함에 넣고 그냥 가시고, 가져갈 사람은 가져갔어요. 아이들 안고 가셨어요. 그럼 아이들 사진을 받고 다 가시더라고요. 나는 끝까지 있었어요. 아이들 사진 다 빠지고요… 제단이 비었어요…. 내가 그때 뭘 느꼈냐 하면 우리 앞날 같은 거예요, 우리 앞날…. 우리 아이들 흔적이 다 사라지고 모든 사람들의 기억에 다 사라지고, 세월호 참사는 다 덮일 거 같은 거예요, 저는. 저는 미쳐버리겠더라니까요, 그날 저는 그 광경을 보는데…….

〈비공개〉

그리고 인제 나는 애들 다 안고, 버스에 애들 다 싣고 출발하자마자 상록구청에 급하게 갔죠. [기억저장소 기록팀] 팀장님이랑 주희 샘이 있었어요. 애들 받아야 되니까, 정리를 해야 되니까. 버스 타고 와서 애들 다 하고 목록까지 다 하고 안산시 자료랑 다 비교하고 애들이 다 왔는지 확인해야 될 거 아니에요. 그 작업을 다 했어요. 그리고 목록 확인 다 하고. 왜냐하면 또 가져간 사람도 있고, 그걸 또 다 체크를 해야 할 거 아니에요. 안산시는 또 리스트가 없어 가지고 난리 나고 하여튼 늦게 끝났어요, 그 일이.

〈비공개〉

면담자   기록관리 관련해서는 일단 이 정도로 듣고, 잠깐 쉬었다가 그다음에 유품·유류품 얘기로 들어가겠습니다. 잠깐 쉬겠습니다.

(잠시 중단)

6
4·16 참사 기록물의 활용

면담자   기록보존 관련해서 한 가지만 더 여쭙고 넘어갈게요. 앞으로 기록물들이 계속해서 늘어날 거고, 세월이 쌓이면서 추모물품이나 기억들이 더 쌓여갈 건데, 이런 것들을 어떻게 활용하실 계획이신지요?

도언 엄마   활용요? 저는 사실은… 내가 항상 얘기하는 건데요, 전문가가 바라보는 기록과 유가족이면서 소장으로 바라보는 관점이 좀 다른 거 같아요, 사실은. 달라요.

면담자   활용에 있어서요?

도언 엄마   활용도 그렇고, 여러 가지 이렇게 보존하는 방법, 음… 아니 보존하는 방법보다 보존을 해야 하는 이유죠, 이유. 그리고 하나의 개체를 바라보는 관점도 달라요.

　저는 사실은 팀장님 왔을 때부터 처음부터 그 얘기를 했어요. 사실 우리 추모글이 많잖아요. 그때는 인제 우리 다 기록팀이 남자 선생님들이었고, 기존에 했던 선생님들이시고 해서, 저는 그렇다고 내가 뭐 기록학을 전공한 것도 아니기 때문에, 어… 지금도 저는 마찬가지예요. 그 기록물들 중에… 내용이 많잖아요. 저는 그것을 뭐 매일이면 매일, 일주일에 한 번이면 한 번 [홈페이지에] 그 자료를 올렸으면 좋겠다고 저는 얘기를 해요. 회의석상에서도 얘기를 했었고 사실은 개인적으로도 얘기를 했었고. 페북, 홈피, 트윗, 인스타 이렇게 해서, 그리고 문자든. 우리가 어차피 회원들한테 계속 문자를 띄우잖아요. 사실 나는 그때에 그런 내용들을 띄웠으면 좋겠다, 첫 번째. 그러면 같이 또 공유를 할 수 있잖아요.

사실 이게 기록의 재생산 아니겠어요? 그냥 기록을 보관하는, 지금 이렇게 막 그 기록물이든 추모글이든, 포스트잇 내용 이런 게 사실 그냥 보관만 되고 있는 거잖아요. 나는 이게 좀 활용이 됐으면 좋겠다, 알려졌으면 좋겠다, 한 사람 한 사람 마음을 담은 글이 알려졌으면 좋겠고, 이 글을 읽으면서 '아, 그때 우리는 이랬지 흐트러진 마음을 다시 잡아야 되겠네, 그래 내가 그때 이런 마음을…' 이렇게 즉 공감대를 좀 형성할 수 있는 자료로 했으면 좋겠고요.

그러고 우리 추모글과 추모작품들은 활용을 하는데, 굳이 4월 달만이 아니라 1년 365일 활용한다고 요청이 들어오면 저는 다 활용을 할 수 있게끔 하려고 해요. 그래서 알고 계실 수도 있고 모를 수도 있지만, 우리 기억교실 전시 전국 순회하는 거, 그리고 또 엄마들 편지글 공유하는 거, 그리고 제가 또 사실은 이거는 진행을 하려고 했는데, 조금 출판사가 어렵다고 하는 부분이 있는데요. 저는 아이들이 남겨놓은 기록물이 있어요. 일기장이 될 수도 있고요,

도언 엄마 이지성

그리고 친구한테 받은 편지글도 있고요, 사실 이걸 참 책으로 내고 싶어요, 사실은.

이게 아이들 기록이잖아요, 기록. 우리가 저장소에서 촬영해 온 것도 있고, 그리고 또 집에, 촬영은 그때 '아이들의 방' 촬영을 할 때 편지도 세세하게 찍지는 않았어요, 사실. 그냥 이렇게 다 모아놓고 찍고 이랬거든요. 사실, 도언이도 편지 친구들한테 받은 거지가 다 모아놓은 게 있어요. 서랍에 다 있더라고요, 뭐 일기장도 있지만. 그러니까 이건 말 그대로 친구가 도언이한테 보낸 거, 친구가 친구한테 보낸 거잖아요. 도언이가 보낸 게 아니라, 도언이 거는 또 다른 친구한테 가 있겠죠. 그죠? 이런 걸 사실 나는 책을 내고, 자료집이 아니라, 책을 내서 사람들이 많이 알았으면 좋겠다는 거죠.

그리고 또 우리 기록물을 통해서 마을기록이든, 같이 자꾸 알려야 된다고 봐요. 그래서 공감대를 형성하고서 하여튼 세월호 참사를 잊지 않게 만드는 거죠. 그러니까 우리가 똑바로 기억하고 있어야, 우리가 그때 마음을 기억하고 있어야 역사는 흐트러지지 않고. 아직 진실이 규명이 밝혀진 게 한 개도 없잖아요. 아직까지 안개 속에 있어요. 우리가 기억하고 꼭 움직여야 진실을 밝힐 수 있으니까, 하여튼 그 진실을 밝힐 수 있는 그 길에 우리 추모 기록물, 추모 작품, 추모 조형물 이렇게 다 활용했으면 좋겠어요. 그리고 거기에는 또 당연히 우리 기억교실이 들어가야 되는 거고, 전시가 그렇고.

면담자　　　아이들 편지를 출판하는 구상은 오늘 처음 들었네요.

도언 엄마　　아, 저는 작년부터 했었는데, 『그리운 너에게』하고 난 뒤부터 사실은 계속 그전부터 이걸 먼저 생각했었어요. 근데, 『그리운 너에게』가 오히려 4주기 때 더 맞겠다 싶어서 급하게 진행했는데, 또 의외로 또 좋은 결과가 있어서 다행이죠.

7
『그리운 너에게』 기획과 진행 과정

면담자　　　사실 『그리운 너에게』 이야기를 좀 뒤에 꺼내려고 했는데, 말씀하신 김에 여쭤봐도 괜찮을 거 같아요. 구상하고 실행에 옮기신 기간이 굉장히 짧은데요. 처음에 어떻게 기획하게 되셨고, 진행은 어떻게 됐는지요?

도언 엄마　　어, 2017년도죠? 2017년도 하반기쯤 구상을 했었어요. 〈비공개〉 혼자 많이 생각을 한 거죠, 아이들 한 명 한 명 알릴 수 있는 방법을 전 생각을 한 거죠. 저는 내 아이[만 생각하는 거]가 아니에요. 만약에 내 아이만 생각했다면 저는 저장소 안 왔다니까요. 그러면 다 치우고 내 애만 또 알리고 다니죠. 나는 그게 아니기 때문에 단원고 250명, 열한 분 선생님을 생각했기 때문에 저장소로 온 거예요. 그래서 나는 기억시 전시할 때도 돈이 엄청나게 들어갔던 부분을 내가 다 했고. 그래서 또 알릴 수 있는 방법을 고민을 하는 거죠. 아, 그러면 뭐를 할까 뭐를 할까 하다가 '응, 편지! 육필!' 기억시는 육필 시잖아요. '육필, 육필 편지를 하자'.

그럼 누가 있어, 부모님밖에 없잖아요. 그래서 1월 달에 기획안을 짠 거죠. 기획을 해서 가족협의회에 안건을 넣고 통과시킨 거죠. 그래서 이거는 희망하는 사람들이, 이거는 뭐 우리가 뭐 사단법인 가족협의회 사람들만 하는 게 아니라, 제가 저번에 말씀드린, 저는 250명 다, 선생님 열한 분, 261인 [유가족 모두를 대상으로]. 그래서 공지를 띄우고, 다 전화 돌리게 했어요, [저장소 가족운영위원] 엄마들한테. 엄마들이 한 분이 두 반을 맡게끔 만드는 거죠. 저는 어차피 총괄을 해야 되는 거고. 그래서 사단법인 회원만 한 게 아니라 다 전화를 다 했어요, 엄마들이요. 전화하고, 엄마들이 그러고 편지를 적어야 하는데, 편지지를 한 질을 구매를 했어요. 구매를 해서 다 전화를 하고, 저는 인제 그러면 일단은 출판사로 [협의] 해야 되는 거잖아요. 출판사를 [협의]한 거죠.

근데 쉽지가 않더라고요, 출판사도 안 된다는 거예요. 해줄 수가 없대요. 다들 "육필시? 글쎄요". 가독성 등등? 그거는 무조건적으로 이 사람들은 그냥 활자로만 [인쇄한다고] 얘기를 하는 거죠. 나는 "활자가 중요한 게 아니라 육필이 들어가야 된다. 직접 적은 손편지다. 손편지가 주는 의미와 활자로 나가는 건 느낌이 틀리고[다르고] 마음이 틀리다[다르다]" 그러다 결국은 이제, 그럼 일단은 출판사 몇 군데는 안 돼가[지고] 일단 보류시켜 놓고요, 인제 그러면 '후마니타스[출판사]' 아니 저기 '일상의실천'을 찾아간 거죠. 우리 저장소 로고 만들어준 데거든요. 거기와 미팅을 엄청 했어요. 이한열 열사 앞에 표지 디자인 일러스트 그림이 저기 일상의실천에서 한 거예요. 그래서 전화를 해서 제가 찾아갔어요, 서울로. 가서 "이렇게 이렇게 기획을 가지고 있다" 그때 논의가 시작이 된 거예요. "제가 출판사와 [협의]했는데, 이게 잘 안 되고 있고, 일단은 일상의실천에서는 앞에 표지를 좀 맡아줬으면, 디자인을 맡아줬으면 좋겠다", 디자인해 줬으면 좋겠다고 제가 먼저 제안을 한 거죠. 그러니 흔쾌히 하셨어요. 오케이 한 거죠. "당연히 해드려야지요" 이렇게 된 거예요.

저장소 로고 해주고 초반에 좀 하다가 거의 연결이 안 되어 있었으니까. 저장소하고는 초반에 14년도 15년도 하고는 거의 저장소하고는 연결이 안 되고 그냥 뭐, 그래서 제가 이리 찾아오니 너무 좋아하시는 거죠, 또 연결이 되니까. 그러면서 후마니타스를 연결시켜 주신 거예요. 그래 또 후마니타스랑 미팅을 또 하는데 좀 어렵다 또 이렇게 된 거죠. 전체가 다 들어가면, 왜냐하면 글씨체가 다 틀리고[다르고], 오타도 있을 수 있고, 문법도 틀릴 수 있고. 시하고 편지가 틀리잖아요[다르잖아요], 엄마의 감정이 들어가다 보면. 그래서 그러면… 어, 육필 편지는 온라인상에서 볼 수 있게 만들고, 그리고 책을 만들 때 대신 [육필은] 일부분만 넣고 편지글은 그냥 활자로 들어가고 이렇게 합의가 된 거예요.

합의가 돼서 계속 저는 크게 움직인 거고, 거기랑 계속 회의하고 미팅하고, 그리고 인제 표지 건 등등 이런 걸 하고, 엄마들은 일

일이 전화해서 "편지 적어주세요" 그러고 편지지 갖다주고, 편지 회수하고, 이거를 또 엄마들이 다 하신 거죠. 또 스캔 뜨고(웃음). 그래서 스캔 전문가예요(웃음). 또 스캔 뜨셨어요. 스캔 떠서 또 보내고, 원본도 또 보내고 막 이랬거든요. 스캔 뜬 거를 먼저 보내야 이 편집 들어가고, 그죠? 편집 들어가고 활자 들어가고 준비를 하니까. 먼저 스캔 떠서 보내는 거 엄마들이 다 해주고, 원본을 또 보내서 그거는 온라인상에서 사이트로 볼 수 있게 만들고. 그래서 짧은 시간 안에 사실은 준비가 됐는데요. 그러니까 일상의실천도 그렇고, 후마니타스도 그렇고, 사실 같은 마음으로 움직여서 짧은 시간에 됐던 것 같아요.

후마니타스도 사실 다른 일이 있으셨는데, 일단은 제가 그랬죠 "4주기 때 했으면 좋겠고, 그리고 잘 아시다시피 세월호 참사에 대해서 다 잊혀지고 있다, 정권이 바뀌고 난 다음에 다 진실이 밝혀지는 줄 알고 있다. 사람들이 다 해결된 줄 안다. 그래서 이 편지로 인해 다시 나는 사람들이 세월호 참사에 대해서 뭐 복기, 다시 기억을 했으면 좋겠다"라고 제가 얘기를 했어요. 그래서 급하게 막 서두르게 된 거죠. 너무 고맙죠, 사실은. 처음에는 [출판사에서] "사실은 저는 도저히 안 될 거 같아요" 막 이러셨어요. 아무리 막, 일이 많잖아요, 그런데 움직여 주셔가지고….

저는 [책이] 나왔고, 앞에 표지도 아이들… 논의가 많이 됐죠, 왜냐하면 인제는 반별로 가면 안 된다는 거죠. 살아 있다면 성인이고, 반으로 가게 되면 반만 기억하게 된다는 거죠. 반은 구분이 되는 거잖아요. "구분은 시키지 말자. 이제는 한 명 한 명 이름을 더 알리자" 그래 된 거죠. 반으로 구분되면 안 되는 것이고, 그래서 편지를 쓰신 부모님들 아이는, 아이들은 그냥 이름 순서대로 기역니은 초성으로 쭉 나가자 이렇게 해서 결정이 됐고요. 그리고 인제 [표지가] 양각이잖아요. 만지면 아이들 이름을 느낄 수 있게끔 그렇게 표지가 만들어졌고, 또 불빛을 보면 더 색깔이 달라져요. 그래서 그런 디자인을 일상의실천에서 해주신 거죠.

면담자　　　　양각으로 아이들 이름을 새긴 표지 되게 좋았던 거 같아요.

도언 엄마　　　그렇죠? 네. 너무 좋았어요, 저도.

면담자　　　　책이 집에 있는데 무조건 세워놓고 어디 안 눌리게 이렇게 놔두거든요. (도언 엄마 : 그렇죠?) 그런데 여기 편지에 모든 가족분들이 참여하지는 못하셨잖아요. (도언 엄마 : 네) 어쨌든 참여하신 분들은 어떤 심정으로 편지글을 적으셨을까요?

도언 엄마　　　저는 엄마들한테 무슨 이야기를 했냐 하면, 그냥 가슴에 담아뒀던 내용을 좀 적었으면 좋겠다고 했어요. "우리가 어디 가서 마음껏 울지도 못하고 마음껏 분노도 못 하고, 아이들은 가슴 속에 있는데… 표출은 못 하고, 그러면 그냥 글로 적었으면 좋겠다". 제가 그랬어요. "글로 적었으면 좋겠고, 또 우리 아이들을 기억하는 방법이다". 그래서 엄마들이 편지를 적기 시작했는데… 편지를 적다가 못 적으신 분들이 많아요, 사실은. 마무리를 못 하신 분들이 많아요, 너무 힘들어서. 저도 사실 몇 번 적다가… 안 적었거든요. 그래서 저는 막바지에 진짜 날짜가 만약에 '내일까지 내' 이러면 진짜 막 급하게 적어 보낸 거예요. 안 그러면 못 적어 낼 거 같더라고요. 몇 번 적다가 내가 포기했었으니까, 나 또한. 그래서 포기하신 분들이 많아요, 너무 힘들어 가지고.

근데 적고 나니까(한숨) 내가 조금 후회스러운 거예요. 조금 더 조금 더 남들처럼 더 이쁘게 글을 문장력 좋게 적었어야 되는데, 나는 그냥, 그냥 즐거운 마음으로 적었거든요. 진짜 즐거운 마음으로 적었거든요. 왜냐하면 도언이랑 앞으로 약속했던 부분을 저는 인제 즐거운 마음으로 적었던 거죠. 근데 다른 부모님들 글을 보면, 너무 막…(한숨) 가슴 심금 진짜 말 그대로 심금을 울리는데, 나는 남들이 봤을 때 '어, 도언이 엄마 뭐야?' 이럴 수 있지 않겠냐(웃음) 나중에 그래 생각을 한 거죠. 근데 그래도 뭐 편지를 적어 낼 수 있었던 거 그거 하나만으로도, 어차피 하나의 기록물을 남겨놨다는 것만 해도, 4주기 전에 엄마들 마음, 아빠의 마음을 기록으로 남겨놨다는 그거 하나만으로 저는 참 우리 저장소 엄마들이 대단하고, 편지를 적어주신 엄마, 아빠들이 대단하다 저는 그렇게 생각을 해요.

면담자　　　책이 나오고 나서 바로 북 콘서트들이 계속 이어졌잖아요. 특히 해경에서 했던 북 콘서트는 중요했을 거 같아요.

도언 엄마　　　중요했죠. 사실 가족들도요, 임원들도, 왜 해야 되냐고 그랬어요. 진상 규명도 안 되어 있고…….

면담자　　　해경 북 콘서트가 언제 있었죠?

도언 엄마　　어, 우리가… 8월 달이었나? 헷갈리네요, 저도. 몇 번 날짜가 변경이 돼서… 아무튼 7월 달에 했던 거 같아요. 7월 달, 6월 달 이야기하다가 7월 달이었던 거 같아요, 7월 19일이었나? 나중에 한번 다시 한번 말씀드릴게요. 날짜가 좀….

면담자　　　2018년 6월 18일이었네요.

도언 엄마　　네. 그 당시에도 왜 해경하고 하냐 그랬었어요. 우리 아이들을 구하지 않은 해경, 선원만 구조한 해경, 우리 아이들을 그냥 보고도 버린 해경에 가서 왜 북콘을 하냐 그랬었어요.

　　근데… 저는 이제 해경… 하고, 운영위원장님이랑 [해경]청장님 뵈러 갔었잖아요. 그때 분명히 이야기했거든요, 운영위원장님도 그렇고, "이거는 용서와 화해가 아니다" 이거는 앞으로 더 나아가기 위한 걸음이라고 그랬어요. 진실을 밝히기 위한 걸음이고, 그리고 해경이 앞으로 해야 할 일을 알리기 위한 길이라고 이야기했던 거죠. 용서와 화해 아니거든요. 언론에는 막 그렇게 나왔잖아요. 우리가 뭐 가는 거가 해경청장을 만나러 갔을 때 언론보도를 보면, 용서와 화해를 얘기했다고 하는데 아니거든요, 절대. 우리가 용서와 화해 아니라고 했어요, 아니라고 했어요.

면담자　　　언론에 그렇게 나왔나요?

도언 엄마 　　그렇죠. 용서와 화해 아니거든요. 이거는 2기 특조위가 진행이 됨에 있어서 세월호 참사의 진실을 밝히기 위한 걸음이거든요. "자료 제공해라!" 그러고 청장님이 그때 이야기하셨거든요, "당연하다. 세월호 참사 진실을 밝히기 위해 100프로 다 지원할 것이고, 모든 자료를 다 제출할 것이다, 걱정하지 마시라" 그랬어요. 그래서 북콘이 진행이 된 거예요.

　　용서와 화해 아니거든요. 세월호 참사의 진실을 밝히는 걸음인 거예요. 그래서 진행이 됐던 거구요, 그리고 실무자들하고도 회의를 할 때, 북콘을 진행하면서 회의를 할 때도 제가 항상 그 얘기를 했거든요. 이 사람들도 '어, 용서?' 이리 생각할 수 있잖아요. 제가 그랬어요. "용서와 화해 아닙니다. 2기 특조위 때를 위해서 지금 하는 겁니다" 제가 계속 얘기했었어요. 처음에는 서로 생각이 다르고 의견이 달라서 여러 가지 문제가 좀 있었죠. 그래서 그때도 한 번 안 한다고 그랬어요. "해경 안 한다. 취소한다, 하지 마라. 안 한다" 그랬어요. 난리가 났었어요. 결국은 인제 우여곡절 끝에 북콘이 진행이 됐고, 하고 나서는 참 좋았던 거 같아요, 저는.

　　여러 가지로 앞으로 우리의 할 일과 해경이 해야 할 일이 있잖아요. "세월호 참사의 진실을 밝히는 데 느그들은 100프로 참여를 해야 되고, 그때 동조했던 세력들은 무조건… 정리를 [해야] 한다", 책임을 져야죠, 처벌받고. 처벌을 받아야죠, 책임을 지고 처벌받으라는 것이고, 거기에 대한 책임이 있다 그러면 당연히 벌을 받아야죠, 그거거든요 사실은. 그래서 참 좋았던 거 같고요. 그리고 특히 해경 악단 같은 경우는 그 아이들이 우리 아이들 또래였던 거죠. 그런데 그걸 하면서 울먹하는 거예요. 해경 악단장님도 울먹이시고. 그리고 저는 사실 이 해경 북콘이… 무산될 수도 있었죠. 왜냐하면 내가, 느그들[과] 안 한다 했던 거는, "용서와 화해가 아닌데 느그들은 달리 생각한다" 이래서 제가 뒤집었던 거구요, 해경청장님이 무조건 그건 아니다 하셨고, 다시 진행됐던 거예요. 실무자들하고 소통이 좀 안 됐던 거죠. 여러 가지 등등 이제 소통이 안 돼서, 나중에는 다 해결했고요.

그리고 또 북콘 할 즈음에 해경청장님이 퇴임을 하시게 됐어요, 청와대에서 발표를 하셔가지고. 그러면서 이제 북콘을 해야 되냐 말아야 되냐 그 얘기가 왔고, 저한테 연락이 왔어요. "청장님이 퇴임을 하시는데 이거를 하는 게 맞는지, 저장소에서 결정해 주시면 따르겠다. 뭐 불편하시면 안 와도 된다" 얘기를 하셔서 저는 "무조건 한다" 그랬습니다. "이 북콘을 진행하게 된 것과 그리고 해경하고 지금 이제 마음을 열기 시작한 것이 박경민 해경청장님 때문에 시작이 된 거고, 이 어려운 사안, 이 북콘 하는 것도 여러 가지 말들이 많지만, 이게 하나의 해경과의 앞으로 같이 손잡고 가야 할 시작점이기 때문에, 무조건 한다"고 제가 얘기를 했었어요. 그래서… 그날 좀 마음이 아팠죠, 해경청장님 이제 퇴임 앞두고 해서 사실은 계속 같이 갔어야 더 좋았을 건데.

그래도 청장님 때문에 해경과는 좀 물꼬를 좀 튼 거 같고요. 그리고 또 그러면서 여러 가지 또 적폐 세력들, 해피아라 그러죠? 해피아들이 조금 정리가 좀 되고, 뭐 지금 다 된 건 아니고요. 그에 대한 책임자 처벌은 당연히 하게 되는 거죠, 하게 되는 거고. 그 이후로 또 조금 더 얘기하자면, 뭐 해경 차장님도 꾸준히 [저장소에] 오시고 계시고, 이번에 또 바뀌셨지만, 청장님이 바뀌시고 오셨지만, 중요한 건 이번에는 해경청장님 바뀌는 시점에 또 해경의 분위기가 달라지잖아요. 왜냐하면 박경민 해경청장님은 육경에서 오신 분이셨는데, 퇴임을 하시다 보면 그동안 세월호 참사 나고 나서 책임자들이 숨을 죽이고 있다가 또 스멀스멀 올라오는 거죠. 얼굴을 비치기 시작한 거였죠. 우리는 이제 다 알잖아요. 우리는 누군지 다 알잖아요. 가족들은 알잖아요. 그런데, 다시 또 이번 육경에서 가셨고. 아마 우리가 생각하고 이런 거는 뭐 해피아, 적폐 세력 이건 당연히 청산되어야 되죠. 벌을 받아야, 처벌받아야 되는 거죠.

그리고 이번에 우리 세월호 참사 때, 해경 대변인 했던 고××이 왔었어요. 교실에 찾아왔었습니다. 와서 그러는 거예요. 자기가 "그땐 대변인이 아니었는데, 다른 직책이었는데, 자의가 아니고 타의에 의해서 자기는 대변인 역할을 맡았다. 그래서 거기에 대해서 나의 뭐 자기의 잘못이 아니"라고 막 이렇게 얘기를 하는 거예요. 그래서 저하고 엄마들한테 혼났죠. "그렇게 얘기하시면 안 되고" 자기는 실수라고 이야기하는 거예요. "실수가 아니고, 당신이 해경에 본연의 업무를 가지고 있고, 자식을 가지고 있는 부모라 그러면, 잘못된 내용이라 그러면 그게 자기가 봤을 때 그 브리핑하는 내용이 대변인으로서, 자의든 타의든 간에 대변인을 맡았으면 그

브리핑하는 내용이 진실이 아니라고 사실대로 얘길 했어야지. 네가 거짓을 얘기하는 순간 우리 아이들이 수장이 되었다" 제가 그 얘기를 한 거예요. 거기에 대해서는 책임을 면할 생각을 하지 말라고 얘길 했죠.

그건 잘못된 거거든요. 자기는 실수라고 얘기해서 혼났어요, 엄마들한테, 재강 엄마하고 저한테. 운영위원장님도 얘기를 하시고. 그거는 그럴 수가 있는 게 아니죠, 그렇게 말하면 아닌[안 되는]거죠. 거기에 대해서는 자기가 잘못한 거 분명히 그거는 처벌받아야 되는 거죠. 잘못된 자료를 가지고 그대로 브리핑을 한다? 아이들 수장되고 있는데, 안 구하고 있는데? 그건 잘못한 거잖아요. 그건 벌받아야 되는 거죠.

〈비공개〉 [다른 해경 관계자가] 4·16기억저장소가 교육을 하고 있으니 해양안전교육에 대해서 같이 뭐 하고 싶다 그래서, 뭐 얘기하길래, 안전교육을 하기 전에 이제 우리한테 이야기할 게 아니라 4·16에 대해서 먼저 교육을 시키고, 그리고 해양안전에 대해 교육을 들어가야 되는 거지. 그러니까 이 사람이 이제 온 것은 정권이 바뀌고 여러 가지 자꾸 변화가 발생을 하잖아요. 그래 해양안전교육에 대해서 같이 교육을 하고 어떻게 했으면 좋겠다, 그 얘길 하면서[하길래] 제가 얘기를 했죠, "그 전에 4·16은 왜 일어났으며 4·16정신에 대해서 먼저 교육을 시켜야 된다". 거기는 해경이 되기 위해서 오는 사람들 다 교육을 하고 또 간부들도 교육을 다 하잖아요. 그러면 중요한 4·16에 대해서 먼저 교육을 시켜야 되는 거 아

도언 엄마 이지성

니에요? 4·16 이후에 어떻게 해양[안전교육은], 그거는 자기들이 해야 되는 거지. 그래서 그날 그런 얘기를 좀 했었어요.

면담자　　그때 당시 해경 대변인이었던 분은 개인적인 차원이지만 어쨌든 당시 브리핑이 엉터리였다는 걸 인정한 거네요?

도언 엄마　　그렇죠. 인정하는 거죠. 그런데 자기 실수는 아니다, 자기가 한 게 아니다, 이거는 실수다, 자기 책임은 아니다는 거죠. 그건 아니잖아요. 국민들이 수장되고 있고, 자기들이 안 구했는데. 그리고 선장이랑 왔을 때 자기들이 빼돌렸잖아요. 그건 아니지.

면담자　　자기 책임은 아니지만 어쨌든 엉터리 브리핑을 한 것은 인정한다?

도언 엄마　　그렇죠. 자기가 대변인을 할라 그래서 한 건 아니다. 참…(혀를 차며 웃음) 그렇습니다, 네.

면담자　　해경 북 콘서트를 반대하고 왜 하냐고 하는 가족분들도 꽤 계셨던 거 같은데 (도언 엄마 : 많으셨죠) 해경 북 콘서트 하고 난 다음에 부모님들 반응은 어떠셨는지요?

도언 엄마　　하고 났을 때는… 갔다 오신 분들은 참 좋았다고 얘길 하셨어요, 오히려 좋았다고. 어, 해경…이니까 일단 무조건 싫잖아요. 느그들 무조건 느그들 범죄자야. 그러니까 한 사람 한 사람 두고 얘길 하는 게 아니라 하나의 기관이잖아, 해경이라는 기관을 두고 "느그는 무조건, 느그들은 해피아야. 느그는 우리 아이들

다 죽였어" 그래도 알고 보면 한 명 한 명은 또 아니잖아요. 한 분한 분은 다른 지역의 바닷가를 지키고 계셨고, 또 그 자리에서 세월호 참사를 가슴 아파하고, 또 그런 그때 다짐들을 얘기를 들었을때… 아무래도 그때 가면서 '내가 이거 왜 가고 있지?' 했는데, 그날 북콘을 보고 나서는 '어, 잘했다…' 네. 그런 생각하셨다고 오히려 하시더라고요. 그리고 그 이후 갔다 와서는 뭐 그런 얘기는 없죠. 오히려 페북이나 이렇게 내용을 올리고 나서는 이해가 안 된다고 오히려 국민들이 그런 얘기를 하시고, 이 내용을 잘 모르시니까.

저는 그때 북콘 했을 때도 동해에 총경님인가 그분이 그날의 다짐을 시로 적었던 걸로 기억을 하는데, 사실 그런 게 중요하다고 전 보거든요. 그래서 저는 해야 된다고 했던 거예요. 왜냐하면 한 분 한 분 그 사람들의 그 마음이 있잖아요. 저는 개인적으로 저는 지금도 물론 진행하는 과정에서 진짜 어려움도 많았고, 속상한 것도 많았고, 엄마들은 모르지만, 저는 인제 속상한 게 많죠. 실무진은 회의를 들어가니까 [알지만], 진짜 속상한 게 많았거든요. 그래도 뭐 해경이라는 사람 얼굴 보는 것조차도 힘들었지만… 그래도 하고 나니까 참 잘했다 생각을 해요, 저는. 참 잘했다 생각을 합니다.

면담자   또 하필이면 해경 청사가 세종시에 있잖아요. 세종시는 한창 시행령 투쟁하실 때 부모님들이 직접 가셨다가 문전박대당하고 그랬던 곳이었는데, (도언 엄마 : 네) 그런 곳에 초청받기도 하고 또 새로운 관계를 위해서 가신 것에 대해서 소회가 남다르셨을 거 같아요.

도언 엄마 이지성

도언 엄마   그렇죠. 박경민 청장님이 사실 이런 물꼬를 터주신 거 같아요. 인제 그분의 마인드가… 그때 취임식 할 때 [말씀]했던 마인드 때문에 사실은 이렇게 오지 않았나. 참 존경하죠.

면담자   『그리운 너에게』가 부모님들의 마음으로 쓴, 그리고 또 부모님들이 직접 쓴 편지다 보니까, 아무래도 다른 책들, 그러니까 아이들에 대한 『약전』이라든가 이런 책과는 또 느낌이 다를 것 같아요.

도언 엄마   네.

면담자   마침 『그리운 너에게』 북 콘서트는 지금도 계속되고 있고 그래서 일반 독자분들 반응이 어떤지, 특히나 부모의 입장인 시민분들은 좀 다르게 받아들인 게 있을 거 같아요. 그런 게 있는지요?

도언 엄마   그렇죠… 저번에 [안산시] 신길동에서 북콘 할 때 갔었는데요, [참석자 중에] 우리 아이들의 중학교 때 선생님이셨대요, 중학교 때. 그때 제가 듣기로는 찬호, 장준형이, 오경미가 중학교 때 제자라고 하시더라고요. 찬호는 1학년 때고, 경미는 3학년 땐가? 그렇게… 그 선생님이 편지를 읽으시는데…… 막 우시더라고요. 너무너무 우시는 거예요. 제자에 대한 그런 그리움, 미안함, 또 선생님으로서 미안함 있잖아요. 그리고 또 아이들과의 추억… 그리고 엄마의 마음으로 해서…… 오히려 더… 마음속 깊이 좀 쏙 들어가는 거 같아요.

엄마, 아빠들의 편지가 어느 누구 엄마, 아빠들이 편지를 적어도 똑같은 마음이잖아요. 사실 똑같은 마음이거든요. 그래서 더 깊숙이 들어가는 거 같고, 또『약전』은 이제 아이들의 생활이고 친구들 얘기가 많이 들어가는 거고. 이거『그리운 너에게』는 이제 엄마, 아빠로 바라보는 마음이래서 오히려 더⋯ 더 세심함이 더 느껴지는 거⋯ 같아요.

면담자   네. 세심함⋯, 아무래도 부모 입장이 아닌 제가 읽었을 때 느낌과, 또 직접 아이를 키워보신 부모님들 독자가 읽는 느낌은 확실히 좀 많이 다를 거 같다는 생각도 드네요. 그렇다고 하더라도『그리운 너에게』책이 전하는 메시지는 굉장히 가슴을 울리는 것이었어요.

도언 엄마   그렇죠(웃음).

8
세월호 인양 전 기록물 보존 처리 및 관리

면담자   『그리운 너에게』얘기는 이 정도로 정리를 하고요. 다시 유품 얘기로 돌아와야겠습니다. 세월호 인양이 되기 훨씬 이전부터 유품·유류품 보존과 복원 등등에 대한 준비 과정이 있었다고 얘기 들었거든요. 그 준비를 처음 마음먹게 된 계기가 언제였고, 사전에 어떤 준비를 하셨는지 말씀해 주세요.

도언 엄마 이지성

도언 엄마　　　저장소에 제가 2016년도 7월 달에 왔잖아요. 그래 본격적으로 움직인 거는… 사실 뭐 7월 달, 8월 달, 오는 과정이 있고, 9월 달까지는 하여튼 여러 가지 어려운 사정이 많았죠. 뭐 제가 초반에 설명을 드렸지만, 그 당시도 계속 인양의 얘기가 나왔었잖아요. 원래는 우리는 계속 인양을 하라고 그랬고 정부는 안 하고 있고. 그럴 때 제가 저장소로 오면서 엄마들을 데리고… 일단은 기록관, 박물관을 모시고 다녔어요. 그때 제일 처음에는 제가 이쪽에는 아예 잘 모르니까 16년도부터 김익한 교수님한테 부탁을 했어요. "일단은 기록관을 좀 갔으면 좋겠다. 가서 일단은 좀 봤으면 좋겠다". 일단은 어떻게 하고 있는지, 그리고 엄마들도 좀 알아야 되고, 우리는 잘 모르니까. 그래서 갔죠, 움직였죠. 김대중도서관도 갔고요, 노무현재단도 갔고요, 뭐 5·18[민주화운동기록관]도 갔다 왔고요. 그러고 나서 인제 움직여 보면서….

　　그 전에는 2015년도에 도언이 물건이 올라왔었어요. 그냥 올라온 건, 그때 신발은 남의 집에 가 있는 걸, 경주 집에 가 있는 걸 찾아왔고요. 그리고 도언이를 찾았을 때 도언이 주머니에 제가 줬던 손거울이 있었어요. 안산에 외부 손님들이 오시면 선물하는 김홍도 그림이 [그려진] 손거울에 양면 거울이 세트였는데 하나는 명함이 들어가고, 하나는 손거울인데 도언이가 다 가져가니까. 수학여행 가기 전이죠, 벌써. 내가 인제 안산 활동할 때니까. 도언이가 손거울만 가져갔어요, 자긴 손거울만 있으면 된다고. 도언이는 손거울을 내[내] 들고 다닌 거죠, 좋아 가지고 양면에 그림이 있으니까.

도언이 찾을 때 그 손거울이 주머니에서 나왔어요, 핸드폰은 안 나오고. 그래서 신발은, 남의 집에 있는 거를 찾아와서 집에서 다 씻었고, 손거울도 집에서 내가 씻었고, 이제 또 나중에 도언이 카메라가 나왔었거든요. 도언이가 카메라를 들고 갔어요. 일제 카메라가 있거든요, 하얀 카메라를. 그거를 우리는 유류품 올라오면 공지를 띄웠거든요. 주인이 밝혀지면 바로 연락하고, 모르면…, 뜨면은 보면 웬만한 건 다, 속옷은 이런 거는 다 똑같으면 잘 모르지만, 아이들 특이한 거는 다 알잖아요, 부모님들이. 딱 카메라가 올라온 거예요. 딱 도언이 거예요. 왜냐하면 카메라 가져간 걸 내가 아니까. 그래서 도언이 거 카메라를 찾아왔는데, 도언이 책상에 얹었는데, 그 안에 처음에는…, 인제 그때는 아이들 물건이 올라와도 해경에서 어떻게 해줬냐면요, 그걸 봉지에 담아줬어요. 봉지에 담아준 걸 찾아왔는데, 인제 책상에 올려놨는데 그 안에 있던 물이 줄줄줄 흘러서 책상이 난리가 난 거죠.

그래 가지고 제가 안산, 아니 대한민국에 [있는] A/S센터를 찾은 거예요. 제가 막 주문[검색]을 했더니 서울에 있는 거예요. 서울에 제가 그거를 들고 갔어요. "요거를 제가 이걸 좀 세척을, 클리닝을 하고 싶다, 내가 할 수 있는 것도 아니고 이게 일제이니까 요거를 좀 해주십시오" 그랬더니 난색을 표하는 거지요, 막 뻘도 묻었고 막 이제 엉망이니까. 그래서 제가 그제야 상황설명을 했죠. "사실은 내 아이가 이렇게 이렇게 됐는데, 희생이 됐는데, 우리 아이 유품이다, 우리 아이가 가져갔던 물건이다. 그래서 내가 인제 기본적인 것은 씻었는데 이게 도저히 안 된다, 계속 뻘이 있고 계속 사이 사이 다 있고. 안에 녹이 슬면 안 되니, 전체적인 클리닝을 좀 해주십쇼” 그랬더니 그분이 그 사장님이 해주셨어요. 나중에 연락이 와서 찾으러 갔는데, 안에 다 해주시고 그냥 해주셨어요. 그래서 내가 아니라고, 돈 받으시라고 그랬더니, 아니라고 자기가 해줄 수 있는 게 이것밖에 없으니 가져가시라고 그래서 집에 갖다 놨거든요.

그러고 나서 진도에 있는 물건이 15년도에 올라왔잖아요. 저는 그게 혼잡한 상태에서 도언이 건지 몰라서 비슷하긴 한데, 아닌 거 같은 거[야]. 왜냐하면 그게 모르는 거죠. 똑같은 게 더 많잖아요, 캐리어가. 그래 가지고 나중에 또 다시 이래 봤는데… 내 건 거예요. 도언이가 가져간 캐리언 거예요. 거기 보면 내가 해외여행 다녀온 걸 보면 스티커를 붙여놨잖아요, 화물로 부치니까. 거기 내 이름이 있어요. 근데 그러니까 이게 해경이 신경을 안 쓰는 거죠. 거기 보면 조회하면 딱 뜨거든요. 영문 이름이 있단 말이에요. 그거 조회하면 누구 건지 나오잖아요. 왜냐하면 우리는 부모, 가족 다 애 이름이 쭉 다 뜨니까, 자료가 다 뜨니까. 그런데 애들은 생각이 없었던 거죠.

그래서 그 캐리어를 집에 갖다 놨는데, 16년도에 도언이 방에 놨는데 그 뭐죠? 녹이 슬고 염분이 하얀 소금덩어리가 올라오는 거예요. 저장소 일하면서 내가 “이건 뭐지, 이건 뭐지?” 한 거죠. 내가 기본은 집에 가서 뻘 이거 세척은 다 했어요. 해도 해도 뻘이 계속 나오는 거예요. 나 딴에는 한다고 했는데, 나는 이제 뻘만 제거하고 이런 것만 다 했죠. 나중에 보니까 하얀 덩어리가 올라온 거죠. 이게 소금덩어린 줄도 몰랐어요, 처음에는 모르죠. 제가 어떻게 알겠어요? 그죠? 그러니까 "어, 이건 뭐지 이건 뭐지?" 이랬는데, 뻘은 이제 다 씻어서 뻘 냄새는 안 나는데… 그래, 그럼 기록관 다니고 박물관 다니고 하다 보니, 보존이 생각이 나는 거죠. '아, 도언이 맞아, 유품이 나는 그렇게 했는데, 나는 캐리어 열심히 씻었고, 카메라는 전문 업체 가서 내가 맡겼고 A/S센터 가서 맡겼고, 신발은 내가 세척을 했는데, 그래, 이걸 나중에 어떻게 하지?' 이 생각이 든 거예요, 순간. 그러면서 그때부터 제가 2016년도 하반기부터 관심을 가지게 된 거예요.

그래서 찾고, 교수님도 얘기했던 문화재보존센터 등등 이렇게 막 견학을 다닌 거죠. 다니면서 지류 복원하는 거, 탈산 기계, 동결 냉동기 다 알게 된 거죠, 저희들이. 아, 그래서… '이게 만만치 않구나. 그럼 인양이 되고 났을 때 어떻게 하지?' 고민하게 되는 거죠. 거기서 진행이 된 거예요, 보존에 대해서. 그러면 이건 어떻게 준비하고, 이건 어떻게 준비하고 어떻게 준비하고 [준비가] 그때부터 인제 진행이 된 거예요.

면담자   보존 처리를 준비하신 과정들을 여쭙기 전에, 지금 말씀 들어보면 2015년도에 올라온 도언이 물품들에 대한 보존 처리에 관해서는 개인적으로만 혼자 진행하신 거잖아요?

도언 엄마   네, 그렇죠. 나는 그냥 카메라는 [A/S] 가긴 했지만, 가족들도 그냥 세척을 하거나 거의 이제 소각, 태워주신 분들도 많아요, 그 당시에는. 저는 이제 도언이 물건이니까 저는 100프로 안고 있어야 된다는 그런 마음 지금도 변함이 없고, 그래서 내가 집에서 세척을 다 한 거죠.

면담자   보관하고 있는 분들이 꽤 많으셨을 거 같은데, 당시에는 그분들에 대해서 보존에 대한 최소한의 안내는 전혀 없었나요?

도언 엄마   없었어요. 그 당시에 진도에서, 저는 진도를 자주, 도언이를 찾고도 미수습자가 많아서 저는 이제 도언이 아빠랑 진도를 일주일에 한 번씩 내려갔거든요. 먹을 거 막 싸들고. 도언이 친구들이니까, 친구들이 아직 안 나왔으니까. 팽목항을 가면, 그 유류품 찾는 공간이 있었어요. 그럼 이제 캐리어가 통째로 막 올라오고 이러면 이제 기본적으로 세척을 하거든요. 하면, 그 당시도 해경이랑 진도군청에서는 지식을, 생각을 안 한 거죠. 그냥 세탁기에 막 돌리고, 손빨래해서 햇빛에 널었었어요.

그랬…었고, 사실 그러고 또 16년도에 [유품·유류품이 안산으로] 올라왔잖아요. 제가 저장소 오기 전이죠. 유품 올라오고 났을 때, 이거를 자원봉사를 모집하고 저장소와 추모분과[가] 진행했을 때 유품을 한 번 세척을 했었어요. 대대적으로 진행을 했었잖아요. 그 때도 사실 이렇게 탈염의 과정을 거치지 않았고, 그냥 뻘 제거하고 기본적으로 하고 사진도 유명한 사진, 우리 지금 이렇게 뭐 언론에 보면 햇빛에 말리고 있는 사진들. 이게 다 기본지식 없을 때 그랬던 거죠, 기본지식이. 저는 그때 참여를 안 했어요. 나는 왜냐하면 못 하겠더라고요. 아이들 물건 못 하겠더라고요, 저는요. 내 아이 것도 힘들던데… 그러다가 그때는 자원봉사자분들이 많이 하셨죠. 진짜 자원봉사자들이 다 하셨죠. 근데 그때라도 사실은 이런 전문가들이 조언만 해줬더라도, 아니면 저장소든 가족협의회든 쪼끔만 관심을 가지고 쪼끔만 옆에 좀 돌봐서 준비를 좀 했더라 그러면 그렇게 처리를 안 했겠죠, 사실은.

면담자　　　그게 2016년도에 경기도미술관 앞마당에서 진도에서 올라온 유류품을 세척해서….

도언 엄마　　　네, 햇볕에 말리고 다 했죠. 그래서 그게 우리 여기 처음에 예당[안산시 예술의 전당 서고]에 들어갔던 거잖아요.

면담자　　　근데 그 당시에도 탈염이라든가 보존 처리에 대한 전문가적인 안내가 전혀 없었던 거죠?

도언 엄마　　　그렇죠, 그랬으니 햇볕에 널고 그랬죠. 물론 이제 논의 [진행] 그런 거는 잘 모르겠어요, 그건 제가 관여를 안 했으니까. 그런데 사진이나 이런 거를 보면 없었다는 거죠. 전문가의 도움 요청하거나 [전문가] 본인이 한 게 없었다는 거죠. 그러니까 그 햇빛에 말리고, 그냥 한 번 세척한 [거죠]. 지금도 1차 처리, 2015년도에 올라와서 1차로 2016년도 세척한 거는 아직도 지금 뻘 냄새가 나는

도언 엄마 이지성

거죠. 그걸 다시 진행하고 있어요, 다시 우리가. 예산도 지금 준비된 상태고. 그런 거는 다시 다 해야 돼요. 보존 처리 해야 되는 상황입니다.

면담자   그러면 조직적인 도움도 전혀 없고, 보존 처리에 대한 개념이 아예 없는 상태였네요.

도언 엄마   그냥 일반 세척의 개념이라 생각하시면 돼요. 왜냐하면 진도에서도, 진도군청과 해수부, 그때는 해수부? 해수부 관할이겠죠? 해수부 관할이죠, 뭐. 그냥 일반 뻘만 제거하고 줬으니까. 줄 때도 그냥 뭐 예의 없이 택배로 보내거나, 이렇게 보내거나, 아니면 부모님이 찾으러 가거나 그런 거였으니까. 그리고 그 당시에 유품 올라온 거 전수조사도 가족협의회와 저장소가 진행을 해서 했더라고요. 그러니까 이게 잘못된 거죠. 피해자들보고 시킨 거죠. 이거는 해수부하고 해경에서 다 진행을 해야 되는 거잖아요, 진도랑.

그래 이번에는 인양되고 난 거를 [바로] 안 가지고 [오고] 딱 기록 목록화를 다 시킨 거잖아요. 이번에 그래서 아직 안 가져오고 있는 거고, 보존 처리까지 해서 가져올 거예요. 그때 했었다면 이번에 힘들게 이렇게 안 했겠죠. 그 당시에 이런 체제를 만들었다 그러면 운영위원장님이랑 저가 이렇게 힘들게 일을 진행 안 했겠죠, 사실은.

면담자   사전 준비 과정들에 대해서 조금 더 구체적으로 여쭙고 싶은데요. 어떤 항목들이 필요하겠다라고 판단하셨는지요?

도언 엄마   처음에는 지류. 왜냐하면 종이류가 올라오면, 지류, 종이류가 있잖아요, 그것도 복원해야 되고. 처음에 시작하는 건 사실 금속류하고 의류예요. 그래서 목포에 있는 해양보존연구소도 갔다 왔고요, 부산에 국가기록원도 갔다 오고요, 진짜 여러 군데 갔다 왔어요. 대전 문화재보존연구소도 갔다 오고요. 저희들 안 가 본 데 없거든요. 지류, 응. 지류가 제일 중요하죠. 이 과정이 좀 힘들었던 거 같아요.

가도, 우리가 얘기를 해도, 똑 부러지게 얘기를 못 해요. 옛날에 특히 해양 쪽은 목재가 많잖아요, 목재. 목재…를 보면서 사실 생각을 많이 했던 거예요. 거기서 많은 생각을 했죠. 목재도 탈염, 염분을 다 빼내야 되는 거예요. 염분을 계속 물을 교체해서 염분을 다 빼내는 거예요. 그렇지 않으면 부식이 되고 훼손되니까. 그래서 우리가 생각을 하는 거죠. 의류나 지류나 다 염분이 있으면 안 된다고, 염분이 있으면 계속 훼손이 되는 거거든요. 그래서 목재, 거의 대한민국의 문화재 이러면 거의 목재, 해양은 거의 목재잖아요, 옛날엔 나무로 만든 배니까. 그러고 금속류, 불상, 금속류 이런 거 검, 칼 이런 금속류. 그리고 의복, 옛날 고대의 의류. 그렇게 차근차근 했던 거 같아요.

면담자   일단 탈염을 하는 것을 가장 중요하게 생각을 하시고 사전정보를 얻으신 거군요. 근데 해양보존연구소 등은 보존 처

도언 엄마 이지성

리하는 것에 대한 전문집단이었을 텐데, 유품·유류품에 대해서 어떻게 해야 된다 하는 구체적인 매뉴얼을 제공받지는 않으셨어요?

도언 엄마   매뉴얼은… 어, 기본적인 것. 자기들도 왜냐하면 세월호가 이렇게 바다에 [있었는데], 그 목선 같은 경우는 나무잖아요. 근데 우리처럼 바다에 3년 반 있다 올라온 거에 대해서는 자기들도 해본 적은 없다 그거죠, 의류도 그렇고. 의류도 왜냐하면 우리나라의 의류가 거의 땅속에 관에, 바닥에, 무덤에 있던 의류가 출토돼서 보관, 보존 처리하는 거고. 금속류도 다 땅속에 있던 거 있잖아요, 뭐 불상 이런 거는 땅속에 있는 거잖아요. 그러니까 "물속에 있는 거는 확신할 수가 없다" 그렇게 얘기가 된 거죠. 그리고 우리가 인제 인양에 대해서 좀 도움을 줄 수가 있냐 [요청했어요]. 제가 봤을 때는 잘은 그쪽에도 자신이 없잖아요, 해보지 않은 영역이니까 사실은.

그래서 기본적인 거, 인제 뭐 기본적인 건 다 가르쳐주셨죠. 기본 세척, 탈염, 그리고 동결건조. 그래서 빨리 그냥 딱 고체화시켜서 빨리 하는 거는 동결건조, 이런 거는 다 해주시는데, 정작 "세월호에서 나온 우리 유품·유류품에 대해서 나중에 같이 좀 진행을 해줄 수 있냐?" 그러면 이제 난색을 표하는 거죠. 이게 어려운 일이잖아요, 사실은. 그리고 또 국가기관이면 함부로 해줄 수 있는 게 아니고, 기관 대 기관으로 연결되니까 우리는 이제 민간이니까 의뢰했을 때 해줄 수가 없는 거죠.

면담자   자문 정도는 해줄 수 있지만, 직접적인 도움은 줄 수 없다는 거네요.

도언 엄마   네. 그렇죠. 그런 상황이 되는 거죠. 그래도 다니면서 많은 지식을 주셨어요.

면담자   그럼 완전히 준비된 상태로 인양 상황을 맞이한 건 아닌 거네요. 그러니까 대충 어떻게 해야 된다는 지침 정도만 가지고 인양 상황이 된 거죠?

도언 엄마   그렇죠. '의류, 금속류, 지류 뭐 이런 거는 급속냉동시킨다' 이래 크게만 알게 된 거죠. 그래서 해수부에 처음 이제 탈염을 먼저 요구하게 된 거죠. 그랬을 때 이제 기본 뻘 제거하고 탈염을 하고 이런 거, 그다음 전문세제[를] 사용하고 이렇게 요구를 하게 된 거죠. 미팅을 할 때도 해수부에서는 전문지식 없었어요. 이 사람들은 왜 해야 되는지 모르는 거죠. "왜 그걸 해야 되나?" 이렇게 되는 거죠.

면담자   그럼 인양 전에 해수부하고 세월호에서 나온 유품·유류품에 대한 보존 처리에 협의가 있었나요?

도언 엄마   없었어요. 인양되고 나고 유품 막 나오고 난 다음에 얘기가 된 거죠.

면담자   그러니까 저장소에서만 알아서 자체적으로 움직이고 있었지, 해수부 쪽에서는 보존 처리에 대해서는 생각과 (도언 엄

마 : 안 하고 있었죠) 준비가 전혀 안 된 상황이었네요.

도언 엄마　　　사실 우리 가족협의회도 마찬가지고요. 가족협의회
도 그런 기획을 하거나 뭐 그런 준비는 없었었죠.

9
세월호 인양 후 기록물 보존 처리 및 관리

면담자　　　인양이 2017년 3월에 되고, 저장소 가족위원분들이
4월, 5월 정도부터 목포 신항에 내려가서 유품·유류품 보존 처리에
참여하시게 되면서 보존 처리 체계가 나름 안정된 걸로 보입니다.
그사이에 가족협의회, 해수부와 저장소가 어떤 협의를 거쳤고, 어
떤 과정이 있었는지 말씀해 주세요.

도언 엄마　　　아니, 이상한게요. 아니, 인양이 된다고 얘기를 할
때도 우리보고 어떻게 할 거냐고 물어보는 거죠, 저장소 보고. 그
건 가족협의회에서 준비를 해야 되는 거지. 가족협의회에서 준비
를 해야 되는 거예요. 근데 우리 보고 자꾸 준비를, 어떻게 준비를
하고 있고 생각을 하고 있냐고 물어보니까… 답답하죠, 사실은. 이
거는 가족협의회에서 하는 게 맞거든요, 큰 틀에서는 가족이 준비
해야 되는 거고. 우리는 그 정리된 거를 받아서 우리가 정리하고
목록화시키고 어떻게 활용할 건가 고민하는 건데. 그거죠, 어차피
협의회에서 못 한다고 그러면 뭐 할 수 있는 사람이 하는 게 맞잖

아요. 저는 그렇거든요. 뭐를 해주기를 바라진 않고, 할 수 있는 사람이 하면 돼요. 할 수 있는 사람 먼저 시작을 하면, 나중에는 모든 사람이 다 할 수 있는 거거든요. '나중에 남들이 했을 때 나도 할 거야', 이게 아니라 자기가 힘들더라도 내가 먼저 하면 되거든요.

그래서 [저장소 기록관리팀] 팀장님이랑 많이 움직였죠. 팀장님이 많이 고생하셨죠. 유류품도 알아보시고, 회의 절차도 사실은 팀장님이랑 저랑 내려갔죠. 목포를 계속 내려갔어요, 당일치기로. 그럼 인양분과장님이 인양되면서 계속 거기 상주하고 계셨잖아요. 그래서 해수부랑 회의체가 구성이 된 거죠. 목포시랑 우리 가족협의회 인양분과장님이랑 저장소랑 이렇게 했는데, 우리는 내려갈 때부터 기본적인 매뉴얼을 가지고 내려간 거예요. "어떻게 어떻게 처음부터 7일을 [탈염을] 하고…" 쭉쭉쭉 얘길 하는데 거기는 준비 없이 온 거죠. 아무 생각이 없고, 그냥 해수부[의] 유류품 담당하는 팀장님하고 폐기물 처리 담당하시는 분하고 오신 거예요. 이 사람들이 기본 지식이 없고 어떻게든 그냥 올리기만 위한 거죠, 그냥 뻘만 제거해서. 그래서 처음에는 많이 싸웠던 거 같아요, 대화도 안 되고. 그리고 첫날 가서 회의를 [했는데], 우리가 기본자료 줬던 거를 그다음에는 자기들 자료인 양 만들어서 온 거예요, 그다음 회의를 할 때. 그래서 좀 난리를 폈었거든요. 난리를 폈고, 사실 그렇게 회의를 하면서 해수부야 회의를 하면서 정리는 많이 했어요.

사실은 뭐, 우리가 7일 [탈염을] 요구했지만 어차피 3일, 거기는 어차피 물이 없으니까 물을 받아야 되는 특수성이 있잖아요, 공간의 제한성 이런 거 때문에. 컨테이너에 온습도 조절하는 습도 조절하는 거, 제습기, 에어컨, 그리고 차광막 만드는 이런 거 다 우리가 다 요구해서 만든 거예요. 그냥 해준 거는 없어요. 유류품을 세척을 해서 건조하는 건조대까지도 다.

그래 했는데, 그 과정에서 사실은 저는 팀장님한테 죄송한 게 뭐냐 하면 상처 좀 많이 받았거든요. 해수부한테 상처를 받은 게 아니라, 사실은 우리 가족들한테 유가족들한테 상처를 많이 받았어요. 〈비공개〉 뭐… 팀장님한테만 그랬겠어요? 저한테도 그랬죠. 저한테도 소리 지르고 막 이렇게 했어요. 저는 어차피 가족이니까 이해하고 넘어가죠. 근데 팀장님은 속상하죠. 팀장님은 또 아니잖아요. 팀장님이 마음고생 많이 했고요. 나중에 팀장님은 자기를 빼달라 해서 저만 이제 회의를 계속 들어갔어요. "너무 상처받는데 오지 마시라, 저 혼자 가겠다"[고 했어요]. 〈비공개〉 아니 된 말로, 속된말로 '니가 왜' 이런 표현 있잖아요? 그런 행동들. 그럼 "팀장님 빠지라"[그러고], 그럼 제가 인제 들어가죠. 어르고 달래고 설득도 하고 이해도 시키고 막 이런 과정을 팀장님이 다 보시잖아요. 그래 나중에 팀장님이 나보고 불쌍해 죽겠대요. "아니 같은 유가족인데… 같은 유가족인데… 소장님이 왜 그래야 되냐"고. "왜 그렇게 대우를 받고, 왜 굳이 이렇게 해야 되냐"고. "이렇게까지 해야 되겠냐고 불쌍해 죽겠다" 얘기하더라고요. 그래 내가 "그건 아니고요, 어쨌든 여기 올 때는 도언이 엄마로 오는 게 아니라, 기억저장소 소장으로 오기 때문에 그거는 감수하고 와야 되는 거 아니냐"고 괜찮다고, "다음부터는 팀장님은 오지 마세요, 제가 정리하겠습니다" 해서 그다음에 저만 회의를 가고 진행을 했었어요.

면담자　　　해수부 쪽에서는 보존 처리에 계획이 전혀 없이 회의에 들어왔고, 여기에 대해서 소장님과 팀장님은 여러 가지 안을 제시하면서 관철시키신 과정이셨던 걸로 이해되는데요. (면담자 : 맞아요) 사소한 질문이긴 한데, 그 회의에 폐기물 전문가는 왜 들어가 있었던 거예요? 그분은 폐기물 담당 공무원이신 거죠?

도언 엄마　　　그렇죠 뭐⋯ 왜 왔는지 모르겠어요. 뻘에서 나온 그런 물도 처리해야 되겠고, 뭐 기존에는 생각이 없었던 거죠. 빨리 정리를 하기 위함이지 않을까. 그러고 거기서 나온 폐기물잖아요, 사실 뻘 이런 거 다 폐기물이잖아요.

면담자　　　법적으로만 따지면 폐기물이긴 하죠.

도언 엄마　　　네. 전문용어로 폐기물 맞지요. 그래서 그분들이 온 거 같고요. 그러고 나서는 빠지셨어요, 다음에 하는 회의에서는 빠지셨고요. 처음에 막 유류품 올라올 때 세월호 배 안에 있던 지류도 많이 나오잖아요. 근데 우리는 벌써 인제 기본지식이 있잖아요, 공부를 했기 때문에. 그래서 냉동실에 넣어야 되는데 냉동고가 없는 거예요, 얘기를 했는데도. 그래서 결국은 여기 저장소에서 냉동고 사서 들여보내 준 거죠. 거기에 급속냉동시키고, 지류는 급속냉동하지 않으면 산화되면서 바로 부식이 된대요, 곰팡이가 슬어요. 그래서 이제 바로 냉동고에 넣었고요. 그때 선조위[세월호 선체조사위원회가 있었잖아요, 사실은. 선조위가 구성이 됐는데도 선조위도 그런 지식이 없었던 거예요. 선조위도 지식이 없어서 우리가 다 가르쳐주고, 여기에 견학을 오고, 냉동고에 선조위 자료도 넣고 그랬던 거죠.

면담자　　해수부 쪽에서는 지식과 준비가 없었기 때문에 그래서 부딪힌 점이 있었을 테고요. 가족협의회분들과 소장님과 팀장님이 부딪쳤다면 그 갈등의 지점이 뭐였을까요? 어찌되었든 한마음으로 유류품을 잘 보존해야 된다라는 거는 같은 뜻이었을 거 같은데요. 어떤 면에서 좀 다른 지점이 있으셨는지요?

도언 엄마　　인양분과장님은 목포를 총괄하고 계셨잖아요, 인양분과장님이니까. 그래서 인양분과장님은 모든 걸 다 컨트롤해야 되는 거고. 그리고 사실은 우리가 요구하는 건 정당해요, 사실은. 최고를 요구하는 것도 아니고 최소로, 그냥 최선도 아니고 최소였어요. 최소를 요구하는 건데 해수부에서 난감을 표시하니, 인양분과장님은 일을 진행해야 되겠고 그래서 그런데서 오는 사소한 마찰…이라 해야 되나요? 그런 거라고 좀 봐요.

　　왜냐하면 우리는 강경하게 나가고, '[어떻게] 해야 된다'가 나는 이제 정확하게 설정이 되어 있으니까. 어떻게 해야 된다 하는 게 머릿속에 정리가 되어 있는 상태고, 〈비공개〉 유품·유류품에 대한. 그리고 또 해수부를 담당을 해야 되고. 나는 당연히 해수부를 죄죠, "준비를 해라, 준비를 해야 된다" 그러다 보니까 중간 역할과 총괄을 하다 보니까 그런 일들이 발생했던 거 같아요.

그러고 극도로 그때 트라우마가 오기 시작하는 거죠. 세월호 배가…… 맞이하는 그 순간부터 쉽지는 않죠, 매일 보는 사람이. 우리는 어차피 다 한 번씩 내려가서 보는 거지만, 3년 반 동안 싸우고 동거차도 지키고 해서 세월호가 인양돼서 목포 신항에 왔어요. 왔는데 준비가 안 된 상태에서 유류품 쏟아져요. [인양분과장님은] 해수부를 담당해야 돼요. 해수부가 뭘 했겠어요. 한 개도 한 게 없거든요, 그냥 진짜. 그러니까 얼마나 힘들었겠어요. 이해하죠. 그러니까 내가 인제 그냥 이해도 시키고 설득도 시키고 어떨 때는 막 화도 냈다가 어르고 달래고 막 했던 거죠. 근데 팀장님은 속상한 거죠. 내가 모시는 상관이 그런 대우를 받으니 속상하신 거죠.

면담자 선조위 쪽에서도 어떤 도움이라든가 지원이 없었죠?

도언 엄마 선조위도 지식이 없었는데, 우리한테 의뢰하고 냉동고도 없어가 오히려 우리가 냉동고 넣고. 뭐, 그랬죠.

면담자 제가 왜 선조위를 여쭤보냐면, 선조위가 진상 규명, 특히 침몰에 대한 원인들을 파악하기 위한 목적도 있지만, 사후 진상 규명을 위한 자료 수집이 목적 중에 하나로 있었다고 알고 있는데요. 그런 면에서 세월호에서 쏟아져 나오는 그런 유품·유류품을 잘 보존하는 건, 유품이라는 의미도 있지만 증거품이라는 의미도 있잖아요.

도언 엄마 그렇죠.

면담자   그렇기 때문에 잘 보존하는 것에 대해서 관심이 있었을 거 같다는 생각이 들어서요.

도언 엄마   오실 때 다들 전문지식 없이 오신 거 같고요. 이렇게 우리가 중요하다고 요구할… 우리는 다 하나하나가 다 중요하다고 막 요구를 하잖아요.

면담자   그중에 어떤 게 증거품이 될지 모르는 상황이니까요.

도언 엄마   그렇죠. 그리고 우리는 하나하나, 아이들 물건이라면 더 우리는 막 불을 켜고 달려드니까 여기까지 준비를 못 하셨던 거 같고. 중요한 거는 그거예요. 제가 저번에 어떤 인터뷰를 할 때도 그런 얘기를 했어요. 무슨 얘기를 했냐면, 선체조사위원회는 사실 인양이 되기 전에 구성이 돼서 전문지식을 공부해야 되는 거죠. [그런데] 인양되고 난 다음에 선체조사위가 바로 구성이 된 거잖아요. 뭔 준비를 했겠어요, 이 사람들이. 그냥 급하게 막 구성이 되다 보니 준비가 안 된 상태에서 그냥 출범이 된 거죠. 근데 유류품이 막 쏟아져요. 특히 다른 뭐 많지만 유품이 막 쏟아져요. 뭘 할 줄 알겠어요? 그냥 모르는 것밖에 없는 거죠, 모르는 것밖에 없었던 거죠. 그나마 해수부랑 이렇게 탈염하고 해서 나중에 그나마 선체조사위에 유품 담당하는 부서가 합류가 된 거지. 그러니 이게 잘못된 거죠. 인양되기 전에 준비가 된 상태에서 인양을 해야 되는 거죠.

근데 이제 그때 상황이 우리가 막 촛불혁명을 일으키고 박근혜

탄핵 막 얘기 나오고 할 즈음에 이거를 무마시키기 위해서 인양을 한 거잖아요. 그러니 준비가 안 된 상태였지. 모든 사람이 준비가 안 된 상태죠. 그러다 보니까 준비가 안 되고 계속 어긋나는 거죠.

면담자 목포에서 시간이 지나면서 최소한의 보존 처리하는 과정이 있었는데, 그런 게 전혀 없었던 상태가 한 4월 초쯤이죠? (도언 엄마 : 그렇죠, 예) 그때 유품이 막 쏟아지기 시작했는데, 아무런 준비가 갖춰지지 않았던 (도언 엄마 : 네, 4월 달 5월 달, 네, 그렇죠) 그 시점의 유품 보존 처리 과정과, 그나마 좀 체계가 갖춰진 7월 정도 시점의 유품 보존 처리 과정을 비교한다면 어떤 점이 달라졌나요?

도언 엄마 처음에는 그냥 이렇게 뻘 그대로 됐는데요, 그것도 나중에 수조가 들어오고, 그 탈염을 세척을 해야 되는 세면대가 들어오고, 탈염을 3일 동안 [했어요]. 그래서 제가 얘기를 많이 했어요, "이게 유품이면 [물속에] 가득 잠가야 된다". [그런데] 얘들은 그렇게 아는 거죠, 이것도 폐기물이고, 또 물 공급이 가져오기가 힘든 거고 등등 이유를 대는 거죠. 물에 잠기지를 않아요, 이 물을 유품이 이렇게 푹 잠겨야 되는데.

면담자 유품의 탈염을 위해서는 물속에 푹 잠겨 있어야 되는데, 그냥 적시는 정도?

도언 엄마 네. 하여튼 물도 양도 얕고, 염도 측정을 하는 거죠. 우리가 염도 측정 하랬거든요. 근데 예를 들어서, 제가 그래 설명을 했어요. "쬐끄만 여기[수조]에서 염도 측정하는 거와, 유품 하나를 넣고 요만한 크기의 염도 측정을 하는 거와, 10배되는 이 공간에서 하나 넣고 염도 측정하는 거는 틀리다[다르다], 정확하게 해라" 그랬어요, 제가. 근데 말 안 듣죠, 말 듣겠어요? 안 듣죠(웃음). 자기들은 염도를 다 뺐다는 거죠. 염분을 다 뺐다고 자꾸 우기는 거죠. 어이없는, 그거 보면 이 수조 안에 엄청난[많은] 유품을 막 넣는 거예요, 어마어마하게. 그게 무슨 탈염이 되겠어요? 흉내만 내는 거지, 흉내만 내고. 일단 그러면 뭐, 그나마 그것도 어디예요, 그죠? 처음엔 그냥 올라왔으니까. 그리고 인제 건조 들어가는 거죠. 건조망 씌우고요, 그리고 햇빛 가리라고 위에 차광막 다 하라고 그랬어요.

면담자　　원래는 차광막도 없었죠?

도언 엄마　　네. 관리도 안 하고 없었죠. 차광막도 다 하라 그러고 해도 말 안 들어요. 햇빛 들어오면 안 된다 해도 그닥 신경 안 써요, 안 쓰고 있고요. 또 신발도 컨테이너[에서] 인제 말리면 우리가 인제 개별포장을 다 하라 그랬어요. "개별포장을 다하고, 특히 의류 같은 경우는 접히는 부분에 한지를 다 넣어라, 훼손 안 되게 한지를 다 넣었으면 좋겠다"고 얘기했고, "방습제 다 넣어야 된다" 그런 얘기 다 했어요. "일일이 다 포장하고, 그리고 위로 쌓이지 않게 해라, 눌리면 안 된다". "의류 같은 경우는 이렇게 세워서 해라", 이런 방법도 다 가르쳐준 거예요. 다 알려주고, 컨테이너 안에 온

습도 수시로 체크하게끔 만들고. 그리고 나서 또 가면, 이게 인제 덜 말린 상태에서 거기 넣어놓으니까 습이 차요. 물기가 차요, 습기가 차는 거죠. 그걸 또 지적해서 다시 또 말리고.

근데 이 사람들이, 우리는 유품이라 하지만 이 사람들은 유품이 아닌 거예요. 항상 제가 말씀드리지만, 신발을 보면 다 물이 차올라 온 거예요. 그래 신발 또 제가 지적을 했어요. 그래 가지고 또 양파망에 넣어가지고, 행거라 그러나요? 행거에다 또 말리는 건조장으로 간 거예요. 신발을 딱 쫙 양파망에 넣어가지고 [건조]한 거예요. 그러면 신발을 위에서 이렇게 [널어놓은 형태로] 댕기면 신발이 모양이 형태가 틀어져요. 말려야 된다면 해도 좋아, 그러면 어느 정도 말리면, 다시 넣어서 편편하게 해야 될 거 아니에요. 몇 달이 지나도 [그대로] 있는 거예요.

그날 또 운영위원장 회의가 있어서 갔는데, 비가 엄청 오는 날이에요. 내가 신발 좀 보자 그랬어요. 그러니까 없는 거예요, 컨테이너 안에 없고 밖에 있는 거예요. 그 비 오는 장마, 비 그때 엄청 장마 올 때였거든요. [신발이] 밖에 노상에 있는 거예요. 노상에 비가 다 내리치는, 비가 이게 차광막 하얀 천막을 쳐도, 비가 이래 막 내리치잖아요. 그래서 고대로 비를 고대로 맞는 거[야], 그러니 말릴 수가 없는 거잖아요. 그래서 난리 났었거든요. 막, 운영위원장님이 화 나가지고요, 의자 치고 또 난리 났었어요. 그러니 이게 마음이 틀린[다른] 거예요.

그때도 인양분과장님이 계셨거든요. 인양분과장님이 거기까지 신경을 못 쓰는 거죠. 그러니 이게 바라보는 관점이, 나는 또 거기에 유품 보존 때문에 간 사람이니까 눈에 다 들어오는 거잖아요. 그리고 그때 또 운영위원장님이 [왜] 더 화가 났냐 하면, 찬호 신발이 나와 있었거든요. 나와서 이제 탈염하고 말리는 과정인데, 애가 몇 달 동안 그 신발이 있으니, 또 비 오는 날 밖에 있어서 비를 또 고스란히 맞고 있으니 그게 마르겠냐고요, 안 마르죠. 근데 관심 없는 거죠, 이 사람들은. 관심 없는 거예요, 해수부는. 그래서 그날 막 난리가 났었어요. 막 소리 지르고 의자 집어던지고 난리가 났었어요. 그리고 나중에 가니까 다시 컨테이너에 들어가 있더라고요 (웃음).

이렇게 하나하나 우리가 간섭하고 지적하고 관심을 안 가지면요, 안 해요. 그러니 얼마나 힘들었겠어요, 유가족들이요. 거기 있는 인양분과장님은 얼마나 힘들었겠어요? 하나하나 관심 안 가지면 제대로 안 하니까, 해수부에서. 해수부에서 똑바로 했겠어요? 안 하죠.

면담자 조금만 생각해 보면 장마에 비 맞으면 운동화가 안 마르는 건 당연하죠.

도언 엄마 그러니까요. 몇 달 동안 그러니까 그게 안 되는 거죠. 그러니까 인양분과장님을 저는 이제 이해를 하죠. 같은 그거고 [부모기도] 하니까. 남이 봤을 때는 이해 못 할 수도 있죠. 상처가 되죠, 남들이 보면. 네.

면담자　　　목포에 저장소 부모님들이 내려가서 또 직접 보존 과정에 참여하시기 시작했잖아요? 그 얘기를 들어야 될 거 같은데, 잠시 쉬었다가 재개하겠습니다.

도언 엄마　　　네, 알겠습니다. 감사합니다(웃음).

(잠시 중단)

10
목포와 안산에서의 세월호 유품·유류품 보존 처리 과정

면담자　　　네, 다시 시작하겠습니다. 세월호가 인양된 후 선체에서 나온 유품과 유류품에 대한 보존 처리 얘기를 하다가 중간에 멈췄는데요. 저장소 가족운영위원분들께서 목포에 직접 내려가셔서 보존 처리 과정에 참여하시게 됐잖아요? 그 시점이 언제였고, 어떤 계기로 가셨고, 어떤 일을 하셨는지요?

도언 엄마　　　네. 인양분과장님이랑 가족들이… 세월호 인양되고 난 다음에 목포 신항을 지켜야 되잖아요. 처음에는 기록단, 인양되기 전부터 기록단을 구성을 하는데, 기록단 구성이 좀 잘 안 됐어요. 그래서 우리 저장소 사업팀에 태경 샘을 기록단 멤버로 보내드렸고, 그리고 인제 쉴 틈이 없어서 제가 재성 샘과 ×× 샘으로 교체를 시켰고, 다 한 번씩 교체를 시켰었어요.

　　그런 찰나에 유류품을… 분과장들과 팀장, 그리고 인제 가족들이 하는데, 저장소를 얘기하는 거예요. "왜 저장소는 안 가냐" 이렇게 얘기하게 되는 거죠. 임원들이… 참 어려워요. 사실 이게… 좋은 일일 때는 배제하고, 힘든 거는 저장소. 항상 그렇게 되더라고요. 그래서… 그래서 저장소는 왜 안 오냐, 왜냐하면 반별로 또 움직였거든요. [저장소 부모님들도 반별로] 움직일 땐 움직였는데 또 그렇게 얘기를 해서, 제가 엄마들하고 논의를 했죠. 그래서 엄마들이 2인 1조로 유류품 관리 지원을 들어간 거죠. 우리가 기본적인 건 아니까.

그리고 나서, 처음에 가신 부모님들이 고생 많으셨어요, 사실은. 처음에는 엄청 많이 나왔거든요. 처음에 재강 어머님, 태민 어머님, 혜선 어머님… 고운이 어머님은 애가 고3이라서 빠지셨고, 윤희 어머님은 저랑 독일 일정 때문에 빠지셨고, 은정 어머님이랑 [목포로] 이렇게 가셨거든요. 진짜 고생 많으셨죠. 그렇게 해서 내려간 계기였고, 또 우리가 인제 기본적인 걸 아니까 유류품 수습하고 정리하는 부분에 있어서 탈염 처리하는 부분에 있어서 많은 도움은 됐죠.

근데 유품 수습을 하루 종일 아침 일찍 가서 저녁까지, 오후 늦게까지 하잖아요. 하고 숙소에 들어가면… 밤새도록 뻘 냄새가 코와 얼굴에서 계속 난대요… 그럼 엄마들이 미치겠다는 거죠. 속에서 천불이 난다고. 우리가 왜 이러고 있어야 되는 건지 막 화가 난다고 그 얘기를 하셨어요, 저한테. 그래서 그 얘기를 들었을 때, 저는 이제 못 내려갔잖아요. 독일 일정도 있었고, 독일에서 15일 일정이 있었고, 그리고 또 여기 저장소 일이 있으니까 못 내려갔지만… 그런 얘기 들을 때 참 가슴이 아팠어요, 미안하고. 저는 항상 저장소 엄마들한테 항상 미안한 감정밖에 없어요. 너무 힘든 일을 시켜가지고. 힘들고 어렵고 진짜 실무진한테는 못 시키는 일들 제가 엄마들 다 시키니까. 그래도 엄마들이 싫다고 표현하시면서도 또 하시거든요. "못 해요, 왜 자꾸 우리만 시켜요", 이렇게 하시죠. "실무진들 시키세요" 그렇게 하면서도 또 제가 얘기하고, 또 우리 아이들 일이니까 또 하셔요. 항상 저장소 엄마들한테는 죄송하죠. 그래서 내려가게 된 계기예요, 저희들이.

면담자   목포 신항에서 최소한의 보존 처리를 한 것들이 안산으로 올라오게 됐는데, 바로 부모님들께 갖다드린 건가요?

도언 엄마   바로 올라오는 거는 본인 확인된 것들, 확인되면 이제 유품이 되는 거죠. 확인 안 됐으면 유류품이고. 확인된 유품에 한해서 가족들이 찾으러 가는 거죠. 그전에는 그냥 뭐 택배로, 1차 때는 택배로 보내주고 버스 편으로 보내주고, 대리로 받으러 가고 했는데, 인양되고 난 다음에는 가족들 본인이 직접 사인하고 받아와야 됐어요. 그러면 우리가 공지를 띄우죠. 처음에 가족들이 가져갈 때 기본적인 거, 세척과 탈염하는 방법을 쭉 내용을 공지를 했고요, 그리고 기증하실 분들은 저장소로 기증하시라고 했어요. 그래서 기증하시는 분들은 기증하시고, 아닌 분들은 각자 가져가서 소각시키시고, 그리고 내 아이 물건, 학생증이나 아이들 이름이 있잖아요. 이름이 있으면 인양분과장님이 전화를 하세요. 전화를 하시면 와서 찾아가시는 분이 있고, 안 찾아가시는 분이 있고. 그러면 안 찾아가시는 거에 대해서는 주인이 확인된 거는 안 찾아간 거는 아직도 목포 신항에 있어서 기록 목록화해서 정리가 된 거죠.

면담자　　주인이 확인이 됐는데, 찾아가시지 않은 것들이 목포 신항에 아직 남아 있다는 거죠?

도언 엄마　　그렇죠. 그러니까 주인이 확인 안 된 거와, 주인이 확인됐지만 안 찾아가시는 거가 목포 신항에 있고. 내 아이의 물건을 가져오신 분들은 우리한테 저장소에 기증을 하시거나, 아니면 각자 알아서 깨끗하게 처리를 하시죠.

면담자　　그럼 저장소에 기증된 유품들은 어떻게 관리가 되나요?

도언 엄마　　처음에는 막 캐리어 전체를 갖다주시는 분도 있었어요. 그러면 우리는 보존 처리에 대해서 공부를 했기 때문에, 그냥 서고에 들어갈 수는 없잖아요. 부식이 되고, 훼손이 되고, 그 뻘 냄새가 서고 전체에 배서 안 돼요. 그러면 일단은 엄마들이 먼저, 돈이 없으니까, 유품 보존 보존비용이 만만치 않거든요, 지류도 그렇고 금속류도 그렇고. 의류는 교수님이 재능 기부 해주고 계시는데, 다 갖다 부탁드릴 수는 없잖아요, 그분도 하시는 일이 있기 때문에. 그래서 엄마들이, 제가 또 엄마들을 시켰죠.

합동분향소 옛날에 "밥값식당"이 있었어요. 컨테이너 한 칸 그거를 [활용]해서 엄마들이 활동하시는 분들[에게] 한동안 밥을 점심을 드렸었거든요. 근데 엄마들이 하기 너무 힘들어서 그걸 중지를 시켰었구요. 그 공간에 우리 유품 세척과 탈염하는 공간을 만든 거죠. 그래서 거기 테이블을 엎어서 철망을 깔고, 철망이 아니라 망이죠. 세탁을 했으면 이제 물기를 빼고 말려야 되니까 테이블 엎어서 그 망을 만들고, 그리고 옛날에 큰 김장하는 통, 큰 고무로 된 그거를 사와서 거기다가 인제 세척하고 담가놓고 탈염을 하는 공간으로 만든 거죠. 그리고 세제는 특히 의류 같은 경우는 교수님이 주신 거고, 오셔서 자문도 해주시고. 그래서 의류와 금속류, 동전, 이런 거는 어머님들이 할 수 있는 부분은 다 했어요, 배워서. 그리고 진짜 세부적으로 해야 되는 거는 금속류는 전문 업체로, 지류는 우리가 손댈 수 없으니까 지류도 전문 업체에 우리가 보냈고요. 의류 같은 경우는 일단 훼손이 심한 것부터 올라온 순서대로 교수님한테 부탁을 해서 보존 처리가 들어가게 된 거죠.

면담자   자문해 주신 교수님 성함이?

도언 엄마   [의류는] 최정민 교수님이시고, 금속류는 팜클에서 했구요, 지류는 중부아카이브에서 했어요.

면담자   목포에서 3일 정도 탈염했던 건가요?

도언 엄마   네. 3일 했어요.

면담자   3일 탈염했지만 그걸로 모자라서 저장소로 올라와서도 탈염작업을 더 진행을 한 거네요?

도언 엄마　　네. 하면 뭐 뻘이 그냥 그대로 나와요, 사실은. 그래서 엄마들이 기본 일주일에서 열흘씩 담가놓고 그렇게 탈염을 했죠. 하고 다시 또 증류수로 담가놓고, 또 한 번 말리면서 아주 부드러운 붓으로 다 털어내는 거예요. 옷에 붙어 있을 수 있는 그런 걸 다 털어내고 또 말리고, 또 뒤집어서 하고. 또 모양이 흐트러질까봐, 그 우리 집회할 때 쓰던 노란 거[막대풍선], (팔을 흔들며) 이렇게 이렇게 응원하는 거 바람 넣어서 그걸 팔 이런 데 다 집어넣고 그렇게 했었어요. 엄마의 손길이 안 들어간 곳이 없죠, 금속류도 그렇고.

면담자　　어머님들 본인 아이 것들이 아니지만 그래도….

도언 엄마　　그렇죠. 엄마들이 그런 얘기 하셨어요. 어… "내 아이 속옷도 아닌데 이걸 내가 해야 되나". 왜냐하면 속옷도 막 다 헤어져서 올라왔잖아요. 그런 부분은 우리도 그렇죠. 이런 거는 사실 기증을 하지 말고 각 가정에 가서 정리를 했으면 참 좋을 건데. 내가 관리하기 힘들면, 저장소에 기증한들 그게 쉬운 일은 아니잖아요, 사실. 내 아이의 속옷과 이런 거는 좀… 그렇죠. 부모님들이 가져가서 정리했으면 참 좋았겠다 이런 생각을 하는 거죠.

면담자　　보통 세월호에서 나온 물건들은 목포시에서 먼저 (도언 엄마 : 공고를 하죠) 공고가 되는 거잖아요. 그러니까 기본적으로 목포시 소관이라는 말씀이죠? (도언 엄마 : 네) 법적으로 목포시

소관이라는 말씀이라면 보존 처리와 관련된 소통 창구로 누구와 협의를 주로 하셨어요?

도언 엄마   보존 처리는 해수부랑 해야 되고요. 목포시는 목포에 세월호가 왔기 때문에 목포시에 공고는 해야 되는 거죠, 목포시 홈페이지에 유류품으로 해서 6개월 공고가 들어가요. 6개월 공고가 된 유품·유류품은 기록물 보존 처리하기 위해서 기록물 목록화 정확하게 하는 작업이 들어가고 해수부에 관리가 들어가는 거죠.

면담자   그때 소통의 창구가 되는 분들이 따로 계시는 건가요? 해수부에서 담당하는 팀이 따로 있었던 것인지요?

도언 엄마   어, 그때 지금 유품 요거 한 거는 그 당시에는 이게 [담당팀이] 없었고요. 만약에 아이들 물건이 올라오면 선조위하고 해수부에서 정리가 되잖아요, 그러면 컨테이너에 들어가는 순간 목포시 관할이 되는 거예요. 처음 거는 해수부에서 어떻게 하는데, 공고하고 찾아오는 거는 목포시에서 하고, 목포시에서 직원 두 명이 파견근무 나와 있는 거죠. 찾으러 가면 거기서 사인받고 애들 물건 받아 오고. 그런 과정이었어요.

면담자   그리고 지난 구술 때도 조금 들은 얘기긴 한데, 아까 전에 말씀해 주신 그런 교수님들하고 전문 업체들 같은 보존 전문가분들의 도움을 많이 받으신 거 같은데, 그분들과 소통 과정에서 아쉬움이나 고마움이 있다면요?

도언 엄마　　처음에는… 뭐 그전에 금속류 전문가분은 일이 생겨서 정리가 됐고요. 그리고 이번에 의류, 지류, 금속류는 팀장님이 다 알아보셨어요. 팜클 같은 경우는 우리 안산시 추모기록 쪽에 선생님이 연결해서 된 거고, 그렇게 해서 금속류는 보존 처리가 되게 된 거고요. 지류는 팀장님이 여기저기 워낙 아시는 분들이 많고 이쪽에 오래 근무를 일하셨기 때문에 지인들 통해서 다 연결이 돼서 중부아카이브도 연결이 됐고, 최정민 교수님도 연결이 되고 그렇게 진행이 됐어요.

그래서 저는 의류도 그렇지만… 저는 지류…의 그 교수님께 항상 감사하죠. 물론 의류도 마찬가지지만, 지류는 참 어렵거든요. 의류 같은 경우는 옛날하고 의류가 틀려서[달라서] 지금 의류는 화학섬유잖아요. 그래서 많이 빨리 훼손되고 그렇진 않대요. 지류는 3년 반 동안 물속에, 그것도 바닷물 속에 있었고 인제 수습이 됐을 때는 빨리 부식이 되는 거죠, 곰팡이가 스는 거죠. 그리고 대한민국도 그렇고 세계적으로 바닷물 속에 있던 지류를 복원한 게 없어요… 없어요. 그래 처음에는 교수님도 우리 그때 미팅을 가고 했었죠. 저랑 팀장님이랑… 많이 걱정을 하시는 거죠.

또 종이에 뻘 냄새가 장난 아니잖아요. 뻘과 바이러스, 세균, 미생물이 있을 거 아니에요. 그런 부분을 다 감수를 하시고 하신 거죠. 그래 처음에는 재능 기부로 시작했는데, 그 이후에는 제가 비용을 다 그냥 100프로 다 드렸어요. 너무 고생하는 걸 아니까. 이거를 훼손된 걸 복원이 안 되면 교수님이 잠을 못 자, 못 주무셨어요. 일단 이게 진짜 중요한 거잖아요. 아이들이 마지막으로 가져갔던 책이고, 그리고 물론 이제 선조위에서도 국가기록원을 통해서 복원한 것도 있죠. 애들 뭐 수학여행 안내문 이런 거는 다 했죠. 또 중요한 건 그쪽에서 다 가져갔으니까, 선체조사위원회에서. 근데 그 외에 우리 거는 사실은 우리 아이들 물건이잖아요. 우리 아이들 책이고 교과서와 그리고 아이들 노트고, 그 외 이런 것도 있지만. 그래서 그런 부분에 대해서 중부아카이브 교수님한테는 최고 제가 감사하게 생각하고. 그리고 그분들 중에 종이가 있을 때 뭐 바이러스와 미생물이 있을 수 있고, 냄새가 격하고 이래서 종이를 댔을 때 피부 발진이 좀 많이 일어났었대요, 그 직원들도. 그런 거 다 감수하고 그 많은 지류와 세월호 도면, 책 이런 걸 다 복원해 주신 거죠.

그리고 갔을 때도 그분들이… 엄청 미안해하셨어요, 저한테. 제가 유가족이니까, 유가족이고. 어떻게 해서라도 진짜… 그냥 뭐 어디에 잘 보관되어 있던, 서고에 보관되어 있던 이런 거[중]에 이런 역사적으로 [중요한] 뭐 이런 거는 다 거기서 진짜 많이 하셨어요. 그 중부아카이브에서 많이 하셨는데, 이렇게 바닷물 속에 있던 거는 처음이니까. 그리고 사실 그 교수님이 말씀하신 것도, "자기도 처음으로 하는 종이 복원이고, 바닷속에 있던 건 처음 하는 복원이고 오히려 자기도 많은 걸 공부를 하게 됐고, 또 세월호에 대해서 다시 또 생각을 하게 됐다"고 그 얘기를 하셨어요. 그래서 하여튼 고생 진짜 많이 하셨죠.

도언 엄마 이지성

면담자   기억저장소 집단구술 때 복원된 책 얘기도 하셨고 단원고 교복도 복원이 되는 모습에 대한 얘기도 하셨지만, 복원된 모습을 보셨을 때는 어떤 생각이 드셨어요?

도언 엄마   특히 세월호 도면이 복원을 다 했어요. 복원을 했을 때는… 이게 그냥 도면이 아니라, '아, 도면이 아니라 우리 아이들 그냥 다 구해줬으면 이런 거 할 일이 없는데' 이런 생각 있잖아요. 이런 사람들이 고생할 필요가 없잖아요, 사실. 그런 생각이 들었고요. 최근 여러 가지 많이 복원을 했고. 특히 지류에는 불난 흔적, 불에 탄 흔적이 있어요. 그걸 인제 복원했었어요. 그걸 보면서 그건 [참사] 초창기에 화재가 있었다는 그걸 증빙하는 거죠. 그런 거에 인제 중요한 자료도 되고.

그리고 책을 또 복원했을 때, 책 제목이 『세월의 돌』이에요. 그래 또 우리 애들이 세월호를 타고 갔잖아요. 원래는 다른 배였는데, 오하마나호였는데 세월호랑 바뀌어 갔는데, 걔가 또 하필 또 단원고에서 빌려간 책 제목이 또 『세월의 돌』이에요. 그래서 엄청 울었어요. 엄청 울고 엄마들도 울고 그랬거든요. 그런 것…….

또 교수님께서 보관만이 아니라 나중에 전시를 하고, 잘 보관을 하려면 케이스까지 얘기를 하셨어요. 물론 이제 그 케이스는 우리가 비용을 다 계산을 했지만, 그런 거까지 세심하게 다 신경 써줬다는 거죠. 뭐 케이스, 커버 이런 것까지 다. 사실 이게 다 하나의 마음이잖아요, 그런 부분.

의류는 교복은 범수 거, 범수 거 교복은 복원 처리를 했어요. 처음에 사진을 비교하면, 처음에는 엉망이죠. 뭐 뻘 묻은 거와 간단하게 세척한 거와 보존 처리한 거는 너무 틀리잖아요[다르잖아요]. 물론 가슴 아프지만, 그래도 뻘 묻고 제대로 [복원이] 안 된 거를 나중에 보존 처리하는 것보다는, 이렇게 진짜 가슴 아프지만 그래도 복원하고 깔끔하게 나중에라도 교육의 하나로 쓸 수 있다면, 이게 진짜 우리가 교수님 이하 우리 엄마들이 노력한 이거는 참 잘한 일이다, 그래 생각을 하죠.

면담자   저는 교복 실물은 못 봤고 복원 전후 사진밖에 못 보긴 했는데, 많이 바뀐 게 좋더라고요.

도언 엄마   그렇죠. 아이들이 입고 갔다가 옷만 남겨놓고 가버렸으니까…….

면담자   네. 어쨌든 제 색깔을 찾게 된 거니까요.

도언 엄마   그럼요, 네.

11
기록물 보존 처리와 이후 활용

면담자   아까 전에 보존과 전시를 위한 케이스를 말씀하셨는데, 현재 복원작업의 진행 상황에 대해 알려주시고, 향후 복원된 것들을 어떻게 활용할 생각이신지 말씀해 주세요.

도언 엄마   네. 이제 그 목포 신항 컨테이너에 조사가 다 끝난 금속류가 많았어요. 세월호 선체에서 **빼낸** 기계류 있잖아요, 조타실에 있던. 근데 그거를 보존 처리를 계속 요구를 했었어요. 근데 그게 좀 진행이 안 되고 있고요. 대신 유품 기록 목록화하면서 보존 처리 이야기하다가 유품 목록화를 먼저 하자고 이렇게 자문위원들이 모여서 이걸 먼저 시작을 한 거죠. [목록화를] 해놔야 보존처리를 또 할 수 있다고, 사업으로 하는 과정에 제가 금속류도 이야기했어요. 그 방치하고 있는 금속류도 해야 한다. 세월호 선체는 나중이라도, 이거는 또 컨테이너에 방치하고 있으니 해달라고 그걸 요구를 해서 사실은 협의체를 구성하려고 했는데, 협의체가 구성이 안 됐어요.

저랑 운영위원장님이 요구를 해서 인양분과장, 진상분과장님, 일반 자문위원들 구성을 해서 첫 회의를 한번 시작을 했어요. 〈비공개〉

사참위[사회적참사특별조사위원회]가 와서 또 뭐 어, "세월호 선체에 손댈 수 없다" 이렇게 된 거죠. 1차 선체위 조사에서 조사가 끝났는데, 아예 손도 못 대게 한 거예요. 그럼 계속 인제 부식이 되는데도…. 그래서 전문가들, 그 삼호중공업 뭐 등등 전문가들 다 왔잖아요. 그분들이 그러면 조사할 구역이 지금 훼손이 되고 있고, 이게 세월호 선체 벽도 우리 세포와 같다 그거예요. 철이지만 저것도 우리 세포와 똑같다는 거, 구멍이 다 있다는 거죠. 저기 하나하나 사이사이에 우리 눈에 안 보이지만 염분은 다 끼어 있기 때문에 산화가 심하게 되고, 다 부식이 되면 다 으스러진대요. 철이 녹슬고 하면 나중에 다 으스러지잖아요. 그런 과정이 온다는 거죠. 당장은 아니지만 서서히 그게 진화가 되기 때문에 일단은 워싱[세척] 작업을 좀 하자[고 했어요]. 그런데 인제 [사참위에서] 반대를 한 거예요.

〈비공개〉[선체 보존 처리도] 사실 우리가 요구했는데, 가족들이 요구를 해서 진행이 됐는데, 해수부는 좋죠. 돈도 안 들어가고 얼마나 좋겠어요. 머리도 안 아프고. 사실 유품 기록도 지금 근 1년 가까이 끌어 지금 마무리된 건데, 얼마나 좋겠어요. 그러니까 선체 보존 처리도 지금부터 들어가야 되는 거거든요. 그런데 무산된 거예요. 그렇고 사실 금속류가 최고 그렇고요. 거기 기계류가 많거든요. 선조위에서는 더 이상 조사를 안 해도 된다고 결정을 봤던 거예요. 근데 세월호 선체랑 같이 보존 처리하려고 진행을 하면, 그거라도 먼저 하면 되는데, 그것도 인제 무산이 된 상태고. 그러고 지금 또 올라오면 있는 것도 사실 보존 처리 안 되어 있는 상태거든요.

그리고 중요한 건 저는 이제 뻘을 이야기했어요. "뻘을 보존 처리해야 된다" 뻘은 근데 사람들이 왜 하냐고 이야기하죠. 하물며 저장소 직원들도 뻘은 이해가 안 된다 막 이런 얘기 하는데요. 나는 더 디테일하게 자꾸 보는 거죠, 더 넓은 생각을 가지고 보는 거죠. 뻘을 보존 처리를 해놔야 나중에 어떤 식으로든 활용할 수 있는 거죠. 그렇지 않으면, 우리가 준비해 놓지 않으면 나중에 진짜 바닷가 가서 뻘을 퍼올 거예요? 그건 아니잖아요. "우리는 뭐든지 준비를 해놔야 된다, 보존 처리를 해놔야 한다". 그래도 자기는 이해가 안 된다는 거지. 내가 쉽게 설명을 했어요. "나중에 생명안전공원이든, 전국 어디 전시관을 만들면 전시관을 만들든 박물관을 만들든 그럼 그 내용 안에, 콘텐츠 안에 세월호 인양 과정이 들어갈 거 아니냐" 그랬을 때 진짜 세월호가 뭐 [수심] 43미터까지 들어가 있었어, 그리고 다 뻘에 잠겨 있었어요, 세월호가 그죠? "그럼 뭘로 그걸 표현할 건데?" 바다에 가서 뻘을 파 와서 그걸 재현할 거예요? 아님 뭐 휴지로 할 거예요? 그러면 의미 있게, 세월호 속에서 나왔던 뻘로 전시를 해야 할 거 아니에요. 세월호 배 모양은 뭐든지 만들 수 있어요. "그럼 뻘은, 뻘 어떻게 할 건데? 십몇 미터 박혀 있었다며, 뻘 속에? 왜 그런 것까지 생각을 못 하냐?" 그랬어요.

그래서 뻘도 보존 처리가 들어가는 거고, 지금 테스트 들어가 있고요, 그리고 거기에 대한 사업비도 계속 모으고 있는 상태예요, 네. 그래 지금 일단은 당장은 저는 뻘이 지금 목포 신항에 톤백[대형 마대자루]에 35톤? 더 될 걸요, 아마? 톤백에 들어가 있어요. 근데 그것도 계속 저렇게 놔두면 곰팡이가 슬 수가 있잖아요. 빨리 작업에 들어가야 되고, 이때는 돈이 마련되는 만큼 그만큼 저는 뻘은 준비를 해놔야 된다고 봐요. 있어야 나중에 뭐로든 활용을 하죠. 제 생각은 그렇습니다. 누가 뭐라고 해도, 이해 못 한다 해도 저는 할 겁니다(웃음).

면담자   지금 기계류 같은 경우에는 당장 부식이 진행 중인 상태일 거고, 또 세월호 선체도 마찬가지고요. 뭔가 빠르게 대처를 해야 할 문제 같은데, 이게 잘 안 되고 있는 이유가 뭘까요?

도언 엄마　　사참위에서, 아직 2기 특조위가 진행이 되잖아요. 사참위가 세월호 특조위만은 아니잖아요. 사회적참사특별법 안에 세월호 진상 규명이 있는 거고, 또 지원분과 안전분과 그리고 가습기 진상 규명이 있잖아요. 근데… 거기에서 '다시 조사를 하겠다' 이렇게 된 거죠. 아직 사참위도 구성이 안 됐잖아요. 12월 달에 계획은 아직 가지고 있는데, 그래서 자기들이 조사를 하겠다 하니 손대지 마라 그거죠. 그럼 할 수가 없는 거죠. 그럼 해수부가 손을 못 대는 거죠, 어차피. 이거는 특별기구로 만들어진 거니까.

면담자　　보존 처리 등은 전부 다 사참위의 동의 아래에서 해야 한다?

도언 엄마　　그렇죠. 그래서 제가 그랬어요. "아니, 세월호 선체 보존이 당장 하는 게 아니다. 나중에 모든 게 다 끝나고 나서 그때 회의 들어가면 늦는다. 미리 어떻게 할 건가 여러 가지의 방안을 두고 가안을 두고 계속 논의를 하고 실험을 하고, 계획을 잡아야 [한다]" 선체조사가 끝났을 때면 2년이잖아요. 1년 플러스 1년, 2년이잖아요. 그럼 할 수 있는 조사 끝나면 바로 보존 처리하러 들어가야 되는 것이고. 그리고 마무리 조사 끝났을 때는 완벽하게 보존 처리가 들어가야 되는데, 그때 회의가 들어가면 늦지 않냐…. 뭐 그냥 지금은 그냥 무산이 된 거고, 그거는 인제 알아서 진행을 하겠죠. 그래서 그 부분이 최고 안타깝죠. 이번에 그거를 해놓고 유품 목록을 마무리할 때 우리가 목포 신항에서 철수할 때 마무리 지어놨어야 되는데, 그게 좀 안 돼서 아쉬워요, 사실은.

면담자   유품·유류품목록화는 일단락이 된 상태인 거죠?

도언 엄마   네, 됐고요. 처음에 6100? 6200가지 정도의 점[개수]을 가지고 했을 때보다 인제 더 많이 늘어났죠. 늘어났고, 그거까지는 다 목록화가 다 됐어요. 이제 데이터가 넘어올 거예요. 그러고 나서 10월 23일 이후에 또 나온 게 있어요, 430점. 340점인가? 340점. 그거는 다시 또 6개월 공고 들어가고 내년에 다시 또 그거는 다시 유품 목록화 들어가서 같이 여기 더 플러스시키고 같이 보존 처리 들어가야 될 거 같습니다.

면담자   이런 식으로 목록화부터 하고 보존 처리도 동시에 진행하는 그런 시스템이 진작에 있었더라면 하는 후회가 좀 있으시겠어요.

도언 엄마   그렇죠. 그러니까 뭔 일을 하기 위해서는 사실은 미리미리 준비를 해야 된다는 거죠. 만일 이게 기록 목록화가 안 되고, 목포 신항에서 공고된 자료를 가지고 만약에 정부 예산을 해수부에서 받아오려고 했을 때, 근거자료가 없잖아요. 그럼 보존 처리를 할 수가 없다는 거죠. 그래서 인제 유품 목록화가 들어간 거죠. 보존 처리 요런 과정은 빨리 좀 거쳤으면 좋겠는데, 어차피 [선체] 활용안은 대략 나왔잖아요. 만약에 보존 처리가 돼야 활용에 그 외에 더 좋은 아이디어가 나와서 콘텐츠 구성이 되고 활용을 할 수 있는 건데, 여러 가지 준비를 서서히 좀 준비를 했으면 좋겠어요.

면담자   선체 활용안은 어떻게 나왔나요?

도언 엄마   어, 활용안도(한숨), 작년… 9월부터? 가족협의회에서 기억저장소와 운영위원장님이 선체 활용방안을 준비를 한다고… 그걸 준비를 하는 과정에 준비를 했는데, 사실 우리 의견을 내지는 못했어요. 가족들, 임원들이 여러 가지 또 막… 처음에 회의했던 내용이 자꾸 달라지는 거죠. 자료를 가져왔을 때, 마무리 단계 조감도와 최종적으로 투시도와 내가 기본적인 자료를 다 재능 기부를 [받아서 제안]했지만, 그거를 하자 했더니 그 전에 회의할 때는 그렇게 하기로 했었어요. '기본안이 되고 하면 만들어서 가족들한테 안내를 한다', 그런데 그날 또 회의를 할 때는 '이거를 가족들한테 다 얘기를 하고, 의견을 받아서 진행을 하자' 이래 된 거죠. 〈비공개〉

면담자   그럼, 그때 활용안은 어떤 내용이었나요?

도언 엄마   뭐, 콘텐츠별로 있고요. 어차피 세월호 선체 내를 다 활용할 수 있는 건 아니에요. 안전도를 확인하고, 안전성을 확인한 공간에서만 개방을 해서 공간을 콘텐츠를 만드는 건데, 저는 다른 것보다도…. 다 똑같을 거 같아요, 안 구성하는 거는 기본 다 기억, 교육 다 활용을 하는 거죠. 사실 그런 거는 비슷할 거 같고요.
    저는 세월호 선체가, 그 천안함 보존 처리하신 교수님이 계세요. 그분한테도 사실은 세월호 선체 활용방안을 구성하는 팀을 또 구성이 됐었거든요, 저랑 또 얘기를 해가지고. 그 교수님이 얘기하시던 게 교수님은 홍대 교수님을 소개받아 진행을 했는데, 교수님이 천안함 했던 교수님도 그렇고, 뭐냐면 보존 비용이 매년 발생을 하는 거죠. 왜냐하면 햇빛, 바람, 눈 그죠? 이런 등등에 의해서 계속 이제 훼손이 되고, 계속 보존 처리는 주기적으로 해야 되는 거예요. 천안함도 그렇게 하고 있대요. 그래서 그 인제 홍대 교수님께서는 그러면 혼자 많이 여러 가지 자료를 보고 자문을 많이 받았을 거 아니에요, 그 건축학 쪽에서는 학회 협회장이시니까. 그래서 영국에 다윈센터를 얘기하신 거예요. "처음에 보존 처리를 싹 하고 난 다음에 관을 씌워라, 투명 유리관으로" 그러면 비바람 햇빛 이런 거에 대해서는 노출은 적게 되고, 훼손은 적게 된다는 거죠. 처음에 완벽하게 보존 처리가 되면, 밖에 노상에 노출은 안 되는 거니까. 그러고 들어가는 길을 만들고, 안전성이 확보된 곳에서 전시를 하거나 교육을 하면 된다. 그랬던 거예요.

그런데 정부 안은, 선체조사위 안은 노상에 그냥 노출인 거죠. 그럼 계속 훼손이 되고, 계속 보존 비용이 계속 발생을 하는 거죠. 따지다 보면 오히려 이게 나은 거죠, 가족 안이. (면담자 : 처음 비용이 좀 들어가더라도) 나중에 관리 비용은 안 들어가는 거죠. 요거는 사실 진짜 넣고 싶었거든요, 사실. 안에 콘텐츠 만드는 거는 나중에 보존 처리가 돼서 그때 전문가들 붙어서 만들면 돼요. 또 그쯤 되면 부식이 되면 또 못 할 것이고. 그 몇 년 지나면 더 좋은 아이디어가 나올 거잖아요. 그건 중요하지 않다고 생각을 해요, 저는. 중요한 것은 앞에 밖에서 [선체를] 봤을 때. 물론 뭐 선체조사위에서 내놓은 안도 좋아요. 바닷가에 인접한 곳에 세월호를 놓고 기억, 추모 등등 이렇게 노상에 [보존하는] 그것도 좋긴 좋아요. 하지만 더 이상 훼손시키면 안 되니까. 나는 그거는 좀… 진짜 이걸 넣었으면 좋았는데, 아쉽고. 그리고 또 운영위원장님이 공청회할 때 발표한 내용, 세 곳의 기점. 이것도 사실 교수님 통해서 만든 안이에요. 이 안도 참 좋거든요.

면담자   세 개의 기점이라는 게?

도언 엄마   안산, 진도 아니면 목포, 목포보다는 진도가 더 낫겠죠? 안산, 진도, 제주. 안산은 기억이죠, '기억, 추모', 이렇게 그거고. 진도는 '생과 삶', '생과 사'. 뭐 생과 삶이든 생과 사든, 그렇게 되는 거고. 제주는 이제 '희망', 이렇게 되는 거죠. 그렇게 해서 인제 세월호 하면 무조건 세 개 기점을 만들어서 무조건 다 갈 수 있도록. 가는 곳마다 기억을 할 수 있게끔 했으면 좋겠다. 그런 것도 그 안에서 나왔던 거예요.

　　그래서 그 우리 인제 유리관을 씌우는 영국 다윗센터 이건 발표는 안 하고, 대신 요거는 발표하신 거죠. 나한테 묻더라고, 운영위원장님이. 내가 다 준비를 해왔으니까, 사실은 두 개 다 내가 9월달부터 엄청나게 뛰어다녔죠. 한 1년 뭐 그렇게 뛰어다녔으니. 그래 갖고 인제 묻더라고 "어떤 게 있으면 좋겠냐?" 그래서 어차피 뭐

가족협의회에서 우리 가족 안은 못 낸 거니까 그냥 두 번째 거만, 그냥 세 개 기점만 발표하시라 제가 그랬어요, 그냥.

면담자　　그렇게 세 기점만 발표하시고, 유리관 씌우는 건 발표를 안 하게 판단하신 이유가 있었을까요?

도언 엄마　　어차피 선체조사위에서 방안을 냈는데 굳이 우리가… 우리가 [공식적인 안을] 냈으면 이걸 발표를 하죠. 우리가 제출을 해서 내용을 포함하고 녹여서 선체 활용안을 만들 수 있으면 좋은데, 그게 안 됐잖아요. 사실 [선조위가] 우리한테 요구를 했거든요, 준비하는 걸 알고 있었으니까. 근데 우리가 못 준 거죠.

〈비공개〉

면담자　　유품이나 유류품 보존 작업하는 전반적인 과정 속에서 아쉬운 점이나 후회되는 점이 있으신지요?

도언 엄마　　저는 '지류를 우리가 좀 더 많이 가져왔었으면 좋았을걸' 그런 생각을 해요. 중요한, 그 안에 제가 지류 복원하면서 [발견한] 그 화재 흔적, 그게 증거자료잖아요. 그럼 그 외에도 또 있을 수 있었다는 거죠. 우리는 선조위에서 가져가고 남은 거, 가족들이 찾아온 거에 대해서 복원을 한 상태잖아요. 그 부분에 대해서 아쉽죠. 지류를 많이 했으면… 그 부분.

　　그리고 또 인제 조금 전에 말씀드렸던, 컨테이너에 있는 금속류. 그게 나중에, 지금 보존 처리를 해놔야 세월호 보존 처리를 할 때 그걸 그 자리에 놓을 수 있고, 활용할 수 있는 거거든요. 지금 다 부식되었는데, 나중에 보존 처리한들 그 모양이 다 사라지고 없잖아요. '그 부분을 좀 더 내가 강하게 얘기를 할걸, 아니면 그때 막 조사 끝났다고 할 때 그냥 가져올걸'. 그 생각을 해요. '그때 가져왔어야 되는데, 조사 다 끝났다고 했는데'. 왜냐하면 중요한 칩 이런 거 다 빼갔거든요, 선조위에서. 그냥 외형만 있는 거거든요. 그거라도 가져올걸. 그 CCTV 케이스 이런 게 아니라, 어차피 그것도 가져왔죠.

우리는 나중에 전시하기 [위해서], 일단은 아까도 이야기했지만, 있어야 뭘 전시를 하죠. [선체 활용이] 멀었다 하셨는데, 일단 보존 처리한다고 가져오긴 했는데, 그때 그거를 못 가져온 게, 보존 처리 못 하고 있는 게, 아니 해놨다가 나중에 세월호가 보존 처리할 때 그때 갖다놓으면 되거든요. 누구라도 할 수 있으면 하면 되는 거니까, 손 놓고 있을 게 아니라. 그 부분은 좀 제가… 좀 더 강하게 요구를 할걸 후회가 돼요, 사실은. 그게 언제 될지 모르니까.

12
전시 및 문화기획팀 활동들

면담자   유품 관련 얘기는 이 정도로 하구요, 문화기획팀으로 넘어가도록 하겠습니다. 소장님 오시고 나서 문화기획팀에서 전시들이 계속 분기별로 돌아가기 시작했잖아요? 이전 구술에서

'기억육필시' 사업에 대해 말씀을 해주셨지만, 시작하게 된 계기와 진행 과정에 대해서 간략하게 여쭤보겠습니다.

도언 엄마　　　네. 육필시가… 제가 하고 와서 그 작업이 진행이 됐어요. [작가들이] 『약전』을 인제 가져가신 거죠. 『약전』을 가져가서 『약전』을 토대로, 교육문예창작회 선생님들이 아이들 기억시를, 육필시를 적게 되신 거예요. 그거를 인제 한지에 다 적어서 오고, 김태철 선생님 주관하에 진행이 됐고요, 처음에는… 족자로 계획을 잡으셨던, 내가 오기 전에 벌써 그거를 계획을 좀 잡으셨는데, 작업은 내가 오고 난 다음에 기억시는 진행이 됐던 거예요. 『약전』 가져가고 진행이 된 거고, 계획은 인제 전시와 그걸 했는데, 족자를 계획을 잡아놨더라고요. 그래 내가 "족자는 안 된다, 없어 보인다 안 된다" 그랬어요. 그래서 아크릴로 제가 만든 거고.

　　허동훈 대표님한테 부탁을 해서, 아니, 허동훈 대표님 아니구나, 우리 '오빠사진관', '오빠스튜디오' 거기에 부탁을 해서 거기 재능 기부를 좀 받고 원가를 해가지고도 거기 1000만 원에 했어요. 금액이 어마어마해요. 저 금액이 얼마 아닌 거 같죠? 그게 1000만 원이에요. 261개에 1000만 원입니다. 1000만 원보다 더 들어가는 거를 나머지는 그냥 제가 해달라고 1000만 원에 해달라고 그랬어요. 그리고 시 스캔 뜨고 하는 이 작업이 만만치 않더라고요. 그 시 스캔 떠야 되고, 애들 그림 넣어야, 사진 넣어야 되고, 액자 만들어야 되고 이러니까. 그래 제가 만약에 족자를 전시관에 넣었으면 정신없었을 거 같아요, 전국 전시도 못 하고 사실은. 그래서 아크릴로 바꾸기를 잘했다 [싶어요]. 아크릴 액자로 기억시를 만들게 됐고요.

그리고 매주 금요일마다 금요문화제. 금요일마다 기억시 낭송제를 했죠. 낭송제를 진행을 했어요. 그래서 이때 김태철 선생님이 진짜 고생을 하셨죠. 전국에[서] 오시는 문예창작회 선생님들 오시면 같이 밥 먹고 낭송제하고, 또 멀리서 오시니까 우리 저장소 숙소, 숙소 빌라에서 주무시고 그다음 내려가시고. 그다음 날까지 다 책임을 지셨으니까 참 고생을 하셨어요.

그렇게 해서 일단은 그렇게 해서 한 명 한 명 알리는, 제가 처음에 왔던 목적에 맞는 거죠. 내 아이만이 아니라, 우리 저장소는 단원고 희생자뿐만이 아니라…. 일단은 단원고 희생자가 워낙 많고, 그리고 단원고[부모]가 주체가 돼서 움직이고 있으니, 주축으로 움직이고 있잖아요. 싸우는 것도 단원고 부모님들이 싸우고 있고. 그러면 일단은 우리 아이들 한 명 한 명 알리는 게 제가 목적이었기 때문에 저랑 뜻이 맞는 거였죠. 한 명 한 명 기억시를 낭송을 하고, 액자를 만들어서 또 인제 전시도 하고.

면담자   기억시가 있었기 때문에 기억시 순회전시도, 낭송회도 가능했던 거 같은데, 전시를 하거나 낭송을 했을 때 사람들의 반응이 어땠나요?

도언 엄마   엄마들이 많이 우셨어요. 왜냐하면 『약전』하고 또 틀리잖아요[다르잖아요]. 『약전』은 넘어가는, 읽기는 읽지만, 어… 내 아이 것만은 아니잖아요, 한 책 안에 반별로 들어가 있잖아요. 그런데 이거는 내 아이의 단 하나의 시잖아요, 나만의. 물론 이제 『약전』 토대로 만들었고, 어떤 선생님들은 진짜 그 『약전』을 읽고 창작을 해서 100프로 창작을 해서 시를 만드신 분도 있고, 『약전』을 토대로 해서 『약전』에서 몇 개 문구를 따와서 다시 또 만드신 분들이 있고. 사실 2차 창작물은 그럴 수도 있어요, 그렇잖아요. 그래서 내 아이만의 딱 한 명의 얼굴과 있으니까 참 좋아하셨던 거 같아요.

그리고 인제 전시를 가면, 단원고가 250명, 선생님 열한 분 이렇게 기억을 하는데, 액자가 어마어마하잖아요. 깜짝 놀라는 거죠, 사실은. 깜짝 놀라세요. 그냥 숫자로는 '그냥 그래 261명…' 이러는데, 한 명 한 명의 이름이 있잖아요, 한 명 한 명의 기억시가 있잖아요. 이 수량이 장난이 아니거든요. 거기에 놀라고, 다시 또 그래 한 명 한 명 이렇게 또 말씀하시더라고요.

면담자   그걸 다 읽기도 너무 힘들어하시고.

도언 엄마   그럼요. 네.

면담자   기억시 말고도 저장소 전시관에서 반기별로 계속 다른 테마로 전시가 진행됐는데요. 소장님 취임하시고 난 다음에 맨 처음에 했던 게 '3.5[회차]'였나요?

도언 엄마   '들숨날숨 전시'하고 기억시낭송제 같이 했던 기억시 전시 같이 묶어서 한 거죠. 3.5인가요? 2016년도니까 헷갈리네. 2.5였나?

면담자　　　그럼 그다음 컨셉은 뭐였어요?

도언 엄마　　　'2.5[회차]' 그다음에가, 처음 만화인들과 같이 했었지. 만화인들과 안산문학여성회 분들과 시 같이 들어갔죠.

면담자　　　그런 전시 테마들 중에서 최근의 '곳안, 배가 닿는 곳' 전시는 굉장히 인상 깊었어요. 아이들이 다녔던 길거리 그리고 자주 갔던 맛집이라든가 PC방 이런 것들에 대해 세세한 이야기까지 재현해 놓으셨더라고요. 이런 아이디어는 어떻게 구상하게 되셨는지요?

도언 엄마　　　그거는 '안산 순례길'에서 했던 내용을 인제 인용한 거고요. 그리고 또, 단원고 그림 있잖아요. 저는 아이들 길도 좋았지만, 오히려… 그 단원고 그림 있죠? 아이들 벚꽃 피고 하는 그 그림이 더 좋았어요. 그래서 제가 그 그림을 우리 여기 '4·16민주시민교육'의 자료집과 교재에 제가 그림을 썼어요. 너무 좋더라고요, 저는. 그 느낌들이, 아이들 교복 입었던 모습, 아이들 모습 그대로. 삼색 슬리퍼 신고, 책상 의자에 앉아 있는 모습, 그리고 교정에 있는 이런 그런 게 좋았던 거 같아요. 저는.

면담자　　　이게 그다음 질문이었는데, 벌써 대답해 주셨어요. (웃으며) 마을아카이빙 전시는 사업팀 업무 쪽으로 넘어가서 말씀 여쭤볼게요.

도언 엄마　　　네네. 그럼요.

면담자   전시사업, 낭송회 등등 진행하시면서 아쉬웠던 점이 있다면 어떤 게 있을까요? 또 감동적이었거나 '하길 잘했다' 하고 기억에 남는 게 있으셨다면 함께 말씀해 주세요.

도언 엄마   특히 우리 기억시 전시 같은 경우는… 3주기를 기점으로 국회에서 바로 순회전시가 들어간 거예요. 여기 우리 전시관에서 전시가 철수되면서 바로 3주기 앞두고 국회에서 시작을 했죠.

면담자   첫 번째 순회전시를 국회에서 시작하셨죠?

도언 엄마   네. 국회에서 했어요. 그때 더불어민주당 유은혜 의원님이 제가 인제 연락을 해서, 의원님이 주축을 해서 더불어민주당에서 후원받아서 그게 진행이 됐었어요. 그때는 엄마들이 뭘 전시를, 순회전시를 해봤어야 말이죠. 무조건 질렀어요. '무조건 한다. 애들을 알려야 된다' 일념 하나로. 그 이후에 교육청에 [전시 일정이] 잡혀 있었어요, 전시 계획이. 근데 뭐 전시를 해봤어야 말이죠, 우리가. 아무것도 해본 게 없는데 당장 뭐 액자만 있는 상태잖아요. 공간은 국회의원 회관 로비로 됐는데, 막막한 거죠. 갔더니 벽에 걸 수도 없대요. 국회에 답사도 갔는데, 그때부터 인제 고민을 해서 진행을 했고. 그때가 최고 힘들었고, 기억에 최고 많이 남아요, 사실. 그때 엄마들과 아빠들이 늦게까지 [설치]했고, 몇 날 며칠 진짜 고생을 했거든요.

교육청 전시, 저는 교육청 전시를 참 잘했다고 생각을 해요. 사실은 전국에 있는 학교를 담당하는 거는 중고등, 초 이런 거는 거의 교육청이잖아요. 저는 교육청이 [책임감을] 받게 된다고 생각하거든요. 그 사람들이 사실은 각급 학교를 담당하고 있고, 중요한 건 교육감에 따라서 교육이 조금 달라지는 거잖아요. 그래서 전국 교육청 전시는 참 좋았다, 잘했다 그거고. 물론 진행을 하면서 교육청하고 안 맞아서 전시를 못 한 것도 있어요. 예약을 했다가도 안 맞아서, "이거를 왜 해야 되죠?" 이렇게 하는 교육청도 있었어요. 그래서 거기도 □□교육청 같은 경우는 인제 안 한 거죠. 날짜 다 잡고 해서 답사를 갔는데, "이걸 우리가 왜 해야 돼?" 장학사가 이렇게 된 거죠. 장학관이 설명을 해도 이상하게 이야기해서 그럼 안 한다 정리가 된 거고. 그래도 아직까지 못 한 데가 많죠. 계속해요, 사실. 서울시교육청 같은 경우는 매년하고 있어요. 4주기 때도 매년 하고 있고, 4월 달 되면 하고 있고, 두 번째 했거든요. 작년까지 두 번 했고.

올해 같은 경우는, 우리가 4주기고, 추도합동영결식이 진행이 되면, 분향소 사라지는 시점에 제주도[교육청]가 잡혔었어요. 일부러 일정을 그렇게 잡았었어요. 제주도는 비용이 상당해요, 사실은. 우리가 배로 애들은 못 보낸다 그랬어요. "배로 아이들 액자를 보낼 수가 없다. 항공으로 보낸다" 이랬더니 항공비용만 해도 만만치 않은 거예요. 삼사백[만 원]이 드는 거예요, 양이 워낙 많으니까. 그래 처음에는 인제 막 되니 안 되니, 날짜를 다시 또 딜레이했다가 또 비용 때문에. 또 그때가 또 선거가 연결됐을 그럴 때예요. 끝내 제주도 교육감님이 다 부담한다 이래 가지고 마지막에 제주도교육

도언 엄마 이지성

청에 제주도교육청 학생문화원 거기서 전시를 했는데요, 교육청 전시를 할 때 학생들이 온 거는 처음이에요. 오프닝 행사를 할 때.

그래서 거기는 제주도에 있는 학생들이 많이 왔어요. 많이 와서 많이 보고 가셨고, 또 그날 또 4월 달이잖아요. 의미가 더 깊은 거죠. 4월 달에다가, 추도합동영결식이 열리고, 안산에서 열리는 4월이고, 그리고 또 그날 혜선이 시를 읽었어요. 9반 혜선이 시가, 시 내용이 벚꽃에 대한, 4월에 대한 내용인 거예요, 기억시 내용이 너무…. 다 울었죠 뭐, 다 울었어요. 저도 웬만하면 안 우는데, 그날은 제가 최고 많이 울었던 거 같아요(웃음). 제가 제일 많이 울었어요. 사실은 4월 달 그때 여러 가지 이야기, 뭐 안산시청에서 우리 서고를 이전해야 되는데 주니 마니 막 복잡한 일이 엄청 많았었거든요. 제주도 가서도 막 통화하고 이러는데, 그래도 오픈하는 날 제가 제일 많이 울었어요, 오픈할 때 안 울거든요. 하여튼, 최고 [기억에] 남는 건 제주도교육청이었던….

그리고 경남교육청도. 경남교육청은 팽목항에 우리 기억의 벽이 있잖아요. 타일의 기억의 벽이 경남교육청에 있어요. 경남교육청이 창원에 있거든요. 창원문화원에 가면 그 들어가는 입구 양쪽으로 타일로 기억의 벽을 만들어놨어요. 교육청으로는 처음인 거죠. 그래서 '아, 이런 것이 교육감에 따라서 달라지는구나…' [하고 생각했어요].

면담자   경기도교육청에서는 하셨는지요?

도언 엄마　　　했죠, 국회 다음에. 처음에는 원래 경기도교육청에 먼저 계획을 잡았다가, 국회로 바꾼 거죠. 국회를 해야 될 거 같다고. 왜냐하면 뭐, 진상 규명하는 모든 법을 만드는 게 국회잖아요. 국회에서… 맞다. 그래서 일주일씩 이렇게[밖에] 기간을 안 준대요. 근데 의원님들이, 의원님실 [명의로 대관을] 한번 하면 날짜를 잡으면 이틀, 이틀 이래[연달아 대관을 해] 가지고 일주일 잡아주신 거예요. 그래서 일주일 전시를 한 거죠. 4주기 딱 지나고 17일까지 전시를 했어요. 아, 3주기죠, 3주기. 그렇게 전시를 했죠.

면담자　　　그리고 경기도교육청에서도 바로 하셨네요.

도언 엄마　　　경기도교육청에 한 달 했던. 그리고 경기도교육청이 워낙 크니까 남부 북부로 나눠서 전시를 했어요, 바로 연결해서.

면담자　　　문화기획팀에서 했던 업무들에 대해서 여쭤보고 있는데, 조금 큰 얘기로 여쭤볼게요. 소장으로 취임하시고 여러 기록관들을 많이 다녀보셨잖아요. 특히 5·18민주화운동기록관과 지금도 긴밀하게 연결되어 있는 걸로 알고 있는데, 그쪽에서 하고 있는 전시활동과 기억저장소를 비교해 주실 수 있으실까요? 기억저장소가 5·18기록관에 영향을 받은 점이 있다거나, 배워야 할 점이 있다거나, 아쉽게 느껴진 점이 있으셨다면요?

도언 엄마　　　5·18기록관하고는 우리가 견학 갔다 온 다음에 그때부터 연결이 된 거죠. 그러면서 우리 책자 지원도 해주시고, 그리고 매년 그때부터 매년 4월마다 우리 전시를 해주시는 거죠. 4·16

에 대한 기억의 전시를 올해까지 2년 차를 해주셨죠. 작년에는 지하에 했었고요, 올해는 전시관에 우리 아이들 사진 다 했거든요. 사진이랑 '광주 시민상주[모임]'에서 움직였던, 우리 4·16로 움직였던 그런 걸 같이 전시를 했었어요.

저는 사실은 그 당시는 보존의 의미를 잘 몰랐잖아요. [5·18기록관의] 전시가 그렇게 많지는 않아요. 그래 내가 그때 가서도 그렇고, 거기 가면 그 은행 창문에 총알 박힌 그게 전시가 되어 있어요, 그게 보존 처리가 돼서. 그렇게 전시할 수 있는 게 없는 거죠. 그렇게 기록관이 넓은 그렇고 뭐 한데, 제가 알기로는 그렇게 많이 보존 처리 돼 있지 않는 걸로 알고 있어요. 그래서 저는 더 그런 거죠. '어떻게든 활용하려면 나는 무조건 많이 해놔야 된다' 어떻게 활용할지를 모르니. 일단 뭐가 있어야 a도 만들고, b도 만들고, c도 만드니, 그래서 제가 더 보존 쪽으로 더, 더 신경을 쓰는 거예요. 저는.

면담자　　　　5·18기록관에 보존되어 전시된 물품이 적어 보인다는 게 아쉬움이셨군요.

도언 엄마　　　그렇죠, 네. 여러 가지 활동사항은 있지만, 저는 어차피 우리는 특히 뭐 '단원고' 이러면 아이들이잖아요. 그럼 전시할 수 있는 건 유품밖에 없잖아요. 세월호도, 세월호도 어차피 다른 또 활용안이 있는 거니까. 그러니 뭐라도 준비를 해놓는 거죠.

면담자　　　　5·18기록관이나 기념재단 이런 쪽에서 교육이라든가 문화행사를 활발히 하는 편으로 알고 있는데, 그런 활동들에 4·16기억저장소가 영향을 받았거나 아쉬운 점이 있었다면 어떤 것들일까요?

도언 엄마　　수장고는 저는 다 갔다 왔거든요. 5·18기록관의 수장고도 갔다 왔었거든요. 그때부터는 [저장소에 부임]한 지 얼마 안 돼가지고 그래서 여러 가지 생각을 하는 거죠. 제가 또 그쪽으로 전문가는 아니지만, '좀 더 넓게 더 활용할 수 있게끔 해야 되겠다'. 우리는 뭐 기록 쪽이니까 수장고하고 서고죠 뭐. 서고 좀 신경을 많이 쓰는 거고.

　　우리는 진짜…, 물론 5·18도 지금 아직도 모으고 있는 상태이고 이번에 진상 규명 들어가면서 5·18도 해외에 있던 사람들 거 막 받아오듯이[받아오지만], 우리 거는 거의 정해져 있잖아요. 정해져 있고, 또 진행형이잖아요. 시민들 추모글은 계속 진행형이고 아직 진실이 안 밝혀졌기 때문에, 진행형이기 때문에 하여튼 이 기록물을 잘 활용했으면 좋겠는데, 아직까진 잘 안 되고 있어서. 그러니까 활용이 표현이 맞나? 아까 말씀드린 추모글 이런 게 아직까지 잘 활용이 안 되고 있어서 그거 부분은 좀 더 신경 써야 되겠다. 5·18도 있겠죠, 사실은 그런데 또 거기도 추모의 기록에 대한 뭐 그런 게 없었던 거 같아요.

면담자　　　앞으로 4·16기억전시관이 좀 더 발전한다면 그런 전시를 하되, 보존 처리를 해서 실제로 가지고 있는 기록물들을 직접 전시를 하고 싶은 생각이시네요.

도언 엄마 그것도 하고 싶고요, 얘기는 계속 바뀌고, 기획이니까 바뀌고. 사실 저 공간이 사실 304명에 대한 기록을 다 담아야 되는데, 그게 쉽지가 않아요, 현실적으로는. 일반 희생자분들이 계시고, 그쪽엔 별도의 대책위가 계시다 보니까. 304명에 대한 성함은 다 붙여놓은 상태거든요. 하여튼 한 분 한 분을 다 알리고 싶고. 기억전시관 공간을 사실은 저는 지키고 싶긴 해요. 왜냐하면 단원고 앞에 있는 하나의 거점이고, 기억교실이 기억교실의 의미가 있듯이. 또 304개를 다 교실로 가져올 수 있는 건 아니거든요. 여기는 교실이 261인이에요. 전혀 다른 그거기 때문에. 어, 거기는 최대한 세월호 참사의 희생자를 기억하고, 그리고 또 같이 연대할 수 있는 공간으로 만들었으면 좋겠어요. 그래서 처음에는 막 구상을 많이 했어요. 애들 불러서 애들이 책도 읽는 그런 공간을 하게끔 해주고, 구상은 되는데 그게 잘 안 되더라고요.

면담자 그 부분이 참 어려운 문제 같아요. 단원고 희생자들과 일반인 희생자들을 굳이 구분할 이유는 없지만, 그래도 또 뭔가 단원고기억교실 운영 등에서는 일반인분들을 여기 모시기는 힘든 점이 있으니까요. 그렇다고 또 빼자니 같은 희생자기도 하고,

도언 엄마 안 되죠… 그런 건 또 아닌 것 같고. 그건 유지는 해야죠.

면담자 네. 이런 애매한 문제들에 대해서 소장님의 복안이

나 비전, 아니 바람이 있으실 거 같은데, 어떤 식으로 풀리는 게 제일 좋은 해결이라고 생각하세요?

도언 엄마   뭐, 다른 분들은 뭐 [4·16기억전시관을] 정리를 하고, 여러 가지 등등 [의견이] 있는데, 저는 그건 아닌 거 같고요. 왜냐하면 계속 관리 운영비가 들어가고, 그런 면에서 [기억]교실로 [4·16기억전시관에 전시된 304개의] 등을 가져오셔라 그러는데, 저는 그건 아닌 것 같고. 왜냐하면 거기는 세월호 참사에서 희생된 304명을 기억하는 공간이잖아요. 그리고 거기서 우리의 움직임을 알리는 거죠, 일단은. 우리 국민들이 세월호 참사로 인해서 움직이는 일들을 서로 움직임을 서로 알리고 서로 공감하는 자리라고 생각을 해요. 그래서 이번에 기획해서 전시를 했던 내용이 사실 그런 의미가 깊은 거죠, 이번에 마을기록전시가.

13
마을아카이빙 사업

면담자   이제 마을아카이빙 얘기로 넘어가도 될 것 같습니다. 마을기록 전시에 대해 먼저 개괄적으로 설명을 해주시겠어요?

도언 엄마   그쵸? 제가 작년 2017년 9월부터 사실 구상했던 거예요. '마을 아카이브가 있으면 좋겠다' 사실 여기가 고잔동이잖아요. 근데 세월호 참사의 또 반대, 여러 가지 봉안시설에 대해서 반

대하는 곳이 여기가 최고 심해요. 어, 처음엔 안 그랬겠죠, 그죠? 그리고 중요한 것은 또 우리 희생자가 많이 살던 곳이고. 그래서 이번에는 마을을 기록을 하고 싶다고 제가 얘기를 했었어요. '희망마을'[안산희망마을사업단]에서 마을을 기록을 하는데, 대외적으로는 세월호 참사 얘기를 할 수 없고, 그럼 다 거부를 하실 거 아니에요. 그때는 막 상황이 워낙 안 좋을 때니까 대외적으로 일단은 마을기록, 어르신들을 사람을 기록을 하고 공간을 기록을 하고 하는데, 대화를 하다 보면 인터뷰를 하다 보면 거기에서 세월호 참사를 끄집어내라 그랬어요, 마음속에 담아뒀던 거는 뭐 좋은 말이든 나쁜 말이든. 기록이니까 항상 좋을 수는 없잖아요, 기록이. 그래서 좋은 말이든 반대하는 의견이든 다 기록했으면 좋겠다 그러고, 이 마을에 또 재개발 들어갈 계획이 있으니까 또 언젠가 사라지면 이 기록이 없어지는 거잖아요. 그래서 작년 초부터 진행하던 거를 올 7월부터 시작이 된 거죠.

그래서 금액은 올해 인제 다 정리됐었어요. 마을 기록에 8000[만 원], 그러니까 네 개 파트가 들어가 있죠. 하나는 공간, 공간의 기록, 하나는 사람의 기록, 하나는 전시, 하나는 마을기록교육. 이렇게 네 개 파트에 8000만 원, 하나에 2000만 원씩 사업인데요, 지금 전시하고 있는 거는 공간의 기록. 공간의 기록은 단원고 희생자 아이들이 갔던 추억이 있는 공간, 공간의 기억. 희생자의 친구들을 인터뷰해서 공간을 기록하는 거고요. 여기는 희생자, 희생자 친구들도 있고, 생존자도 포함이에요. 그러고 사람의 기록은 고잔동 주민들의 기록이에요. 마을의 기록, 참사 일어났을 때의 기록 등등 마을에 대한 기록이고요, 이 두 개를 합쳐서 지금 이제 전시관에서 전시를 하고 있는 거죠.

면담자　　'마을을 기록한다'라는 구상은 되게 좋고 의미가 있어 보이는데, 이게 단발성으로 끝나는 게 아니고 장기적으로 지속이 되는 프로젝트일까요?

도언 엄마　　처음에는 이게 3년 차 계획을 잡고 있었어요. 올해, 내년, 내후년까지 3년 차 계획을 잡고 있고요. 처음에 기획했을 때는, 고잔동이 최고 희생자가 많아요. 그래서 처음에는 다 같이 움직여 주셨기 때문에 고잔동부터 들어가고, 그리고 이제 선부동, 와동으로 들어가자고 이렇게 얘기가 됐어요.

면담자　　그럼 1년씩 고잔동, 선부동, 와동 차례로 하나요?

도언 엄마　　네, 그렇게 할라 했는데, 고잔동 올해 사업이 너무 늦게 들어간 거죠. 너무 기획이 너무 짧았어요. 조금 더 일찍 시작을 해서 충분히 사실 인터뷰를 하고 했어야 되는데, 아마 내년도 같이 연결이 될 거 같아요.

면담자　　내년에 주민들이라든가, 동네 친구들 이런 식으로 인터뷰를 더 하고, 기억을 수집하는 식으로 하면 되겠네요? 이런 작업들이 지역사회가 다시 마음을 같이하는 데 어떤 식으로 도움이 될 수 있을까요?

도언 엄마　　일단은 시간이 지나면… 사람들은 이상이 없잖아요, 없기 때문에. 왜냐하면 내가 이곳에 있었던, 이곳의 역사, 이곳에 있었던 추억[을] 기록하는 건 중요한 거 같아요. 나 또한 지금은 그런 거를 못 하고 있지만, 세월호 참사 일만 하고 있지만, 이 고잔동이 나중에 어떻게 바뀔지는 모르잖아요. 그리고 우리가 역사를 보면, 옛날에 뭐 1920년대 1930년대 사진, 그 사진의 기록과 이런 게 있어서 사실은 '아, 그때 이런 모습이었구나' 그런 기록 가지고 아는 거, 사진과 글 쓴 내용 가지고 알잖아요. 사진은 더 많이 알게 되는 거죠. 그것처럼 이 고잔동도 나중에 어떻게 바뀔지 모르니, 기록을 해놓게 되면 나중에 후세에서 봤을 때 '아, 내가 살고 있는 곳이 이랬구나' 그렇게 알 수 있는 거고. 저는 중요한 건 그건 거 같아요.

　　제가 제일 처음 의도했던 것처럼 한 분은 오프닝할 때 그 얘기를 하셨어요. 그분은 인제 움직여 주시는 분이시거든요. 처음에 자기는 화랑유원지에 봉안시설이 들어오는 것을 찬성하지 않았대요. 자기가 유가족[과] 같이 움직이고 같이 아파하고 움직이고는 있지만, 그리고 고잔동 주민들과 반장 주민들과 유가족들을 화해를 하고[시키고] 같이 움직이기 위해서 자기는 중간역할을 한[하는] 사람이지만, 자기는 개인적으로는 찬성하지 않았대요. 그런데 자꾸 교육을 받고, 얘기를 듣고, 그리고 견학도 가고, 여러 군데 견학을 가다 보니, '어, 화랑유원지로 오는 것도 괜찮겠네?' 이렇게 생각이 바뀌었다는 거예요.

사실, 이게 저는 제 목적이 사실 이런 거였거든요. 안 좋은 말도 기록을 해야 되는 거고, 이 사람들이 바뀌어가는 과정, 이게 사실 역사잖아요, 기록이잖아요, 마을의 기록이잖아요. 이 사람들도 어차피 고잔동의 주민이니까. 그래서 일단 1차적으로는 내가 의도했던 거와는 맞았다. 그러고 그게 또 오신 분들 중에 또 아닌 사람도 있죠. 그래도 이렇게 변화하는 모습들, 그게 좋았던 거 같아요.

면담자   그런 게 좀 더 확산될 수 있으면 더 좋겠는데요.

도언 엄마   그러니까 그분은 시간이 필요하다지만 사실 우리는 시간이 없잖아요. 가족들은 더 이상 시간이 없잖아요. 이제 와서 언제 많은 시간을… 그런 거죠. "계속 시간을 주고 설득을 하고 이해를 시키고 시야를 넓혀서 반대했던 사람들도 나처럼 이렇게 바뀔 수 있다. 그러면 더 움직이고 시간을 달라" 그렇게 말씀하시는데 벌써 햇수로 5년이잖아요. 우리 가족들은 시간이 없는 거죠. 우리 가족들은 시간이 없는데, 그분들은 "조금 더 이해를 시키고, 설득을 시키고, 마음이 바뀔 때까지 기다려도 되지 않냐" 이런 말씀도 하시는 거죠.

면담자   시간이 없다는 게 어떤 의미인지요?

도언 엄마   왜냐하면 이제 [생명안전공원을] 국책사업으로 발표를 했지만, 반대집회 하시는 분들은 계속하잖아요. 우리는 그에 대해 대응하지 않고 있잖아요. 그러면 이 집회를 계속하다 보면, 사람들은 알게 모르게 거기에 또 세뇌가 돼요. 계속 반대, '이거를 왜 거기에?' 이렇게 하면 다른 시민들은 처음에도 '괜찮았는데? 애들 와도 괜찮은데? 이게 뭐 혐오시설도 아니고, 당연히 여기 와야지, 안산이 고향인 아이들인데' 이래 했다가도 계속 반대하는 얘기를 듣고 하다 보면 나도 모르게 바뀔 수가 있다는 거죠.

그것도 시간이 없고. 국책사업 발표는 났지만, 이게 진행이 안 되면 언제 될지 몰라요. 벌써 내년 되면 햇수로 6년, 만 5년 되고, 햇수로 6년 찬데, 공사를 한다 해도 5, 6년인데, 공사를 시작해도 5, 6년이잖아요. 그러면 10년이 넘어가요. 여기서 더 시간을 하면 [보내면] 언제 되겠어요? 우리는 시간이 없는 거죠. 우리는 언제 죽을지 모르니까. 우리는 언제 죽을지 몰라요. 그런데 언제까지 '우리가 시간을 두고 기다려야 하지?' 싶은 생각이 드는 거죠. 왜냐하면, 워크숍할 때도, 저는 그날 우리 저장소 워크숍이 있어서 저는 그 내용을 못 들었어요(한숨).

면담자　　　가족협의회 워크숍 말씀이시죠?

도언 엄마　　거기 오셔서 말씀하신 어머님이 계시는데, 우리 가족들은 아니고, 이제 초청해서 얘기하시는데 그분이 이러셨대요. 〈비공개〉 내 아들이 죽고 자기 신랑이 5년 만에 암에 걸려서 죽었대요. 근데 세월호 유가족들 부모님들 둘 다 살아 있는 게 자기는 이상하다고 그랬대요. 한 명은 죽어야 되지 않냐 그랬다는 거예요. (웃으며) 그래 또 거기에 빵 터졌죠, 내가. 안 그래도 엄마들이 열받아 있더라고요. 그럼 우리보고 죽으라는 거야? 싸우지 말고 죽으라는 거야? 막 인제 엄마들이 그런 거죠.

　다른 뜻으로 얘기한 건 아닌데, 우리 받아들이는 쪽은 왜냐하면 우리가 처음에 막 싸울 때 그 얘기했었어요. 활동가분들이 뭐라 했냐 하면, 그때 막 엄청 심했잖아요. 탄압이건 뭐건 막 우리 고립되었을 때 한 활동가가 그래 얘기했어요, 저 앞에서. 한 엄마가 청와대 앞에서 쓰러졌었어요, 경찰하고 싸우다가. 그때 뭐라 했냐 하면. "이젠 유가족들이 행동해야 되는 거 아니에요? 강하게 나와야되는 거 아니에요? 한 명이 죽어야 되는 거" 딱 이러는 거예요. 그래 내가 난리 폈어요. "지금 뭔 소리 하나 느그들이 우리 죽기를 바라냐? 어? 죽는다고 해결이 되냐? 우리는 끝까지 진실을 밝히고 죽을 거다! 그런 소리 하지 마라!"고. "죽으려면 느그들이 죽어라. 어떻게 유가족들한테, 아이들 엄마한테 죽으라고 얘기를 하냐?" 그때 그랬었거든요. 근데 그 얘기를 다시 듣고 내가 들었으면 가만 안 있을 건데, 내가 그 자리에 없었지만, 물론 그런 의도는 아니었겠지만, 그렇게 평생을 살아오신 분도 그렇게 얘기했단 거 자체가 좀 충격적이었죠.

면담자　　　부모님들이 시간이 없다고 느끼시는 게 아무래도 부모님들 스스로도 느끼는 압박감, 초조감 이런 걸까요?

도언 엄마　　　초조감이죠, 혹여 안 될까 봐. 네. 그런 거고(한숨). 모르겠어요. 저는 진짜 뭐… 뭐, 안 되면 저는 상관없어요. 내 새끼 내가 데려오면 되지 뭐. 근데 또 앞을 미래를 보면 또 그건 아니잖아요, 미래를 봐서 움직이는 거지. 사실 내 아이를 나는 사실 또 지하에 두고 싶지는 않아요, 사실은. 이제 봉안[시설]이 지하로 들어가는 거잖아요. 저는 지하에 두고 싶지 않습니다, 저는 개인적으로는. 근데 단체의 힘이 필요하다면 당연히 그리로 들어가는 게 맞죠. 하나의 그것도 하나의 힘이니까. 저는 개인적으로는 싫습니다. 한데 모으는 것은 맞아요. 고향으로 오는 건 맞는데, 저는 지하는 그렇습니다, 사실은.

14
4·16민주시민교육 프로그램

면담자 이제 장기적인 교육 얘기로 넘어가겠습니다. 민주시민교육 프로그램이 그런 장기적인 교육의 첫발, 첫걸음이 될 거 같은데요. 시민교육프로그램 1, 2, 3회차가 어떻게 진행됐는지는 집단구술 때 언급됐던 거 같고, 지금은 소장님의 평가를 좀 들어보고 싶어요. 시민분들 중에 예상하신 바와 좀 다른 분들이 계셨다면, 그런 분들이 변화하는 과정 중에서 인상 깊었던 점 또한 이야기해 주세요.

도언 엄마 저는 처음에… 제가 아까 해경 북콘도 얘기했지만, 한 분 한 분 마음에 있는 소리를 끄집어내고 싶었고, 마을기록처럼 똑같은 방법이에요. 사실 처음에 1회 시작할 때가 최고 힘들었죠.

기본 틀이 있는 것도 아니고, 새로 만들어내는 일이잖아요. 그러고 또 4·16[교육]이라는 곳이 또 쉽게 올 수 있는 교육은 아니죠. 그래서 처음에 좀 많이 여러 가지 고민을 좀 많이 했구요. 책 만드는 과정도, 교재 만드는 과정도 너무 힘들었고. 저 책 만들 때 저는 진짜 맨날 새벽에 들어갔었거든요. 핏줄 터져가면서 했고. 1기 수료생을 배출을 하면서 수료식을 할 때, 제가 그 4·16의 기억과 약속을 제가 좀 적어달라고 얘기를 했었어요. 사실 그걸 가슴속에 담아 있는 내용들이잖아요. 그런 내용들이 저는 좋았어요. 같이 아이들 꿈 이야기 이런 것도 좋고, 사실 기억교실 처음 오신 분들도 있고 그렇지만, 가슴 속에 담아두었던 내가 나만이 느끼는 4·16이 있잖아요, 그런 거.

안산 시민 중에… 그분은, 제 지인 동생을 제가 두 명을 데리고 왔었는데, 그 동생 하나가 데이터 복구하는 친군데, 그 친구가 한 얘기가… 나한테도 얘기 안 했던 얘기예요, 사실은. 제가 오랜 지인인데도, 그걸 나한테 차마 얘기를 못 했던 거죠. [뭐라고 했냐면] "아직 아이들이 아직 못 찾아서 엄마, 아빠들은 저기 팽목항에 가 있고, 여기 안산에서는 현수막이 걸려 있었다. '세월호에서 나온 핸드폰 무상 복구'" 뭐 이렇게 해서 난리를 폈다고.

그 내용을 저 그날 첨 들었거든요. 그래서… 사실… 얼마나, 사실 나한테 얼마나 얘기를 해주고 싶었겠어요. "누나, 안산에 이랬다, 이런 사람도 있고 지지하는 사람도 있고" 이런 얘기를 하고 싶었는데 얘기를 못 했던 얘기잖아요. 하나의 장소를 만들어주니, 공간을 만들어주니 가슴속에 담아뒀던 얘기를 하는 거죠. 사실 그런 부분들이 얘기를 하고 기록을 남기면서 나중에는 뭐 대한민국도 바뀌지 않을까요? 저는 그래 생각을 해요, 사실. 그날 아마 다들 놀랬을걸요. 아마 놀랬을 거 같아요. 그런 것도, 앞으로 하겠다는 다짐의 글이 참 좋았고, 그건 이제 기수별로 계속 진행이 되는 거고.

아쉬운 거는… 일단 시간이 제약적이잖아요, 여기가. 그리고 인제 다른 시민교육처럼 그냥 쉽게 오지는 않아요. 사실 마음이 있어야 오는 곳이고, 그리고 저희 같은 경우는 뒷풀이를 안 하잖아요. 다른 시민교육은 교육이 끝나면 뒷풀이를 해요, 그거는 교육이 목적이 아니라 친목도모의 목적이 더 강하기 때문에. 그런데 저는 이건 친목도모보다는 4·16을 알리는 일이고, 4·16에 대한 기억과 다짐하는 교육이고, 아까 말씀드린 것처럼 가슴 속에 담아뒀던 거를 표현하는 시간이다 보니까, 교육이 수료가 끝나면 단합이 좀 안 되고. 일단은 각자 각자의 길로 가서 하고, 사실 1기 때도 총무님을 선출하고 했지만, 그게 잘 안 되더라고요. 그리고 또 각 지역에서 오고. 안산 교육이면 안산 사람들이면 뭐 이래 쉽게 만나지만, 이게 시민교육은 각 지역에서 오다 보니까, 사실 인제 그런 단합은 좀 어렵죠.

그런 게 좀 아쉽고, 그 아쉬운 부분을, 내일 이제 우리 마지막 4강 들어가잖아요. 수료생이 주체가 돼서 "기억과 약속의 길을 정리했으면 좋겠다" 제가 의견을 냈고, "수료생분들이 오셔가지고 매월 셋째 주 토요일 날 10시부터 이렇게 진행했으면, 딱 두 시간 했으면 좋겠다". 요거는 저장소가 주체가 아니라 수료하신, 공부하신 분들이 자발적으로 운영을 했으면 좋겠고, 서포트는 저장소에서 해주고 그런 걸 제가 좀 기획을 했고. 그렇게 하면, 또 다시 이렇게 공부하신 분들 다시 또 뭉치지 않을까. 그리고 여기가 순례길이 되지 않을까, 저는. 가족이 만드는 게 아니라, 국민들과 교육받으신 분들이.

면담자　　　시민들 스스로 오며 가며요.

도언 엄마　　네. 그거를 그래서 미흡한 부분을 그렇게 한번 기획은 잡아봤어요.

면담자　　　이런 진행에 있어서 가족운영위원분들은 어떤 의견을 갖고 계시고, 어떤 역할을 하고 계시는지요? 역할을 한다는 게, 촬영 등등 도와주기도 하시지만, 하나의 참여자로서, 또 간담회 진행을 하는 진행자로서 참여도 하고 계시잖아요. 그런 게 수강생들에게 어떤 효과가 있으며, 어머님들께는 또 어떤 의미가 될지요?

도언 엄마　　음, 처음에는 좀 많이 힘들어하셨어요. 힘들어하시는데, 지금은 오히려 그러는 상황 사이사이 뭐 단원고 이야기, 내 아이의 추억도 얘기를 나눌 수 있고요.

면담자　　　'기억과 약속의 길'을 함께 걸으면서 얘기도 나누시죠.

도언 엄마　　그렇죠. 그리고 요거를 진행하시면서 자신감이 좀 많이 붙으셨어요. 처음에 우리 16년도에 봤던 그 모습 아니에요. 마이크 주면, "어, 말 못 해" 그러다가도 마이크 주면 바로 그냥 얘기하세요. 오히려 내가 요즘 말을 못 해요. 제가 이제 워낙 얘기를 안 하니까. 그리고 저는 이제 총괄하다 보니 저는 자꾸 뒤로 빠지고 엄마들을 자꾸 고생하니까, 자꾸 나가라고 하죠. 사실 또 그게 맞는 거고. 그래 어머님들이 더 당당하게 얘기도 하시고, 움직이고 계세요. 자신감이 좀 많이 붙었죠. 카메라면 카메라 다 하시고, 진행이면 진행 다 하시니까.

그리고 우리 도보 [순례] 끝나고 나서 점심 먹고 간담회를 하잖아요. 그거 하신 분들이, 우리까지 전국 간담회를 다니기도 했지만, 못 오신 분들이 많잖아요, 단체에서 구성을 해서 간담회를 다녔기 때문에. 유가족 부모님들의 우리 움직이는 일들, 지금 가족협의회에서 움직이는 일들, 진행 상황, 유가족의 삶을 얘기 들어서 좋았다, 그 얘기하시더라고요.

면담자   그때 소규모 토론식이 되어서 담소를 나누는 분위기가 돼가지고 저도 참 좋았습니다. 시민교육 프로그램 질문은 이 정도 하고, 잠깐 쉬시다가 다시 이어서 하겠습니다.

(잠시 중단)

15

4·16기억저장소 해외홍보 활동

면담자　　　몇 가지 사업들에 대해 마저 여쭤보겠습니다. 가족 운영위원분들께서 목포 신항에 내려가서 보존 작업하시는 동안에 독일에 가셨다고 했잖아요. 어떤 일로 가시게 된 거예요?

도언 엄마　　　아… 그, 갑자기 생각이 안 나네.

면담자　　　그때 양민철 목사님이 일정을 잡아주셨다고.

도언 엄마　　　네네. 500주년인가? 갑자기 기억이 안 나네. 독일, 아, 미치겠네(웃음). (면담자 : 루터 500주년?)

도언 엄마　　　네네. 기독교, 그거… 500주년 맞을걸요? 거기에 우리 세월호 참사와 기억저장소 홍보하기 위해서 갔어요. 전 세계에서 오기 때문에 많은 인원들이 온대요. 그래서 우리 인쇄한 거와 우리 가족협의회, 인양과 생명안전공원 홍보물, 저장소 책자, 또 홍보팔찌 등등 해서 바리바리 싸서 독일로 갔죠. 15일 정도 갔다 왔어요.

면담자　　　양민철 목사님이 소개해 주셔서요?

도언 엄마　　　양민철 목사님보다도, 이정배 교수님이 계셔요. 이정배 교수님이 한인교회랑 연결시켜 주셔서 독일에 그래서 갔던 거죠. 저장소의 비용으로 가서 홍보를 하고 왔죠. 가서 숙식 이런 거는 다 해주셨고요. 비행기 티켓은 저희들이 준비해서 갔다 왔어요.

면담자   가서서 행사 부스전에서 홍보를 하신 건가요?

도언 엄마   네. 부스를 만들어서 홍보를 했고요, 그 한인교회에서 원래 하셔야 되는데, 그 부스에서 우리 가족협의회, 저장소만 홍보를 한 게 아니라, 사실은 우리 위안부 할머니 그거랑 같이 홍보를 했어요. 또 한인교회도 또 홍보를 했고. 사실 베를린 한인교회에서 많이 양보를 해주신 거죠, 사실은. 큰 행산데, 큰 행사고, 진짜 좋은 자리에, 진짜 좋은 곳에 그 자리를 저희들한테 양보를 해주신 거예요. 그래서 외국인들이 많이 와서 오히려 세월호 참사를 기억하시는 분들이 많더라고요.

저는 지금도 기억이 나는 게 뭐냐 하면 한 학생이 왔어요. 와서 팔찌를 끼워주고 가방에 리본을 걸어줬었거든요. 자기는 세월호 참사를 기억한대요, 알고 있대요. 알고 있고 2년마다 행사가 되는 거죠. 한 해는 기독교, 그다음에 가톨릭 이렇게 되는 건데, 그래도 우리가 기독교 때 갔잖아요. 그때 가고, 2년 뒤에 행사가 인제, 그렇게 되면 내년이 되겠죠. 그래서 "2년 뒤에도 만약에 또 만나게 된다 그러면 세월호 참사를 기억하는 이 노란 팔찌는 자기 손목에 차고 있을 거다" 사실 그게 계속 머릿속에 맴돌아요. 어머님 한번 안아주고 싶다 해서 안아주고 갔거든요, 학생이. 네.

면담자   부모님들 영어가 잘 되시나요(웃음)?

도언 엄마   아, 거기 우리 저기 계시니까, 우리 교민들이 계시니까 교민들이 계속 영어로 통역해 주시고, 독일어로 통역해 주시고 하셨죠. 우리는 영어 못 하죠(웃음).

면담자   학생하고 되게 깊은 대화를 나누신 거 같아서요.

도언 엄마   거기서 통역해 준 거죠(웃음).

면담자   부모님들이 그동안 하신 게 많으니까 혹 외국어까지 마스터를 하셨나 싶어서요.

도언 엄마   (웃음) 그러니까요, 아, 공부를 해야 될까 봐요.

면담자   근데 외국 분들이 세월호를 어떻게 기억을 하고 계시던가요?

도언 엄마   그걸 깊이까지는 얘기를 못 하죠. 워낙 진짜 사람들이 너무 많이 왔거든요, 거기 박람회 하는 데에. 일단은 우리가 설명을, 통역해 주시는 분들이 얘기를 하죠. 나라에서 구하지 않았고, 모르는 사람도 많고, 아시는 분들도 있고, 나라에서 국가에서 국민을 구조하지 않았다, 그리고 아직까지 세월호 참사의 진실이 밝혀지지 않고 있다고.

(구술 장소 사정으로 잠시 중단)

면담자   다시 시작하겠습니다. 독일에서 만난 외국 분들이 세월호를 어떻게 기억하고 계시는지에 대해서 여쭙다가 끊겼었어요. 그분들이 세월호를 어떻게 기억을 하고 있던가요?

도언 엄마   모르시는 분들도 의외로 많았고요. 거의 다… 애들 수장시키고 구조하지 않은 거는 많이 알고 계셨었어요. 많이 알고 계셨고, 이제 그 외국 분들도 계셨고, 사실 또 우리 그 한인교회에서도 간담회를 했었거든요. 한인교회에서 교회 분들이시니까… 그 오랜 세월을 독일에서 사셨잖아요. 사셨기 때문에, 한국분이시지만 사고방식은 독일의 문화와 여러 가지 등등의 정치 이런 게 많이 따라가시기 때문에, 의외로… 우리가 지금 진행되고 있는 일을 이해 못 하시고 계시는 내용도 있죠. 이해 못 한다는 거는, 왜 정부에서 안 해주는가에 대해서 얘기를 많이 하시는 거죠. 그래서 그런 부분을 충분히 설명 드렸고, 또 한인교회에서 간담회 할 때에는 젊은 층 분들이 많은 관심을 가지셨어요.

독일에서 내가 느끼는 그런 거는… 독일에서 움직였던 우리 세월호0416[공사일육] 움직이시는… 세월호의 활동하시는 분들, (면담자 : '세월호를 기억하는 베를린행동'이죠?) 네. 베를린행동, 뮌헨 그리고 버쿰[보훔, Bochum]까지 갔다 왔잖아요. 그분들 [말씀]이, 오히려 독일이요 참 배타적이래요. "이방인들에 대해서 넓게 포용하는 것 같지만 그렇지는 않다"라고 얘기를 하시더라고요. 그런 환경에서도 꿋꿋하게 집회를 하시고 계속 피케팅을 하신 거죠.

그리고 저는 독일 분들이 그냥 뭐 세계적으로 다 움직이고 계시잖아요. 이번에 서울에서 해외포럼을 했던 것처럼, '0416[공사일육] 해외포럼'을 했잖아요? 해외포럼을 한 이유는 세월호 일만 가지고 해외포럼을 한 건 아니잖아요. 세월호 일로 만들어진 단체들이

379

5회차

지만, 세계적으로 근데 이 해외포럼을 할 때는 세월호만 이야기를 하는 게 아니라, 전반적인 대한민국에 이슈화된 일을 다 같이 논의하고 토론하는 자리였잖아요? 근데 독일 분들은 마인드가 좀 정확하셨어요. 그러니까 제가 그분들 말씀을 빌려서 말씀을 드리자 하면, 독일분들이 거의 안 오셨거든요. 진짜 왕성하게 활동하시고, 진짜 베를린 같은 경우는 젊은 층이세요, 다들. 다들 젊은 층이세요. 베를린 같은 경우는 거의 예술인들이 많잖아요. 거의 예술인들 이거든요. 감독하시는 분들, 뭐 영화하시는 분들, 미술하시는 분들 등등 뭐 언론기자들 등등, 그런 분들이 많으신데. 베를린, 뮌헨분들이 해외포럼에 참여를 안 하겠다고 얘기하신 거죠.

왜 안 하냐 하면, "우리는 세월호 참사로 알지도 못하는 사람들이 뭉친 사람이다. 세월호 참사로 희생된 사람들, 특히 단원고 학생들이 생각이 나서 나라에서 책임지지 않은 국민의 생명에 대해서 진상 규명을 요구하고 움직이는 건데, 세월호 참사로 모인 사람들이 세월호 참사 진상 규명되지 않은 이 시점에서, 물론 다른 것도 다 해결해야 되는 거지만, 사실 이 하나 가지고도 해결이 안 돼서 지금 이러고 있는데, 다른 거에까지 하다 보면 이게[초점이] 흐트러진다" 그래서 독일 분들은 안 오셨어요, 그때. 그래서 내가 역시 독일 분이시구나 생각했었어요.

사실은 맞아요, 이게 뭐 옳고 그른 건 아니에요. 누가 옳고 그른 건 아니에요. 어차피 세월호 때문에 대한민국에 대해서 관심을 가지고 대한민국이 사실은 싫어서 다 나가신 거잖아요. 유학이든 뭐든 개인의 사정에 의해서 대한민국을 떠나서 이민을 가신 분들이 잖아요. 이민을 가시면 사실 대한민국에 대해서 관심을 안 가지게 되죠. 그 나라도 내 나라가 되고, 고향은 여기지만, 핏줄은 여기지만. 근데 세월호 참사로 인해서 다시 대한민국을 생각하게 된 거잖아요. '나의 핏줄인 대한민국이 이랬어? 이러면 안 되지'. 그래서 자발적으로 움직인 모임들이고 단체들이고 집회를 운영했는데, '세월호 참사 아직 해결이 안 됐다, 근데 뭘 또 [다른 문제를] 어떻게 하냐, 이것부터 먼저 해결을 해야지' 그런 분들이 독일 분들이시더라고요. 왜 안 왔냐고 물어보니 그렇게 얘기하시더라고요.

면담자   어느 쪽이 옳다 그르다 할 문제는 아니고.

도언 엄마   네, 그건 아니죠. 네, 그런데 독일에 그분들은 젊은 분들은 '세월호 참사 진상 규명이 먼저 우선이다. 다 중요하지만' 그런 마인드를 가지고 계신 거죠.

면담자   저장소에 부임하시기 전에도 해외 간담회를 다니셨었잖아요. 그때에 비해서 지금은 시간도 많이 흘렀고, 이제는 기억 저장소 소장님으로서 간 거라 말씀하시는 것도 조금 달랐을 거 같아요. 크게 달라진 게 있었을까요?

도언 엄마   크게 달라진 건 없죠. 크게 달라진 건 없고, 어차피 저장소의 타이틀을 걸고 저희들이 간 거잖아요. 그전에는 가족협의회 이름을 걸고 간 거고. 우리가 저장소의 경비로, 저장소의 이름을 걸고 우리가 베를린, 독일을 방문한 거잖아요. 했지마는 전체적인 이야기는 어차피 다 가족협의회, 우리 일어나는 일들, 진상 규명의 일이죠. 그러고 나서 인제 독일 분들이 우리가 지금 진행되고 있는, 세계적인 [연대의] 움직임, 이 자료와 우리 아이들의 기록들을, 우리를 기록하고 관리하는 저장소에 마음을 모아주신 거고. 사실 이게 참 중요하다는 거죠. 자료를 모으고 관리하고, 그러고 이렇게 또 이 자료들을 막 연대하는 거, 공감의 자리를 만드는 거, 이런 게 참 중요하다, 참 중요한 일하고 있다고 그분들이 먼저 인식을 하고 계시더라고요.

16
동거차도와 팽목항 철수

면담자　　　독일 방문 경험은 이 정도로 마무리하겠습니다. 최근에 동거차도와 팽목항 철수를 했잖아요. 저장소에서는 기록관리팀과 소장님께서 내려가서 기록화 작업을 하셨습니다. 특히 팽목항 철수는 남다른 의미가 있을 거 같아요. 어떤 생각을 하셨는지요?

도언 엄마　　　동거차도는, 우리가 세월호 인양을 감시하기 위해서 만든 임시초소잖아요. 거기가 우리 아이들이 진짜 "배 밖으로 나와라! 뛰어내려라!" 그 말만 했으면 다 살 수 있는 거리고, 우리 아이들이 수장당했던 그곳이 바로 보이는 곳이고, 참 가슴 아픈 곳이죠. 우리가 처음에 2014년 4월 16일 날은 [현장이] 팽목항 바로 그

앞인 줄 알았거든요. 그 앞인 줄 알았는데, 시간이 지나면서 거기가 아니었던 [것을 안] 거죠. 참 가슴 아픈 곳인데요, 그곳을 우리가 철수를 했잖아요. 어차피 우리가 생명안전공원 부지를 발표를 하면 합동분향소, 동거차도, 팽목항 우리가 다 철수를 해주겠다라고 약속했기 때문에 하나하나 정리에 들어갔는데, 제가 저 앞에 말씀드렸던 것처럼, 우리 아이들이 하루 햇빛을 보고 제단이 텅 비어 있는 그 모습을 보니 우리의 미래 같다고 했던 그거예요. 사실 현실이에요. 바로 다가오는 현실이어요.

저는 우리 아이들이 나왔던 그 제단에 사진이, 사진과 위패가 사라지고 났을 때, 그 공간을 볼 때 그때 우리 가족들 아무도 없었어요. [가족협의회] 운영위원장하고 사무국 몇 분 계셨고, 오히려 그 자리를 마지막 텅 비었던 그 자리를 지켰던 사람들은 시민들과 학생들이었어요, 사실은. 나는 죽을 때까지 그거 잊지 못할 거 같아요. 그 텅 빈 제단을 바라본 거는 오히려 학생들이 많았어요. 학생들이 의자에 앉아서 진짜 한 명 다 나갈 때까지 다 지키고 있었고요, 텅 빈 자리를 끝까지 지키고 있었어요. 근데 우리 가족들은 내 아이 사진만 위패만 들고 다 헤어진 거죠. 아이들이 다 하나하나 다 정리되기 전까지는 기다려주지 않았던 거죠.

그래서 그 텅 빈 제단을 보면서 내가 생각했던 거, 이게 꼭 우리의 미래 같다 했던 것이 바로 우리 동거차도 철수부터 들어간 거죠. 분향소 철수가 먼저 됐고, 그리고 가족들[유가족대기실이] 이사를 했고, 화랑유원지를 벗어나서 또 이사를 해서 옛날 단원구청 자리에 또 컨테이너로 들어갔고요. 또 동거차도로 갔는데, 동거차도는 가족들 아빠들이 먼저 초소를 만들고 길을 만들고 난 다음에, 엄마들로서는 재강 엄마랑 저랑 우리가 제일 먼저 갔었어요. 아빠들 [먼저] 감시하고 있을 때 엄마들로서는 제일 먼저 들어갔었어요. 그때, 제일 먼저 갔었었구요. 그때 생각이 드는 거죠. 그때도 많이 울었었거든요, 가서. 그때 생각이 또 많이 나고.

그러고 중요한 건 철수를 다 하는데, 흔적을 다 지우는 거잖아요. 지우는 건데, 어떠한 흔적을 남겨놓을 수가 없는 거죠. 아니 된 말로 우리가 거기에다가 진짜 돌에다가… 뭐 하나라도 새겨놨으면, '여기가 진짜 우리 가족들이 동거차도에서 세월호 인양 감시초소였다'라는 흔적을 남겨놓을 수 있는 그런 비라도 하나 세워놨다 그러면 마음이 좀 달랐을 수도 있어요. [하지만] 흔적을 다 지웠고요, 그냥 그 흩어져 있던 돌 모아서 리본 모양 만든 그것도 다 흐트러져서 다시 그것만 만들어놓고 왔어요. 그건 뭐 오며 가며 사람들이 뭐 걷고 바람 불고 하면 흩어질 수 있는 거잖아요(한숨). 흔적을 남겨놓지 못하고 온 거 자체가… '이렇게 또 지워지는구나. 또 하나의 흔적이 지워지는구나. 또 하나의 우리의 모든 사람들로부터 기억을 지우게 되는 것을 결국은 또 우리 가족들이 하는구나' 하고 생각을 하게 된 거죠. 돔 설치했던 사장님 이하 봉사자들이 와서 진짜 고생 많으셨거든요. 그 무거운 짐을 산에서 밑에까지 가져오는 거 쉽지 않거든요. 풀이 우거져 가지고 미끄럽고.

아, 동거차도는 그런 마음이었고요… 그런 마음이었고, 흔적을 하나도 남기지 못하고 오는 그런 마음, '또 하나의 흔적을 내가 내 손으로 지워야 되는구나. 결국은 영상으로만 남겨놓기밖에 못 하는구나, 그 자리에' 국유지기 때문에 사라지지는 않잖아요. 거기는 개발될 곳은 아니잖아요. 그런데 '우리 아이들이 바라볼 수 있는 곳이 뭐라도 하나 해놓고 왔었으면 참 좋았겠다' 그런 생각이었고요.

동거차도는 저희가 하루 더 일찍 나왔어요. 팽목항 사진촬영 등등 팽목항 철수할 때 준비를 할 거에 대비해서 하루를 먼저 나왔어요. 동거차도에서 배를 타고 나왔고요. 왔는데… 우리 팽목항 철수하는 날 진도군청에서 그 준비를 하게 되어 있었거든요. [팽목항 분향소의] 아이들 영정 사진과 위패 그걸 정리하는 박스를 하기로 했는데, 어느 하나 준비가 안 되어 있는 거예요, 당일 날 아침에도. 사진을 담는 상자를 50개만 준비를 했다는 거예요. "지금 무슨 소리 하냐?" 그래서 여기 오늘 동거차도 들어가신 가족들, 사진 가져 가실 가족분들 50명을 예상을 해서 그것만 가져왔대요. "말 같은 소리를 해라. 애들 다 있으면 다 있는 거고, 다 들어가면 다 들어간다" 다 준비해 오라 그랬어요. 일반인들[영정 사진과 위패]은 담아놓고, "이거는 진도군청이 알아서 해라, 선생님 이하 아이들은 다 가져간다. 다 들고 간다" 그랬어요.

두고 갈 수 있는 게 아니잖아요. 어떻게 그래요, 부모가? 부모가 그러면 안 되잖아요. 우리는 하나의 내 아이도 [의미가] 있지만, 단원고 250명, 선생님들 우리는 하나예요. 단원고라는 이름으로 하나로 묶여져 있잖아요. 하나기 때문에 우리는 우리 아이들 다 들고 간다. 박스를 다 준비하라 했고요. 박스에도 이름도 없어요. 그 냥 상자를 준비해 온 거예요. 상자에 이름 다 붙여라 그랬어요, 제 가. "이름 다 붙여 와라. 누가 누구 건지 어떻게 알 건데?" 그러고 만약에 이게 상자예요. 그럼 이런 상자만 줄 거냐고. 내가 "이렇게 상자로 가져가라 할 거냐?" 보자기 준비하라 그랬어요, 제가. 아주 귀하게 가져갈 수 있게끔 상자와 이름과 보자기까지 준비하라 그 랬어요. 그것도 늦게 준비가 됐어요. 이 사람들도 빨리 정리하는 게 목적인 거죠. 예의, 이런 거 없었어요. 없어 가지고, 저는 아침 부터 분향소에 다 들어가 있었어요. 그날 하루만 지나면 그 흔적이 사라지는 거잖아요. 사실 팽목은 동거차도보다 의미가 더 많은 곳 이에요. 근데 그 공간이 사라지는 거지. 아침부터 거기 들어가 있 는데, 진도군청은 예의와 이런 게 없고, 우리 아이들 보내는 데 예 의도 없고, 빨리 보내기 위한, 하나의 일이었던 거죠. 제단 준비하 는 이런 것도 준비가 안 되어 있어서 저랑 많이 싸웠어요. 그래 막 준비가 됐고, 그 위에 [진도군청] 팀장이 와서 정리를 사과를 하고 정리를 해서 나중에 마무리가 되었는데, 제가 안 간다 그랬어요. 막 안 가져간다고 그랬어요(한숨). 버스도 준비가 안 돼서, 버스도 준비시키고… 버스 준비시켜서 버스 한 대로 올라오는데…….

팽목항은 그랬던 거 같아요, 기자들이 엄청 많이 왔어요. 내가 분향소에 있으니까 인터뷰를 하려고 하는 거죠. 인터뷰하지 마라 고 했어요. 사진 찍지 마라 그랬어요. "느그들이 2014년 4월 16일 날 가짜 언론을 퍼뜨려서 애들 수장을 시켰고. 그리고 여기[팽목항 분향소는 우리 가족들이 존치를 얘기했었고, 여기 시민들이 존치를 얘기했고. 이걸 어떤 의미인지 아는 사람들이, 이제 여기 철수한다니까 이제 다 왔냐?" 그랬어요. 제가 계속 분향소에 있으니까 계속 사진 찍는 거죠. 어… 모르겠어요. 어떤 기자가 와서, 자기는 인터뷰를 안 쓰겠다 그래서 내가 그런 얘기를 했죠. "당신들은 오늘 여기 철수한다고 기사를 쓸 게 아니라, 이 공간을 지키자고 언론에 퍼뜨리고 기사를 써서 정부를[에] 요구를 해야 되고, 군청에 요구해야 했을 당신들이 기자들이다. 근데 느그들은 여기 철수한다니까 떼거지로 왔냐?" 제가 그런 이야기를 한 거죠. 이래서 언론이 바뀌지 않은 거고, 언론 때문에 우리 아이들 수장이 된 거다, 그런 얘기했어요. 그래서 제가 [팽목항 분향소] 방명록에도 적었어요.

동거차도도, 저 같은 경우는 분향소도 어차피 내손으로 [정리]한 거잖아요. 가족들은 그냥 결정, 임원들은 결정만 한 거지만, 분향소도 저는 피해 당사자 도언이 엄마로서 내가 다 치운 거예요. 기록물 다 정리하고 서울시청까지, 다 서고까지 다 정리한 거고, 아이들 영정 사진부터 전부 내 손으로 다 정리한 거예요. 동거차도도 또 내가 우리도 다 가서 촬영하고 정리한 거고, 팽목항도 결국은… 피해 당사자인 엄마들이 직접 와서 치우고 있는 거예요. 나는 또 그날 사무처랑은 다 동거차도에 있으니, 그런 걸 제가 준비를 다 하고, 상황을 다 했잖아요. 그러니까 내 손으로 내 아이의 흔적을 지우고, 내 손으로 이 의미 있는 공간을 치우는 상황이 된 거죠.

사실 팽목항은… 여러 가지 의미가 많죠. 우리 아이들을 목 놓아 울부짖으며 기다리는 공간, 우리 아이들을 차디찬 아이들을 안 아보는 공간, 그 아이들을 가입관해서 안산으로 데려오는 공간, 그리고 또 그 전에 가짜 언론들과 싸웠던 공간, 그리고 뭐 해수부, 해경들과 엄청 싸웠던 공간, 그리고 또 중요한 것은 한마음으로 하나 된 마음으로 전국에서 자원봉사자들이 한마음으로 달려왔던 공간 이에요. 의미로 따지면 어마어마한 공간이에요. 근데 그 공간이 흔적도 없이 사라진다는 거죠, 어떠한 대책도 없이.

그래서 제가 그런 이야기도 했어요. 광주, 목포, 진도 시민단체 [에게]든지 계속 그런 이야기했어요, 지켜야지! 지켜야지! [그런데 그들은] 어떤 행동도 취하지 않은 거였던 거죠. 그날 우리 아이들 영정 사진 가지고 나오고, 위패 가지고 나오고 하는 그때 이제 피켓 들고 막 서는 거죠. 제가 그랬어요. "할라면 진작 했어야지" 그런 원망하는 건 아니고요…. 막상 닥쳐서 할 게 아니라… 안 되게끔 미리 움직였어야 된다는 거죠. 말로만 '지켜야 될 공간' 이게 아니라, 말로만 '지켜야 될 공간'[이라고 하는] 이게 아니라…. 진짜 아니 된 말로 피케팅할라 하면 그 전에 피케팅을 해서 이슈화를 시켜놓든가. 어… 당일 날 기자들 오니까 피케팅 들고 하셨어요. 뭐, 그걸 나쁘다 하는 건 아니고, '조금 더 그 전부터 체계적으로 움직이시고 그 공간을 지켜주셨으면 좋았을 것을' 하고 생각을 하는 거죠.

왜냐하면 그 공간을 우리가 지킬 수는 없어요, 사실은. 왜냐하면 그거는 [팽목항 일대는] 참사 나기 전부터 공사 개발을 진행을 했던 곳이에요, 참사가 나서 그 공사가 보류됐던 거기 때문에. 그러면 어떤 공간을 마련해 놓고 우리가 철수를 했다고 하면 달라질 수 있는데, 그 의미가 달라지는 건데…. 그래서 '또 내 손으로, 또 내 손으로 내 아이의 그 울부짖음 그 슬픔 분노를 했던 이 공간을 또 지우는구나' 또 그렇게 되고, 그날 다 애기들 다 데리고 아이들 태운 채 그 버스에 저장소 엄마들이랑 우리 기록팀 이렇게 타고 온 거죠.

면담자　　본인 손으로 흔적을 지운다고 하신 말씀이 와닿네요. 몇 가지 추가로 여쭤보고 싶은 게, 동거차도와 팽목항 분향소 철수 건에 대해서 결정은 어떻게 이루어졌는가요?

도언 엄마　　첨부터 그 4·16생명안전공원 부지 발표를 하면 다 정리를 해주기로 했었어요. 그래서 점차로 이렇게 정리가 된 거죠.

면담자　　동거차도 같은 경우에는 국유지니까 흔적을 남겨놓는 게 좀 더 협상이 가능하지 않았을까 싶긴 한데요.

도언 엄마　　그러니까요. 그래서, 마음이 좀 그래요. 어떤 흔적을 하나도 남겨놓고 오지를 못해서. 동거차도도 그렇고, 팽목항도 지금 뭐 그 옆에 서망항에 해양체험관이 들어온다는데 그건 우리 참사의 기념 공간이 아니, 기억 공간이 아니거든요. 그래서 흔적이 사라지는 거죠. 이제 그때 왜냐하면 가족협의회에서 다 정리하기로 다 합의를 봤고, 또 우재 아버님이 계속 그날 우재 아버님은 우재 사진은 안 가져간다고 거기 놔둔다고 해서, 우재 사진만 놔두고 다 가져온 거예요.

면담자   우재 아버님이 정부와의 소통을 주도하셨나요?

도언 엄마   진도, 그 밑에 전남 쪽에[서] 움직이시면서 [우재 아버님이] 기억 공간을 요구를 했는데, 그게 진행이 안 됐었구요. 어차피 진도군청에, 가족협의회[안건]에 또 올라왔었고, 와서 회의를 할 때 철거하는 건 결정이 났었어요. 왜냐하면 결정이 났지만, 진도군청에서는 아이들 사진이랑 위패니까 함부로 손을 못 대는 거죠. 그건 진도군청이 만들어준 게 아니거든요. 우리 가족협의회와 뭐, 전교조 민노총에서 후원금으로, 지원해 주신 금액으로 컨테이너 등등 구매를 하고, 그러고 또 식당 같은 경우는, 시민들이 십시일반 도와줘서 계속 운영이 됐던 거거든요. 그랬더니[그러니] 진도군청에서는 그걸 강제로 뺄 수 있는 권한은 없는 거죠. 그래서 가족협의회에 논의하러 왔었고, 그 진행 상황을 공유하기 위해서 왔었어요. 그래서 결론은 우리가 정리해 준다고 정리했던 부분이기 때문에…. 우리가 항상 하는 거죠, 우리가 약속했던 건 약속을 지켜야 되는 거죠. 약속을 지켜야 우리도 정당하게 요구를 할 수 있는 거잖아요. 약속은 지켜야 할 수 있는 거기 때문에.

면담자   팽목항 분향소 자리는 참사 당시에 아이들이 올라오면 맨 처음 안치되는 장소이기도 했잖아요. 이제 그 장소에 흔적이 전혀 안 남아 있는 건가요?

도언 엄마   지금 컨테이너는 있긴 있는데, 지금 관리가 안 되고 있고요. 추모조형물, 조형물은 사진을 다 찍었었고, 어차피 동거차도와 팽목항이 철수가 되기 때문에 정리가 되기 때문에 우리는 또 보존 처리를 해야 되잖아요. 아직 기억공간이 만들어진 것도 아니고. 그래서 내려간 김에 웬만하면 사진을 다 가지고 올라오려고 했었어요. 일단은 사진만 먼저 올리고, 나중에 진도군청이랑 목록화해서 다 가져갈라 했는데, 우재 아버님이 남아 계신다 하니까 일단은 조형물에는 손을 못 댄 거죠, 조형물에 대해서는. 그리고 기타 포스터 웹자보 이런 거는 가지고 왔었어요. 가져왔고… 그래서 제가 전화를 해서, 방명록은 관리가 안 되어 있어서 우리가 하루 먼저 나왔잖아요. 그때 방명록은 정리를 좀 했었어요. 막 젖어 있고 해서 다 말리고, 그거는 좀 정리를 해놓은 상태였었어요.

거기 보면 '기억의 돌'이 있어요, 동화작가님들이 하신, 엄마들이 글 쓴 그런 것도 있어요. 그거를 제가 가져오려고 했어요. 제가 내려가기 전부터 제가 기록팀에 얘기한 게 있어요. "기록팀과 나는 바라보는 관점이 틀리다[다르다]. 내가 가져오는 것에 터치하지 마라" 했어요. 제가 그 돌 다 가져오려고 했거든요. 그래서 미리 얘길 한 거예요. 왜냐하면 기록팀에서는 그건 아니라고 볼 수도 있는 거죠, 전문가로서. 근데 나는 아니잖아요. 내가 보는 관점은 아니거든요. 그게 또 중요한 의미거든요. 나는 그 돌을 사진 찍어놓고 고대로 가져왔다가, 나중에 또 전시를 고대로 모양을 만들어서 전시를 하면 되는 거니까 저는 그 의미를 저는 가져오려고 했던 건데, 이제 우재 아버님이 남아 계신다 하니, 그거는 아예 조형물은 아예 못 가져온 거고.

방명록은 다시 얘기를 해서 오늘 받았어요, 받았고. 다음 말일 날 내려가서 가져올 수 있는 부분 또 가져오고, 그러고 기록팀은 목포 신항에 가서 제가 얘기를 했죠. 지금 [목포 신항] 밖에 방치되고 있는 금속류 있잖아요, 금속류와 차량들 지금 현재 상태를 기록으로 좀 남기라고 했죠. 왜냐하면 과거 자료는 받으면 되고, 목록화는 어차피 해수부에서 또 넘어올 거고, 목포 신항 쪽은 받으면 돼요. 그런 건 다 받을 수 있는데, 지금은 현재 다 철수가 된 상태잖아요. 그럼 지금 방치되고 있는 차량 이런 거 있죠. 그런 거 가서 좀 촬영을 좀 했으면 좋겠다 했어요. 나중에 하나하나 기록을 해놔야 할 거 아니에요.

일반인 대책위에서 요구하는 것처럼 녹여서 다른 조형물을 만들자 이렇게 요구를 하고 있잖아요. 세월호 선체도 그렇게 요구를 하고 있거든요, 일반인 대책위에서는. 차량도 많잖아요, 차량 어마어마하게 많잖아요. 그것도 하나하나는 다 못 찍겠지만, 큰 틀에서는 찍어놔야 된다 제가 그랬거든요. 그래서 그거는 별도로 촬영이 또 들어갈 거예요.

면담자　　　우재 아버님이 남아 계신다는 말은 아직 팽목을 지키고 계신다는 말씀이신가요?

도언 엄마　　　팽목에 기거는 하시는데, 얘기 들어보니까 일주일에 한두 번 주무시는데, 관리는 좀 안 되고 있어요. 왜냐하면 이제 우리가 목포 신항[에서] 우리가 철수하기 전에 임원들이, 임원진들이 운영위원장님 아래[이하] 진도에 내려가셨거든요. 가서서 인제 팽목항을 가보면 관리하는 사람이 없었다, 엉망이었다고 이야기를 하시고, 일주일 내내 계신 건 아닌 것 같고요.

면담자　　　혼자서 관리하시는 건 힘에 부치실 거 같네요.

도언 엄마　　　네. 힘들죠. 왜냐하면 공사를 계속하고 있으니까. 조만간 좀 정리가 될 거 같아요, 거기도.

면담자　　　아직 팽목항에 남아 있는 그런 흔적들은 조형물이 아직 남아 있기 때문에 정리가 완전히 된 거라고는 할 수 없는 거네요. 현재진행형이라고 보면 되는 거네요.

도언 엄마　　　할 수 없죠. 사진과 이런 건 다 빼 왔고요. 밖에 조형물 외부에 있는 조형물만 있는 거예요. 외부에 그 뭐 기억하는 조형물 만든 거 있죠, 배 모양 이런 거. (면담자 : 나비 모양 이런 거) 네, 쇠로 만든 그런 거, 그런 것만 있어요.

면담자　　　동거차도에 있던 감시초소는 어떻게 하셨나요?

도언 엄마　　　천막 안에 기록되어 있던 건 가져왔어요, 저장소로 왔고요. 천막에 안에 아이들 이름도 적어놨고요, 기록해 놓은 그런 곳과 끈에, 노란 끈에다 메모한 건 다 가져왔어요. 돔 구조물은 거기 동거차도에 기증을 한 거고.

면담자　　　동거차도에 기증을 했다고요?

도언 엄마　　　네네. 동거차도에 주민들 쉼터로 활용을 하신다 그래서 다시 만들어서 천막 씌우고 밑에 쉼터로 하신다 해서 그래서 기증을 하고.

면담자   메시지가 남겨져 있는 천막 천만 가져왔다는 말씀이죠?

도언 엄마   네, 가져왔어요. 리본이랑 가져왔어요.

면담자   처음 구술하셨을 때가 동거차도에 들어가시기 전이었던 것 같은데 맞나요? 그러니까 2015년에 저장소 소장으로 취임하시기 전에 구술을 처음 하셨어요.

도언 엄마   [동거차도에 들어가기] 전이에요, 15년도 초에 구술을 했기 때문에.

면담자   그때 재강 어머니하고 같이 처음 동거차도에 올라갔을 때 어떤 느낌이 드셨는지요?

도언 엄마   음, 그때 엄청 추웠거든요. 겨울에 갔었으니까 롱패딩 입고, 롱부츠를 신고(웃음).

면담자   거기에 부츠를 신고 올라가셨군요.

도언 엄마   네네. 추우니까, 하도 춥다 그래서 그렇게 올라갔었거든요… 그때 아빠들이 지키고 있었었고… 글쎄요, 뭐라고 말해야 되는 거지?(웃음)

면담자   말씀하시기 힘드시면 안 하셔도 돼요.

도언 엄마   아니 그냥 부르면 뛰어내릴 거 같았어요, 그냥 [도언이가] 부르면. 저 수영 못 하거든요. 도언이가 엄마 부르면 뛰어내릴 거 같았어요. 도언이가 저기서 살려달라고 있으면[외치면], 저 뛰어들죠. 생각보다 [동거차도와 침몰 현장이] 너무 가깝죠. 그리고 초소에서 한참 내려가서 바다 밑에까지 내려갔다 왔어요. '아… 살 수도 있는데 왜? 살 수 있었는데…' 자꾸 이 생각이 드는 거죠. '내가 여기 안 와 있어도 되는데. 이 차디찬 바람이 부는 이곳에, 이 산 위에, 그리고 살면서 올 수도[일도] 없는 이 동거차도에. 있는지도 모르고 살은 이 섬에 내가 안 나와 있어도 되는데 내가 왜 이렇게 와 있지?' 이 생각. 그리고, '아우, 좀 살아서 나오지. 살아서 나오지…' 그 생각이었구요.

그다음 날은, 그날이 가는 날이구나. 주위에서 낚시를 하고 있더라고요, 사람들이. 그래서… 우리는 감시한다고 왔고…(웃으며) 내 아이가 저기서, 얼마나 억울하게 희생된, 이런 마음인데 저기에서는 또 낚시를 하니. 뭐 그렇다고 해서 우리를 생각을 안 하는 거는 아니겠죠. 우리 아이들의 희생을 잊고 그런 건 아니겠지만, '너무 다른 세상이구나' 그러니까 그곳과 나는, 그러니까 우리 아이들을 떠나서, 이 사람들과 우리의 삶은 틀리고[다르고], 그 사람이 사는 생활과 나의 생활은 너무 틀린[다른] 것이고…… 그러니까요. 그게… 그렇더라고요, 그냥. 바로 앞에서 보이니까. 바다 밑에 가도 낚시하는 게 보이고 이러니까.

'아… 왜 이러고 살고 있어야 되지?' 이 생각. '왜 이렇고 살아야

되지? 왜 이러고 살고 있을까? 누가 이렇게 만들었을까?' 그 생각이
제일 먼저 들었던 거 같아요. 그리고 원망 아닌 원망을 하지. '아,
좀 뛰어내리지 바보같이. 왜 안 나왔을까? 나왔을 성격인데? 도언
이 친구 말대로 그랬다면 거의 바보지. 지가 먼저 살아야지 친구를
왜 먼저 올려 보내줘?' 이 생각이 드는 거죠, 저는. 나왔으면 살 수
있는 거린데. 이 생각이 최고 많이 들었던 거 같아요.

면담자   재강 어머님하고 어떤 대화 나누셨는지 기억나세요?

도언 엄마   대화는 별로 안 하고요, 그날 저녁에 술 좀 많이 먹
었던 거 같아요. (웃으며) 술을 많이 먹었어요. 산에서도 많이 먹었
고요. 영석이 아빠, 소희 아빠 이렇게 네 명 있었는데, 엄마들은 마
을에 내려갔었거든요. 산에서 또 속상해서 좀 먹었고, 또 내려왔을
때 많이 먹었어요. 너무 속상해 가지고. 너무 속상해서.

17
구술팀과 구술사업

면담자   이제 거의 마무리되어 갑니다. 마지막 사업 얘기인
데요. 구술팀 얘기를 간단하게 들으려고 해요. 소장으로 부임하시
기 전에 먼저 구술을 하셨잖아요. 당시에 구술사업을 하고 있다는
건 알고 계셨나요?

도언 엄마   구술을 한다고는 알고 있었어요.

도언 엄마 이지성

| 면담자 | 어떻게 생각하셨나요? 좋고 나쁘고 이런 판단은 그냥 안 하시고? |

| 도언 엄마 | 좋고 나쁘고, 그게 아니라 저는⋯. |

| 면담자 | 어떤 마음으로 하셨는지? |

| 도언 엄마 | [저는] 하여튼 기록을 남겨야 된다고 생각을 했던 사람이에요. 왜냐하면⋯ 벌써 그때부터 페북에 올리기 시작했고 내용을 올리기 시작했고. 왜냐하면 사람이 손을 쓰기 쉽지 않아요, 제가. 요즘은 손으로 자필 쓰는 그게 익숙지가 않잖아요. 요즘은 그냥 키보드로 치고 이러기 때문에, 그래서 구술 요청이 왔을 때 그때 기현 씨가 연락이 왔었죠. 그때 내가 한다 그랬어요. "누나 뭐 힘든 건 아니고, 그냥 그때 뭐 진행 상황 물어본대요", "응, 알았다" 흔쾌히 허락을 했지요. 어차피 그날의 기록들은 많이 남겨놔야 되니까, 저 같은 경우는. 그래서⋯ 그래서 저는 그냥 있는 그대로 다 얘기를 했어요, 그날 팽목항에 있었던 거. 그리고 뭐 오빠가 공무원이니까, 오랜 공무원 생활을 했기 때문에 오빠가 바라보는 그런 관점들, 나한테 얘기했던 거를 다 얘기를 정확하게 다 얘기를 했어요. 그리고 인제 이번에 기무사가 밝혀졌지만, 우리를 사찰하고 했던, 사실 그게 다 사찰이었거든요, 그런 거. 그리고 저 아시는 분들이 도와줘서 그분들이 피해를 봤던 거 등등. 다 그때 얘기를 했었어요. |

〈비공개〉

면담자   저장소에 소장으로 부임하시고 난 다음에 했던 많은
사업들과 구술증언사업은 성격이 조금 다른 것 같아요. 구술사업
은 전문가인 학자들 주도로 계속 진행이 되어왔던 거였는데, 소장
님은 전문가들의 관점과 부모님들의 관점이 다르다고 말씀하셨잖
아요. 구술사업이 전문가 주도로 진행된 것에 대한 생각이 어떠
신지.

도언 엄마   특히 희생자 부모에 대해서는 구술 내용이, 구술 내
용보다도 조금 더 세심한… 어떻게 표현해야 되는 거지? 음… 조금
더 세심하게 좀 체크해 주셨으면 좋겠다? 아… 이게 좀 광범위하긴
한데요. 어떻게 표현해야 되는 거지? 저는 그냥 구술 내용은 사실
그대로 질문을 해야 되고. 거기서 [구술자는] 항상 말씀하시는 거,
힘드시면 얘기 안 하면 됩니다. 얘기 안 하면 돼요. 그런데 사실은
이 내용을 끌어내기까지는 사실 인제 면담자의 역할이 큰 거죠, 사
실은. 그렇잖아요. 만약에 질문을 만약에 한 가지 단답형이었다지
만, 길게 진짜 서술형식으로 만들 수 있는 거는 면담자가 세심하게
터치를 해서 끄집어내는 게 중요한 거거든요. 근데 터치하는 방법
이 다양하겠죠, 사람에 따라서. 그래서 어… 지금은 좀 불리할 수
있어서 얘기를 안 하겠다고는 하지만, 우리 구술자가, 지금 이야기
하는 사람이, 저 같은 경우도 [마찬가지로], 하지만 또 나중에 시간
이 지나면 [구술한 내용이] 중요할 수도 있는 일이 될 수도 있어요.
그래서 그런 것까지 세심하게 좀 터치 좀 해줬으면 좋겠다.

도언 엄마 이지성

면담자   저를 포함해서 면담자들이 그 부분에서 부족했을 수 있겠네요. 계속 말씀해 오신 것의 연장이긴 한데, 앞으로의 구술사업 진행이 어떤 방향으로 좀 더 갔으면 하시는지요?

도언 엄마   지금처럼 하시면서 어차피 이현정 교수님 지휘하에다 총괄하고 하시는 그렇게 하시면 될 거 같아요. 대신 이제 중요한 건 우리 사업비잖아요. (웃으며) 사업비가 있어야 되는데, 사실 우리 구술증언이 구술증언사업이지만, 사실 이익을 위해서 움직이시는 분들은 아니시잖아요. 말 그대로 마음으로 해주시는 거고, 재능 기부시잖아요. 그래서….

저는 그냥 다른 건 없고요, 구술을 이렇게 하다 보면 또 이렇게 말하는 저와, 저는 어차피 얘기를 풀어내는 사람인데, 듣고 계시는 우리 선생님과 촬영하시는 선생님들은 힘드실 거예요. 왜냐하면 내용이 중복되는 내용도 많고, 똑같은 상황을 계속 들으셔야 되는 거고, 또 똑같이 그대로 또 글로 풀어내야 되는 거고. 그러면 '[구술 채록하러] 올 때에는 감정에서 헤어나지 못할 수도 있겠다', 사실 저는 그런 걱정을 해요. 또 나는 당사자니까 힘들 때 어떻게 나만의 집에 가서 또 어떻게 막 삭히기도 하고. 나는 목표가 있으니, 나는 내 아이 때문에 이걸 움직이니까 나는 큰 목표가 있잖아요. 내 아이의 명예회복과 진상 규명이라는 그걸로. 나는 내 애기 엄마라서 힘들어도 이렇게 하지만, 구술사업을 진행하는 샘들은, 어차피 재능 기부고 마음으로 도와주시는 건데, 흔히 말하는 돈도 못 버시면서 마음고생, 몸고생, 정신고생 이런 등등을 하시잖아요. 너무 힘들지 않았으면 좋겠다. 그리고 또 너무 이 일을 너무 심취하게 너무 깊이 하시다 보면 너무 혹시 트라우마가 오는 게 아닌가, 제 개인적으로 걱정은 돼요, 저는.

그런 부분을 잘 이겨내시면 좋겠어요. 이겨내서, 구술증언이 중요하잖아요. 기록도 중요하고 사실 우리 기록물관리 이런 것도, 교육도 다 중요해요. 그래도 이 구술은 사실 있는 그대로의 표현이잖아요. 전시는 있는 거를 2차적인 가공이고, 기록물 있는 거는 누가 적어준 거를 정리하는 것이고. [그렇지만] 이거는 그날의 상황과 삶을 그대로 우리가 얘기해서 글이든, 영상이든 이렇게 나오는 거기 때문에 마음 안 다쳤으면 좋겠고, 건강을 안 해쳤으면 좋겠고. 그래서 건강한 모습으로 사실은 쭉 이 사업을 잘 했으면 좋겠어요. 그래서 결과물도 참 좋았으면 좋겠고. 그리고 이 자료들이 역사에 진짜, 세월호 참사에 이 구술증언이 진짜 역사에 한 획을 그었으면 좋겠다, 저는 그 생각을 하는 거죠.

면담자　　　관심 어린 말씀 감사합니다. 제가 준비한 질문들은 거의 다 된 거 같고요. 혹시 저장소에서 했던 각종 많은 사업들 중에서 제가 빠뜨린 활동이 있을까요?

도언 엄마　　음… 다 하신 거 같아요. 마을, 북콘도 있고, 서울기록원 가서 정리한 것도… 크게 다 얘기한 거 같습니다.

18
앞으로 개인의 삶의 변화와 미래에 대하여

면담자　　　그러면 마지막 단락의 질문을 드리겠습니다. 소장님 개인에 대한, 개인의 향후 삶에서의 변화와 미래에 대한 질문들이 될 거예요. 사실 이건 제일 궁금했던 건데, 단도직입적으로 여쭙자면, 소장님이 안 계신 기억저장소는 잘 상상하기 힘든데, 언제까지 소장님 하실…?(웃음)

도언 엄마　　허, 그러니깐요. 저 이제 그만두고 싶거든요. 제가 계속 얘기를 했었어요. "나 너무 힘들고, 그만뒀으면 좋겠다" 했어요. 근데 인제 엄마들이 그 얘길 하신 거죠. "이거 [저장소] 힘들게 이뤄놨고 이제 겨우 자리를 잡았는데, 지금 그만두면 다 무너진다. 이제 자리를 잡기 시작했고, 이제 안정을 찾았고, 그리고 이제 소장님이 오면서 여러 가지 일이 진행이[을] 많이 하고 있잖아요. 그래서 무너지면 안 된다"는 거죠.

그리고 곧 교실 복원과 재현이 시작이 되고, 그때는 막 교실이 이전할 준비를 할 때죠. 이게 만만치 않거든요. 가족들은 "뭐, 응, 옮겼어" 이래 생각할 수 있어요. 그런데 정작 이걸 움직이는 저장소에게는 만만치 않은 일이거든요. 그렇다고 해서 알아달라는 건 아니잖아요. 어차피 내 아이 일이기 때문에 '내가 할 수 있는 일은 내가 한다! 내가 먼저 앞장서서 한다' 그런 의식이긴 한데, 힘들 때마다 여러 가지 이야기가 들리면 당장 그만두고 싶죠. 그만두고 싶은데… 모르겠어요. 저는 지금도, 어제도 도언이 아빠랑 이야기했어요(한숨). "너무 힘들어서 나도 그냥 움직일 때만 좀 움직이고, 좀 그랬으면 좋겠다" 얘기는 제가 비췄었어요. 모르겠네요. 이제 뭐 이러다 훅 그냥 한방에 갈수도 있고요. 그렇습니다.

면담자   혹 가시면 안 됩니다. 소장님도 잘 추스르시고 계속 하셔야 되는데요.

도언 엄마   만약에 제가 여기를 정리를 하면 제가 인수인계 잘 해주고 넘겨야죠, 어차피 힘들게 자리 잡았기 때문에. 그리고 처음에 자리를 잡을 때는 어떤 자료를[는] 내 손에 없었어요. 받은 게 없고… 이렇게 좀 안정을 찾았고, 어제도 제가 인제 회복지원단하고 얘기를 했지만, 경기도교육청과 가족협의회의 관계, 기억교실 관리 건, 기록목록화 건, 단원고와 가족협의회와의 관계, "두루두루 저장소 때문에 이렇게 평화롭게 진행되고 있어요" 그랬더니 경기도장학관님이 웃으면서 인정을 하시더라고요.

그러면서 사실 기억저장소가 참 중요한 역할이기 때문에 저 아니라도 더 유명하신 분이 오셔서 잘 이끌어주실 거 같아요. 어차피 저는 또 내가 할 수 있는 데까진 또 하죠. 하고, 또 언제든지 누구든지 오셔도 저는 괜찮을 거 같아요. 굳이 가족이 안 오셔도, 저는 만약에 정관에는 그렇게 [안] 되어 있지만 더 유능하게 이끌어주실 분이 있으면 오시면 되죠.

면담자   혹시 소장님께서 만약에 그만두시게 된다면 '반드시

이 일만은 마무리 짓고 싶다' 그런 사업이나 활동이 있을까요?

도언 엄마   어차피 구술은 진행형이고, 기록도 진행형이고, 교육도 뭐 그렇고요. 저는… 교실이 재현과 복원이잖아요. 어차피 이 진행 상황을 잘 아는 사람은 지금 현재 우리 팀밖에 없어요. 왜냐하면 앞에서 우리가 인수인계받은 것도 아니고, 우리가 스스로 지금의 우리 저장소 팀들, 엄마와 실무진들이 완벽하게 다 알고 있기 때문[이]에요. 저장소의 팀들이 흐트러지지 않고 단원고4·16기억교실 처리복원과 재현을 할 때도 다 같이 마음을 모아서 완벽하게 했으면 좋겠다. 저는 그래 생각을 하는 거죠. 그거는 어차피 아는 사람이 해야 되는 거기 때문에.

면담자   그럼 질문을 조금 바꿔서, 소장님께서 계속하시면 좋겠지만 언젠가는 끝이 있을 거긴 한데요.

도언 엄마   그쵸, 뭐. 정관에는 계속 연임이 가능하다고 돼 있어요. 한정되어 있는 건 아니고요, 계속 연임은 가능한데요, 모르겠어요. 저는 뭐 여러 공격을 받다 보니까… 뭐 공격을 받는다고 해서 제가 뭐 흔들리거나, (웃으며) 그런 건 없지만! 어차피 내가 한 목표는 저는 몇 가지는 밀고 하는 사람인데, 그런 부분에 또 쓰러지잖아요. 어느 순간 무너지게 돼 있거든요. 쌓이다 보면 글쎄요, 어떻게 제가 뭐 그거는 장담 못 할 거 같아요. 언제 시점이 오면 못 할 거 같고요. 일단은 어느 순간 내가 만약에 저장소에 대해서 물러날 때가 내가 정리가 된다 그러면 저는 정확하게 인수인계를 정확하게 해주고. 깔끔하게 그리고 내가 정리를 해줘야 될 부분 정리를 완벽하게 해주고 그만둔다, 그거죠. 흐지부지는 아닌 것 같아요.

면담자   향후 4·16민주시민교육원 건립 때까지 약 4, 5년 정도까지의 활동 계획이 있으신지요?

도언 엄마   저는 지금처럼 마을아카이빙은 계속할 계획이고요. 그리고 구술증언은 계속 진행이 될 거고, 민주시민교육도 계속 진행이 될 거고, 어차피 사업비 받아서 진행하는 거니까 어떤 식으로든 사업비를 받아와야죠. 받아와서 진행해야 되는 게 맞고. 그리고 또 여기 본관에 4·16민주시민교육원이 건립이 되면 선생님들과 학생들이 또 연수를 받고 오실 거잖아요. 그러면 또 일반 시민들 상대로 교육에 들어가면 되기 때문에 그렇게 진행하면 되고.

그리고 마을아카이빙 교육 중에 고등학생 교육도 있어요, 고등학생. 일반 시민을 상대로 한 교육과 고등학생 교육이 있는데요, 저는 항상 강조했던 게 그거예요. 학생들을 교육을 잘 시켜야 된다고 생각을 하는 사람이에요. 우리 기성세대들도 당연히 의식이 바뀌어야 되는 거고, 기성세대만 바뀐다고 해서 대한민국이 바뀌는 건 아니잖아요. 우리가 바뀌어서 학생들 이끌어줘야 되고, 이끌어 갈 학생들도 의식이 바뀌어야 된다는 거죠.

제가 있는 동안은 교육 쪽으로는 더 많이 신경을 쓸 거고요. 전시는 당연한 거고. 전시는 계속 공감을 연대하는 거기 때문에, 연대사업이기 때문에 그건 진행하는 거고. 고등학생이 세월호 참사에 대해서 생각하는 부분, 그리고 인권, 평화, 그리고 생명, 자연 뭐 이런 것 두루두루 다 공감할 수 있는 그런 교육 쪽으로 한번 사업을 진행하려고 사실은 계획을 잡고 있고요, 첫 번째 내년부터. 올해 시작은 됐지만 조금 더 범위를 확장해서 아예 이제 별개로, 지금은 이제 하나의 기록사업에 두 개의 교육이 들어가는 거지만, 이거는 별도로 아예 하나 뺐으면 좋겠고요.

아… 그리고 유품. 유품을 잘 관리했으면 좋겠어요. 그러니까 어차피 단원고4·16기억교실 설계에는 전시공간은 거의 없어요. 1층에는 자유롭게 개방형이기 때문에 전시할 수 있는 부분은 없고, 대신 2층, 3층 올라가는 그 복도에 쇼케이스 정도는 작게만 전시를 할 수가 있어요. 거기와 나중에 활용을 할 수 있으려고 그러면, 유품과 기타의 기록물들 보존 처리를 잘해야 되겠다. 그 부분에 대해서 또 많이 움직일 거 같아요. 네.

면담자   질문이 좀 겹치는 거 같긴 한데요, 소장님께서 '아, 이제는 이 정도 했으면 됐다' 싶은 기억저장소는 어떤 모습일까요?

도언 엄마   어떤 모습요?

면담자   소장으로서 '이 정도면 할 만큼 정말 다했어'라고 탁 내려놓으실 수 있을 만큼의 정말 잘 발전된 기억저장소의 모습을 어떻게 그리고 계신지 궁금해서요.

도언 엄마   지금은 사실 제가 이렇게 모든 걸 다 관여를 하잖아요. 관여를 하고 진행을 같이 가는 방향으로 가고 있고, 이번에 [마을]기록교육 같은 경우는, 막판에 다시 좀 정리가 된 부분이에요.
제가 개입해서 정리가 된 부분이에요.

전시든 기록이든 교육사업이든 제가 굳이 이렇게 막 디테일하
게 들어가서 일을 체크하고 이렇게 안 해도, 우리 [실무진] 선생님들
이 "이건 아닌 거 같아요, 이렇게 합시다" 이렇게 모든 걸 다 이렇
게. 항상 제가 그러잖아요, 자율적으로 알아서 잘, 알아서 계획하
고 실행하고 모든 걸 결과가 보일 수 있게끔. 저는 그냥 서포트해
주는 그냥 격려해 주고 지지해 주고 그런 상황이 됐으면 좋겠어요.
그때는 '어, 저장소가 진짜 그냥 밑바닥도 아니고 지하에 진짜 깜깜
한 지하에 있던 걸 끄집어 올려서 이렇게 자리 잡은 보람이 있네!'
할 거 같아요.

면담자   외관의 어떤 모습이기보다도 조직 구성원들의 발전
과 자율 쪽에 좀 더 가치를 두시는 거군요. 이제 제가 준비한 마지
막 질문을 하겠습니다. 이건 소장님께 여쭙는 거라기보다는 도언
이 어머님께 여쭤보는 건데, 기억저장소 소장님으로 재직하는 3년
동안 본인에게 변화가 있었다면 어떤 변화가 있었을까요? 개인적
인 변화라든가, 인간관계상의 변화, 혹은 사회를 보는 시각들에 관
한 것 무엇이든지요.

도언 엄마   원래 제가 좀 옳고 그른 걸 정확하게 선을 긋는 스타
일이라서, 그게 좀 더 강해진 거 같고요, 저는. 좀 더 강해진 것 같
고… 뭐가 있을까… 같은 아픔을… 같이 가진, 똑같은 아픔을 가지

고 있다 해도 똑같지는 않다는 거를 더 절실히 느끼는 거 같아요. 우리는 [유가족들은] 똑같은 아픔이잖아요. 근데… 똑같…지는 않은 거 같아요. 왜냐하면, 지금은 내가 도언이 엄마고 여기 일을 맡고 있고 내 성격상 모든 걸 추진할 스타일이고 결과를 보는 스타일이기 때문에, 그럼 일단은 베이스에는 같은 아픔인데 또 밖에서 보면, 또 그게 아닐 때가 많다… 어렵죠? 좀 어려운 편이죠?

면담자   아니오, 뭔가 좀 알 거 같기도 한데요. 구술 내용과 연결되는 지점도 있고요.

도언 엄마   같은 유가족…인데, 그렇게 그래도 내색 안 하고…. [제 목소리] 음이 좀 (높은 어조로) '솔' 음이잖아요. 아파도 아프단 내색 안 해요. 내가 아프다고 표현한다고 해서 이게 안 아픈 건 아니잖아요. 어차피 일하러 나왔으면 그냥 다 같이 그냥 가고, 그런데 이렇게 좀… 그런 거. 요거는 희망사항이에요. 그냥 서로서로 같은 아픔이지만 조금 더 같은 가족으로서 조금 더 앞서나가는 사람들에 대해서 지지하고 응원해 줬으면 좋겠다는 제 희망사항이죠, 뭐.

그런 부분들이 조금 더, 제가 그전에는 아유 그냥 뭐… 옛날에는 원래 옳고 그름이 정확했지만, 그래도 누가 뭐라 하면, '아유 뭐 그냥 그 사람의 그게 있겠지' 그랬는데, 지금은 그게 안 되더라는 거죠. "왜 그렇게밖에 생각을 못 해? 아니 똑같은 유가족, 똑같은 아픔이 있는 사람인데 그래도 내가 앞에서 내 새끼뿐만 아니라 전체를 내가 아우르고 가는데?" 이렇게 조금 더 선을 더 긋는 거 같아요. 제가 옛날에는 옳고 그름 했지만 그래도 좀 더 포용적으로 갔는데, 지금은 '왜 그것밖에 안 되지? 왜 그렇게 생각하지?' 이런 게 더 강해진 거 같아요. 장점이자 단점인 거 같고요. 단점일 수도 있죠, 그게.

면담자   좀 더 포괄적인 질문인데, 소장이 되시고 난 후에 4·16운동 전반에 대해서, 전체적인 방향성이라든가 현재 진행 상황 등에 대해 어떤 마음의 변화가 있으셨나요? 말씀하신대로 앞에 선, 앞서 생각하는 입장이 되셨잖아요.

도언 엄마   그냥… 뭐 4·16에 움직이셨던 분들이, 우리는 같은 애기 엄마들은 그냥 이러든 저러든 끝까지 가요. 어차피 내 아이에 대해서 나중에 봤을 때 좀 당당하기 위해서. 뭐 아프든 조금 누구한테 뭐 싫은 소리를 들었든, 억울한 누명을 받든, 어차피 내가 당당하면 그냥 그거는 무시하고 가죠. 움직이면 끝까지 움직일 건데, 활동하시는 분들이 지치는 부분도 있을 것이고…. 이렇게 좀 끝까지 갔으면 좋겠다 생각을 해요. 네, '끝까지 갔으면 좋겠다'. 세월호 참사의 진실을 밝히고자 한다 그러면 그 마음이 바뀌지 않고 끝까지 갔으면 좋겠는데, 세월이 갈수록 그 마음이 좀 흐트러졌다 생각을 해서, 그 부분 좀 많이 자신을 가졌으면 좋겠고.

엊그제 우리 수요일 날 [민주시민교육] 3강 강의 끝나고, 가실 분들은 가시고 여기서 저장소 운영위원장님이랑 운영위원들, 우리 가족운영위원들 이렇게 해서 간단하게 얘기 좀 했었거든요. 이런

저런 얘기를 좀 했어요. 바라보는 시선들이… 왜냐하면 활동하시는 분들은 정해져 있잖아요. 그리고 몸 아프신 분들, 활동하다 쉬시는 분들도 있고, 그러다 보면 활동하는 사람은 줄어드는 거죠. 저장소 같은 경우도, 처음에는 인연이 있다가 일부는 추모분과로 가시고, 영만 엄마는 연극하신다고 나가시고, 수진 엄마는 몸이 아파서 먼저 그만두시고 이런 상황이 됐잖아요. 근데, 예를 들어서 말씀드리는 거예요. 근데 인원이 부족해서, [구성원들] 각자의 분야, 원하는 게 있잖아요. 저장소를 어느 정도 [정상화]해놓고 그런데 이렇게 됐을 때 오해 아닌 오해를 하시는 거죠. 우리는 진상 규명 때문에 움직이고 있는 거고, 파트별 나눠지고 더 분업화를 하기 위해서 이렇게 했는데, "[저장소 내부에] 무슨 일 있어요? 안 좋은 일 있어요?" 이렇게 바라본다는 거죠.

우리는 목표는 진상 규명이거든요. 근데 진상 규명인데, 진상 규명만이 있는 건 아니잖아요. 세월호 선체조사위도 있고, 진상[규명분과]도 있고, 우리 심리[생계분과]도 있고, 추모[사업분과]도 있고, 4·16재단도 있고. 여러 가지 일은 가면 갈수록 늘어나는 거죠. 저장소 일도 있고, 각자 동아리 활동들도 하시고. 그런데 외부에서 봤을 때, 같이 일을 하다가 다른 분과로 가면 "싸웠어? 사이가 안좋아?" 이렇게 바라보는 거죠.

근데 가족들은 그렇지 않거든요. 물론 일을 진행하면서 그런 일도 발생할 수 있죠. 생각이 틀리면[다르면] 그런 일이 발생할 수도 있죠. 근데 같이 움직이는 일에서는 그렇지를 않다는 거죠. 뭐 싸워서 다른 분과[로 가고] 그거는 아니에요. 또 각자가 원하는 분야가 있고, 그 당시[에는] 저장소 일을 열심히 했고, 추모분과에 사람이 필요하다 해서 또 추모분과에 간 거에요. 추모분과에 사람이 없었거든요, 팀장들이 없었어요. 그래서 나가서 추모분과를 하시는 거고. 그러고 또 재단 일도 같이 하시는 거고. 그러니까 한 사람이 여러 가지 일을 하는 거에요, 사실은. 예를 들어서 저장소도 마찬가지고. 엄마들이요, 저장소 일만 하는 거 아니에요. 저장소 가족운영위원이지만 또 한 분은 공방의 퀼트 팀장님이고, 한 분은 천연화장품 팀장님이시고, 막 있어요. 이렇게 막 그냥 한 나무에 뿌리가 여러 가지의 뿌리가 있어서 그 힘을 지탱하듯이 그런 구조거든요, 우리는. 그래서 바라볼 때 오해를 좀 안 했으면 좋겠다. 우리는 한 나무, 진상 규명이라는 나무를 지키기 위해서는 뿌리가 여러 갈래로, 하나의 뿌리라도 여러 가지 잔가지가 많잖아요, 이렇게 뻗어 있다는 거죠.

또 인제 무슨 얘기를 하셨냐면, 김××국장을 얘기를 했어요, 나한테. 어디 가서 또 그 얘기가 나온 거죠. 이해를 하라고 뭐 이런 식으로 얘기를 하셔서 "아니, 이해하고 그럴 것도 없다. 미워할 것도 없고" 이젠 뭐 미워할 것도 없고요, 이젠 저장소도 자리를 잡았고, 자료 뭐 하나도 알려주지 않아도 다 정리가 됐고, 물론 뭐 못 찾은 것도 있겠죠. 알려주지 않아서 나중에 다른 사람을 통해서 우리가 예당 가서 찾아온 것도 있습니다. 하나도 안 알려줬거든요. 이제 그런 거 없습니다. 오해하고 그런 것도 없고.

도연 엄마 이지성

그래서 이제 고려인 얘기하다가 [김 국장이] 고려인 그런 뭐를 하려고 진행 중이시대요. 그러고 애들이[자녀가] 학생이니까, 낮에는 공단에 일을 하시고, 오후에는 이쪽 일을 좀 하고 계신다, 쭉 그런 얘기를 하시더라고요, 저한테. 그래서 "오해를 하지 마라"고. 그 당시 그랬다는 거를 다 아시잖아요. 그때 막 무례하게 행동하고 막말하고 했던 거를 다 알아요. 그러면서 하는 말이, "초창기 때 고생했잖아" 이러는 거예요. 그래 고생하셨죠. 당연히 고생하셨죠. 그래서 내가 같이 가자고 했잖아요, 같이. 그때는 저는 진심이었습니다.

그때 본인의 감정을 조금 내려놓고, 이 유가족한테 뺏기는 게 아니라, 나한테 뺏기는 게 아니라 더 크게 성장하기 위해서 같이 가는 거라고 마음 좀 내려놨으면 얼마나 좋았겠냐. 그럼 본인이 원하는 활동도 계속할 수 있는 것이고. 그렇잖아요. "아이들 일 등등 그런 거 없다. 대신 아쉬운 거는 그때 같이 가지 않겠다고 마음먹은 게 아쉽다"라고 얘기했어요, "아쉽다. 조금 마음을 본인이 내려놨으면 참 좋았을 것" 그 얘기를 했죠. 그래서 그 활동가분들이 사실은 인제 전면에 나서서 움직였던 분들이 시간이 지나면서 오히려 적이 되는 경우가 많더라고요. 더 친했던 분들이 가서 안 좋게 또 얘기를 하시고. 또 일을 진행하셨던 분들이 적이 되고, 이런 경우가 많아요. 안 그랬으면 좋겠어요, 저는.

그냥 그날의 2014년 4월 16일, 그 마음으로 그냥 조금 마음 내려놓고. 니 거 내 거 뺏는 이게 아니라 우리가 처음 원했던 그 진상 규명, 아이들 무사귀환을 원했던 것처럼 그 마음으로 그냥 서로…, 조금 어울림? 어울림도 단어가 안 맞고, 그냥 손잡고 갔으면 좋겠어요. 서운하면 서운하다고 얘기하고 그냥 감정을 내세울 게 아니라. 사람 대 사람은 감정이 생길 수 있지만, 일로서는 일하고 활동하는 데는 생길 수는 없잖아요. 그냥 서운한 건 얘기하고 고칠 수 있으면 고치고, 서로 부족한 부분은 또 채워주고 내가 좀 넘치는 거 같으면 내가 좀 수그러들고. 부족함과 넘침을 조화롭게 맞춰서 갔으면 좋겠어요. 우리가 과유불급이라고 하잖아요. 넘치면 망하는 거고, 부족하면 계속 또 힘든 거니까 잘 조화롭게 잘 맞춰서 그 마음으로 그냥, 적이 되지 말고 갔으면 좋겠다. 그 마음입니다.

면담자   네, 제가 준비한 질문은 여기까지입니다. 혹시 좀 더 남기고 싶으신 말씀이 있으신지요?

도언 엄마   아니, 뭐 얘기는 다 한 거 같고요. 그냥 우리 세월호 참사 움직이시는 분들 아프지 말고 건강하시고, 세월호 참사 진상 규명되는 거, 두 눈 똑똑히! 뜨고 봐야 될 거 아니에요? 그때까지 우리 싸우지 말고, 적이 되지 말고 같이 걸어가기를 바랍니다.

면담자   이지성 씨 구술은 오늘 5차 구술로 모두 마무리하도록 하겠습니다.

도언 엄마   수고하셨습니다.

면담자   긴 시간 감사합니다. 고생하셨습니다.

도언 엄마 이지성

4·16구술증언록 단원고 2학년 3반 제1권

그날을 말하다 도언 엄마 이지성

ⓒ 4·16기억저장소, 2019

기획 편집 4·16기억저장소 ┊ **지원 협조** (사)4·16세월호참사가족협의회
펴낸이 김종수 ┊ **펴낸곳** 한울엠플러스(주)
초판 1쇄 인쇄 2019년 4월 1일 ┊ **초판 1쇄 발행** 2019년 4월 16일
주소 10881 경기도 파주시 광인사길 153 한울시소빌딩 3층
전화 031-955-0655 ┊ **팩스** 031-955-0656 ┊ **홈페이지** www.hanulmplus.kr
등록번호 제406-2015-000143호

Printed in Korea.
ISBN 978-89-460-6713-4 04300
　　　 978-89-460-6700-4 (세트)
* 책값은 겉표지에 표시되어 있습니다.